Schriften zur Kriminologie und Strafrechtspflege

Criminology and Criminal Justice Series

Herausgegeben von
Prof. Dr. Frieder Dünkel
und Prof. Dr. Stefan Harrendorf
Universität Greifswald

Band 73

Nadine Haandrikman-Lampen

Alternativen zur Ersatzfreiheitsstrafe

Eine Rückfalluntersuchung

MG 2024
Forum Verlag Godesberg

Bibliographische Information der Deutschen Nationalbibliothek

Die Deutsche Nationalbibliothek verzeichnet diese Publikation in
der Deutschen Nationalbibliografie; detaillierte bibliografische
Daten sind im Internet über http://dnb.d-nb.de abrufbar.

© Forum Verlag Godesberg GmbH, Mönchengladbach
Alle Rechte vorbehalten.
Mönchengladbach 2024
Gesamtherstellung: Books on Demand GmbH, Norderstedt
Printed in Germany

ISBN 978-3-96410-045-0
ISSN 2698-363X

Vorwort

Die Ersatzfreiheitsstrafe (EFS) betrifft eine der wichtigsten aktuellen Reformfragen des strafrechtlichen Sanktionensystems. Der Reformbedarf wurde im 2023 verabschiedeten „Gesetz zur Überarbeitung des Sanktionenrechts …" (BGBl. 2023 I Nr. 203 vom 02.08.2023, in Kraft seit 1.10.2003) deutlich. Einerseits ist die Geldstrafe neben der Strafaussetzung zur Bewährung als ausgesprochen erfolgreiche Alternative zur unbedingten Freiheitsstrafe anzusehen, andererseits gibt es offenkundige Probleme mit der Anwendung und Vollstreckung der Geldstrafe bei sozioökonomisch benachteiligten Bevölkerungsgruppen:

Trotz der im Grundsatz mit dem Tagessatzsystem die finanziellen Notlagen berücksichtigenden Ausgestaltung der Geldstrafe (GS) kann die GS bei einem beachtlichen Teil der Geldstrafenschuldner nicht beigetrieben werden, mit dem Ergebnis, dass die an sich zu einer ambulanten Sanktion Verurteilten schließlich im Strafvollzug landen. Der Strafvollzug ist allein durch die Vielzahl von nach Hochrechnungen ca. 50.000 Zugängen pro Jahr organisatorisch und hinsichtlich einer sinnvollen Behandlung und Wiedereingliederung völlig überfordert. Deshalb besteht in der Praxis ein großer Bedarf, alternative Vollstreckungsformen zu entwickeln bzw. auszubauen. Während der Pandemie wurde der hohe Durchlauf von Gefangenen als besonderes Problem und Risikofaktor erkannt und ESF-Vollstreckungen wurden (ohne erkennbare negative Folgen) zeitweise ausgesetzt (vgl. *Dünkel/Morgenstern* 2020; 2022; *Dünkel* 2023).

Die vorliegende Arbeit widmet sich zum einen den rechtlichen Problemen der Geldstrafe, zum anderen einer Evaluation von Haftvermeidungsmodellen, wie sie in Niedersachsen entwickelt und praktiziert wurden (Geldverwaltung anstatt EFS bzw. gemeinnützige Arbeit zur Abwendung einer EFS). Völliges Neuland wird mit der Rückfalluntersuchung bezogen auf die unterschiedlichen Gruppen von EFS Verbüßenden und Teilnehmern an Haftvermeidungsmaßnahmen betreten.

Im ersten Teil der Arbeit werden die rechtlichen Probleme der Geldstrafe und ihrer Vollstreckung sowie die Sanktionsalternativen zur Ersatzfreiheitsstrafe, insbesondere das Modell der „Geldverwaltung statt Vollstreckung von Ersatzfreiheitsstrafe" in Niedersachsen und Haftvermeidungsmaßnahmen in anderen Bundesländern dargestellt, die einen interessanten Überblick über die rechtlichen und rechtstatsächlichen Rahmenbedingungen der vorliegenden Untersuchung geben, auf die hier jedoch nicht näher eingegangen werden soll.

Nachfolgend sollen vielmehr nur einige besonders bemerkenswerte Ergebnisse aus der von der Verf. organisierten empirischen Erhebung kurz hervorgehoben werden, einer Untersuchung, die die Verf. trotz nicht unwesentlicher Probleme bei der Aktenbeschaffung und -analyse bravourös bewältigt hat.

Ziel des Vorhabens war die Evaluation der Haftvermeidungsmaßnahmen „Geldverwaltung ..." und der „gemeinnützigen Arbeit" (GA) durch einen Kontrollgruppenvergleich mit der Gruppe der eine EFS Verbüßenden. Die Stichproben wurden aus den Strafvollstreckungsakten der niedersächsischen Staatsanwaltschaften der Jahre 2012 und 2013 gebildet. Aus der Gesamtheit von insgesamt ca. 56.000 Verfahrensakten wurden von den fünf Staatsanwaltschaften je 150 Aktenzeichen (in Göttingen nur 80) für die bei-den Untersuchungsjahrgänge gezogen, bei denen es zu einer Androhung der EFS kam. So ergab sich eine Grundgesamtheit von 1.360 Akten. Auswertbar waren 1.014 Akten, da etliche Akten nicht auffindbar oder sonst nicht verfügbar waren. Aus diesen 1.014 Fällen wurden die Vergleichsgruppen der Haftvermeidungsmaßnahmen (HVM; N = 73) gebildet (vgl. *Abbildung 1* in dieser Arbeit), darunter sowohl die Fälle der GA wie der Geldverwaltung. Letztere Gruppe war so klein (N = 6), dass sie nur gemeinsam mit der GA-Gruppe auswertbar war. In der Gesamtgruppe gab es 78 Fälle von EFS Verbüßenden und 72 Fälle mit HVM. Es zeigte sich, dass ein Großteil der GS-Schuldner nach Androhung der EFS entweder sofort bezahlten (43,7 %) oder im Rahmen einer Ratenzahlungsvereinbarung die GS beglichen (38 %, vgl. *Tabelle 4*). Dies spricht nach Ansicht der Verf. „für die Effektivität des Druckmittels" der EFS. Ein herausragender Projektteil ist die erstmals in diesem Zusammenhang durchgeführte Rückfalluntersuchung.

Die vergleichende Auswertung der Daten im Rahmen der Analyse der Vollstreckungsakten von Verurteilten, die einerseits die EFS verbüßten und andererseits an einer Haftvermeidungsmaßnahme teilnahmen, ergab, dass es sich in 79 % der Fälle um Männer, überwiegend 21- bis 40-Jährige, in 81 % der Fälle mit deutscher Staatsangehörigkeit handelte. Bei der EFS-Gruppe waren Männer überrepräsentiert, hinsichtlich der Altersverteilung gab es keine signifikanten Abweichungen, bei den EFS Verbüßenden waren Ausländer tendenziell überrepräsentiert. Verheiratet und zusammenlebend war nur ein Viertel der Stichprobe, regelmäßig handelte es sich um ledige Personen (58 %), die zu 51% arbeitslos waren. Signifikante Unterschiede bzgl. der Sanktionsart gab es nicht (vgl. *Abbildung 10 und 12*). Erwerbslose sind in der HVM-Gruppe signifikant häufiger vertreten als in der Gesamtstichprobe.

Das Einkommen war in mehr als der Hälfte der Gesamtstichprobe nicht aus den Akten entnehmbar, was für sich allein schon ein bedenklicher Befund ist. Wenig verwunderlich ist, dass bei den EFS Verbüßenden signifikant häufiger GS-Schuldner mit unbekanntem Einkommen als bei den HVM-Probanden waren (*Abbildungen 15* und *16*), was für unangemessene Tagessatzhöhen im Rahmen von vorgenommenen Einkommensschätzungen sprechen könnte.

Besondere Problemlagen waren – wie in früheren Untersuchungen – bei der Gesamtstichprobe weit verbreitet (38 % hatten Schulden oder eine Insolvenz, 26 % eine Suchtproblematik, 12 % eine ungeklärte Wohnsituation; vermutlich gibt es beachtliche Anteile mit kumulativen Problemlagen, die in der Tabelle oder im Text ergänzt werden könnten), tendenziell waren die EFS Verbüßenden im Vergleich zu den Haftvermeidungsfällen stärker problembelastet, häufiger als die Gesamtstichprobe auch bzgl. einer ungeklärten Wohnsituation (vgl. *Abbildungen 20* und *21*).

Bzgl. der Bezugsentscheidung ergab sich, dass – wie aus früheren Untersuchungen bekannt – mehr als 80 % der Geldstrafen im Weg des Strafbefehls verhängt worden waren. Knapp 57 % der Gesamtstichprobe von 1.005 Fällen betrafen bis zu 30 Tagessätze (TS), knapp 39 % 31 bis 90 TS und nur knapp 5% Geldstrafen von mehr als 90 TS (vgl. *Abbildung 27*). Die erste Gruppe bezeichnet die Verf. als Bagatelldelinquenten, die beide in der EFS- und HVM-Gruppe etwa gleichverteilt waren. Betrachtet man die Frage der Bagatelldelinquenz nach den entsprechenden Delikten, so entfielen knapp 11 % auf die Beförderungserschleichung und den Diebstahl geringwertiger Sachen. Darüber hinaus dürften etliche Fälle der BtM-Delikte, des Diebstahls, der Beleidigung, Nötigung und der Verkehrsdelikte ohne Alkoholeinfluss auch der Bagatelldelinquenz zuzuordnen sein. Wichtig erscheint, dass knapp 26 % der ESF-Gruppe wegen Beförderungserschleichung oder Diebstahls geringwertiger Sachen verurteilt wurden, weitere 10 % wegen BtM-Delikten, Beleidigung u.ä. (vgl. *Abbildung 32*), was man als weiteres Indiz der Unverhältnismäßigkeit der EFS-Anordnung werten kann.

Wie marginalisiert sich die Gesamtstichprobe in ökonomischer Sicht darstellt, wird an der Tagessatzhöhe deutlich, denn genau zwei Drittel der Gesamtstichprobe erhielten Tagessatzhöhen von bis zu 20,- €, was einem Monatseinkommen von bis zu 600,- € entspricht. Ein Drittel bewegte sich mit maximal 10,- € im Einkommensbereich von Bürgergeld-Empfängern. Nur 3,5 % lagen bei einem TS von mehr als 50,- €. Die Höhe der Tagessätze war nicht ausschlaggebend für die Frage, ob HVM in Anspruch genommen oder eine EFS verbüßt wurde, auch unterschied sich die Gesamtstichprobe problematischer GS-Schuldner nicht von der EFS-Gruppe (*Abbildungen 35-38*). Auch die Vorstrafenbelastung spielte offenbar keine Rolle, während bzgl. der Hafterfahrung bzgl. Vorstrafen ein hochsignifikanter Zusammenhang besteht: Verurteilte mit Hafterfahrung sind in der Gruppe der EFS Verbüßenden deutlich überrepräsentiert.

Ein besonders interessanter Teil der vorliegenden Dissertation stellt die Rückfalluntersuchung dar (*Kapitel 7.3*). Es wurden 109 Personen, d. h. knapp 11 % der Gesamtstichprobe von 1.014 Fällen einbezogen, von denen 53 eine EFS verbüßt und 62 an einer HVM teilgenommen hatten. Die Rückfälligkeit (definiert i.S. einer erneuten Verurteilung nach einem Risikozeitraum von drei Jahren) betrug nach Verbüßung der EFS 68 %, nach einer HVM 58 % (*Abbildung 44*). Dies mag man optimistisch als einen Erfolg der HVM ansehen, jedoch sind die Fallzahlen insgesamt zu gering, um diese Unterschiede als statistisch signifikant auszuweisen. Die Schwere des Rückfalls mit 59 % Verurteilungen zu GS, 11 % FS mit Bewährung und „nur" 30 % FS ohne Bewährung zeigt, dass es der besonders problematischen Klientel aus dem Bereich notleidender Geldstrafen ganz überwiegend gelingt, einen erneuten Strafvollzug zu vermeiden. Ein besonders hervorzuhebendes Ergebnis der Studie ist der signifikante Unterschied der Art des Rückfalls im Vergleich der EFS-Gruppe und der Gruppe der HVM-Probanden: 72 % der EFS-Verbüßenden wurden im Fall des Rückfalls zu unbedingter FS verurteilt, aber nur 26 % der HVM-Probanden. Das Geschlecht ergab keine signifikanten Unterschiede, auch das Alter spielte keine signifikante Rolle (vgl. *Abbildungen 50-52*). Betrachtet man die Gruppe von Verurteilten mit einem geringen Einkommen, so werden teilweise geschlechtsspezifische Unterschiede angedeutet, jedoch sind die Fallzahlen zu gering, um irgendwelche Signifikanzen identifizieren zu können. Ebenso wenig ergibt die Unterscheidung nach der Staatsangehörigkeit und dem Familienstand statistisch signifikante Unterschiede der Rückfälligkeit.

Die Folgedelikte (Rückfalltaten) sind schwerpunktmäßig den Bagatell- oder weniger schweren Deliktkategorien zuzuordnen: Beförderungserschleichung (15 %), Betrug, Hehlerei (15 %), Diebstahl geringwertiger Sachen (6 %), aber auch schwerer Diebstahl (13 %). Häufigstes Delikt bei den Rückfälligen der EFS-Gruppe war der schwere Diebstahl, bei der HVM-Gruppe die Beförderungserschleichung, wobei alle Ergebnisse wegen der geringen Zellenbesetzungen nicht signifikant sind (vgl. *Abbildung 61*).

In der Zusammenfassung der Ergebnisse der empirischen Studie hebt die Verf. die aus den empirischen Befunden zu schließende vielfach unzureichende Ermittlung der Einkommenshöhe und andere Defizite bei der Geldstrafenverhängung hervor. Man wird als Fazit mit der wegen der relativ geringen Fallzahlen der beiden Gruppen (EFS-Verbüßende und Teilnehmer an HVM) gebotenen Vorsicht dennoch gewichtige Indizien dafür annehmen können, dass sich die Haftvermeidungsmaßnahmen im Vergleich mit der EFS-Verbüßung als spezialpräventiv günstiger darstellen. Zumindest ist klar, dass die HVM keine ungünstigere Variante der Geldstrafenvollstreckung darstellen, weshalb sie schon aus Verhältnismäßigkeitsgründen den Vorzug verdienen.

Angesichts der zeitgleich mit der vorliegenden Studie geführten Debatten zur Reform der Geldstrafe und der auch vom Gesetzgeber im Gesetz zur Reform des Sanktionenrechts vom Juli 2023 (s.o.) geforderten stärkeren Einschränkung der Ersatzfreiheitsstrafe sind die kriminalpolitischen Überlegungen der Verf. von besonderer Bedeutung.

In Kapitel 9 werden der dringende kriminalpolitische Handlungsbedarf begründet und konkrete rechtspolitische Reformen abgeleitet. Zunächst geht sie auf die Entkriminalisierung hinsichtlich der Beförderungserschleichung und des Ladendiebstahls ein, die sie mit guten Argumenten befürwortet. Auch zur aktuellen Debatte zur Cannabisentkriminalisierung bezieht sie klar Stellung und hält mit Blick auf die sich häufig in der EFS befindliche Gruppe von Drogenkonsumenten eine Entkriminalisierung für richtig. Auch insoweit ist der Verf. uneingeschränkt zuzustimmen.

Die im Gesetz zur Reform des Sanktionenrechts in § 40 Abs. 2 StGB vorgenommene Klarstellung, dass das Existenzminimum bei der Bemessung der Tagessatzhöhe angemessen zu berücksichtigen ist, was gegebenenfalls zu Tagessätzen im Bereich von 1-5 € führen müsste, befürwortet die Verf. angesichts der auch in ihrer Untersuchung deutlich gewordenen prekären finanziellen Situation der GS-Schuldner zu Recht.

Im Weiteren diskutiert die Verf. die Frage der vorrangigen Haftvermeidung versus der vollständigen Abschaffung der EFS. Mit guten Argumenten gelangt sie zur Auffassung, dass die EFS abzuschaffen sei, ggf. auch nur teilweise, wie dies in Finnland bei GS von bis zu 20 TS der Fall ist (so auch *Dünkel* 2022; 2023). Diese Schlussfolgerung ist kein Widerspruch zu ihrem eigenen empirischen Ergebnis, dass ein Großteil der GS-Schuldner unter dem Eindruck der angedrohten EFS die GS bezahlt, also der Druck, der von der

EFS ausgeht, durchaus real zu sein scheint. Das ist – wie die Verf. zutreffend bemerkt – kein schlagendes Argument gegen die Abschaffung der EFS, weil es natürlich auch im „normalen" Vollstreckungsverfahren bei öffentlich-rechtlichen oder auch zivilrechtlichen Schulden Gestaltungsmöglichkeiten für den Aufbau einer wirksamen Drohkulisse gibt (siehe auch entsprechende Beispiele aus dem europäischen Ausland).

Die Forderung, Haftvermeidungsmaßnahmen durch eine Änderung des Vollstreckungsablaufs als primäre Regelersatzsanktion auszugestalten (d.h. bei Nichtbezahlung der GS vorrangig die Gemeinnützige Arbeit o.ä. Haftvermeidungsmaßnahmen und erst dann die Anordnung der EFS vorzusehen), hat der Gesetzgeber nicht aufgegriffen, obwohl sich die Regierungsparteien von SPD und GRÜNEN 2002-2004 darauf verständigt hatten. Dies kann man mit der Verf. bedauern, immerhin sieht sie die Verbesserungen im Rahmen einer verstärkten Einbeziehung der Gerichtshilfe (vgl. § 459d StPO) und der Benennung der Freien Straffälligenhilfe als Interaktionspartner bei Haftvermeidungsmaßnahmen (vgl. § 459e StPO) positiv. Auch die gut vertretbare Forderung, den Umrechnungsschlüssel von 1 : 1 in ein Verhältnis von 1 : 3 (d. h. mit einem Tag EFS werden drei Tagessätze der GS getilgt) zu ändern, verdient Zustimmung. Dass es letztlich nur zu einer Umrechnung im Maßstab 1 : 2 kam, ist bedauerlich, aber schon allein diese Neuregelung müsste immerhin zu einer Halbierung der EFS-Population im Strafvollzug führen.

Das große Verdienst der Arbeit liegt in der sehr aufwändigen Auswertung von Geldstrafenvollstreckungsakten einschließlich der Legalbewährungsstudie, wofür die Verf. neben ihrer anwaltlichen Tätigkeit und Kleinkindbetreuung einige Jahre benötigte (von der Genehmigung der Untersuchung, Datenerfassung bis hin zur sehr zeitintensiven Auswertung der Daten). Diesen Aufwand, den sie als engagierte wissenschaftliche „Einzelkämpferin" letztlich zu einem guten Ende brachte, verdient hohen Respekt.

Insgesamt handelt es sich angesichts der innovativen Forschungsergebnisse zu den Haftvermeidungsmaßnahmen und der Rückfallstudie um einen wichtigen Beitrag zur empirischen Sanktionsforschung.

Die Arbeit wurde im Wintersemester 2022/23 als Dissertation an der Rechts- und Staatswissenschaftlichen Fakultät der Universität Greifswald angenommen. Besonderer Dank gebührt Prof. Dr. Bernd-Dieter Meier, Universität Hannover, für die zügige Anfertigung des Zweitgutachtens.

Greifswald, im November 2023   *Frieder Dünkel*

Danksagung

Die vorliegende Arbeit wurde dem Fachbereich Rechtswissenschaften der Rechts- und Staatswissenschaftlichen Fakultät der Universität Greifswald im Wintersemester 2022/2023 als Dissertation vorgelegt. Die Disputation erfolgte im Dezember 2022. Aktuelle Rechtsprechung und Literatur wurden bis zum 01.12.2023 berücksichtigt.

Mein aufrichtiger Dank gilt meinem Doktorvater, Prof. Dr. em. *Frieder Dünkel*, der mich über die vergangenen Jahre hinweg nicht nur unterstützt und meine Fragen beantwortet hat, sondern mir auch stets das Gefühl vermittelte, dass meine Arbeit von Bedeutung ist. Die Erinnerung an meine Promotionszeit wird durch die wunderbaren Erfahrungen auf Hiddensee und den damit verbundenen Doktorandenseminaren geprägt bleiben. Insbesondere schätze ich die familienfreundliche Atmosphäre, in die meine Familie aktiv eingebunden wurde. Herzlichen Dank dafür!

Dankend erwähnen möchte ich *Olivia Kühn* und *Bernd Geng* vom Lehrstuhl für Kriminologie, Strafrecht, Strafprozessrecht und vergleichende Strafrechtswissenschaften in Greifswald, die mir unterstützend zur Seite gestanden haben. Ein weiterer Dank geht an Prof. Dr. *Stefan Harrendorf*, der mir auf Hiddensee wertvolle Denkanstöße vermitteln konnte. Ebenso möchte ich mich bei Prof. Dr. *Bernd-Dieter Meier* für die Erstellung des Zweitgutachtens herzlich bedanken.

Ein besonderer Dank gebührt auch meinem Nachbarn Dr. *Rüdiger Klein*, der meine Arbeit aufmerksam korrekturgelesen und mir damit sehr geholfen hat.

An mich geglaubt haben meine Freunde *Gabi Gruschkus, Sabine Eidam, Oliver Leifheit, Alex Holst* und *Jan Nunnink*. Ich danke Euch für unsere tiefe Freundschaft!

Mein aufrichtiger Dank gilt jedoch in besonderem Maße meiner Familie. Mama, ich danke dir dafür, dass du trotz der räumlichen Entfernung beinahe täglich an unserem Leben teilnimmst. Die Telefonate mit dir bedeuten mir sehr viel! Ebenfalls herzlichen Dank an dich, liebe Steffi, für deinen bedeutenden Beitrag zu meiner beruflichen Laufbahn. Es ist wunderbar, dass Du meine Schwester bist und es dich und deine Familie gibt! Papa wäre stolz auf uns!

Liebe Sophia und lieber Andreas, ihr seid das Beste, das ich habe. Ich schätze eure Geduld, Rücksichtnahme und die Liebe, die ihr mir entgegenbringt, sehr. Ich liebe Euch!

Diese Arbeit widme ich meinem leider schon früh verstorbenen Papa, *Wilhelm Friedrich Lampen*. Durch zahlreiche kritische Diskussionen – meist am Essenstisch – hat er mich gelehrt, fragend auf die Welt zu blicken. Er hat mir ganz nach Goethe die nötigen Wurzeln und Flügel gegeben, um mich persönlich, aber auch beruflich weiterzuentwickeln!

Göttingen, im Februar 2024   *Nadine Haandrikman-Lampen*

Inhalt

4.2 Sachsen – Projekt „FAHRPLAN" 64

4.3 NRW-Projekt „Haftvermeidung Caritasverband Geldern –
     Kevelaer" 67

**Kapitel 5: Erläuterungen zum Stand der Forschung zum
Kurzstrafenvollzug und zur Ersatzfreiheitsstrafe 71**

1. Der Forschungsstand zum Kurzstrafenvollzug 71

2. Der Forschungsstand zur Klientel der Ersatzfreiheitsstrafen 73

3. Der Forschungsstand zur Wirksamkeit von
    Haftvermeidungsmaßnahmen 76

4. Der Forschungsstand zur Legalbewährung bei
    Haftvermeidungsmaßnahmen und Ersatzfreiheitsstrafen 77

Kapitel 6: Untersuchungsdesign und Untersuchungsmethode 81

1. Bildung der Zufallsstichprobe 83

2. Bildung der Vergleichsgruppen Haftvermeidungsmaßnahmen und
    Ersatzfreiheitsstrafe 86

    2.1 Vergleichsgruppe der Haftvermeidungsmaßnahmen 86

    2.2 Vergleichsgruppe der Ersatzfreiheitsstrafe 87

3. Rückfalluntersuchung - der Bezug zur abhängigen Variablen 89

    3.1 Rückfall 90

    3.2 Kontrollzeitraum 90

    3.3 Beobachtungszeitraum gesamt 91

    3.4 Bundeszentralregisterauszüge 91

4. Das Auswertungsverfahren 92

5. Der Bezug zu unabhängigen Variablen: Störfaktoren 93

    5.1 Persönliches Merkmal – Geschlecht und Altersverteilung 93

    5.2 Persönliches Merkmal – Staatsangehörigkeit 95

    5.3 Persönliches Merkmal – Familienstand 96

    5.4 Persönliches Merkmal – Erwerbssituation 97

    5.5 Persönliches Merkmal – Nettoeinkommen 98

    5.6 Persönliches Merkmal – Besondere Problemlagen 98

    5.7 Art der Bezugsentscheidung 99

    5.8 Bezugsentscheidung – Tagessatzanzahl und
         Deliktsverteilung 100

Abkürzungsverzeichnis

Alt.	Alternative
AJSD	Ambulanter Justizsozialdienst
Art.	Artikel
Aufl.	Auflage
BaFin	Bundesanwalt für Finanzdienstleistungsaufsicht
BAG-S	Bundesarbeitsgemeinschaft für Straffälligenhilfe e.V.
Bd.	Band
BewHi	Bewährungshilfe
BGH	Bundesgerichtshof
BGHSt	Entscheidungen des Bundesgerichtshofs in Strafsachen
BMJV	Bundesministerium für Justiz und Verbraucherschutz
BRD	Bundesrepublik Deutschland
BT-Drs.	Bundestagsdrucksache
BtmG	Betäubungsmittelgesetz
BVerfG	Bundesverfassungsgericht
bzgl.	bezüglich
BZRG	Bundeszentralregistergesetz
bzw.	beziehungsweise
ca.	circa
EFS	Ersatzfreiheitsstrafe
EGStGB	Einführungsgesetz zum Strafgesetzbuch
ErsFrhStrAbwV	Verordnung über die Abwendung der Vollstreckung von Ersatzfreiheitsstrafen durch freie Arbeit
etc.	et cetera
EU	Europäische Union
f./ff.	folgende/fortfolgende
FS	Forum Strafvollzug
GA	Goltdammers Archiv für Strafrecht
GG	Grundgesetz für die Bundesrepublik Deutschland
ggf.	gegebenenfalls
grds.	Grundsätzlich
GS	Geldstrafe

GStrTilgV	Verordnung über die Tilgung uneinbringlicher Geldstrafen durch freie Arbeit
HMdJ	Hessisches Ministerium der Justiz
Hg.	Herausgeber
HVM	Haftvermeidungsmaßnahmen
i. H. v.	in Höhe von
i. V. m.	in Verbindung mit
JGG	Jugendgerichtsgesetz
JR	Juristische Rundschau
JuS	Juristische Schulung
JZ	Juristen Zeitung
Kap.	Kapitel
KrimJ	Kriminologisches Journal
KriPoZ	Kriminalpolitische Zeitschrift
KritV	Kritische Vierteljahresschrift für Gesetzgebung und Rechtswissenschaft
LG	Landgericht
MDR	Monatsschrift des Deutschen Rechts
MSchrKrim	Monatsschrift für Kriminologie und Strafrechtsreform
NJ	Neue Justiz
NJW	Neue Juristische Wochenschrift
NK	Nomos Kommentar
Nr.	Nummer(n)
NStZ	Neue Zeitschrift für Strafrecht
OWiG	Ordnungswidrigkeitengesetz
PKS	Polizeiliche Kriminalstatistik
RiStBV	Richtlinien für das Strafverfahren und das Bußgeldverfahren
RPsych	Rechtspsychologie
S.	Seite(n)
SGB	Sozialgesetzbuch
sog.	sogenannte
SPSS	Statistik- und Analyse-Software der Softwarefirma IBM
StA	Staatsanwaltschaft
StGB	Strafgesetzbuch
StPO	Strafprozessordnung
StV	Strafverteidiger (Zeitschrift)
StVollzG	Strafvollzugsgesetz

vs.	versus
ZStrR	Schweizerische Zeitschrift für Strafrecht
ZfStrVO	Zeitschrift für Strafvollzug und Straffälligen-
hilfe	
ZRP	Zeitschrift für Rechtspolitik
ZStW	Zeitschrift für die gesamte Strafrechtswissen-
	schaft
z. B.	zum Beispiel

Kapitel 1: Einleitung

Die Vermeidung der Vollstreckung von Ersatzfreiheitsstrafen ist ein wichtiges Aufgabenfeld in der Sozialen Arbeit mit Delinquenten. In Fachkreisen ist die Ersatzfreiheitsstrafe seit jeher umstritten. Neben Überlegungen zur Vermeidung[1] der Ersatzfreiheitsstrafe wird auch deren Abschaffung[2] diskutiert.[3] Besondere Herausforderung bei diesen Überlegungen ist, dass die Ersatzfreiheitsstrafe auf der einen Seite ein effektives Druckmittel ist, um die Geldstrafe als eine mögliche Form der Hauptstrafe erfolgreich durchzusetzen, auf der anderen Seite der Vollzug der Geldstrafen jedoch mit vielfältigen Problemen einhergeht. Hervorzuheben sind, neben den zahlreich erforschten negativen Auswirkungen des Kurzstrafenvollzugs,[4] der enorme organisatorische, personelle und finanzielle Aufwand der Vollzugsanstalten[5]. Um diesem Problem begegnen zu können, sind die Forderungen nach einem verstärkten Angebot ambulanter Maßnahmen der Haftvermeidung seit langem Thema.[6] Mit Erlass des Niedersächsischen Justizministeriums vom 26.11.2009, 4321 - S 3.30, wurde die Haftvermeidungsmaßnahme „Geldverwaltung statt Vollstreckung von Ersatzfreiheitsstrafe" zum 01.01.2010 in Niedersachsen landesweit eingeführt. Diese Maßnahme wird seither als großer Erfolg von der Landesregierung bewertet. Als besonderes Erfolgskriterium werden diesbezüglich insbesondere die durch die Vermeidung von Haft erzielten Einsparungen betont.[7] Der Erfolg der Maßnahme zeigt sich jedoch nicht nur anhand der Einsparung von Staatsausgaben. Vielmehr sollte unter dem Blickwinkel des in Deutschland vorherrschenden präventiven Strafrechts die Resozialisierung der Klien-

---

1 Vgl. *Treig/Pruin* (2018b), S. 326; *Treig/Pruin* (2018a), S. 13.

2 Vgl. *Dünkel/Scheel* (2006), S. 173. *Dünkel* (2022), S. 253, 260 ff.

3 Siehe ausführlich *Kapitel 9.3.*

4 Siehe ausführlich *Kapitel 5.1.*

5 Vgl. *Dolde* (1999a), S. 581, 582 Das Strafbefehlsverfahren „erscheint zwar zunächst für die Justiz ökonomisch sinnvoll, ist aber möglicherweise den unterschiedlichen Einzelfällen nicht angemessen und führt bei einem nicht unerheblichen Teil bei Uneinbringlichkeit der Geldstrafe in den teuren Strafvollzug, [...]." „[...], aus der Perspektive des überfüllten Strafvollzugs sind die Ersatzfreiheitsstrafen aber eine erhebliche Belastung."

6 Vgl. dazu auch *Dünkel/Spieß* (1983), S. 39 ff., beschreiben diese Notwendigkeit anhand der Tätigkeit der Bewährungshilfe und deren „Ersatz- und Vermittlungsfunktion zu anderen Institutionen".; *Kunert*, BewHi 1978, 23 f.; *Dünkel/Spieß*, BewHi 1992, 117 ff.

7 Vgl. Pressemitteilung des *Niedersächsischen Justizministeriums* vom 18.05.2017 abrufbar unter http://www.mj.nie dersachsen.de/aktuelles/presseinformationen/antwort-auf-die-muendliche-anfrage-ist-das-projekt-geldverwaltung-statt-ersatzfreiheitsstrafe-gefaehr-det-146142.html [letzter Aufruf: 26.09.2023].

tel den Erfolg einer Maßnahme kennzeichnen. Durch die Anbindung an sozialpädagogisch ausgerichtete Haftvermeidungsmaßnahmen besteht die Möglichkeit, die Probleme, denen die Geldstrafenschuldner ausgesetzt sind, aufzuarbeiten. Vor diesem Hintergrund beschäftigt sich die vorliegende Arbeit mit folgendem Inhalt: „Alternativen zu Ersatzfreiheitsstrafen - eine Rückfalluntersuchung".

Ausgangspunkt für die vorliegende Untersuchung ist die in Niedersachsen installierte Haftvermeidungsmaßnahme „Geldverwaltung statt Vollstreckung von Ersatzfreiheitsstrafe". Diese wird auf den Erfolg der Legalbewährung hin überprüft. Da die Datenerfassung gezeigt hat, dass es trotz der großen Datengesamtheit[8] nur einen kleinen Anteil von Fällen der „Geldverwaltung statt Vollstreckung von Ersatzfreiheitsstrafen" gegeben hat, wird deren Einsatz zwar besondere Aufmerksamkeit geschenkt, die Auswertung im Hinblick auf die Legalbewährung erfolgt jedoch mittels der Zusammenfassung der Haftvermeidungsmaßnahmen „Geldverwaltung statt Vollstreckung von Ersatzfreiheitsstrafen" und der „freien, gemeinnützigen Arbeit".

In *Kapitel 2* wird, nach Darstellung der Strafzwecke, zunächst die Geldstrafe und Ersatzfreiheitsstrafe im Gesamtsystem der strafrechtlichen Sozialkontrolle vorgestellt. Dabei wird die Geldstrafe, ihre Verhängung, sowie das Vorgehen bei Uneinbringlichkeit dargestellt. Diese Darstellung ist notwendig, um sich in *Kapitel 3* den dogmatischen Problemen der Geldstrafe und deren Vollstreckung in Form der Ersatzfreiheitsstrafe widmen zu können. Neben der Frage des angemessenen Schuldausgleichs unter Berücksichtigung des Nettoeinkommensprinzips setzt sich *Kapitel 3* auch mit dem Sinn und Zweck kurzer Freiheitsstrafen auseinander. Durch die Darstellung der Gesetzgebungsgeschichte der Ersatzfreiheitsstrafen, welche zeigt, dass der *Deutsche Bundestag* sich bereits 1985 u. a. mit den Alternativen zur Ersatzfreiheitsstrafe befasste, werden schließlich in *Kapitel 4* die Bedeutung der Straffälligenhilfe und die Sanktionsalternativen zur Ersatzfreiheitsstrafe – die Haftvermeidungsmaßnahmen „Geldverwaltung statt Vollstreckung von Ersatzfreiheitsstrafe" und die „freie, gemeinnützige Arbeit" – aus praktischer Sicht vorgestellt. Neben dem Bundesland Niedersachsen, in welchem die Datenerhebung stattgefunden hat, wird die Praxis der Haftvermeidung bezüglich Ersatzfreiheitsstrafen in Hessen (vgl. hierzu *Kapitel 4.4.1*), Sachsen (vgl. hierzu *Kapitel 4.4.2*) und in Nordrhein-Westfalen (vgl. hierzu *Kapitel 4.4.3*) beschrieben. Nach Darstel-

---

8   Aus insgesamt 56.345 Geldstrafenvollstreckungsakten wurde eine Zufallsstichprobe von 1.014 Akten gebildet.

lung des Forschungsstandes (vgl. hierzu *Kapitel 5*), wende ich mich dem Untersuchungsdesign und der Methode (vgl. hierzu *Kapitel 6*) zu. Ziel ist es, mithilfe der Untersuchung von Fällen der Legalbewährung den Rückfall der Klientel[9] zu ermitteln und anhand einer Vergleichsgruppe der Ersatzfreiheitsstrafe die Effektivität der Haftvermeidungsmaßnahmen „Geldverwaltung statt Vollstreckung von Ersatzfreiheitsstrafen" und der „freien, gemeinnützigen Arbeit" zu beurteilen. Um den Erfolg der jeweiligen Maßnahmen bewerten zu können, soll die Zahl der rückfällig gewordenen Klienten nach einem Zeitraum von drei Jahren[10] gemessen werden. Anhand der durch das Untersuchungsdesign ermittelten Daten, welche ausführlich in *Kapitel 7* vorgestellt werden, folgt im Anschluss die Zusammenfassung der wesentlichen Ergebnisse (vgl. hierzu *Kapitel 8*). In *Kapitel 9* wird der dringende Reformbedarf und der kriminologische Ausblick skizziert.

Die Forschungsarbeit soll dazu beitragen, dass das allgemeine Interesse an der Adaption von Haftvermeidungsmaßnahmen insgesamt, und insbesondere die „Geldverwaltung statt Vollstreckung von Ersatzfreiheitsstrafen", in anderen Bundesländern gefördert bzw. ausgeweitet wird. Zudem soll die Reform des Sanktionssystems durch die Abschaffung der Ersatzfreiheitsstrafe oder alternativ die Aufwertung der Haftvermeidungsmaßnahmen hin zu einer Ersatzstrafe vorangetrieben werden. Auch die Anpassung der Umrechnungsmaßstäbe hinsichtlich der Anzahl der Tagessätze zur Anzahl der Tage Freiheitsstrafe und die Anzahl der Tagessätze zu den abzuleistenden Stunden an „freier, gemeinnütziger Arbeit" soll an Bedeutung gewinnen. Auch dahingehend besteht, trotz des Beschlusses der *Bundesregierung* nach wie vor Handlungsbedarf.

---

9 Zur besseren Lesbarkeit wird im nachfolgenden Text auf die gleichzeitige Verwendung männlicher und weiblicher Sprachformen verzichtet. Soweit personenbezogene Bezeichnungen im Maskulinum stehen, wird diese Form verallgemeinernd verwendet und bezieht sich auf alle Geschlechter.
10 Für die Haftvermeidungsmaßnahme „Geldverwaltung statt Vollstreckung von Ersatzfreiheitsstrafe" beginnend mit der vollständigen Ableistung der Raten laut Zahlblatt in der Strafvollstreckungsakte; für die Verbüßer von Ersatzfreiheitsstrafe mit der Entlassung aus dem Vollzug durch den Vermerk in der Strafvollstreckungsakte. Bei der „freien, gemeinnützigen Arbeit" beginnt der Kontrollzeitraum mit der Ableistung der Stunden durch Mitteilung an die Staatsanwaltschaft.

Kapitel 2: Geldstrafe und Ersatzfreiheitsstrafe im Gesamtsystem der strafrechtlichen Sozialkontrolle

Das Sanktionssystem der strafrechtlichen Sozialkontrolle sieht „mit der Freiheitsstrafe und der Geldstrafe [...] zwei Hauptstrafen"[11] vor. Als „klassische Hauptstrafe schlechthin"[12] kann die Freiheitsstrafe angesehen werden. Diese kann bis maximal zwei Jahren (§ 56 Abs. 2 StGB) zur Bewährung ausgesetzt werden. Folglich kann die Freiheitsstrafe bedingt oder unbedingt verhängt werden.[13] Die Geldstrafe, als „Hauptstrafe der Gegenwart",[14] ist, bei gleichzeitigem Rückgang der freiheitsentziehenden Sanktionen,[15] die am häufigsten verhängte Sanktion im Gesamtsystem der strafrechtlichen Sozialkontrolle.

Betrachtet man die Entwicklung der nach allgemeinem Strafrecht Verurteilten, so werfen die Zahlen, die in der Strafverfolgungsstatistik dargestellt sind,[16] zunächst Fragen auf. Die Strafverfolgungsstatistik weist im Jahr 1950 296.356 Verurteilte aus. Im Jahr 2013 sind dies 674.201 Verurteilte und im Jahr 2021 615.497.[17] Folglich müsste man von einem Anstieg der auch zur Freiheitsstrafe Verurteilten insgesamt ausgehen. Allerdings darf bei der Betrachtung der Zahlen nicht unberücksichtigt bleiben, dass diese absoluten Zahlen wenig aussagekräftig sind. Grund hierfür ist vor allem die Veränderung des Bezugsgebietes im Zuge der Wiedervereinigung der Bundesrepublik Deutschland. Auch unter Beachtung dieser Tatsache kann aber angenommen werden, dass durch den zunehmenden Gebrauch von Opportunitätsvorschriften Kriminalität im unteren Schwerebereich nicht mehr angeklagt, sondern eingestellt wurde.[18]

---

11 Vgl. *Mohr* (2020), S. 1.
12 Vgl. *Meier*, StV 2008, 263; NK/StGB/*Villmow* (2017), vor § 38 Rn. 22.
13 Vgl. *Mohr* (2020), S. 10.
14 Vgl. *Heinz* (2017), S. 210.
15 Vgl. *Heinz* (2017), S. 216.
16 Zu finden bei *Heinz* (2017), S. 216.
17 *Statistisches Bundesamt*, Strafverfolgungsstatistik 2013, 2021, Fachserie 10 Reihe 3.
18 Vgl. *Heinz* (2017), S. 216.

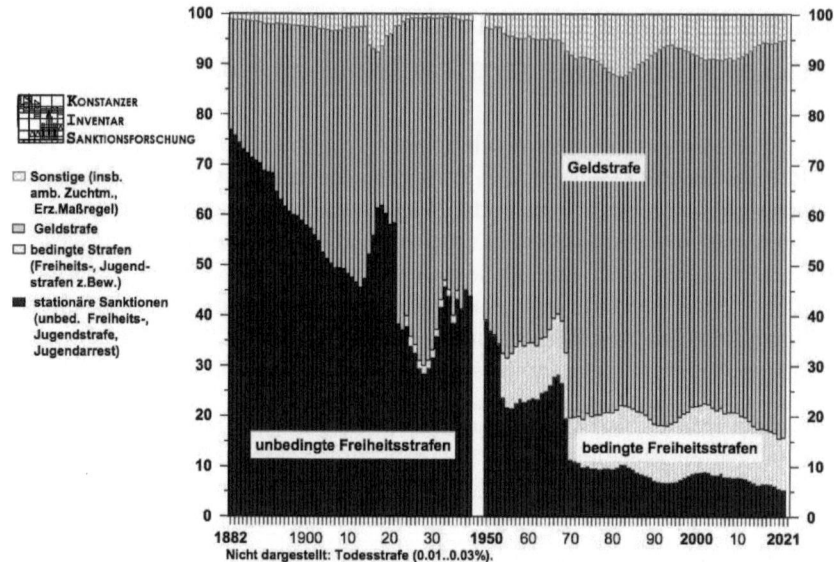

Abbildung 1: Entwicklung der Sanktionierungspraxis (ohne informelle Sanktionen). Deutsches Reich bzw. früheres Bundesgebiet mit Westberlin, seit 1995 mit Gesamtberlin. Anteile bezogen auf nach allgemeinem Strafrecht und nach Jugendstrafrecht Verurteilte[19]

Tatsächlich ist ein Anstieg der freiheitsentziehenden Sanktionen jedoch nicht zu erkennen. Der Rückgang der freiheitsentziehenden Sanktionen ist mit der Einführung des 1. Strafrechtsreformgesetzes, „das die kurze Freiheitsstrafe unter sechs Monaten zugunsten der Geldstrafe („Ultima-ratio-Klausel" des § 47 StGB) zurückdrängte, und dem 2. Strafrechtsreformgesetz von 1969, das das Mindestmaß der Freiheitsstrafe auf einen Monat anhob," in Verbindung zu bringen.[20] Außerdem hat sich „die Sanktionspraxis vor allem durch die 1969 erfolgte Erweiterung des Anwendungsbereichs der Strafaussetzung zur Bewährung sowie deren Anordnungsvoraussetzung verändert."[21] Ein Vergleich im zeitlichen Längsschnitt vom Jahr 1950 bis zum Jahr 2019 verdeutlicht den kontinuierlichen Rückgang der freiheitsentziehenden Sanktionen. So

---

19 Grafik zu finden bei *Heinz*, BewHi 2022, S. 10; siehe auch *Tabelle A1* im Anhang.
20 Vgl. *Heinz* (2014), S. 19; https://www.uni-konstanz.de/rtf/kis/Sanktionierungspraxi s-in-Deutschland-Stand-2012.pdf [letzter Aufruf: 26.09.2023].
21 Vgl. *Heinz* (2017), S. 118.

wurden im Jahr 1950 39,1 % aller nach allgemeinem Strafrecht und Jugend-strafrecht Verurteilten zu einer bedingten oder unbedingten freiheitsentzie-henden Sanktion verurteilt.[22] Im Jahr 2019 waren es nur noch 16,9 %, wobei nur 6,4 % eine unbedingte Freiheitsstrafe erhielten.[23] 10,5 % aller Verurtei-lungen im früheren Bundesgebiet wurden zur Bewährung ausgesetzt.

Auch die neuesten Zahlen aus dem Jahr 2020 weisen den rückläufigen Trend der Verurteilungen zu freiheitsentziehenden Sanktionen nach. So sind im Jahr 2020 nur noch 14,4 % aller nach allgemeinem Strafrecht Verurteilten mit ei-ner Freiheitsstrafe sanktioniert worden, wobei 9,9 % der Freiheitsstrafen zur Bewährung ausgesetzt wurden. 4,5 % sind zur unbedingten Freiheitsstrafe verurteilt worden.[24]

Neben dem Rückgang der freiheitsentziehenden Sanktionen ist gleichsam die Zahl der zur Geldstrafe Verurteilten vom Jahr 1950 in Höhe 60,9 % auf 85,6 % im Jahr 2020 gestiegen.[25]

Schaut man sich die Geldstrafe hinsichtlich der Anzahl der Tagessätze an, so zeigt sich, dass am häufigsten Geldstrafen mit einer Tagessatzanzahl bis zu 90 Tagessätzen verhängt wurden. Im Jahr 2012 waren es 93 % aller zu einer Geldstrafe Verurteilten und im Jahr 2020 90,6 %.[26]

---

22 Vgl. *Heinz*, BewHi 2022, 9, wobei die „(unbedingt oder bedingt verhängten) damaligen freiheitsentziehenden Strafen des StGB (Zuchthaus, Gefängnis und Haft) und die freiheits-entziehenden Sanktionen des JGG (Jugendgefängnis, Jugendarrest und Fürsorgeerzie-hung)" gemeint sind.

23 Vgl. *Heinz*, BewHi 2022, 9.

24 Vgl. Eigene Berechnungen anhand der Zahlen des Statistischen Bundesamtes (2020), Fachserie 10, Reihe 3, S. 208 ff. abrufbar unter: https//www.destatis.de/DE/Themen/ Staat/Justiz-Rechtspflege/Publikationen/Downloads-Strafverfolgung/strafverfolgungs-2100300207004.pdf?_blob=publicationFile [letzter Aufruf:06.09.2023].

25 Vgl. Eigene Berechnungen anhand der Zahlen des *Statistischen Bundesamtes* (2020), Fachserie 10, Reihe 3, S. 208 ff. abrufbar unter: https//www.destatis.de/DE/Themen/ Staat/Justiz-Rechtspflege/Publikationen/Downloads-Strafverfolgung/strafverfolgungs-2100300207004.pdf?_blob=publicationFile [letzter Aufruf: 06.09.2023].

26 Vgl. Eigene Berechnungen anhand der Zahlen des *Statistischen Bundesamtes* (2020), Fachserie 10, Reihe 3, S. 208, abrufbar unter: https//www.destatis.de/DE/Themen/Staat/ Justiz-Rechtspflege/Publikationen/Downloads-Strafverfolgung/strafverfolgungs-2100300207004.pdf?_blob=publicationFile [letzter Aufruf: 06.09.2023].

Tabelle 1: Belegungsentwicklung in Strafvollzug und Anteile von EFS Verbüßenden, 2004-2021 in Deutschland stichtagsbezogen (Auswirkungen der Corona-Pandemie nach dem 28.2.2020)[27]

Datum	Belegung Justizvollzug insgesamt	Strafvollzug Erwachsene	Ersatzfreiheitsstrafe	% bzgl. der Freiheitsstrafe im Erwachsenenvollzug
31.8.2004	79.329	54.015	3.625	6,7 %
31.8.2007	73.319	52.632	3.707	7,0 %
31.8.2010	70.103	51.015	3.880	7,6 %
31.8.2013	63.317	45.923	3.964	8,6 %
31.8.2017	64.223	45.246	4.700	10,4 %
31.3.2018	62.194	42.873	4.753	11,1 %
28.2.2020	63.852	45.062	4.773	10,6 %
30.6.2020	57.624	38.644	1.335	3,5 %
30.11.2020	58.359	40.917	2.973	7,3 %
30.06.2021	57.333	40.783	2.891	7,1 %
30.11.2021	57.854	41.152	4.652	11,3 %
30.06.2022	56.350	40.199	4.411	11,0 %

„Im Allgemeinen hat sich die Geldstrafe einschließlich des Tagessatzsystems […] bewährt, denn sie wird letztlich in über 90 % der Fälle bezahlt und damit erfolgreich vollstreckt."[28] Als problematisch kann die Geldstrafe dann angesehen werden, wenn diese nicht beigetrieben werden kann und über die Ersatzfreiheitsstrafe vollstreckt werden muss. *Tabelle 1* zeigt die jährliche Entwicklung des Anteils der Ersatzfreiheitsstrafe in Deutschland bezogen auf die Anzahl der erwachsenen Verbüßenden im Vollzug zum jeweiligen Stichtag. Die Zahlen verdeutlichen, dass trotz des Rückgangs der Belegungszahlen im

---

27 Vgl. *Dünkel* (2023), S. 11.   Quelle: Statistisches Bundesamt: Bestand der Gefangenen und Verwahrten, www.destatis.de.
28 Vgl. *Dünkel* (2022), S. 254.

Erwachsenenstrafvollzug seit dem Jahr 2003 um 32 %[29] ein gleichzeitiger Anstieg der Ersatzfreiheitsstrafenverbüßenden zu verzeichnen ist. Diese Entwicklung, verbunden mit den dogmatischen Problemen der Geldstrafe und ihrer Vollstreckung, weist den dringenden Handlungsbedarf hinsichtlich der Reformierung des Sanktionssystems im Bereich der Ersatzfreiheitsstrafen auf.

Das Absinken des prozentualen Anteils von Ersatzfreiheitsstrafgefangenen im Vollzug im Jahr 2020 lässt sich mit den Corona-bedingten Entlassungen aus dem Vollzug begründen.[30] Aussagekräftig sind diese Zahlen in Bezug auf die Verhinderung von Ersatzfreiheitsstrafen nicht. Vielmehr scheint es zum Ende der Pandemie nur ein „episodenhafter Rückgang"[31] ohne Auswirkung auf die Zahlen der Ersatzfreiheitsstrafgefangenen nach der Pandemie zu sein. Zum 30.06.2022 wurde der Ausgangswert vor Corona wieder erreicht.

Die Zahlen verdeutlichen somit einen dringenden Handlungsbedarf. Um im Folgenden auf die zahlreichen kritischen Fragestellungen und die Reformierungsforderungen, die mit der Geldstrafe und ihrer Vollstreckung verbunden sind, eingehen zu können, ist es zunächst angezeigt, auf die allgemeinen Strafzwecke, den Verlauf der Sanktionierung im Bereich der Geldstrafe bis hin zur Anordnung und Vollstreckung einer Ersatzfreiheitsstrafe einzugehen.

1. Strafzwecke

Überlegungen zur Reform der Geldstrafe und ihrer Vollstreckung bei Uneinbringlichkeit sollten unter Berücksichtigung des mit der Strafe verfolgten Zwecks vorgenommen werden. Dabei sind mit der Verhängung einer Strafe drei legitime Aspekte einer angemessenen Strafsanktion auszumachen.

Zum einen ist hiermit die Repression in Form des Ausgleichs der Schuld bzw. der Vergeltung des Unrechts gemeint. Diese Strafzwecke werden von den absoluten Straftheorien verfolgt, deren Vertreter in Deutschland im Rahmen des

---

29 Vgl. *Dünkel* (2023), S. 11.
30 Hierzu ausführlich *Dünkel/Morgenstern* (2020); *Dünkel* (2022), S. 256, 257; *Bögelein*, NK 2022.
31 Vgl. *Dünkel* (2023), S. 11.

Idealismus vor allem *Hegel* und *Kant* waren.[32] „Die Strafe hat die Aufgabe, das geschehene Unrecht zu vergelten und hierdurch Gerechtigkeit zu üben."[33]

Neben der Repression verfolgen die relativen Straftheorien präventive Zwecke, indem sie die Aufgabe der Strafe darin sehen, „weiteren Normbrüchen entgegenzuwirken und das damit verbundene weitere Leid zu verhindern (Prävention)".[34] Im Rahmen der Prävention wird zwischen zwei verschiedenen Wirkungsebenen der Strafe unterschieden. Zum einen ist diese auf die Einwirkung des Täters (Spezialprävention im Sinne des § 46 Abs. 1 S. 2 StGB) ausgerichtet, zum anderen auf die Allgemeinheit (Generalprävention).[35] Im Rahmen der Prävention wird die negative und positive Spezial-/Generalprävention unterschieden. Die negative Spezialprävention meint damit die individuelle Abschreckung des Täters, welcher z. B. durch eine Geldstrafe eine Art „Denkzettel" erhält. Die positive Spezialprävention meint im Sinne des § 46 Abs. 1 S. 2 StGB eine Strafzumessung, bei der der „Sozialisation" eine besondere Bedeutung zukommt. „Dabei geht es nicht nur um die Wiedereingliederung (Resozialisierung) des schon aus der Bahn geworfenen Täters in die Gesellschaft, vielmehr soll der Richter bei der Zumessung der Strafe auch darauf achten, dass sie nicht ohne Not einen bereits angepassten Täter aus der sozialen Ordnung herausreißt (‚entsozialisiert')."[36] Die Theorie der Spezialprävention wurde in Deutschland insbesondere durch den Kriminalpolitiker *Franz von Liszt* geprägt.[37] Neben der Spezialprävention bezieht sich die Generalprävention auf die Allgemeinheit, wobei die negative Generalprävention auf die Abschreckung der Gesellschaft und die positive Generalprävention auf die „Geltung der normativen Ordnung und das Vertrauen in deren Durchsetzungskraft" sowie Stärkung der „Rechtstreue der Bevölkerung" ausgerichtet ist.[38] Begründer der Theorie der Generalprävention war *Paul Johann Anselm von Feuerbach*.[39]

Das Strafrecht der Bundesrepublik folgt den Vereinigungstheorien, nach denen alle genannten Theorien als legitime Aspekte bei der Verhängung einer

---

32 Vgl. *Hegel* (1986); *Kant* (1990). Häufig wird die Zuordnung zu *Hegel* und *Kant* jedoch verkürzt dargestellt, „wenn diesen Vertretern einer ganz am Tatausgleich orientierten Strafmaßbestimmung ohne Weiteres unterstellt wird, sie würden eine präventive Grundlage des Strafrechts leugnen". *Streng* (2012), Rn. 11.

33 Vgl. *Meier* (2019), S. 18, 19.

34 Vgl. *Meier* (2019), S. 21.

35 Vgl. *Meier* (2019), S. 21; *Streng* (2012), S. 17.

36 Vgl. *Bruns/Güntge* (2019), S. 109; *Streng* (2012), S. 18.

37 Vgl. *von Liszt* (1892).

38 Vgl. *BVerfGE* 45, S. 187, 256; *Bruns/Güntge* (2019), S. 109; *Streng* (2012), Rn. 23.

39 Vgl. *Meier* (2019), S. 22.

Strafe angesehen werden.[40] Folglich finden sich die Straftheorien an unterschiedlichen Stellen im StGB wieder. In § 46 Abs. 1 S. 1 StGB heißt es: „Die Schuld des Täters ist Grundlage für die Zumessung der Strafe." Dies deutet auf die Vergeltungstheorie hin, welche im Rahmen des Talionsprinzips einen Ausgleich zwischen der verhängten Strafe und dem Grad der persönlichen Schuld des Täters schaffen soll (*nulla poena sine culpa*).[41] Spezialpräventive Strafzwecke können aus § 46 Abs. 1 S. 2 StGB herausgelesen werden. Dort heißt es: „Die Wirkungen, die von der Strafe für das künftige Leben des Täters in der Gesellschaft zu erwarten sind, sind zu berücksichtigen." Auffällig ist, dass die grundlegende Strafzumessungsrichtlinie des § 46 Abs. 1 StGB den Strafzweck der Generalprävention nicht erwähnt hat. Dies hat vermutlich historische Gründe welche aus der Befürchtung folgern, „dass eine generalpräventive Strafschärfung – wenn man sie schrankenlos bis zum brutalen Exempelstatuieren zuließe – zu schuldüberschreitenden Übermaßstrafen führen müsse und in der Vergangenheit als Grundlage für die auf das Schutzprinzip gestützte Terrorjustiz der Nationalsozialisten gedient habe".[42] Die Formulierung „Verteidigung der Rechtsordnung" in den §§ 47 Abs. 1, 56 Abs. 3, 59 Abs. 1 S. 1 Nr. 3 StGB deutet auf die allgemeine Akzeptanz der Theorie der Generalprävention hin.

Gegen die absolute Straftheorie (Vergeltungstheorien) spricht, dass es nicht zu begründen ist, warum es zur Erreichung einer Gerechtigkeit überhaupt einer Strafe bedarf. Die Schaffung eines „Gleichgewichts zwischen Recht und Unrecht" könnte durch wiedergutmachende Maßnahmen, wie den Täter-Opfer-Ausgleich, herbeigeführt werden.[43] Strafe dürfe darüber hinaus nie Selbstzweck sein[44], vielmehr müsse mit der „Folgenorientierung" der Eingriff in die Grundrechte gerechtfertigt werden.[45] Zudem wird eingewandt, dass neben der Repression weitere Strafzwecke nicht verfolgt werden, so dass dies auf „eine Instrumentalisierung des Straftäters zur Verbrechensverhütung hinauslaufen könnte".[46]

Gegen die Theorie der Generalprävention wird vorgebracht, dass es „keinen inhaltlichen Maßstab zur Begrenzung der Strafe" gibt.[47] Es stellt sich die

---

40 Vgl. *BVerfGE* 28, S. 278; 32, S. 109; 45, S. 253 f.
41 Vgl. *Bruns/Güntge* (2019), S. 106.
42 Vgl. *Bruns/Güntge* (2019), S. 112; *Bruns* (1974), S. 238.
43 Vgl. *Meier* (2019), S. 12.
44 Vgl. *BVerfGE* 39, S. 46.
45 Vgl. *Meier* (2019), S. 20, 21.
46 Vgl. *Streng* (2012), Rn. 11.
47 Vgl. *Meier* (2019), S. 24.

Frage, wie viel Strafe notwendig ist, um die Rechtstreue der Bevölkerung zu erhalten oder potenzielle Täter abzuschrecken. Zudem würde der Täter zum Objekt staatlichen Handelns gemacht werden, indem man diesen bestrafen würde, um bei Dritten einen Effekt zu erzielen.[48] Ohne einen individuellen Effekt beim Täter anzustreben, würde dies gegen die Menschenwürde verstoßen. Zudem muss gegen die Abschreckungstheorie vorgebracht werden, dass zwar „in vielen sozialen Bereichen an der abschreckenden Wirkung von angedrohten Nachteilen gar nicht zu zweifeln ist",[49] diese Abschreckungswirkung aber eine lückenlose Überwachung voraussetzt. Diese existiert aber zumeist nicht.[50] In der Folge werden sich tatgeneigte Menschen damit begnügen, die Tat so zu planen, dass sie nicht entdeckt wird. Sie betreiben eine Art „Risikomanagement".[51] Die Abschreckung steht dabei nicht im Vordergrund. „Zur empirischen Beweisbarkeit generalpräventiver Bedeutung des Strafrechts" lässt sich sagen, dass es zwar „deutliche Hinweise auf eine präventive Relevanz von Normbekräftigung durch Strafe" geben kann, eine „echte Wirkungsmessung" aber bisher nicht erfolgreich durchgeführt worden ist.[52]

Die Theorie der Spezialprävention birgt das Problem „ausufernder Strafen".[53] Da die Spezialprävention kein Maßprinzip liefert, müssten Strafen grds. von unbestimmter Dauer sein, das heißt Täter müssten so lange im Vollzug verbleiben, bis sie resozialisiert seien. Dies würde zur Folge haben, dass auch für Bagatelldelikte langjährige Haftstrafen denkbar wären. Dies allerdings findet seine Grenze im Schuld- bzw. Verhältnismäßigkeitsprinzip. Gegen die Spezialprävention spricht zudem, dass diese auf nicht resozialisierungsbedürftige Täter eigentlich nicht anwendbar ist. Man denke an Fälle, die infolge eines Kriegsverbrechens (z. B. die sog. NS-Mörder) entstanden sind. Nach Ende der Regime-Herrschaft macht eine Bestrafung aus rein spezialpräventiver Sicht keinen Sinn.

Die positiven Aspekte der einzelnen Straftheorien werden durch die Vereinigungstheorien, die die verschiedenen Strafzwecke auf unterschiedlichen Ebenen verankern, in einen vernünftigen Ausgleich gebracht.

---

48 Vgl. *Roxin*, JS 1966, 380.
49 Vgl. *Streng* (2012), Rn. 65.
50 Vgl. hierzu bei dem Delikt der Beförderungserschleichung, *Kapitel 9.1.1.*
51 Vgl. *Streng* (2012), Rn. 65.
52 Vgl. *Streng* (2012), Rn. 65; NK/StGB/*Streng* (2017), § 46, Rn. 43, 44; *Mohr* (2020), S. 8.
53 Vgl. *Mohr* (2020), S. 7.

„Da die Folgenorientierung die Strafe zu einen mit dem Menschenbild des Grundgesetzes vereinbaren Eingriff macht"[54] wird gegenwärtig die „präventive Vereinigungstheorie"[55], die in § 46 Abs. 1 StGB verankert und damit ebenfalls in der gesetzlichen Konzeption vorgesehen ist,[56] vertreten.[57] Dem Verurteilten soll durch die Strafe die Verantwortung für das begangene Unrecht zugewiesen werden. Mit der individuellen Bestrafung infolge eines Normenverstoßes wird gleichzeitig die Bedeutsamkeit des Rechtsgüterschutzes und das Interesse des Staates an dem Bestand und Schutz der Rechtordnung verdeutlicht. Folglich wird durch die Strafe auf den Täter und die Gesellschaft eingewirkt. Entscheidend ist hierbei, dass „zwischen der Schwere der Tat und der Schwere der Strafe Wertgleichheit bestehen" muss (Proportionalität der Strafe).[58] Die Schwere der Tat wird von der Schuld des Täters bestimmt.[59] Bei den gegenwärtig vertretenden präventiven Vereinigungstheorien muss das Schuldprinzip als „limitierender Faktor" für die Höhe der Strafe Beachtung finden.[60] Auf das Spannungsverhältnis zwischen den Strafzwecken und die Bedeutung für die Strafzumessung wird im Folgenden eingegangen.

Bezieht man die Strafzwecke nunmehr auf die Sanktion der Geldstrafe, so hat diese sicherlich vorrangig einen negativ-spezialpräventiven Einschlag, indem der Täter durch den Eingriff in sein Vermögen zukünftig von weiteren Taten abgehalten werden soll. Darüber hinaus kann der Geldstrafe jedoch auch ein

---

54 Vgl. *Meier* (2019), S. 35.
55 Vgl. *Roxin/Greco* (2020), S. 151 ff.
56 Vgl. *Harrendorf* (2007), S. 92, „§ 46 I 1 StGB (Vergeltungsgedanke) im Verhältnis zu dem in § 46 I 2 StGB verkörperten Gedanken der (Spezial-)Prävention".
57 Dies entspricht der herrschenden Ansicht, vgl. *Jescheck/Weigend* (1996), S. 75 ff., „Die Vereinigungstheorien versuchen, zwischen den absoluten und relativen Theorien zu vermitteln, natürlich nicht durch bloße Summierung sich widersprechender Grundgedanken, wohl aber durch die praktische Überlegung, daß die Strafe in der Wirklichkeit ihrer Anwendung gegenüber dem betroffenen Menschen und der Allgemeinheit die Gesamtheit ihrer Funktionen zu entfalten vermag, so daß es darauf ankommt, sämtliche Strafzwecke in ein ausgewogenes Verhältnis zueinander zu bringen […]."
58 Vgl. *Meier* (2019), S. 36; *Harrendorf* (2020), S. 357 vertritt entgegen der h. M. die Auffassung, dass der Verhältnismäßigkeitsgrundsatz und das Schuldprinzip nicht partiell als deckungsgleich angesehen werden können. „Das Schuldprinzip bewertet als Tatproportionalitätsprinzip die Anlass-Folge-Relation zwischen Tat und Strafe auf ihre Angemessenheit, während der Verhältnismäßigkeitsgrundsatz die Zweck-Mittel-Relation zwischen Strafe und präventivem Ertrag, also dem Gewinn an Rechtsgüterschutz, bewertet. Strafandrohung und Strafe müssen daher sowohl tatproportional als auch verhältnismäßig sein (Prinzip der Meistbegünstigung)."
59 Vgl. *BVerfGE* 20, S. 323, 331.
60 Vgl. *Bruns/Güntge* (2019), S. 107.

generalpräventiver Strafzweck zukommen, indem diese die Normverdeutlichung z. B. bei Trunkenheitsdelikten im Straßenverkehr stärken kann[61] und damit die Norm bekräftigt. Zum Alkohol im Straßenverkehr und der generalpräventiven Wirkung hat *Schöch* gezeigt, dass die Geldstrafe in Verbindung mit dem Führerscheinentzug zur Reduzierung der Verkehrskriminalität beigetragen hat, was man sowohl negativ- wie positiv-generalpräventiv deuten kann. Letztlich ist auch der Schuldausgleich bei der Geldstrafe von Bedeutung, die Strafzumessung ist im Straßenverkehrsbereich z. B. stark von Richtlinien der Staatsanwaltschaften geprägt (ähnlich *sentencing guidelines* im anglo-amerikanischen Rechtskreis). „Obwohl immer wieder Bedenken gegen einen solchen Katalog von Strafzumessungs-Richtlinien vorgebracht wurden[62], sind sie bei richtigem Gebrauch durchaus geeignet, die Strafzumessungserwägungen der Tatrichter zu intensivieren."[63]

2. Die Geldstrafe

Die Geldstrafe kann definiert werden als ein „in Ausübung der staatlichen Strafhoheit erfolgender Eingriff in das Vermögen des Bestraften, bei dem das Maß des Eingriffs in Geld bezeichnet wird."[64] Mit Erlass des „Gesetzes zur Erweiterung des Anwendungsgebietes der Geldstrafe und zur Einschränkung der kurzen Freiheitsstrafe" am 21. Dezember 1921 trat die Geldstrafe erstmals als Hauptstrafe in Erscheinung.[65] „Die letzte Ausweitung des Geltungsbereichs der Geldstrafe im Ersten Strafrechtsreformgesetz von 1969 erfolgte" zu einer Zeit in der die Wirtschaftslage günstig war.[66] Mit den Strafrechtsreformgesetzen von 1969 und 1975 erfolgte die Umstellung auf das Tagessatzsystem

---

61 Vgl. *Schöch* (1973), S. 194 ff.; *Kaiser* (1970), S. 365 ff., 368. Diskutiert wird die Zu- und Abnahme von Delikten (insbesondere bei den Trunkenheitsdelikten) als Indikator für die generalpräventive Effektivität strafrechtlicher Sanktionen. Aus dieser Diskussion lässt sich schlussfolgern, dass die Geldstrafe durchaus eine generalpräventive Wirkung aufweist, *Schöch* (1973), S. 210, 211. „Erst wenn neben einer gleichmäßigen und damit einprägsamen Geldstrafenpraxis die Mittel der öffentlichen Verkehrserziehung im weitesten Sinne, die maßvolle Steigerung der Verfolgungsintensität und die generalpräventive Nebenwirkungen der Entziehung der Fahrerlaubnis nicht ausreichen, um die Zunahme der Alkoholdelikte im Verkehr im Rahmen der bisherigen Grenzen zu halten, ist die Überlegenheit der Freiheitsstrafe und damit ihre Unerlässlichkeit zur Verteidigung der Rechtsordnung anzuerkennen."
62 Vgl. zusammenfassend *Horstkotte, JZ* 1970, 125.
63 Vgl. *Schöch* (1973), S. 2.
64 Vgl. *Zipf* (1966), S. 24.
65 Vgl. *Fehl* (2001), S. 33; *Reichsgesetzblatt* (1921), S. 1604 f.
66 Vgl. *Wilde*, MSchrKrim 2015, 348; *Kaiser* (1993), S. 604.

und zugleich die Priorisierung der Geldstrafe im Bereich von Freiheitsstrafen von unter 6 Monaten, die nur noch ausnahmsweise verhängt werden sollen (vgl. § 47 StGB). In *Kapitel 2.3* wird auf die Umsetzung des Tagessatzsystems und in *Kapitel 3.2* auf die damit einhergehenden Unzulänglichkeiten bei der Geldstrafenbemessung eingegangen.

Es schien, als würde nahezu jeder „über ausreichende finanzielle Mittel verfügen", „um die Strafe auch bezahlen zu können".[67] Die Geldstrafe sollte, als Strafe für den „Normalbürger"[68], „die Stellung des Verurteilten im Wirtschaftsprozess nicht gefährden".[69] Heute, nach rund 50 Jahren, ist die Gesellschaft, in der nach wie vor Geldstrafen eingesetzt werden, eine andere. Die Zahl der Menschen ohne Arbeit sinkt zwar, jedoch beklagt vor allem die Mittelschicht den Mangel an Normalarbeitsverhältnissen.[70] Nicht unerwähnt soll hier die künstliche Senkung der Arbeitslosenzahlen durch die Vermittlung von Langzeitarbeitslosen in sogenannte Arbeitsgelegenheiten mit Mehraufwandsentschädigungen, umgangssprachlich „Ein-€-Jobber", bleiben. Die Entwicklung zeigt, dass „die Strafrechtsreformen von 1969 und 1975 mit der weitgehenden Zurückdrängung originärer kurzer Freiheitsstrafen (vgl. § 47 StGB) [...] das Problem vor allem des sekundären kurzen Freiheitsentzugs im Wege der Ersatzfreiheitsstrafe[71] nicht gelöst[72] haben. Dies macht die gegenwärtige Forschung wichtiger denn je.

3. Verhängung der Geldstrafe

Die Ermittlung der Geldstrafe orientiert sich seit dem Jahr 1975 an dem nach skandinavischem Vorbild entwickeltem Tagessatzsystem.[73] Die Höhe der Geldstrafe ergibt sich danach aus der Multiplikation von Tagessatzzahl und -

---

67 Vgl. *Hirsch* (1986), S. 135; *Wilde*, MSchrKrim 2015, 348.
68 Vgl. *Kaiser* (1971), S. 150.
69 Vgl. *Wilde*, MSchrKrim 2015, 348; *Kaiser* (1993), S. 604.
70 Vgl. *Wilde*, MSchrKrim 2015, 349, *Wilde* beschreibt das Normalarbeitsverhältnis als „eine unbefristete, sozial abgesicherte und tariflich entlohnte Vollzeittätigkeit".
71 „Mit dem Begriff der „sekundären Freiheitsstrafe" ist der Fall gemeint, dass das erkennende Gericht zunächst im Urteil eine andere Sanktionsform ausspricht (z. B. eine Geldstrafe verhängt [...]), die Vollstreckung dieser anderen Sanktion aber nicht in der vorgesehenen Weise möglich ist (z. B. weil die Geldstrafe nicht beigetrieben werden kann [...]) [...]". Vgl. *Meier* (2019), S. 90. Auch bei der „sekundären Freiheitsstrafe" „handelt es sich um eine echte Kriminalstrafe, deren Vollstreckung und Vollzug denselben Regeln" wie bei der „primären Freiheitsstrafe" folgt. *Meier* (2019), S. 90.
72 Vgl. *Dünkel* (2018a), S. 57 f., 2021.
73 Vgl. *Villmow* (2020), S. 530; *Schildbach* (2015), S. 39.

höhe der Geldstrafe. Die Entscheidung über die Geldstrafe erfolgt gemäß § 40, 42 StGB in drei Schritten. Nach der Festlegung der Anzahl der Tagessätze (1. Schritt), werden die Höhe der Tagessätze (2. Schritt) und letztlich eventuelle Zahlungserleichterungen (3. Schritt) festgelegt.

In einem ersten Schritt wird die Anzahl der Tagessätze durch den Richter aufgrund allgemeiner Strafzumessungsgesichtspunkte bestimmt. Dabei sagt die Anzahl etwas über die Art und Schwere eines Vergehens,[74] somit über den Unrechts- und Schuldgehalt der Tat[75] aus. Gemäß § 40 Abs. 1 StGB können mindestens fünf, maximal jedoch 360 Tagessätze und bei Gesamtstrafen 720 Tagessätze (§ 54 Abs. 2 S. 2 StGB) verhängt werden. Die Strafverfolgungsstatistik zeigt für das Jahr 2021, dass von den 524.643 zu einer Geldstrafe Verurteilten, lediglich 4.193 Personen einen Tagessatz von über 180 Tagessätzen erhalten haben (0,79 %).[76] Am häufigsten liegen Geldstrafen in Höhe von fünf bis 90 Tagessätzen vor (N= 502.461, 90,6 %),[77] wobei 49,8 % auf eine Tagessatzanzahl in Höhe von 31 bis 90 Tagessätzen entfallen. „Im Bereich von über 90 Tagessätzen scheint die Praxis also der Auffassung zu sein, dass alleine eine Geldstrafe nur selten zielführend ist. Aufgrund fehlender Alternativen kommt dann in der Regel nur eine (möglicherweise bedingte) Freiheitsstrafe in Betracht."[78] Wie *Mohr*[79] schlussfolgerte, widerspricht dieses Ergebnis dem § 47 Abs. 1 StGB, da kurze Freiheitsstrafen[80] grundsätzlich vermieden werden sollten. Ein Tagessatz entspricht gemäß § 43 S. 2 StGB einem Tag Freiheitsstrafe.

Die Bemessung der Höhe des einzelnen Tagessatzes ist in einem zweiten Schritt notwendig. Dieser ist von der Bestimmung der Tagessatzanzahl zu trennen und richtet sich gemäß § 40 Abs. 2 S. 1 StGB nach den persönlichen

---

74 Vgl. *Selle* (1996), S. 25.
75 Vgl. *Villmow* (2017), S. 6.
76 Vgl. Eigene Berechnungen anhand der Zahlen des *Statistischen Bundesamtes* (2021), Fachserie 10 Reihe 3, S. 208 ff., abrufbar unter: https//www.destatis.de/DE/Themen/Staat/Justiz-Rechtspflege/Publikationen/Downloads-Strafverfolgung/strafverfolgungs-2100300207004.pdf?_blob=publicationFile [letzter Aufruf: 06.09.2023].
77 Vgl. *Heinz* (2014), S. 72.
78 Vgl. *Mohr* (2020), S. 24.
79 Vgl. *Mohr* (2020), S. 24.
80 Gem. § 47 Abs. 1 StGB sind kurze Freiheitsstrafe diejenigen, die bis zu sechs Monaten verhängt werden und damit auch Geldstrafen mit Tagessätzen über 90 Tagessätzen betreffen. Bei der Ersatzfreiheitsstrafe handelt es sich zwar nicht im klassischen Sinn um eine Freiheitsstrafe, da mit dieser lediglich die Sanktion der Geldstrafe vollstreckt wird, allerdings dürfte deren Vollstreckung durch die kurze Freiheitsstrafe dem Sinn des § 47 Abs. 1 StGB zuwiderlaufen. Siehe zum Thema auch *Kapitel 5.1*.

und wirtschaftlichen Verhältnissen des Täters.[81] „Sie gehören zu den Strafzumessungstatsachen."[82] Hinsichtlich der wirtschaftlichen Verhältnisse des Täters ist das tatsächliche oder mögliche Nettoeinkommen eines Geldstrafenschuldners an einem Tag entscheidend.[83] In der Regel bedeutet dies in der richterlichen Praxis, dass das monatliche Nettoeinkommen durch dreißig geteilt wird.[84] „Unter dem strafrechtlichen Begriff des Nettoeinkommens sind [...] die Einnahmen des Täters zu verstehen, von denen die Steuern, die Sozialabgaben, vergleichbare Abgaben für die private Alters- oder Krankenversicherung, Betriebsausgaben und Werbungskosten abzuziehen sind."[85] „Die Wirkung der Geldstrafe [soll] in dem Zwang für den Verurteilten [liegen], auf Konsum und Bedürfnisbefriedigung verzichten zu müssen."[86] Er soll folglich in seinem Vermögen betroffen werden, was voraussetzt, dass die Geldstrafe so bemessen sein muss, dass diese den Taten im Unrechts- und Schuldgehalt individuell entspricht.[87] Ein Täter, der über wenig Nettoeinkommen verfügt, soll sich durch die verhängte Geldstrafe gleich betroffen fühlen, wie ein anderer Täter, der ein gutes Auskommen hat. Das Vorgehen zur Ermittlung der Tagessatzhöhe orientiert sich damit an dem Grundsatz der „Opfergleichheit".[88] „Bei der Berücksichtigung" der wirtschaftlichen Verhältnisse des Täters handelt es sich somit um einen „immanenten Bestandteil einer sozial ausgerichteten Rechtsordnung".[89]

Die Höhe des Tagessatzes wurde zunächst zwischen einem und 5.000 € festgelegt. Um besonders schweren Fällen der Wirtschaftskriminalität begegnen zu können, wurde im Jahr 2009 eine Erhöhung des Tagessatzsystems auf ma-

---

81 Vgl. *Schildbach* (2015), S. 39; die mangelnde Ermittlung des tatsächlichen Einkommens führt meist zum Problem der uneinbringlichen Geldstrafe (siehe *Kapitel 3.2*), *Hennig*, BewHi 1986, 298 ff.

82 Vgl. *Bruns/Güntge* (2019), S. 246.

83 Vgl. *Meier* (2019), S. 71.

84 Vgl. *Villmow* (2017), S. 6.

85 Vgl. *Meier* (2019), S. 71.

86 Vgl. *Bruns/Güntge* (2019), S. 84.

87 Vgl. Schönke/Schröder/StGB/*Stree/Kinzig* (2019), § 40 Rn. 1; *Meier* (2019), S. 67.

88 Vgl. *Villmow* (1998), S. 1299; *Villmow* (2017), S. 6; *BGHSt* 27, 72; Der Begriff der „Opfergleichheit" ist verwirrend, wenn man berücksichtigt, dass es hier um die Gleichbehandlung der Täter bei der Bemessung der Geldstrafe geht. Richtiger wäre es von einer „Tätergleichheit" zu sprechen.

89 Vgl. *Hans. OLG Hamburg* GA 1957, 247; *Bruns/Güntge* (2019), S. 251; *Laule* (2009), S. 47.

ximal 30.000 € vorgenommen. Die maximale Geldstrafe bei einer Zugrundelegung von 360 Tagessätzen beträgt somit 10.800.000 € beziehungsweise –
bei Tatmehrheit – 21.600.000 €.[90]

Neben den wirtschaftlichen Verhältnissen können auch die persönlichen Verhältnisse Einfluss auf den Vorgang der Strafzumessung haben.[91] „Von sehr
großer Bedeutung sind die Verhältnisse des Täters für die Herausarbeitung
des Präventionsbildes, das letztlich für die Wahl der richtigen Sanktionsart –
Geld- oder Freiheitsstrafe, Strafvollstreckung oder Vollstreckungsaussetzung
zur Bewährung – von Bedeutung ist.“[92] Ob die persönlichen Verhältnisse als
Maßstab für den Schuldumfang und die wirtschaftlichen Verhältnisse des Täters durch das Nettoeinkommensprinzip tatsächlich Berücksichtigung finden,
wird ebenfalls in *Kapitel 3.2* bei den dogmatischen Problemen der Geldstrafe
betrachtet.

Ist es dem Verurteilten aufgrund der persönlichen und wirtschaftlichen Verhältnisse nicht zuzumuten die Geldstrafe sofort zu zahlen, sieht das Gesetz in
einem dritten Schritt gem. § 42 StGB Zahlungserleichterungen vor. Dies können die Stundung oder Ratenzahlung sein, die auch nachträglich vereinbart
werden können, § 459a StPO. Ein ablehnender Beschluss des zuständigen
Rechtspflegers wird auf Antrag von der Staatsanwaltschaft überprüft. Gem.
§ 459h StPO können Einwendungen beim örtlich zuständigen Amtsgericht
gegen ablehnende Entscheidungen des Staatsanwalts erhoben werden. Problematisch wird es bei Zahlungserleichterungen dann, wenn die Verurteilten an
multiplen Problemlagen leiden und selbst bei der Vereinbarung von Raten an
ihre Grenzen stoßen.

4. Folgen der Nichtleistung – die Problematik der Unein-
bringlichkeit der Geldstrafe

„Die Ersatzfreiheitsstrafe […] soll die Durchsetzbarkeit der Geldstrafe gewährleisten und damit sicherstellen, dass auch diese mildere Strafart ernst genommen wird.“[93] In § 43 StGB heißt es: „An die Stelle einer uneinbringlichen
Geldstrafe tritt Freiheitsstrafe. Einem Tagessatz Geldstrafe entspricht ein Tag
Freiheitsstrafe. Das Mindestmaß der Ersatzfreiheitsstrafe ist ein Tag.“

---

90 Vgl. *Bruns/Güntge* (2019), S. 75.
91 Vgl. *Bruns/Güntge* (2019), S. 246 f.
92 Vgl. *Bruns/Güntge* (2019), S. 247.
93 Vgl. *Bruns/Güntge* (2019), S. 73.

Gem. § 459e Abs. 1 StPO wird die Ersatzfreiheitsstrafe auf Anordnung der Vollstreckungsbehörde vollstreckt. § 459e Abs. 2 StPO zählt zwei Alternativen auf, die für diese Anordnung vorausgesetzt werden. Die 1. Alternative beinhaltet, dass die Geldstrafe nicht eingebracht werden kann. Nach der 2. Alternative muss die Vollstreckung nach § 459c Abs. 2 StPO unterbleiben. Die Uneinbringlichkeit, welche in § 459e Abs. 2 Alt. 1 StPO angesprochen wird, zeichnet sich dadurch aus, dass die Geldstrafe trotz der vom Tagessatzsystem vorgesehenen Anpassung an die persönlichen und wirtschaftlichen Verhältnisse des Täters weder freiwillig bezahlt, noch zwangsweise (in den Grenzen des Zwangsvollstreckungsrechts z. B. unter Berücksichtigung der Pfändungsfreigrenzen)[94] beigetrieben werden kann. Mit der Feststellung der Uneinbringlichkeit der Geldstrafe ist folglich der Versuch der Staatsanwaltschaft als Vollstreckungsbehörde[95] gemeint, die Geldstrafe zu vollstrecken. Nach Rechtskraft der Entscheidung gem. § 449 StPO, § 13 Abs. 1 StVollstrO und dem Nichtvorhandensein von Vollstreckungshindernissen[96], wird die Zahlungsaufforderung an den Schuldner versandt. Im besten Fall wird bereits zu diesem Zeitpunkt auf die Möglichkeit von Haftvermeidungsmaßnahmen hingewiesen[97]. Auch erfolgt der Hinweis auf entsprechende Zahlungserleichterungen. Dies gibt dem Schuldner die Möglichkeit[98] entsprechend seinen persönlichen und wirtschaftlichen Verhältnissen der Zahlungspflicht, z. B. durch eine Ratenzahlungsvereinbarung, nachzukommen. Werden Zahlungserleichterungen unter Ablauf der Zahlungsfrist nicht in Anspruch genommen ergeht die Mahnung, welche bei Nichtzahlung alsdann in die Ersatzfreiheitsstrafe[99] mündet.[100] Nach Ablauf der Frist aus der Ladung zum Strafantritt wird ein Haftbefehl von der Vollstreckungsbehörde erlassen. Sowohl kurz vor als auch

---

94 Vgl. *Jehle/Feuerhelm/Block* (1990), S. 50; § 48 Abs. 1 StVollstrO; Einforderungs- und Beitreibungsordnung (EBAO) vom 01.08.2011.

95 Gem. § 31 Abs. 2 S. 1 RPflG wird den Rechtspflegern nach § 451 Abs. 1 StPO die Vollstreckung von Geld- und Ersatzfreiheitsstrafen übertragen.

96 Z. B. Verjährung, Begnadigung oder Amnestie.

97 Auf die Sanktionsalternativen zur Ersatzfreiheitsstrafe wird in *Kapitel 4* ausführlich eingegangen.

98 Zahlungserleichterungen können im Urteil/Strafbefehl bereits festgelegt sein oder auf Antrag an die Vollstreckungsbehörde nachträglich gestellt werden, § 459a Abs. 2 S. 1 StPO.

99 Durch die Ladung zum Strafantritt.

100 Hierzu kritisch *Guthke*, ZRP 2018, 58 „Vorschnell wird mit der Androhung und anschließender Vollstreckung der Ersatzfreiheitsstrafe operiert."

in der Haft besteht die Möglichkeit die Ersatzfreiheitsstrafe ganz oder teilweise z. B. durch Zahlung zu vermeiden.[101] Bei zu erwartender Erfolglosigkeit kann von der Vollstreckung der Geldstrafe i. S. d. § 459c Abs. 2 Alt. 2 StPO abgesehen werden, da in diesem Fall das Strafübel der Geldstrafe[102] versagt. Folglich muss das artspezifische Strafleiden durch ein adäquates Strafübel ersetzt werden. Als adäquates Strafübel wird von Gesetzes wegen die Sanktion der Ersatzfreiheitsstrafe gesehen[103]. Im Falle einer unbilligen Härte hat das Gericht nach § 459f StPO die Möglichkeit, dass die Vollstreckung der Ersatzfreiheitsstrafe unterbleibt.[104] Als zuständiges Gericht gilt das Gericht der ersten Instanz. Zu beachten ist, dass die richterliche Entscheidung nur die drohende Ersatzfreiheitsstrafe abwendet, die Geldstrafe jedoch bestehen bleibt. Es stellt sich die Frage, wie es sein kann, dass trotz festgestellter Uneinbringlichkeit, eine Vielzahl von Verurteilten doch noch ihre Geldstrafe zahlen und damit der Anschein entsteht, dass die Geldstrafe nicht uneinbringlich, sondern einbringlich gewesen sein muss. Allerdings erfolgen die Zahlungen zumeist nach der Ladung zur Ableistung von Ersatzfreiheitsstrafe. Es wird angenommen, dass diese Zahlungen nicht zwangsläufig aus dem Vermögen des Geldstrafenschuldners direkt herrühren, sondern vielmehr von Dritten, wie Familienangehörigen, Freunden o. Ä. aufgebracht werden, so dass eine Uneinbringlichkeit beim Geldstrafenschuldner dennoch vorgelegen haben mag.[105] In Fachkreisen ist die Vollstreckung der Geldstrafe durch Anwendung der Ersatzfreiheitsstrafe umstritten. So wird u. a. von *Dünkel*[106] die Abschaffung der Ersatzfreiheitsstrafe und der Ausbau von Sanktionsalternativen als ein „dringender kriminalpolitischer Handlungsbedarf" angesehen. Bevor in *Kapitel 4* auf die Sanktionsalternativen zur Ersatzfreiheitsstrafe eingegangen wird, be-

---

101 Hierzu beispielsweise das Projekt FAHRPLAN Haft in *Kapitel 4.4.2*; bei den sog. Day-by-day-Projekten besteht die Möglichkeit der Ableistung von „freier, gemeinnütziger Arbeit" im Vollzug. Von dieser Möglichkeit haben die Bundesländer Berlin gem. § 2 Abs. 2 ErsFrhStrAbwV BE, Bremen gem. § 3 GStrTilgVO HB, Hamburg gem. § 2 GStrTilgV HH, Brandenburg gem. § 5 ErsFrhStrAbwV BB, Mecklenburg-Vorpommern gem. § 4a ErsFrhStrAbwV MV, Sachsen gem. § § 3 ErsFhrstrAbwV SN und Schleswig-Holstein gem. § § 4a ErsFrhStrAbwV SH Gebrauch gemacht. Vgl. hierzu *Mohr* 2020, S. 176.

102 Mit einem Strafübel ist das Negativum der Geldstrafe gemeint, welches sich dadurch auszeichnet, dass dem Täter ein Teil seines Vermögens genommen wird.

103 Vgl. *Mosbacher*, NJW 2018, 1071; *Meier*, ZStW 2017, 447, „Drohung mit der Ersatzfreiheitsstrafe ist jedoch notwendig, um der Geldstrafe die Glaubwürdigkeit als Strafsanktion zu erhalten."

104 Vgl. *BVerfGE* 2006, S. 3626.

105 Vgl. *Jehle/Feuerhelm/Block* (1990), S. 50.

106 Vgl. *Dünkel* (2022), S. 253, 257, 266; *Friedrich-Ebert-Stiftung* (2022), S. 2; *Dünkel/Morgenstern* (2020), S. 450.

schäftigt sich die Arbeit zunächst mit den dogmatischen Problemen der Geldstrafe (*Kapitel 3*), um sich dann den Problemen der Vollstreckung in Form der Ersatzfreiheitsstrafe zuzuwenden.

Kapitel 3: Die dogmatischen Probleme der Geldstrafe und ihre Vollstreckung

Das strafrechtliche Sanktionssystem sieht die Geldstrafe neben den Freiheitsstrafen als eine mögliche Hauptstrafe vor. Die Geldstrafe ist im Verhältnis zur Freiheitsstrafe die schonendste Strafe.[107] Die Einwirkung auf ein unpersönliches Rechtsgut wie das Vermögen vermeidet die schädlichen Strafnebenwirkungen,[108] wie sie der intensivere Einwirkungsvorgang bei der Freiheitsstrafe mit sich bringt.[109] Im Folgenden werden die dogmatischen Probleme der Geldstrafe dargestellt.

1. Bemessung der Geldstrafe – Schuldausgleich und Tagessatzanzahl

Die Geldstrafe wird in einem mehraktigen Verfahren verhängt und vollstreckt. Wie bereits in *Kapitel 2.2* beschrieben wird in einem ersten Schritt die Anzahl der Tagessätze bestimmt, um einen angemessenen Schuldausgleich zu gewährleisten. In einem zweiten Schritt wird die Tagessatzhöhe entsprechend der finanziellen Einkommenssituation der Verurteilten festgelegt (s. u. *Kapitel 3.2*).

Bei der Frage der Auswahl der Strafart (Geld- oder Freiheitsstrafe) und bei der Bestimmung der Tagessatzanzahl gelten die allgemeinen Grundsätze des § 46 StGB. Eine spezielle Vorschrift, die einen Vorrang der Geldstrafe vor kurzen Freiheitsstrafen von unter 6 Monaten konstituiert hat, ist der mit dem 1. Strafrechtsreformgesetz von 1969 eingeführte § 47 StGB (s. o. *Kapitel 2.2*).

Dogmatische Probleme ergeben sich in diesem Kontext daraus, dass grundsätzlich die Geldstrafe in einem Verhältnis von 1 : 1 mit der Freiheitsstrafe gleichgesetzt wird, obwohl die Geldstrafe als „geringeres Strafübel" anzusehen ist. Um ein Äquivalent zu einem Monat Freiheitsstrafe zu finden, müsste

---

107 Vgl. *Zipf* (1966), S. 47 ff.; so auch *Guthke*, ZRP 2018, 58 „Zum Schuldausgleich, zur Einwirkung auf den Täter und zur Wiederherstellung der Rechtsordnung ist bis zur mittleren Kriminalität die Geldstrafe und nicht die kurze Freiheitsstrafe die angemessene Reaktion."

108 Als schädliche Strafnebenwirkungen sind *u. a.* der Verlust der Wohnung, der Arbeit und sozialer Kontakte zu benennen.

109 Vgl. *Zipf* (1966), S. 47; *Guthke*, ZRP 2018, 58 „Kurze Freiheitsstrafen haben erwiesenermaßen eine schädliche spezialpräventive Wirkung."; auch *Schatz*, ZRP 2002, 440.

man ggf. mehr als 30 Tagessätze als schuldangemessen ansehen, was aber zu unvertretbar hohen Geldstrafen führen würde.[110] Daher ist es an dieser Stelle richtig, im Ergebnis beim Umrechnungsmaßstab 1 : 1 zu bleiben, auch wenn im umgekehrten Fall ausgehend von der Geldstrafe im Fall der Vollstreckung im Wege der Ersatzfreiheitsstrafe ein geänderter Umrechnungsmaßstab von 2 : 1 oder gar 3 : 1 sachgerecht bzw. angemessen erscheint (s. u. *Kapitel 3.5* und *9.8*).

2. Bemessung der Geldstrafe nach der Tagessatzhöhe

Die wesentlichen dogmatischen und praktischen Probleme der Geldstrafe sind eng verbunden mit Fragen zur Bemessung der Tagessatzhöhe. Geht man davon aus, dass die Geldstrafe grds. als eine Sanktion für den „sozial integrierten Durchschnittsbürger"[111] gelten soll, „so ist zu fragen, inwieweit diese, angesichts der meist sehr schlechten sozialen Lage der Klientel der Ersatzfreiheitsstrafen noch zum Tragen kommt".[112] Das Nettoeinkommensprinzip sieht bei der Bestimmung der Tagessatzhöhe vor, dass die Feststellung der persönlichen und wirtschaftlichen Verhältnisse des Täters von den Ermittlungsbehörden im Sinne Nr. 13, Nr. 14 Abs. 1 S. 1 RiStBV erfolgen soll. In der Praxis ist die Polizei mit dieser Aufgabe im Rahmen des Ermittlungsverfahrens für die Staatsanwaltschaft betraut.[113] Bisherige Forschungen zeigen, dass polizeiliche Ermittlungsergebnisse zu dieser Frage meist bruchstückhaft sind oder ganz fehlen.[114] Grundsätzlich ist die Staatsanwaltschaft bei unzureichenden Ermittlungsergebnissen gehalten, weitergehende Nachforschungen zu den wirtschaftlichen und persönlichen Verhältnissen des Täters zu betreiben. Die Praxis bildet dies jedoch nicht ab.[115] Kommt es sodann zu Verurteilungen im

---

110 Vgl. NK/StGB/*Albrecht* (2017), § 40, Rn. 16, der als Konsequenz für die dann „bedenklich hohen Belastungen als Folge einer hohen Tagessatzanzahl" die Aussetzung der Geldstrafe zu Bewährung ebenso wie sie in der Schweiz und Österreich möglich ist als „kriminalpolitisch sehr wünschenswert" ansieht.
111 Vgl. *Matt*, MSchrKrim 2005, 339.
112 Vgl. *Matt*, MSchrKrim 2005, 339.
113 Vgl. *Blankenburg/Sessar/Steffen* (1978), S. 303.
114 Vgl. *Albrecht* (1980), S. 204; *Janssen* (1994), S. 112.
115 Vgl. *Albrecht* (1980), S. 198 f., 204; *Janssen* (1994), S. 112 f. Die Staatsanwaltschaft könnte z. B. nach § 24c Absatz 3 KWG und § 10 Absatz 3 GwG über die BaFin Auskunft über die Konten erhalten. Der Einholung von Sozialdaten, die für die Ermittlung der wirtschaftlichen Verhältnisse gewinnbringend wären (z. B. der Bezug von Sozialleistungen), ist wegen des Datenschutzes nicht möglich (68 SGB X). Zwar regelt § 73 Abs. 1 SGB X, dass die Weitergabe von Sozialdaten möglich ist, sofern sie „zur Durchführung eines

Wege eines Strafbefehls (die einen erheblichen Anteil der Verfahren ausmachen[116]), besteht meist auch für den Richter keine Möglichkeit, die Defizite im Rahmen einer mündlichen Verhandlung auszugleichen. Unterschiedliche Gründe können für diese Informationsdefizite verantwortlich sein. Zum einen besteht die Möglichkeit, dass die Verurteilten aus Scham,[117] und ohne Berücksichtigung der möglichen Folgen, ihre tatsächlichen finanziellen Mittel in der Gerichtsverhandlung nicht offenbaren wollen. Forschungen haben ergeben, dass den Verbüßern von Ersatzfreiheitsstrafen soziale Handlungskompetenzen weitgehend fehlen bzw. in nur unzureichendem Maße entwickelt sind.[118] So ist das Verhalten der Ersatzfreiheitsstrafenverbüßer im Straf- und Vollstreckungsverfahren durch mangelnde Eigeninitiative, Passivität, Unbekümmertheit sowie fehlendem Verantwortungsbewusstsein für die eigene Lebensplanung geprägt.[119] Zum anderen kommt erschwerend die Anwaltspraxis in Strafverfahren hinzu. Das Mandatsverhältnis ist zu Beginn des Rechtsberatungsprozesses von größter Vorsicht geprägt. Eine Selbstbelastung durch eine unüberlegte Aussage soll vermieden werden. Folglich wird den Mandanten im Rahmen der Rechtsberatung meist nahegelegt, auf weitere Kommunikation mit den Ermittlungsbehörden zu verzichten.[120] Aus diesem Grund sind den Ermittlungsbehörden die Hände gebunden, so dass die tatsächliche Leistungsfähigkeit des Täters nur schwer ermittelt werden kann. Teilweise wird daraus der Schluss gezogen, dass bei einer wenig präzisen Erfassung die Gefahr besteht, „daß die Geldstrafe nur unzureichend nach unten ausgeschöpft wird und letztendlich die zu hohen Tagessätze in den Vollzug der Ersatzfreiheitsstrafe

---

Strafverfahrens wegen eines Verbrechens oder wegen einer sonstigen Straftat von erheblicher Bedeutung erforderlich ist" bzw. in Abs. 2 die „Übermittlung von Sozialdaten zur Durchführung eines Strafverfahrens wegen einer anderen Straftat" zulässig ist, „soweit die Übermittlung auf die in § 72 Absatz 1 Satz 2 genannten Angaben und die Angaben über erbrachte oder demnächst zu erbringende Geldleistungen beschränkt ist." Allerdings setzt Abs. 3 hierfür einen richterlichen Beschluss voraus. Ein Antrag des Bundesrates im Jahr 1980 die Auskunftsmöglichkeiten auf die Staatsanwaltschaften und die Polizei zu übertragen scheiterte, vgl. BT-Drs. 8/4216.

116 Vgl. nach *Kawamura-Reindl/Sonnen* (2003), S. 297 ca. 75 %; *Bögelein/Ernst/Neubacher* (2014a), S. 27 f.; nach *Heinz* (2017), S. 107 in Baden-Württemberg 78,5 % und in Nordrhein-Westfalen 64 %; *Mohr* (2020), S. 28.

117 Vgl. *Janssen* 1994, S. 34, *Janssen* wirft die Frage auf, ob die Delinquenten „ein überhöhtes Einkommen angeben, um dadurch einer möglichen Freiheitsstrafe zu entgehen".

118 Vgl. *Villmow* (1998), S. 1291 ff.; *Dolde* (1999a), S. 581, 585.

119 Vgl. *Rolinski*, MSchrKrim 1981, 52 ff.; *Gerken/Henningsen*, ZRP 1987, 386 ff.; *Villmow* (1998), S. 1291 ff.; *Dolde* (1999a), S. 590, 591.

120 Der Beschuldigte hat die Möglichkeit im Ermittlungsverfahren zu schweigen, § 136 Abs. 1 S. 2, § 163a Abs. 4 und 141 Abs. 3 S. 2 StPO.

führen".[121] *Villmow* verdeutlichte dieses Problem und teilte mit, dass „der Anteil der niedrigsten Tagessatzhöhen [...] bei der Kategorie von 1-5 € [in den Jahren 2000 bis 2017] kontinuierlich zurück [geht]"[122]. Dies ist vor allem für Empfänger von Transferleistungen nach dem SGB II und SGB XII, also Gruppen der unteren Einkommensschichten, problematisch. Diesen Gruppen wird gem. Art. 1 Abs. 1 GG i. V. m. Art. 20 Abs. 1 GG von Verfassungswegen eine Grundsicherung garantiert. Erhalten diese nunmehr eine Geldstrafe, die nach Anwendung des Nettoeinkommensprinzip über dem „physischen Existenzminimum" von 70-80 % des Regelbedarfs liegt,[123] so stellt sich die Frage der Verfassungsmäßigkeit, zumal von vornherein klar sein dürfte, dass der Täter die Geldstrafe nur mit dem Verlust seines Existenzminimums wird bezahlen können. Dies führt dazu, dass die Abweichung vom Nettoeinkommensprinzip und die Senkung der Tagessatzhöhe möglich ist.[124] Ein Blick auf die im Jahr

---

121 Vgl. *Villmow* (2020), S. 531; *Dolde* (1999a), S. 592; hierzu wird ausführlich in *Kapitel 8.1 Stellung* bezogen.

122 Vgl. *Villmow* (2020), S. 532.

123 Vgl. *Villmow* (2020), S. 533; *Wilde*, MSchrKrim 2015, 355 f.; *Cornel*, FS 2018, 29. Die Höhe des "physischen Existenzminimums", welche der Sicherung des Lebensunterhalts dienen soll, wird zum einen aus der Aufrechnungsmöglichkeit von Erstattungsansprüchen gegen den Anspruch auf Regelbedarf im Sinne des § 43 Abs. 1 SGB II in Höhe von 30 % (soziokulturelle Existenzminimum) abgeleitet. Mit diesen 30 % des Grundsicherungsanspruchs soll den Menschen die Möglichkeit der Teilhabe am gesellschaftlichen, kulturellen und politischen Leben gegeben werden. Die verbleibenden 70 % machen das "physische Existenzminimum" aus, abrufbar unter: www.rechtsprechung.niedersachsen.de/jportal/?quelle=jlink&docid=KORE213602014&psml=bsndprod.psml&max=true [letzter Aufruf: 14.3.2022]; OLG Naumburg, Beschluss vom 10. Mai 2012, 1 Ss 8/12; bei juris Rn. 14; OLG Hamm, Beschluss vom 2. Dezember 2012, 3 RVs 4/12, bei juris Rn. 18; Schönke/Schröder/StGB/*Kinzig*, § 40 Rn. 8 mit weiteren Nachweisen. Zum anderen kann das „physische Existenzminimum" jedoch auch aus § 26 Abs. 2 SGB XII hinsichtlich des unerlässlichen Betrags des jeweiligen Regelsatzes abgeleitet werden, *Grube/Wahrendorf/Flint* (2020), S. 309 ff. Die Ermittlung der Geldstrafe wird unter Berücksichtigung dessen in der Rechtsprechung auf zwei unterschiedlichen Wegen bestimmt. Zum einen wird die Bemessungsobergrenze der Geldstrafe bei einkommensschwachen Personen „durch das Drei- bis Vierfache des Differenzbetrages zwischen erhaltener Sozialhilfe" (einschließlich Sozialbezügen nach § 22 SGB II bzw. § 27 ff. SGB XII) „und dem unerlässlichen Lebensunterhalt" (70 % des für den Leistungsberechtigten maßgeblichen Regelbedarfs) an einem Tag begrenzt." Hierzu OLG Stuttgart NJW 1994, S. 745; OLG Frankfurt StV 2007, S. 470. Zum anderen findet die Geldstrafe ihre Grenze dort, wo sie nicht innerhalb von drei Jahren vom Angeklagten zurückbezahlt werden kann, ohne den unerlässlichen Regelbedarf zu tangieren. Siehe OLG Braunschweig, Beschluss vom 19.05.2014 – 1 Ss 18/14 – juris Rn. 11; Thüringer Oberlandesgericht, Urteil vom 27.10.2017 – 1 OLG 161 Ss 53/17 -, juris Rn. 18.

124 Vgl. OLG Hamm NJW 1979, S. 1534 f.; OLG Stuttgart 1994, S. 745; OLG Hamburg NStZ 2001, S. 655 f.; OLG Köln StV 2009, S. 592; OLG Dresden StV 2008, S. 488; *Mohr*

2020 verhängten Tagessatzhöhen, die durchschnittlich bei einer Höhe von 23 € lagen,[125] veranschaulicht die Problematik der praktischen Anwendung des Tagessatzsystems. Dies insbesondere, wenn man bedenkt, dass bereits ein Tagessatz in Höhe von fünf € für einen alleinstehenden Täter mit einem Regelbedarf von im Jahr 2022 monatlich 449 € (14,96,- € täglich) einen Verzicht auf rund 33 % des Leistungsbezugs, welches der Grundsicherungsempfänger täglich zur Verfügung hat, ausmachen würde.[126] Folglich kann auch der Forderung nach einer Anhebung der Mindesttagessatzhöhen, welche mit der über fünf € liegenden Leistungshöhe pro Tag bzgl. eines Anspruchs auf Existenzsicherung begründet wird,[127] nicht gefolgt werden. Sofern die fehlende Strafwirkung bei einer geringen Tagessatzhöhe eingewandt wird,[128] kann auch dies nicht durchgreifen. Eine generalpräventive Wirkung kann dem verfassungsmäßig garantierten Existenzminimum nicht entgegengesetzt werden.[129] Wenig einleuchtend ist auch die Forderung von *Häger* und *Radtke*, die Tagessatzhöhen anheben zu wollen, damit die dahingehend abzuleistenden Hafttage bzw. Arbeitsstunden nicht unverhältnismäßig seien.[130] Unlogisch ist es, die Umwandlung einer unverhältnismäßigen zu einer verhältnismäßigen Strafe durch die Anhebung der Tagessatzhöhen erreichen zu wollen. Vielmehr sollte die Ersatzfreiheitsstrafe grundsätzlich überdacht werden.[131] Vorgeschlagen wird in diesem Bezug, unter Abänderung des § 40 Abs. 2 Satz 2 StGB, wie folgt: „Da-

---

(2020), S. 30; siehe hierzu *Wilde* (2016), S. 358 ff., welcher das Einbußeprinzip propagiert. Eine Absenkung der Tagessatzhöhe und damit eine Abweichung vom Nettoeinkommensprinzip ist bei einkommensschwachem Klientel möglich, wenn eine „einzelfallorientierte Erörterung der Gesamtbelastung eines Angeklagten, die die konkrete Strafe mit den (vom Nettoeinkommen verschiedenen) übrigen wirtschaftlichen Verhältnissen eines Angeklagten (Vermögen, Verbindlichkeiten etc.) in Beziehung setzt". Vgl. LK/StGB/*Häger* (2006), § 40 Rn. 53; hierzu nun BT-Drs. 20/7026, S. 2, „wonach es geboten ist, bei der Berechnung der Tagessatzhöhe für Personen, deren Einkommen sich nahe am Existenzminimum bewegt, vom Nettoeinkommensprinzip abzuweichen.", hierzu ausführlich *Kapitel 9.2.*

125 Vgl. *Statistisches Bundesamt* (2020) Strafverfolgung - Fachserie 10 Reihe 3 (08.03.2022) und eigene Berechnungen; *Mohr* (2020), S. 27, 28.

126 Nach der Bürgergeldreform würde ein Tagessatz i. H. v. 5 € für einen alleinstehenden Täter mit einem monatlichem Bürgergeld von 502 € im Jahr 2023 (täglich 16.73,- €) einen Verzicht von 30 % ausmachen.

127 Vgl. LK/StGB/*Häger* (2006), vor § 40 Rn. 20; *Mohr* (2020), S. 30.

128 Vgl. MüKo/StGB/*Radtke* (2020), § 40 Rn. 54; LK/StGB/*Häger* (2006), vor § 40 Rn. 20.

129 Vgl. *Mohr* (2020), S. 31.

130 Vgl. MüKo/StGB/*Radtke* (2020), § 40 Rn. 54; LK/StGB/*Häger* (2006), vor § 40 Rn. 20; *Mohr* (2020), S. 31.

131 Vgl. *Mohr* (2020), S. 31; NK/StGB/*Albrecht* (2017), § 40 Rn. 18; *Bals/Cornel/Dünkel/Flügge/Freise/Lösch/Meinen/Pruin/Sonnen/Weber*, NK 2021, 386 f.

bei geht es in der Regel von dem Nettoeinkommen aus, das der Täter durch-schnittlich an einem Tag nach Abzug des Existenzminimums einschließlich seiner Wohnkosten hat oder haben könnte. Eine solche Formulierung würde den Ermittlungsaufwand für die Justiz in Maßen halten und im Übrigen ver-langt § 40 Abs. 2 StGB bereits jetzt, dass im Prinzip vom Nettoeinkommen auszugehen ist."[132]

Tagessatzhöhen von mehr als 50 € kommen im Übrigen verhältnismäßig sel-ten vor[133], so dass die in *Kapitel 2.3* benannte Anhebung der Obergrenze der Tagessatzhöhen kaum praktische Bedeutung hatte. Gegen die Aufhebung ei-ner Obergrenze für besonders reiche Straffällige, „spricht neben dem fehlen-den praktischen Bedürfnis zudem auch" Art. 103 Abs. 2 GG.[134] Der Täter muss nachvollziehen können, wie hoch eine Geldstrafe ausfallen kann. Auch scheint es zweifelhaft, dass die Täter, die über unterschiedliche Mengen von Vermögen, auf das sich das Strafleid erstrecken soll, verfügen, eine Gleichbe-handlung erfahren können. „Zwei für dasselbe Delikt Verurteilte könnten nicht unterschiedlich behandelt werden, nur weil der eine vermögend, wäh-rend der andere ohne Verschulden in indisponierte Vermögensverhältnisse ge-raten ist."[135] Eine Strafgerechtigkeit in Form der Strafgleichheit würde entfal-len.

Nicht unberücksichtigt darf bleiben, dass Täter neben der Verfügbarkeit von Mitteln zudem eine unterschiedliche Abhängigkeit von der Besitzempfind-lichkeit vorweisen können. Täter, die aufgrund ihrer prekären Lebenssituation hinsichtlich ihrer zur Verfügung stehenden Rechtsgüter eine gewisse Gleich-gültigkeit an den Tag legen[136], weil sie z. B. meinen, ohnehin nichts mehr ver-lieren zu können, unterscheiden sich von den Tätern, welche durch ein Tätig-werden ihre Rechtsgüter schützen wollen. Erstere schreckt der Strafvollzug vermutlich weniger ab, als die zweite Gruppe, die im Vollzug die Rechtsgüter nur bedingt schützen könnte. „Eigentumsindifferenz oder Eigentumshaß

---

132 *Bals/Cornel/Dünkel/Flügge/Freise/Lösch/Meinen/Pruin/Sonnen/Weber* (2021a), S. 5, ab-
       rufbar unter: https://rsf.uni-greifswald.de/storages/uni-greifswald/fakultaet/rsf/ lehrstu-
       ehle/ls-duenkel/Veroeffentlichungen/Eckpunkte_fuer_einen_Koalitionsvertrag_
       Prof._Duenkel_et_al._2021__24.10.2021_Endf.pdf [letzter Aufruf: 31.08.2023]; *Cornel*,
       FS 2018; siehe auch *BT-Drs.* 20/7026.
133 Vgl. *Heinz* (2014), S. 73; NK/StGB/*Villmow* (2017), vor § 38 Rn. 32.
134 Vgl. *Mohr* (2020), S. 29; BT-Drucks. 16/116906, S. 7.
135 Vgl. *Grauer* (2009), S. 55.
136 Vgl. *Cornel*, FS 2018, 27; *Villmow* (1998), S. 1305.

[muß] die Geldstrafe entkräften"[137] und verändert damit gleichzeitig den Umgang mit der Ersatzfreiheitsstrafe.

Das Verfahren zur Strafzumessung bei der Geldstrafe ist neben der Feststellung der wirtschaftlichen Verhältnisse von der Kenntnis der persönlichen Verhältnisse geprägt. Ähnlich wie bei der Ermittlung der wirtschaftlichen Verhältnisse besteht auch hier die Gefahr, dass diese unter Anwendung des Tagessatzsystems nur unzureichend Berücksichtigung finden. Dies ist besonders problematisch, da die Klientel der Ersatzfreiheitsstrafe an zahlreichen und vielschichtigen multiplen Problemlagen leidet.[138] *Dolde* hat in ihrer Untersuchung im baden-württembergischen Strafvollzug festgestellt, dass die meisten Ersatzfreiheitsstrafgefangenen „relativ einsam ohne Einbettung in ein konstantes Beziehungsnetz" lebten.[139] Zwei von drei hatten vor der Inhaftierung eine eigene Wohnung. Über 60 % waren vor Strafantritt arbeitslos und ca. 50 % hatten Hafterfahrung.[140] Die Untersuchung von *Müller-Foti, Robertz, Schildbach und Wickenhäuser* zeigten, dass 75 % der Untersuchungsteilnehmer von Ersatzfreiheitsstrafgefangenen im Lebenslauf Störungen oder Verhaltensauffälligkeiten infolge eines Missbrauchs psychoaktiver Substanzen zeigten.[141] Derartige Merkmale gilt es im Rahmen der persönlichen Verhältnisse durch die Ermittlungsbehörden zu erfassen, um angemessene Geldstrafen unter Berücksichtigung der Strafempfindlichkeit festlegen zu können. Es kann als unwahrscheinlich angesehen werden, dass eine Klientel, welches kein festes „Dach über dem Kopf" hat und von Sucht und/oder Schulden betroffen ist, sich bei einer zu hohen Geldstrafe selbstständig um die Vermeidung der Ersatzfreiheitsstrafe kümmern wird. Hierzu müsste die Person mit der Staatsanwaltschaft eine Ratenzahlung vereinbaren, sich um die Ableistung „freier, gemeinnütziger Arbeit" oder die Teilnahme an der „Geldverwaltung statt Vollstreckung einer Ersatzfreiheitsstrafe" kümmern. Meist scheitert dies

---

137 Vgl. *Hentig* (1932), S. 18; *Zipf* (1966), S. 33.
138 Ersatzfreiheitsstrafgefangene verfügen häufig über wenig Einkommen, haben keinen Schulabschluss, keine Ausbildung und auch keinen Arbeitsplatz. Auch eine Drogensucht oder eine andere psychische Erkrankung führt zu einer enormen Problembelastung, vgl. hierzu *Schneider*, MSchrKrim 2001, 278; *Dünkel/Scheel* 2006, S. 92 f. 107 ff.; *Barkemeyer*, FS 2011, 142; *Bögelein/Ernst/Neubacher*, BewHi 2014b, 284; *Cornel* (2010), S. 15 ff.; *Feest* (2016c), S. 492; *Guthke/Kitlikoglu* (2015), S. 12; *Redlich* (2005), S. 77 f.; *Kawamura-Reindl/Sonnen* (2003), S. 295 f.; *Dolde* (1999a), S. 584 f.; *Mohr* (2020), S. 40.
139 Vgl. *Dolde* (1999a), S. 584.
140 Vgl. *Dolde*, ZfStrVO 1999b, 331.
141 Vgl. *Müller-Foti/Robertz/Schildbach/Wickenhäuser*, International Journal of Prisoner Health 2007.

an den Möglichkeiten, die die Klientel zur Verfügung hat.[142] Sicherlich kann man wie *Franke* sagen, dass „keine Strafe […] alle Täter in gleichem Maße und mit gleicher Härte" trifft.[143] Allerdings können Eigenschaften und Umstände in der Person das Gewicht einer Strafe für den einzelnen Verurteilten unterschiedlich erscheinen lassen. Nach ständiger Rechtsprechung folgt aus dem Gleichbehandlungsgebot, dass durch Milderung der Strafe ein Ausgleich geschaffen werden muss, wenn einen Täter die Strafe wegen bestimmter, in seiner Person liegender Umstände, wesentlich härter trifft als jemanden, bei dem sie fehlen.[144] Sollten persönliche Verhältnisse des Täters somit keine Berücksichtigung finden, so „verstieße [dies] gegen den mit Verfassungsrang ausgestalteten Gleichheitsgrundsatz, bei unterschiedlicher Strafempfindlichkeit gleich zu strafen."[145]

3. Verfassungsrechtliche Fragestellungen – Richtervorbehalt im Vollstreckungsverfahren?

Die Anordnung der Ersatzfreiheitsstrafe wird im weiteren Vollstreckungsverlauf diskutiert und unter dem Aspekt der Gewaltenteilung kritisch gesehen.

So wird angeführt, dass es sich bei der Ersatzfreiheitsstrafe nicht um eine richterlich angeordnete Freiheitsentziehung handele[146], „weil eine begründete Strafzumessung" fehle.[147] Der Richter habe auf Geldstrafe und nicht auf Freiheitsstrafe erkannt. Gemäß Art. 104 Abs. 2 S. 1 GG darf jedoch „nur" der Richter – und eben nicht der Rechtspfleger – über die Zulässigkeit einer Freiheitsentziehung entscheiden. Ausschließlich ihm weist die Verfassung die Verantwortung für den individuellen Grundrechtseingriff zu.[148] In diesem Richtervorbehalt liegt eine formelle Verfahrensgarantie, die der besonderen Eingriffsintensität von Freiheitsentziehungen, welche gem. Art. 2 Abs. 2 S. 3 GG nur aufgrund eines Gesetzes erfolgen darf, Rechnung trägt. Sie bindet

---

142 Zielführend hier die Aufwertung der aufsuchenden Sozialen Arbeit und die verstärkte Einbindung der Gerichtshilfe, vgl. BT-Drs. 20/7026, S. 19, 20.
143 Vgl. *Franke*, ZRP 2002, 21.
144 Vgl. *Franke*, ZRP 2002, 21; *BGHSt* 24, S. 351.
145 Vgl. MüKo/StGB/*Maier* (2020), § 46; *Bruns/Güntge* (2019), S. 249.
146 Vgl. *Seebode* (1999), S. 519; *Guthke/Kitlikoglu* (2015), S. 12 ff; *Köhne*, JR 2004, S. 453 f. Damit werde gegen das Prinzip der Gewaltenteilung nach Art. 20 Abs. 2 GG verstoßen.
147 Vgl. *Lüderssen* (1999), S. 561, „Das, was den Verurteilten im Falle einer Anordnung der Ersatzfreiheitsstrafe im Ergebnis trifft, ist der richterlichen Tätigkeit, weil eine begründete Strafzumessung fehlt, entzogen."
148 Vgl. *Seebode* (1999), S. 526.

auch den Gesetzgeber.[149] Durch die Möglichkeit der Haftvermeidungsmaßnahmen ist der Richter als Instanz jedoch außen vor. Bei Uneinbringlichkeit der Geldstrafe übernehmen die Rechtspfleger als Strafvollstreckungsbehörde die weitergehende Bearbeitung (vgl. § 31 Abs. 2 S. 1 RPflG).

Hiergegen wird vorgebracht, „daß der Richter durch die Bestimmung der Anzahl Tagessätze im Urteil den Umfang des Freiheitsentzuges bereits festgelegt hat".[150] Ihm sei bei Festlegung der Geldstrafe von vornherein klar, dass die Tagessätze nach Umrechnung in Ersatzfreiheitsstrafe eins zu eins übergehen. Im Sinne des § 459e StPO ist die Vollstreckungsbehörde für die Vollstreckung der an die Stelle der uneinbringlichen Geldstrafe tretende Ersatzfreiheitstrafe zuständig.[151] Es handele sich somit lediglich um die Vollstreckung einer zuvor durch den Richter festgelegten tat- und schuldangemessenen Strafe.

Kritiker betonen, dass die Umwandlung der Geldstrafe in eine Freiheitsstrafe nicht auf einer Entscheidung des Richters beruhe, sondern Folge der gesetzlichen Regelung sei.[152] Aufgrund des festgelegten Umrechnungsmaßstabs[153] habe der Richter nicht die Möglichkeit eine Verhältnismäßigkeitsprüfung i. S. d. Art. 104 Abs. 2 S. 1 GG vorzunehmen. Es sei daher verfehlt, in dem Geldstrafenurteil und in der richterlichen Festsetzung der Zahl der Tagessätze wegen § 43 StGB eine richterliche Entscheidung über die Zulässigkeit, Dauer und Angemessenheit der Freiheitsstrafe für den Fall der Uneinbringlichkeit der Geldstrafe zu sehen.[154] Insbesondere ist die Höhe der Ersatzfreiheitsstrafe nicht Folge spezialpräventiver Überlegungen. Vielmehr ist sie das Ergebnis der verhängten Geldstrafe.[155]

Gegen diese Ansicht wird wiederum vorgebracht, dass die strafprozessuale Regelung des § 459f StPO gegen den Verstoß des Art. 104 Abs. 2 S. 1 GG spreche. Hiernach ordnet das Gericht an, dass die Vollstreckung der Ersatzfreiheitsstrafe unterbleibt, wenn die Vollstreckung für den Verurteilten eine

---

149 Vgl. *BVerfGE* 10, 310 (312).
150 Vgl. *Bublies* (1989), S. 36; *BGHSt* 27, S. 70 ff.; Hierzu auch *OLG Bremen*, NJW 1975, 1524, 1525.
151 Vgl. *BVerfG* NJW 2006, S. 3626.
152 Vgl. *Seebode* (1999), S. 526; Stellungnahme *Rebmann* (2019), S. 28, zu finden https://kripoz.de/wp-content/uploads/2019/04/stellungnahme-rebmann-ersatzfreiheitsstrafe.pdf [letzter Aufruf: 04.07.2023]. *Guthke/Kitlikoglu* (2015), S. 12 ff.
153 Zum Umrechnungsmaßstab vgl. *Drápal*, Journal of Criminology 2018, 461 ff.
154 Vgl. *Seebode* (1999), S. 526.
155 Vgl. *Bublies* (1989), S. 51.

unbillige Härte darstellen würde. Diese Entscheidung, die auf einer Gesamt-würdigung des Einzelfalls beruht, mache deutlich, dass der Richter bei der Entscheidung, ob die Geldstrafe durch eine Ersatzfreiheitsstrafe vollstreckt wird, nicht unbeteiligt ist.

Letzterem kann gefolgt werden, zumal die strafprozessuale Vorschrift auf-zeigt, dass der Richter im Rahmen einer Härtefallentscheidung an der Voll-streckung der Ersatzfreiheitsstrafe beteiligt ist. Die Vollstreckung der Geld-strafe durch eine Ersatzfreiheitsstrafe ist aus verfassungsrechtlicher Sicht diesbezüglich somit unbedenklich. Fraglich bleibt an dieser Stelle, ob die Här-tefallentscheidung des § 459f StPO in der richterlichen Praxis entsprechend Anwendung findet.

4. Die spezialpräventive Wirkung der Geldstrafe bei der Vollstreckung

Bei der Vollstreckung der Geldstrafe durch eine Ersatzfreiheitsstrafe muss dem Resozialisierungsprinzip Rechnung getragen werden. „Nur wenn das Strafrecht in seiner Zusammenschau von Strafandrohung (Strafgesetz), Strafverhängung (Urteil) und Strafvollzug insgesamt einen positiven Nutzen für die Gesellschaft bringt, ist staatliche Strafe legitim."[156] Das *Bundesverfas-sungsgericht* verbindet die Interessen von Tätern und die Verpflichtung der Gesellschaft wie folgt: „Vom Täter aus gesehen erwächst dieses Interesse an der Resozialisierung aus seinem Grundrecht aus Art. 2 Abs. 1 GG in Verbin-dung mit Art. 1 GG. Von der Gemeinschaft aus betrachtet verlangt das Sozi-alstaatsprinzip staatliche Vor- und Fürsorge für Gruppen der Gesellschaft, die auf Grund persönlicher Schwäche oder Schuld, Unfähigkeit oder gesellschaft-licher Benachteiligung in ihrer persönlichen und sozialen Entfaltung behindert sind; dazu gehören auch die Gefangenen und Entlassenen. Nicht zuletzt dient die Resozialisierung dem Schutz der Gemeinschaft selbst: Diese hat ein un-mittelbares eigenes Interesse daran, daß der Täter nicht wieder rückfällig wird

---

156 Vgl. *Mosbacher*, NJW 2018, 1070.

und erneut seine Mitbürger oder die Gemeinschaft schädigt."[157] Die Erkenntnis, dass der Kurzstrafenvollzug[158] mit immanenten negativen Strafnebenwirkungen einhergeht, dürfte die Wirksamkeit der Ersatzfreiheitsstrafe hinsichtlich der positiven Spezialprävention[159] in Frage stellen.

„Die traditionell gegen die kurze Freiheitsstrafe vorgetragenen Bedenken lassen sich unter den Stichworten Stigmatisierung, „Gefahr krimineller Ansteckung", Desintegration und Entsozialisierung bei gleichzeitigem Unvermögen zur Resozialisierung zusammenfassen."[160] So bemängelte bereits *von Liszt*, dass die Verbüßung einer kurzen Freiheitsstrafe, in Form der „Ersatzstrafe", Resozialisierungsgesichtspunkten und damit § 42 StGB widerspricht.[161] Die kurze Inhaftierungszeit lässt den Vollzug mangels Bildungs- oder Behandlungsangeboten für den Betroffenen zu einem „Verwahrvollzug" werden.[162] Die nur kurz in der Haftanstalt verbleibenden Gefangenen können von vielen Angeboten nicht erreicht werden, da sich die meisten Angebote an

---

157 Vgl. *BVerfGE* 35, S. 202, 236; *Thiele* (2016), S. 36.

158 Ersatzfreiheitsstrafen gehen meist mit einer kurzen Inhaftierungszeit einer. So beträgt die Vollzugsdauer der Ersatzfreiheitsstrafe durchschnittlich nicht mehr als 30 Tage, vgl. hierzu NK/StGB/*Albrecht* (2017), § 43 Rn. 2; siehe zur Dauer des kurzen Strafvollzug *Kapitel 5.1.*

159 Bei der positiven Spezialprävention geht es darum, dass der Täter durch bestimmte Maßnahmen eine Wiedereingliederung in die Gesellschaft erfährt, vgl. *BVerfGE* 35, S. 202-245.

160 Vgl. *Konrad*, ZfStrVO 2003, 216; *Weigend*, JZ 1986, 262; *Heghmanns*, ZRP 1999, 298; *Villmow/Sessar/Vonhoff*, KrimJ 1993, 212; *Dünkel/Morgenstern* (2020), S. 438; *Kunz*, ZStrR 1986, 187; zur „Stigmatisierung" auch *Meier* (2019), S. 89; *Plack* (1987), S. 10 f.; „zur Gefahr krimineller Ansteckung auch" *Köhne,* JR 2004, 454; *Kunz*, ZStrR 1986, 187; BT-Drs. 5/4094, S. 5.

161 Vgl. *von Liszt* (1889), S. 740; *Grebing*, ZStW 1976, 1110 „spricht hier von einem Kreuzzugs *von Liszts* gegen die kurze Freiheitsstrafe." Stellungnahme *Rebmann* (2019), S. 3, zu finden https://kripoz.de/wp-content/uploads/2019/04/stellungnahme-rebmann-ersatzfreiheitsstrafe.pdf [letzter Aufruf: 04.07.2023]. Empirische Belege aus der vergleichenden Sanktionsforschung fallen nicht immer ganz eindeutig zu Lasten der kurzen Freiheitsstrafen aus. Soweit kurze Freiheitsstrafen nämlich längere Freiheitsstrafen ersetzen, kann man auch argumentieren, dass die schädlichen Wirkungen der Freiheitsstrafe geringer ausfallen (ein in Skandinavien und den Niederlanden immer wieder vernehmbares Argument). Zur Ambivalenz der kurzen Freiheitsstrafen *Dünkel/Snacken* (2022).

162 Vgl. *Heghmanns*, ZRP 1999, 299; *Kaiser/Kerner/Schöch* (1992), S. 282; BT-Drs. 5/4094, S. 5 f.; *Kommission zur Reform des strafrechtlichen Sanktionssystems* (2000), S. 13; *Schaeferdiek* (1997), S. 129; Im Jugendarrest wird im Rahmen des Erziehungsauftrags von einer positiven Einflussnahme kurzzeitpädagogischer Maßnahmen ausgegangen, *Bihs/Schneider/Tölle/Zimmermann*, RPsych 2015, 303 ff.; *Dünkel* (2000), S. 402.

Personen mit einer längeren Haftzeit richten.[163] Aufgrund der kurzen Verweildauer in der Haft bleibt keine Möglichkeit, den die Ersatzfreiheitsstrafe Verbüßenden kennenzulernen und ein für die Behandlung notwendiges Vertrauensverhältnis aufzubauen. Gerade dies ist notwendig, um diejenigen Umstände zu erfahren, die Rückschlüsse auf Unterstützungsbedarf und -chancen erlauben.[164] Im Ergebnis bleibt der spezialpräventive Strafzweck, welcher mit der Erziehung und Besserung des Täters einhergeht, bei der kurzen Freiheitsstrafe[165] auf der Strecke.

Hinzu kommt, dass „jede Freiheitsstrafe [...] bei dem Verurteilten einen Makel [hinterlässt], der [ihn] in den Augen der Mitmenschen herabwürdigt, ihm schwere Hemmnisse für sein späteres Fortkommen auferlegt und ihn weitgehend seiner sozialen Geltung in der Gesellschaft beraubt", so dass „die Strafe mit der Entlassung aus dem Gefängnis nicht endet, sondern eigentlich erst beginnt."[166]

Neben dem Fehlen einer konstruktiven Einflussnahme durch Spezialprävention, ist die kurze Freiheitsstrafe zur demoralisierenden Einwirkung auf den Häftling geradezu prädestiniert. „Der Kriminelle wird in der kriminellen Umgebung heimisch; er verliert die Furcht vor der Strafanstalt, [...] da er durch die ungewohnte Isolierung von der Außenwelt und das Herausgerissensein aus seiner gewohnten Umgebung besonders stark beeinflussbar ist."[167] Doch nicht nur für den zu einer kurzen Haftstrafe Verurteilten selbst treten negative Begleiterscheinungen auf. Auch das Umfeld im Gefängnis und draußen ist negativen Belastungen ausgesetzt. So stehen insbesondere den Langzeitinhaftierten die kurze Inhaftierungszeit einer sonst möglichen Intensivierung der Resozialisierungsprogramme im Wege.[168] Es bleibt weniger Zeit für die, die länger einsitzen.

---

163 Vgl. *Radtke*, ZRP 2018, 58; *Lorenz/Sebastian*, KriPoZ 2017, 356.
164 Vgl. *Heghmanns*, ZRP 1999, 299.
165 Vgl. *Horstkotte*, JZ 1970, 125 f.; *Dolde/Jehle*, ZfStrVO 1986, 195.
166 Vgl. *Bockelmann*, JZ 1951,498; *Zipf* (1966), S. 19 f.; *Plack* (1987), S. 14, 15.
167 Vgl. *Zipf* (1966), S. 21; siehe auch *Treig/Pruin* (2018b), S. 325 f. *Dolde* (1999a), S. 596 fasst die negativen Folgen des Kurzstrafenvollzugs wie folgt zusammen: „Der Vollzug der EFS als extrem kurze Freiheitsstrafe kann kaum resozialisierende Maßnahmen anbieten, entsozialisiert durch Gefährdung/Verlust des Arbeitsplatzes und der Wohnung, verstärkt sozial abweichendes Verhalten (‚kriminelle Karriere') durch Kontakt zum kriminellen Milieu, reduziert die Scheu vor dem Strafvollzug und ist mit sozialer Stigmatisierung verbunden."
168 Vgl. *Schall*, NStZ 1985, 106.

Folglich zeigen die Ausführungen zur Spezialprävention, dass das legitime Ziel, die Geldstrafen durch eine Ersatzfreiheitsstrafe zu vollstrecken, im Hinblick auf das Resozialisierungsprinzip, nur schwerlich erreicht werden kann.

5. Das Verhältnis von Tagessatzanzahl zur Ersatzfreiheitsstrafe – Umrechnungsschlüssel

Neben dem dogmatischen Problem der Umsetzung des Nettoeinkommensprinzips wird die Anwendung des Umrechnungsschlüssels von einem Tagessatz Geldstrafe zu einem Tag Freiheitsstrafe als ungerecht angesehen. Die derzeitige Praxis stellt einen Tag Freiheitsstrafe einem Tagessatz Geldstrafe gleich. Allerdings ist klar, dass ein Tag im Freiheitsentzug den Verurteilten härter trifft als die Ableistung eines Tagessatzes der Geldstrafe. „Die Freiheitsstrafe ist gegenüber der Geldstrafe stets das größere Strafübel",[169] zumal mit der Freiheitsstrafe besondere Belastungen einhergehen. Der Ersatzfreiheitsstrafenverbüßende ist von den der originären Kurzstrafe immanenten Strafnebenwirkungen, welche sich im sozialen und beruflichen Umfeld zeigen können[170], betroffen. Zudem verliert er neben einem Tag Freiheit auch sein Tageseinkommen.[171] Bei einer Umrechnung von 1 : 1 wird dieses größere Übel jedoch unberücksichtigt gelassen.[172] Folglich sind die besonderen Belastungen des Freiheitsentzugs im Vergleich zur Bezahlung oder Abarbeitung eines Tagessatzes Geldstrafe ungleich höher und daher auch schuldunangemessen im Verhältnis zu dem, was ein Geldstrafenschuldner aufbringen muss, um den den Nettobetrag des Einkommens übersteigenden Betrag (der durch die Geldstrafe abgeschöpft werden soll) zu erwirtschaften. Das Schuldprinzip, welches eine der Schuld des Täters angemessene Strafe fordert, wendet sich jedoch gegen das „Mehr an Strafe"[173], welches durch die Vollstreckung der Geldstrafe in Form einer Ersatzfreiheitsstrafe im Raum steht. *Tröndle* ist u. a.

---

169 Vgl. *Bruns/Güntge* (2019), S. 251; hierzu auch das Wortprotokoll der 44. Sitzung des *Deutschen Bundestages* vom 03.04.2019, Protokoll-Nr. 19/44, S. 18, S. 67, abrufbar unter https://www.bundestag.de/resource/blob/649250/469a6a3fc05a82df93b3a8e94da5c666/wortprotokoll-data.pdf [letzter Aufruf: 03.07.2023].
170 Hierzu ausführlich in *Kapitel 5.1*.
171 Vgl. BT-Drs. 15/2725; *Zipf* (1974), S. 141.
172 Vgl. *Schall*, NStZ 1985, 104, 106; wobei der Freiheitsentzug ein zusätzliches Übel zum Verlust des Tageseinkommens (wie eigentlich bei der Geldstrafe vorgesehen) ist, *Meier*, StV 2008, 269.
173 Vgl. *Mohr* (2020), S. 150.

der Ansicht, dass der gesetzliche Umrechnungsmaßstab mit dem Schuldprinzip unvereinbar und verfassungswidrig sei.[174] Als schuldangemessen wird vielmehr ein Umrechnungsschlüssel von zwei bzw. drei Tagessätzen Geldstrafe zu einem Tag Freiheitsstrafe gesehen.[175] Zum aktuellen Gesetz zur Überarbeitung des Sanktionenrechts – Ersatzfreiheitsstrafe, Strafzumessung, Auflagen und Weisungen sowie Unterbringung in einer Entziehungsanstalt, welches eine Umrechnung von zwei Tagessätzen zu einem Tag Ersatzfreiheitsstrafe vorsieht,[176] siehe ausführlich *Kapitel 9.7.*

6. Chancen der Ersatzfreiheitsstrafen-Vermeidung: Einsparung von Haftkosten

Die Möglichkeit der Einsparung von Haftkosten spricht für die Ausweitung der Haftvermeidungsmaßnahmen.

Die Strafvollzugsanstalten, die nach den Geschäftsverteilungsplänen für die Verbüßer einer Kurzstrafe zuständig sind, sind in ihrem gewöhnlichen Arbeitsablauf enorm eingeschränkt, denn die Zahl der Zu- und Abgänge[177] verursachen im Verhältnis zur Tagessatzanzahl viel Zeit, binden Arbeitskapazitäten des Personals und belasten die Länderhaushalte enorm.[178] Die Kostenproblematik[179] ist besonders auffällig, wenn man das Verhältnis der Kosten des Vollzuges und der eines Tages Freiheitsstrafe betrachtet. „Auf die Kleine Anfrage der Abgeordneten *Niema Movassat, Dr. André Hahn, Gökay Akbulut,* weiterer Abgeordneter und der Fraktion *DIE LINKE. –* Drucksache 19/601 – ", „wie hoch [nach Kenntnis der *Bundesregierung*] die niedrigsten, durchschnittlichen und höchsten finanziellen Aufwendungen für die Unterbringung

---

174 Vgl. *Tröndle,* JR 1976, 163 f.; anders *u. a. Horn,* JR 1977, 100, der die Auffassung vertritt, dass der Umrechnungsschlüssel von 1 : 1 mit dem Schuldprinzip in Einklang stehe.

175 Vgl. *Dünkel/Scheel* (2006), S. 176; *Dünkel* (2022), S. 253, 264 f.; *Jescheck* (1973), S. 43; BT-Drs. 14/761; BT-Drs. 13/9612, S. 6; *Meier,* StV 2008, 269 f.; gegen eine Änderung *Bittmann,* NJ 2001, 510; *Horn,* JR 1977, 100. Zum Umrechnungsschlüssel siehe ausführlich *Kapitel 9.8*; *Bals/Cornel/Dünkel/Flügge/Freise/Lösch/Meinen/Pruin/ Sonnen/Weber* (2021a), S. 5, abrufbar unter: https://rsf.uni-greifswald.de/storages/uni-greifswald/fakultaet/rsf/lehrstuehle/ls-duenkel/Veroeffentlichungen/Eckpunkte_fuer_ein en_Koalitionsvertrag_Prof._Duenkel_et_al._2021__24.10.2021_Endf.pdf [letzter Aufruf: 31.08.2023].

176   Vgl.   https://www.bmj.de/SharedDocs/Downloads/DE/Gesetzgebung/BGBl/Bgbl_Sa nktionsrecht.pdf?__blob=publicationFile&v=3 [letzter Aufruf: 15.12.2023].

177 Vgl. *Dünkel/Morgenstern* (2020), S. 432 „sie einen hohen Durchlauf verursachen".

178 Vgl. *Dünkel/Grosser* (1999), S. 29; *Matt,* MSchrKrim 2005, 339; *Dünkel/Morgenstern* (2020), S. 452.

179 Zu den Kostenvorteilen bei Einsatz von Haftvermeidungsmaßnahmen siehe *Kapitel 9.2.*

von Strafgefangenen (pro Tag und Kopf) in den Jahren von 2012 bis 2017"
waren, haben die Länder folgende, bis zum Jahr 2016, Istausgaben pro Hafttag
gemeldet[180]:

Tabelle 2: (Niedrigste und höchste) Ist-Ausgaben nach Haftjahr und Tag[181]

Jahr	Niedrigster	Höchster	Durchschnitt
2012	88,44 €	189,03 €	116,37 €
2013	98,90 €	171,14 €	121,56 €
2014	103,90 €	189,39 €	126,64 €
2015	104,89 €	193,05 €	129,62 €
2016	102,04 €	185,42 €	129,55 €

Betrachtet man hierzu die Tagessatzhöhen, die im Jahr 2015 mit 37,9 % im
Bereich von 10 bis 25 € lagen,[182] zeigt sich deutlich „das Missverhältnis der
Kosten des Vollzugs" und der mit der Durchsetzung der Geldstrafe erwirkten
Einnahmen.[183] Auffallend ist nach *Heinz*, dass selten nur der Mindestsatz von
1 € in Betracht kommt. Der Anteil der Entscheidungen mit einer Tagessatzhöhe bis einschließlich 5 € betrug 2015 2,1 %. Dieser Anteil müsste höher
sein, weil anzunehmen ist, dass mehr als nur 3 % der zu Geldstrafe Verurteilten lediglich über ein Einkommen im Sozialhilfebereich verfügt.[184]

Bereits die Forschung von *Dünkel, Scheel* und *Grosser* zum Projekt „Ausweg" in Mecklenburg-Vorpommern verdeutlichte den Kosten-Nutzen-Effekt
von Haftvermeidungsmaßnahmen, indem nachgewiesen wurde, dass die eingesparten Haftkosten (wobei nur die tatsächlichen Unterhaltskosten zugrunde
gelegt wurden)",[185] die Kosten des Projekts („Personal- und Sachkosten der
Vermittler sowie finanzierte Fachleistungsstunden für besondere Betreuung

---

180 Vgl. BT-Drs. 19/803, S. 3.
181 Vgl. BT-Drs. 19/803, S. 3, „In diesen Beträgen sind die Baukosten enthalten".
182 Vgl. *Statistisches Bundesamt*: Strafverfolgungsstatistik, hier zitiert nach *Heinz* 2017,
    S. 114.
183 Vgl. *Villmow/Sessar/Vonhoff*, KrimJ 1993, 205, 211; *Schneider*, MSchrKrim 2001, 274.
184 Vgl. *Heinz* (2017), S. 114.
185 Vgl. *Dünkel/Scheel* (2006), S. 162.

von Geldstrafenschuldnern und die Finanzierung der Arbeit von Untervermittlungsstellen")[186] bei weitem übertrafen.[187] Auch die Bundesländer Niedersachsen und Hessen setzen sich mit dem Argument der Einsparung von Haftkosten für Maßnahmen der Haftvermeidung ein.[188] So wird angeführt, dass bei den 14 Anlaufstellen in Niedersachsen[189] in den Jahren 2010 bis 2019 17.027 Fälle bearbeitet wurden und dadurch 259.925 Hafttage eingespart werden konnten. Bei durchschnittlich angenommenen Hafttagkosten in Höhe von 137 € konnte innerhalb von zehn Jahren 36.732.530 € eingespart werden. Pro Jahr sind dies Kosten in Höhe von 3.673.253 € *(Tabelle 3).[190]* Hierbei geht es um die Abwendungen infolge der Haftvermeidungsmaßnahme „Geldverwaltung statt Vollstreckung von Ersatzfreiheitstrafen".[191]

---

186 Vgl. *Dünkel/Scheel* (2006), S. 162.

187 Vgl. *Dünkel/Scheel/Grosser*, BewHi 2002, 70; Vgl. *Dünkel/Scheel* (2006), S. 162.

188 Die dort eingesetzten Haftvermeidungsmaßnahmen der Geldverwaltung statt Vollstreckung von Ersatzfreiheitsstrafe" und das Projekt „Auftrag ohne Antrag".

189 Vgl. *Teschner*, BewHi 2020, 159.

190 Die Informationen wurden dankenswerterweise vom Referenten für Suchtfragen, Straffälligenhilfe und Teilhabe des Diakonischen Werkes im Oldenburger Land, Kai Kupka, zur Verfügung gestellt.

191 In der Staatsanwaltschaftsstatistik des *Statistischen Bundesamtes* Fachserie 10, Reihe 2.6 werden lediglich Zahlen zu den Personen, gegen die eine Vollstreckung wegen Geldstrafe eingeleitet und die Ersatzfreiheitsstrafe durch gemeinnützige Arbeit ganz oder teilweise abgewendet worden ist, aufgeführt. Nachdem im Jahr 2010 für Niedersachsen keine Zahlen vermerkt sind, sank die Abwendung durch gemeinnützige Arbeit vom Jahr 2011 in Höhe von 3,7 % zum Jahr 2019 auf 1,3 %. Somit lässt sich auch bzgl. Niedersachsen in Bezug auf die freie gemeinnützige Arbeit ein Rückgang verzeichnen. Diese Zahlen sind allerdings nicht auf die „Geldverwaltung statt Vollstreckung von Ersatzfreiheitsstrafe" anwenden. *Statistisches Bundesamt* (2010); (2011); (2019), jeweils Tabelle 1.2.2.1, S. 17.

Tabelle 3: Auswertung der jährlichen Landesstatistik Nds. „Geldverwaltung statt Vollstreckung von Ersatzfreiheitsstrafen"

Jahr	Fälle (N)	Ausgang			Bezahlte Geldstrafen (€)	Dadurch eingesparte Hafttage (N)	Hafttag-kosten (€)	Summe der Einsparungen
		Erfolg (Zahlung erfolgt)	Teilerfolg (Zahlungen laufen noch)	Misserfolg (N/%)				
2010	903	171	673	50 / 5,5	193.040	13.826	100	1.382.600
2011	1.376	258	1.055	63 / 4,6	318.026	20.319	112	2.277.760
2012	1.433	416	968	49 / 3,4	414.691	25.688	118	3.031.184
2013	1.433	416	1.056	49 / 3,4	414,691	25.688	128	3.288.835
2014	1.511	409	1.266	46 / 3,0	416.967	25.440	140	3.569.741
2015	1.775	446	1.424	45 / 2,5	454.411	26.810	148	3.971.097
2016	1..947	474	1.424	49 / 2,5	508.471	25.836	151	3.909.245
2017	2.114	540	1.494	76 / 3,6	547.383	31.309	151	4.727.659
2018	2.217	680	1.472	65 / 2,9	566.708	31.090	163	5.057.067
2019	2.318	678	1.581	59 / 2,6	635.248	33.919	163	5.517.343
		4.488	11.957	551 / 3,4	4.469.636	259.925	137	36.732.530

Quelle: Landesstatistik der Anlaufstellen

Für das Bundesland Hessen wurden Zahlen aus den Jahren 2018 und 2019 zur Verfügung gestellt. In Hessen konnte im Jahr 2019 durch das Projekt in den neun hessischen Landgerichtsbezirken die Abwendung von 27.882,5 Tagen Ersatzfreiheitsstrafe (2018: 25.614) erreicht werden. Dies entspricht einer Einsparung von Haftkosten in Höhe von 3.822.133,10 Euro (Tageshaftkostensatz pro Tag 137,08 Euro, Stand 2019).[192] Das hessische Justizministerium zeigte sich auch für das Jahr 2020 zufrieden und teilte mit, dass 20.739 Tage Ersatzfreiheitsstrafe durch das Projekt Auftrag ohne Antrag innerhalb eines Jahres abgewendet worden seien. Das entspreche rund 3,7 Mio. Euro eingesparten Haftkosten.[193]

An dieser Stelle stellt sich jedoch die Frage, ob der Tageshaftkostensatz ein geeigneter Ansatz ist, um die Einsparungen wie hier vorgenommen, zu berechnen.[194] Auch wenn es zu einer Vermeidung von Ersatzfreiheitsstrafe durch die Haftvermeidungsmaßnahmen kommt, so dürften bei den Berechnungen Einsparungen von Vollzugspersonal beispielsweise nicht berücksichtigt werden, da diese eigentlich nicht wegfallen.[195] Aus diesem Grund haben *Dünkel/Scheel* in ihren Berechnungen nur die tatsächlichen „Haftkosten für sächliche Verwaltungsausgaben (im wesentlichen Gesundheitsfürsorge und Verpflegung, daneben Gefangenenbeförderung, Gefangenenpflege, Bekleidung und Reinigungsbedarf) und Zuweisungen/Zuschüsse (Arbeitsentgelte, Ausbildungsbeihilfen, Arbeitslosenversicherungsbeiträge, Entlassungshilfen)" berücksichtigt. Auch diese Berechnungen zeigten dennoch erhebliche Einsparungen, die die Kosten des Ausbaus der Struktur der gemeinnützigen Arbeit „bei weitem übertrafen".[196]

---

192 Vgl. Jahresbericht 2019 Auswertung des Projekts „Auftrag ohne Antrag" bei den *hessischen Staatsanwaltschaften*, S. 10.

193 Vgl. Artikel der *Zeit online* « Draußen bleiben ist für alle besser » abrufbar unter: https://www.zeit.de/mobilitaet/2022-01/ersatzfreiheitsstrafen-geldstrafe-gefaengnis-haft/seite-2?utm_referrer=https %3A %2F %2Fwww.bing.com %2F   [letzter   Aufruf: 26.09.2023].

194 Die Haftkosten von ca. 130 € pro Hafttag beinhalten die baulichen Kosten, sodass als Einsparungseffekt der Haftvermeidung ein deutlich niedrigerer Wert anzusetzen wäre. Vgl. *Dünkel/Scheel* (2006); *Dünkel* (2011).

195 Folglich sind die von den Ministerien angestellten Berechnungen fragwürdig.

196 Vgl. *Dünkel/Scheel* (2006), S. 162; *Dünkel/Scheel/Grosser*, BewHi 2002, 70. „Bereits eine erste Analyse der durch das Projekt „Ausweg" eingesparten Haftkosten (wobei nur die tatsächliche Unterhaltskosten zugrunde gelegt wurden) sowie der durch nachträgliche Geldstrafenzahlungen erzielten Einnahmen hatte ergeben, dass die Einsparungen die Kosten des Projekts (Personal- und Sachkosten der Vermittler sowie finanzierte Fachleistungsstunden für besondere Betreuung von Geldstrafenschuldnern und die Finanzierung der Arbeit von Untervermittlungsstellen) bei weitem übertrafen." Im Jahr 2000 betrugen die Kosten „nur 60 % bis maximal 70 % des kalkulatorischen Nutzen", so dass es zu einer

Eine Kosten-Nutzen-Analyse, die eine Aussage darüber gibt, welche Schadensvermeidung pro eingesetztem Euro erreicht werden kann, wurde bisher nicht getroffen. Grund hierfür ist, dass eine Vielzahl von Parametern, die bei der Bestimmung von Belang sind, nicht bekannt ist. Denn betrachtet man u. a. die Kostenseite, so sind nicht nur die materiellen Kosten zu berücksichtigen, sondern auch die psychischen Kosten als Teil der immateriellen Kosten der Kriminalität.[197] Die Verteilung von begrenzten finanziellen Mitteln auf Angebote der Sozialen Arbeit stellt die Einrichtungsleitungen, auch in der Freien Straffälligenhilfe, immer wieder vor argumentative Herausforderungen.

7. Gesetzgebungsgeschichte der Ersatzfreiheitsstrafe

Die Gesetzgebungsgeschichte der Ersatzfreiheitsstrafe zeigt, dass sich der *Deutsche Bundestag* bereits im Jahr 1985 in seiner 10. Legislaturperiode mit den Alternativen zur Ersatzfreiheitsstrafe und der Anpassung der Tagessatzhöhe infolge persönlicher Merkmale befasst hat.[198] In der Beschlussempfehlung und dem Bericht des Rechtsausschusses des *Deutschen Bundestages* vom 27.11.1985 wurden u. a. folgende Punkte benannt:

„Die *Bundesregierung* wird aufgefordert, […] 2. bis zum 1. Juli 1986 darüber zu berichten, ob sich das bestehende Sanktionssystem des Strafgesetzbuches und der Strafprozessordnung bewährt hat und ob eine Vervielfältigung und Verfeinerung des Angebots staatlicher Sanktionen nicht angezeigt erscheint. Die *Bundesregierung* möge dabei insbesondere zu folgenden von Wissenschaft und Praxis erhobenen Vorschlägen Stellung nehmen:

[…]

b) Einführung der gemeinnützigen Arbeit auf freiwilliger Basis durch Bundesgesetz,

[…]

d) Aussetzung auch für die Beitreibung der Geldstrafe,

e) nachträgliche Herabsetzung der Höhe der Tagessätze bei der Geldstrafe (z. B. bei Arbeitslosigkeit, Krankheit oder Unfall), […].“[199]

Einsparung des Landes Mecklenburg-Vorpommern in Höhe von mindestens 190.000 € kam. Genauere Zahlen zu finden bei *Dünkel* (2011), S. 143 ff.

197 Vgl. *Marks/Steffens* (2015), S. 236 spricht die Schwierigkeit der Erfassung von psychischen „Kosten" im Bereich des Opferschutzes an.

198 Vgl. BT-Drs. 14/9358, S. 9.

199 Vgl. BT-Drs. 10/4391, S. 3.

Der darauf lautende Bericht der *Bundesregierung* sah einen aktuellen Ände-
rungsbedarf nicht vor.[200] Als Begründung wurde angeführt:

> „Es kann nicht Aufgabe dieses Berichts sein, eingehend auf die Problematik der Straf-
> zwecke Stellung zu nehmen. Dies umso weniger, als auch der Gesetzgeber bewußt darauf
> verzichtet hat, die Strafzwecke ausdrücklich zu definieren. Es mag die Feststellung ge-
> nügen, daß es der Gesetzgeber im Rahmen der Strafrechtsreform als vorrangige Aufgabe
> angesehen hat, auch mit den Mitteln des Strafrechts sozialschädlichem Verhalten entge-
> genzuwirken. [...].“

Weiter heißt es:

> „Ob sich das bestehende Sanktionssystem im Blick auf das Ziel, sozialschädliches Ver-
> halten entgegenzuwirken, bewährt hat, ist eine Frage die sich in wissenschaftlich exakter
> Weise derzeit nicht beantworten läßt. Indes liegen der *Bundesregierung* keine Anhalts-
> punkte vor, die dafürsprechen könnten, das vorhandene System grundlegend zu ändern.“

Bezüglich „der Einführung der gemeinnützigen Arbeit auf freiwilliger Basis
durch Bundesgesetz“ wurde vorgebracht:

> „[...] hat das *Bundesministerium der Justiz* schon mit Rücksicht auf die derzeitige Ar-
> beitsmarktlage davon Abstand genommen, zum gegenwärtigen Zeitpunkt den Gedanken
> an die Einführung dieser Sanktionsart weiter zu verfolgen. Vorrangig erscheint es zur
> Zeit, die begrenzten Möglichkeiten zur Leistung freier Arbeit zu nutzen, um die Vollstre-
> ckung von Ersatzfreiheitsstrafen zu vermeiden.“

Im Weiteren wird die Beantwortung der Fragestellung von der abschließenden
Prüfung der sich aus Art. 12 Abs. 2 GG – Verbot des Arbeitszwanges – erge-
benen Fragen abhängig gemacht.[201] Auch die nachträgliche Herabsetzung der
Höhe der Tagessätze bei der Geldstrafe wurde ablehnend beschieden. So
wurde angeführt, dass „einerseits die Vollstreckungsbehörde im Vollstreckungsverfahren weitere Zahlungserleichterungen gewähren kann (§ 459a
StPO)“, andererseits aber auch das Gericht in der Lage ist anzuordnen, „daß
die Vollstreckung der Ersatzfreiheitsstrafe unterbleibt, wenn die Vollstreckung für den Verurteilten eine unbillige Härte wäre“ (§ 459f StPO).“[202] Wieder wurden als Begründung für die Ablehnung die erheblichen Mehrbelastun-
gen der Justiz durch nachträgliche Anträge auf Herabsetzung der Tagessatzhöhe angeführt.[203]

---

200 Vgl. BT-Drs. 10/5828.
201 Vgl. BT-Drs. 10/5828, S. 5.
202 Vgl. BT-Drs. 10/5828, S. 4.
203 Vgl. BT-Drs. 10/5828, S. 4.

Im Jahr 1992 ist der *59. Deutsche Juristentag* in Hannover unter dem Thema „Empfehlen sich Änderungen und Ergänzungen bei den strafrechtlichen Sanktionen ohne Freiheitsentzug?" zu dem Schluss gekommen, dass neuere Entwicklungen Anstoß zur Ergänzung und Modifikation des strafrechtlichen Sanktionssystems gegeben haben.[204] Es wurde sich für einen Ausbau des Täter-Opfer-Ausgleichs, der Ausweitung des Anwendungsbereichs der Verwarnung mit Strafvorbehalt und einem Fahrverbot als Hauptstrafe ausgesprochen.[205]

In der 12. und 13. Legislaturperiode im Jahr 1993 und 1996 haben *Mitglieder des Deutschen Bundestages* und die *SPD-Fraktion* den Entwurf eines „Gesetzes zur Reform des strafrechtlichen Sanktionssystems" in den *Deutschen Bundestag* eingebracht.[206] Dabei ging es u. a. um die Berücksichtigung von nachträglichen Verschlechterungen der Vermögensverhältnisse bei Verurteilung zu Geldstrafe durch Stundung oder Bewilligung von Ratenzahlung, Aussetzung der Vollstreckung und Herabsetzung der Tagessatzhöhe. Zudem wurde die Festlegung eines exakten Maßstabes für die Umrechnung von Geld- bzw. Ersatzfreiheitsstrafe in gemeinnützige Arbeit vorgeschlagen.[207]

Im Jahr 1999 kam eine länderübergreifende Arbeitsgruppe mit ihrem Abschlussbericht zu der Einschätzung, dass sich der elektronisch überwachte Hausarrest als eigenständige Sanktion nicht sinnvoll in das Sanktionssystem einfügen lasse.[208]

Da es in der 12. Legislaturperiode zu keiner endgültigen Entscheidung gekommen ist, hat der *Bundesrat* in der 13. Legislaturperiode im Jahr 1998 den „Entwurf eines Gesetzes zur Verbesserung des strafrechtlichen Sanktionssystems" in den *Deutschen Bundestag* eingebracht.[209] Darin ging es u. a. um die Änderung des § 43 StGB und die darin enthaltene Umrechnung der Tagessätze Geldstrafe und den ersatzweise bei Uneinbringlichkeit zu vollstreckenden Tagen Ersatzfreiheitsstrafe – bisher 1 : 1 – auf 2 : 1[210].[211] In der Begründung

---

204 Vgl. Verhandlungen des 59. *Deutschen Juristentages*, Hannover 1992, Band I (Gutachten) Teil C.; Beschlüsse in NJW 1992, S. 3022.
205 Vgl. Verhandlungen des 59. *Deutschen Juristentages*, Hannover 1992, Band I (Gutachten) Teil C.; Beschlüsse in NJW 1992, S. 3022.
206 Vgl. BT-Drs. 12/6141 und 13/4462.
207 Vgl. BT-Drs. 12/6141, S. 3.
208 Vgl. Abschlussbericht der länderübergreifenden Arbeitsgruppe unter dem Vorsitz von Berlin vom 18. März 1999, S. 15.
209 Vgl. BT-Drs. 13/9612 und 14/761.
210 Zwei Tagessätze Geldstrafe entsprechen einem Tag Freiheitsstrafe.
211 Vgl. BT-Drs. 13/9612, S. 1.

des *Bundesrates* wurde angeführt, dass der geltende Umrechnungsmaßstab auf dem Zweiten Gesetz zur Reform des Strafrechts beruht, bei dem bereits ein Umrechnungsmaßstab von 2 : 1 diskutiert worden sei. Neben dem Ausfall der Erwerbsmöglichkeiten und den damit einhergehenden Vermögenseinbußen komme noch ein zusätzliches Übel, nämlich der Freiheitsentzug, hinzu. Der *Bundesrat* ging in seiner Begründung zum Gesetzesentwurf somit davon aus, dass sich eine Gleichsetzung von einem Tagessatz Geldstrafe und einem Tag Freiheitsstrafe verbiete.[212] Als schuldangemessen wird ein Umrechnungsschlüssel von zwei Tagessätzen Geldstrafe zu einem Tag Ersatzfreiheitsstrafe gesehen.[213] Der Gesetzesentwurf des *Bundesrates* und der damit einhergehenden Änderung des Umrechnungsschlüssels machte die *Bundesregierung* von einer „eingehenden Prüfung unter praktischen und systematischen Gesichtspunkten durch die Kommission zur Reform des strafrechtlichen Sanktionssystems" abhängig.[214]

Neben dem „Entwurf eines Gesetzes zur Verbesserung des strafrechtlichen Sanktionssystems" brachte der *Bundesrat* in der 13. Legislaturperiode im Jahr 1998[215] und 14. Legislaturperiode im Jahr 1999[216] einen Gesetzesentwurf zur „Einführung der gemeinnützigen Arbeit als strafrechtliche Sanktion" in den *Deutschen Bundestag* ein. Ziel dieser Gesetzesentwürfe war, die Sanktionsmöglichkeiten für Straftaten in den Bereichen der unteren und mittleren Kriminalität zu erweitern und die spezialpräventive Einwirkung auf diesen Täterkreis zu verbessern.[217] Punktuelle Änderungen des Sanktionssystems wurden von den Ergebnissen der Kommissionsarbeit abhängig gemacht.

Im Jahr 2000 legte die Kommission einen Abschlussbericht vor.[218] Im Mittelpunkt stand die Ersetzung von Geld- und Freiheitsstrafen durch gemeinnützige Arbeit. Dabei wurde die „gemeinnützige Arbeit als primäre Ersatzsanktion für uneinbringliche Geldstrafen vorgesehen".[219] Eine eigenständige Sanktion neben der Geld- oder Freiheitsstrafe bildete dies nicht ab. Der Abschlussbericht sprach sich zudem gegen eine Änderung des Umrechnungsschlüssels von zwei Tagessätzen Geldstrafe zu einem Tag Ersatzfreiheitsstrafe aus. Begründet wurde dies damit, dass derjenige, der zahlen würde, die Freiheitsstrafe

---

212 Vgl. BT-Drs. 13/9612, S. 5.
213 Vgl. BT-Drs. 13/9612, S. 6.
214 Vgl. BT-Drs. 13/9612, S. 8, Anlage 2.
215 Vgl. BT-Drs. 13/10485.
216 Vgl. BT-Drs. 14/762.
217 Vgl. BT-Drs. 10/5828, S. 2.
218 Vgl. *Kommission zur Reform des strafrechtlichen Sanktionssystems* (2000).
219 Vgl. BT-Drs. 15/2725, S. 18.

an und für sich im Blick habe, jedoch nicht deren Dauer. Zudem rechne man mit einer veränderten Sanktionspraxis, indem man von einer Erhöhung der Tagessatzanzahl ausgehe. Des Weiteren müsste im Falle einer Änderung des Umrechnungsschlüssels bei § 43 StGB auch an eine Änderung des § 47 Abs. 2 S. 2 StGB gedacht werden. Dies würde allerdings dazu führen, dass doppelt so viele Geldstrafen vorhanden wären. Auch im Rahmen der Gesamtstrafenbildung würde es unter Berücksichtigung des § 54 Abs. 3 StGB zu einer Änderung kommen müssen, die dogmatische Probleme nach sich ziehen würde.

Im Jahr 2002, am Ende der 14. Legislaturperiode, folgte sodann der nächste Gesetzesentwurf einzelner Abgeordneter des *Deutschen Bundestages* und der Fraktion *SPD* und *BÜNDNIS 90/DIE GRÜNEN* mit dem die Erweiterung des Sanktionssystems „durch den Ausbau ambulanter Sanktionen"[220] gefordert wurde.[221] Der Gesetzesentwurf befasste sich u. a. mit der Einführung der gemeinnützigen Arbeit als primäre Ersatzsanktion bei Uneinbringlichkeit einer Geldstrafe[222] und Änderung des Umrechnungsmaßstabs Geldstrafe:Freiheitsstrafe.[223] Die Einführung einer primären Ersatzsanktion sah vor, dass die gemeinnützige Arbeit, anstatt bisher als „Ersatzsanktion im Falle der Uneinbringlichkeit anzuordnende Ersatzfreiheitsstrafe, nun direkt an die Stelle der uneinbringlichen Geldstrafe vor einer Ersatzfreiheitsstrafenanordnung" gestellt werden sollte. Demzufolge wurde eine „Änderung des Vollstreckungsverlaufs" anvisiert.[224] Dieser konnte zeitlich jedoch nicht mehr beschieden werden.[225]

---

220 Vgl. BT-Drs. 15/2725, S. 1; so auch *Dünkel* (2022), S. 253, 266.
221 Vgl. BT-Drs. 14/9358, S. 1. Dieser Gesetzesentwurf basiert auf einem umfassenden Entwurf eines Gesetzes zur Reform des Sanktionenrechts des *Bundesministeriums der Justiz* vom 08.12.2000 und wurde im Sommer 2002 in reduzierter Form in das Gesetzgebungsverfahren eingebracht, vgl. *Dünkel/Morgenstern* (2003), S. 26.
222 Der Referentenentwurf des *Bundesministeriums der Justiz* widmete sich zuvor den kritischen Stimmen zur Einführung der gemeinnützigen Arbeit als Hauptstrafe. Grund hierfür war die Annahme, dass „im Verweigerungsfall drohende Freiheitsstrafe Zwangsarbeitscharakter i. S. des Art. 12 Abs. 2 GG" haben würde. Der Referentenentwurf brachte den Vorschlag einer Ersetzungslösung ein, „wonach das Gericht erst dann, wenn es nach den Kriterien des § 47 StGB eine unbedingte Freiheitsstrafe von bis zu sechs Monaten für unausweichlich hält, auf Antrag des Betroffenen stattdessen die Ableistung gemeinnütziger Arbeit gestatten" könne. Diese Regelung fand sich im Gesetzesentwurf nicht wieder, wohl aber blieb die gemeinnützige Arbeit als Ersatzstrafe für die Geldstrafe erhalten. Vgl. *Dünkel/Morgenstern* (2003), S. 27; BT-Drs. 14/9358, S. 3, 10.
223 Vgl. BT-Drs. 14/9358, S. 2.
224 Vgl. *Dünkel/Morgenstern* (2003), S. 27.
225 Vgl. *Dünkel* (2022), S. 262.

In der 15. Wahlperiode im Jahr 2004 erfolgte dann ein Gesetzesentwurf der *Bundesregierung*, welcher den Ausbau ambulanter Sanktionen aufnahm und die „Einführung der gemeinnützigen Arbeit als primäre Ersatzstrafe bei Uneinbringlichkeit einer Geldstrafe" beinhaltete.[226] Zudem wurde „eine Neuregelung der Ersatzstrafen bei Uneinbringlichkeit einer Geldstrafe durch Einführung der gemeinnützigen Arbeit als primärer Ersatzstrafe und Änderung des Umrechnungsmaßstabs Geldstrafe:Freiheitsstrafe vorgeschlagen."[227] Die Einführung der gemeinnützigen Arbeit als primäre Ersatzstrafe bei Uneinbringlichkeit einer Geldstrafe wurde durch den *Bundesrat* abgelehnt. Als Begründung wurde u. a. angebracht, dass aufgrund von Arbeitsfähigkeit bzw. -willigkeit und der Gefahr, dass keine Stelle an den Verurteilten vermittelt werden könne, dieser völlig ohne Sanktion dastehen würde.[228] Auch dem Umrechnungsmaßstab von drei Stunden Arbeit gegenüber einem Tagessatz Geldstrafe wurde nicht zugestimmt. Begründet wurde dies damit, dass dieser Schlüssel der Öffentlichkeit, insbesondere den Opfern einer Tat, nur schwerlich zu vermitteln sei. Die Bevölkerung würde die Strafe nicht mehr ernst nehmen, insbesondere vor dem Hintergrund, dass „Arbeit" von der Öffentlichkeit als Normalität und eben nicht als Sanktion gewertet werden würde. Es wurde befürchtet, dass der säumige Geldstrafenschuldner den Vollstreckungsverlauf durch den Antrag auf freie Arbeit, teilweiser Ableistung und schließlich der Umwandlung in eine Ersatzfreiheitsstrafe unnötig in die Länge ziehen könnte. Auch die Berechnungen zum Umrechnungsmaßstab, welche von einer 38-Stunden-Woche ausgehen, überzeugten nicht. So wurde angeführt, dass die Tagessatzhöhe sich anhand des Nettoeinkommens des Verurteilten berechne.[229]

In der 19. Wahlperiode im Jahr 2018 folgte ein Gesetzesentwurf aus der *Mitte der Bundestagsabgeordneten* und der *Fraktion DIE LINKE*.[230] Dieser hebt die Diskriminierung von einkommens- und vermögensschwachen Menschen durch die Vollstreckung einer Ersatzfreiheitsstrafe hervor und schlägt als Lösung die Abschaffung dieser vor. *Jäger* hat zu diesem Gesetzesentwurf für die öffentliche Anhörung im *Ausschuss für Recht und Verbraucherschutz des Deutschen Bundestages* am 3. April 2019 eine Stellungnahme abgegeben. Nach seiner Einschätzung bilden das

---

226 Vgl. BT-Drs. 15/2725, S. 1.
227 Vgl. BT-Drs. 15/2725, S. 2.
228 Vgl. BT-Drs. 15/2725, S. 38.
229 Vgl. BT-Drs. 15/2725, S. 39.
230 Vgl. BT-Drs. 19/1689.

„Instrument der Ersatzfreiheitsstrafe bei gleichzeitiger Möglichkeit der Abwendung der Vollstreckung von Ersatzfreiheitsstrafen durch Zahlungserleichterungen und die Ableistung gemeinnütziger Arbeit ein stimmiges und funktionsfähiges System der Vollstreckung von Geldstrafen gegenüber wirtschaftlich nicht leistungsfähigen Straftätern."

Er war dafür, dass diese in der Form beibehalten werden sollten.[231] Bei Abschaffung der Ersatzfreiheitsstrafe „liefe die Geldstrafe bei nicht zahlungswilligen Verurteilten, bei denen die Strafe nicht beigetrieben werden kann, ins Leere. Dies käme einer Preisgabe des staatlichen Strafanspruchs gleich und würde wegen der faktischen Sanktionslosigkeit die Normgeltung vieler Straftatbestände gefährden."[232] Der *Ausschuss für Recht und Verbraucherschutz* hat die Gesetzesvorlage beraten und die Ablehnung empfohlen. Die *Fraktion CDU/CSU* sah „die Sanktionierung von strafrechtlich relevantem Verhalten in einem Rechtsstaat als unerlässlich an."[233] Ähnlich äußerte sich auch die *FDP*. Die *Fraktion BÜNDNIS 90/DIE GRÜNEN* sprach sich für Angebote zur Selbsthilfe aus und die *SPD* für Programme wie „Schwitzen statt Sitzen" damit Geldstrafen nicht in Ersatzfreiheitsstrafen mündeten.[234]

Im Jahr 2020 folgte eine Beschlussempfehlung und ein Bericht des *Ausschusses für Recht und Verbraucherschutz* welcher sich mit der Corona-Krise und der Entlastung der Justizvollzugsanstalten befasste.

Im Jahr 2016 wurde eine Bund-Länder-Arbeitsgruppe zur „Prüfung alternativer Sanktionsmöglichkeiten und Vermeidung von Ersatzfreiheitsstrafen gemäß § 43 StGB" von der Konferenz der Justizministerinnen und Justizminister eingesetzt. Die Verfasserin konnte die zu diesem Zeitpunkt vorliegenden Forschungsergebnisse vorstellen und ihre Einschätzung zur Bedeutsamkeit der Haftvermeidungsmaßnahmen, insbesondere auch der „Geldverwaltung statt Vollstreckung von Ersatzfreiheitsstrafen" verdeutlichen. Der Abschlussbericht wurde der Fachöffentlichkeit offiziell bis heute nicht zur Verfügung

---

231 Vgl. *Jäger* (2019), S. 7, Stellungnahme *Jäger* zu dem Gesetzentwurf der Fraktion *DIE LINKE* „Entwurf eines Gesetzes zur Änderung des Strafgesetzbuchs und weiter, abrufbar unter: www.bundestag.e/resource/blob/633238/ e417e8adc399b3f43899235 cedc12218/jaeger-data.pdf [letzter Aufruf: 04.07.2023].

232 Vgl. *Jäger* (2019), S. 7, Stellungnahme *Jäger* zu dem Gesetzentwurf der Fraktion *DIE LINKE* „Entwurf eines Gesetzes zur Änderung des Strafgesetzbuchs und weitere, abrufbar unter: www.bundestag.e/resource/blob/633238/e417e8adc399b3f43899235 cedc12218/jaeger-data.pdf [letzter Aufruf: 04.07.2023].

233 Vgl. BT-Drs. 19/14483, S. 5.

234 Vgl. BT-Drs. 19/14483, S. 5.

gestellt, jedoch wurde das Ergebnis der Bund-Länder-Arbeitsgruppe über eine zivilgesellschaftliche Initiative zugänglich gemacht.[235]

Die aktuelle *Bundesregierung* (*SPD, Bündnis 90/Die Grünen* und *FDP*) hat die Überarbeitung des Sanktionssystems u. a. hinsichtlich der Ersatzfreiheitsstrafen, mit dem Ziel der Prävention und Resozialisierung, in die Koalitionsvereinbarung aufgenommen.[236] Nachdem bereits der Referentenentwurf des Bundesministeriums der Justiz vom 19.07.2022[237] die Anpassung des Umrechnungsmaßstabs in § 43 StGB von einer Geldstrafe in eine Ersatzfreiheitsstrafe mit einem Schlüssel von 2 : 1 vorgesehen hat, wiesen auch die neueren Entwicklungen im Gesetzesentwurf der *Bundesregierung* vom 06.03.2023[238] und in der Beschlussvorlage vom 26.05.2023[239] auf eine Anpassung des Umrechnungsschlüssels hin.[240] Am 22.06.2023 hat der *Deutsche Bundestag* dem Gesetzesentwurf zugestimmt.[241] Alternative Vorschläge wie die Abschaffung der Ersatzfreiheitstrafe[242] sowie die Hochstufung der Haftvermeidungsmaßnahmen als primäre Ersatzstrafe[243] wurden nicht weiter verfolgt. Ob damit die Überarbeitung des Sanktionensystems mit dem „Ziel von Prävention und Resozialisierung"[244] nachgekommen wird, ist fraglich.[245] Das Gesetz zur Überarbeitung des Sanktionenrechts – Ersatzfreiheitsstrafe, Strafzumessung, Auflagen und Weisungen sowie Unterbringung in einer Entziehungsanstalt wurde

235 abrufbar unter: https://fragdenstaat.de/dokumente/142049-jumiko-blag-ersatzfreiheitsstrafen/ [letzter Aufruf: 05.07.2023].
236 Vgl. Newsticker der *Welt online*, „Buschmann: Geldstrafen-Schuldner sollen seltener in Haft", abrufbar unter: www.welt.de/newsticker/dpa_nt/infoline_nt/brennpunkte_nt/article236871865/Buschmann-Geldstrafen-Schuldner-sollen-seltener-in-Haft.html [letzter Aufruf: 23.02.22].
237 Vgl. *Bundesministerium der Justiz* (2022), S. 1, abrufbar unter: https://www.bmj.de/SharedDocs/Downloads/DE/Gesetzgebung/RefE/RefE_Ueberarbeitung_Sanktionsrecht.pdf?__blob=publicationFile&v=4 [letzter Aufruf 11.08.2022].
238 Vgl. BT-Drs. 20/5913, S. 14, 34 ff.
239 Vgl. BT-Drs. 20/7026.
240 Hierzu ausführlich in *Kapitel 9.8.*
241 Vgl. Deutscher Bundestag online „Bundestag macht den Weg für kürzere Ersatzfreiheitsstrafen frei", abrufbar unter: https://www.bundestag.de/dokumente/textarchiv/2023/kw25-de-sanktionsrecht-953414 [letzter Aufruf: 06.09.2023].
242 Vgl. BT-Drs. 19/1689; zu diesem Vorschlag ausführlich in *Kapitel 9.2.*
243 Vgl. BT-Drs. 15/2725; zu diesem Vorschlag ausführlich in *Kapitel 9.5.*
244 Vgl. Newsticker der *WELT online*, „Buschmann: Geldstrafen-Schuldner sollen seltener in Haft", abrufbar unter: www.welt.de/newsticker/dpa_nt/infoline_nt/brennpunkte_nt/article236871865/Buschmann-Geldstrafen-Schuldner-sollen-seltener-in-Haft.html [letzter Aufruf: 23.02.22].
245 Hierzu ausführlich in *Kapitel 9.9.*

am 02.08.2023 im Bundesgesetzesblatt Jahrgang 2023 Teil I Nr. 203 verkündet.[246]

8. Schlussfolgerung

Die Ausführungen zu den dogmatischen Problemen der Geldstrafe und ihrer Vollstreckung in Form der Ersatzfreiheitsstrafe zeigen, dass eine Modifizierung des § 43 StGB hinsichtlich des Umrechnungsmaßstabs notwendig erscheint.

Eine alleinige Anpassung des Umrechnungsmaßstabs würde jedoch nicht dazu führen, dass die kriminalpolitischen Bedenken, die mit dem Einsatz der Ersatzfreiheitsstrafen unter Berücksichtigung des § 47 StGB einhergehen, ausgeräumt sein würden. Vielmehr könnte durch die Verkürzung des Vollzuges infolge des Umrechnungsmaßstabs dieser von den Betroffenen als durchaus attraktiv angesehen werden. Aus diesem Grund drängt sich die (Teil)Abschaffung der Ersatzfreiheitsstrafe[247], welche in *Kapitel 9.3* und *Kapitel 9.4* ausführlich beleuchtet wird, auf. Im Folgenden wird jedoch zunächst auf die Sanktionsalternativen zu den Ersatzfreiheitsstrafen in Form der Haftvermeidungsmaßnahmen eingegangen. Die „freie, gemeinnützige Arbeit" und die „Geldverwaltung" wären ungeachtet der (Teil)Abschaffung der Ersatzfreiheitsstrafen Möglichkeiten die Geldstrafe zu tilgen.

---

246 Vgl. https://www.bmj.de/SharesDocs/Downloads/DE/Gesetzgebung/BGBl/Bgbl_ Sanktionsrecht.pdf?_blob=publicationsFile&v=3 [letzter Aufruf:15.12.2023].
247 Vgl. *Dünkel* (2022), S. 253, 260 ff. Begründet wird diese Forderung nach der ersatzlosen Streichung mit den Erfahrungen aus der Covid-19 Pandemie und der Praxis der europäischen Länder, die die Ersatzfreiheitsstrafe entweder abgeschafft haben oder sie nur *ultima ratio* bei zahlungsunwilligen Geldstrafenschuldnern einsetzen. Als Alternative für die Beitreibung der Geldstrafe werden in diesen Ländern die gemeinnützige Arbeit, Hausarrest oder andere Freiheitsbeschränkungs- oder schließlich Zwangsvollstreckungsmaßnahmen genutzt. Alternativ zur „völligen Abschaffung der Ersatzfreiheitsstrafe" könnte die Teilabschaffung bei geringfügigen „Geldstrafen von bis zu 20 Tagessätzen" „wie in Finnland" verfolgt werden. *Friedrich-Ebert-Stiftung* (2022), S. 4; *Dünkel* (2022), S. 262.

Kapitel 4: Sanktionsalternativen zur Ersatzfreiheitsstrafe – die Haftvermeidungsmaßnahmen in Niedersachsen

Die Entwicklung der Sanktionsalternativen zu Ersatzfreiheitsstrafen in Form von Haftvermeidungsmaßnahmen verstärkte sich mit der Erkenntnis, dass kurze Freiheitsstrafen und damit die Ersatzfreiheitsstrafen dem Resozialisierungsziel nicht nachkommen können. Beschäftigt man sich mit den Sanktionsalternativen und insbesondere mit dem Erfolg von Haftvermeidungsmaßnahmen, so ist vor allem die Untersuchung von *Dünkel* und *Scheel*[248] sowie *Jehle, Feuerhelm* und *Block*[249] interessant. Die Forschungsergebnisse zeigten, dass die organisatorische Abwicklung der Haftvermeidungsmaßnahmen Auswirkungen auf deren Erfolg haben kann.[250] So stellten *Jehle, Feuerhelm* und *Block* fest, „dass die höchsten Anteile abgeleisteter gemeinnütziger Arbeit im Falle uneinbringlicher Geldstrafen bei der Vermittlung und Betreuung freier Arbeit über freie Träger der Straffälligenhilfe, sog. Vereinsmodell, erzielt wurden."[251] *Dünkel* und *Scheel* betonten im Rahmen der Untersuchung zum Projekt „Ausweg" in Mecklenburg-Vorpommern, dass die Beschäftigungsstellen, die ein besonderes Betreuungsangebot durch Vorhaltung von sozialpädagogischem Fachpersonal für die Klientel der „freien, gemeinnützigen Arbeit" anboten, besonders intensiv und zielgerichtet arbeiteten.[252]

Folglich kommt der Freien Straffälligenhilfe bei der Vermeidung von Ersatzfreiheitsstrafen eine besondere Bedeutung zu. Diese Bedeutung wird in *Kapitel 4.1* gesondert dargestellt, wobei auch auf die Vorteile im Vergleich zum sog. Rechtspflegermodell eingegangen wird. In *Kapitel 4.2* und *Kapitel 4.3* werden sodann die Haftvermeidungsmaßnahmen „Geldverwaltung statt Vollstreckung von Ersatzfreiheitsstrafe" und die „freie, gemeinnützige Arbeit", welche in Niedersachsen, wo die Datenerhebung stattgefunden hat, ansässig sind, vorgestellt.

---

248 Vgl. *Dünkel/Scheel* (2006).
249 Vgl. *Jehle/Feuerhelm/Block* (1990).
250 Vgl. *Dünkel/Scheel* (2006), S. 99; *Jehle/Feuerhelm/Block* (1990), S. 14; *Feuerhelm* (1990), S. 64 ff.; (1991), S. 153 ff.
251 Vgl. *Jehle/Feuerhelm/Block* (1990); (1991); *Dünkel/Scheel* (2006), S. 4 f.
252 Vgl. *Dünkel/Scheel* (2006), S. 99.

Um einen Einblick über die Vielzahl von Haftvermeidungsmaßnahmen in Deutschland geben zu können, widmet sich *Kapitel 4.4* beispielhaft den Haftvermeidungsmaßnahmen in den Bundesländern Hessen, Sachsen und NRW.

1. Die Bedeutung der Straffälligenhilfe

Die Bedeutung der Straffälligenhilfe lässt sich aufgrund der Art. 20 Abs. 3 und Art. 28 Abs. 1 GG als staatliche Pflichtaufgabe infolge des Sozialstaatsprinzips umschreiben. Ähnlich wie das Recht der Resozialisierung in verschiedensten Gesetzen zu finden ist (z. B. SGB XII, dort § 67, die Strafvollzugsgesetze der Bundesländer, die Strafprozessordnung, das StGB, das SGB VIII, das Jugendgerichtsgesetz usw.),[253] werden die Hilfeangebote für straffällig gewordene Menschen von unterschiedlichen Institutionen, Vereinen, Behörden und Einzelpersonen angeboten.[254] Neben den staatlichen Hilfen für straffällig gewordene Menschen (u. a. in Form der *Allgemeinen Sozialen Dienste der Justiz* in den Haftanstalten oder der Bewährungs- und der Gerichtshilfe als ambulante Hilfeangebote der Justiz) gibt es die *Freien Straffälligenhilfen*, welche weitgehend unabhängig vom Staat arbeiten. Mit Blick auf die Haftvermeidungsmaßnahme der „freien, gemeinnützigen Arbeit", welche in *Kapitel 4.3* genauer beschrieben wird, können hinsichtlich der Ausgestaltung der „freien, gemeinnützigen Arbeit" drei Organisationsformen unterschieden werden. Diese sind das „Gerichtshilfe-Modell", das „Rechtspflegermodell" und das „Vereinsmodell".

Bei dem „Gerichtshilfe-Modell" „sind Sozialarbeiter als Gerichtshelfer damit befasst, Gemeinnützige Arbeit zu vermitteln und die Betroffenen hierbei zu betreuen".[255] Bei dem „Rechtspflegermodell" wird die Organisation allein durch die Rechtspfleger bei den Staatsanwaltschaften, in Form der Informationsweitergabe zum Ablauf der Haftvermeidungsmaßnahme und einer Auflistung von Einsatzstellen, übernommen.[256] Der zur Geldstrafe Verurteilte ist bei diesem Modell in weiten Teilen der Organisation auf sich allein gestellt. Er muss sich die Einsatzstelle selbst suchen und diese dann von der Strafvollstreckungsbehörde genehmigen lassen.[257] Bei dem „Vereinsmodell" wird mit

253 Vgl. *Cornel* (2003), S. 55.
254 Vgl. *Deimel/Köhler* (2020), S. 77.
255 Vgl. *Jehle/Feuerhelm/Block* (1990), S. 14.
256 Vgl. *Wilde* (2016), S. 212.
257 Vgl. *Wilde* (2016), S. 212.

Blick auf die multiplen Problemlagen der Klientel die Beratung und Vermittlung an die Träger der *Freien Straffälligenhilfe* abgegeben.[258] Dort werden neben der Verdeutlichung der Tilgungsmöglichkeiten und der Einsatzstellen vor allem die möglichen Ursachen für die zugrundeliegende Tat in den Fokus gerückt.

Jehle, Feuerhelm und *Block* fanden heraus, dass in den Bezirken, in denen das „Rechtspflegermodell" zur Anwendung gekommen ist, weniger „freie, gemeinnützige Arbeit" geleistet und mehr Ersatzfreiheitsstrafe vollstreckt wurde, als in den Bezirken in denen das „Vereinsmodell" oder das „Gerichtshilfe-Modell" zum Einsatz kam. Zudem konnten nach Anwendung des „Rechtspflegermodells" geringere Antragsquoten hinsichtlich der Beantragung von „freier, gemeinnütziger Arbeit" und eine größere Anzahl von Misserfolgen, also Verurteilten, die bei der Abwendung durch die „freie, gemeinnützige Arbeit" scheiterten und schließlich doch in der Ersatzfreiheitsstrafe landeten, festgestellt werden.[259]

Trotz der benannten Erfolge, welche sich nach der sozialpädagogischen Beratung der *Freien Straffälligenhilfen* bei der Ableistung der „freien, gemeinnützigen Arbeit" zeigten, haben die *Freien Straffälligenhilfen* wenig bis gar keine Lobby. Grund hierfür ist u. a. der Adressat der Hilfen selbst, welcher sich nicht an die von der Gesellschaft vorgegebenen Normen gehalten hat. Ihm haftet das Stigma des Straftäters an. Im Fokus bleibt, dass der Täter durch seine Tat Opfer hervorgerufen hat, so dass die Gesellschaft vor diesem geschützt werden müsse. „Die reale oder vermeintliche Kriminalitätsfurcht der Bürger und das Bild der tatsächlichen Kriminalität klaffen z. T. erheblich auseinander."[260] Dass Täter auch das Opferdasein auf sich vereinen können, da sie seit ihrer frühesten Kindheit unter zahlreichen sozialen Problemlagen gelitten haben, bleibt meist unberücksichtigt. Hierauf reagiert die Soziale Arbeit mit Straffälligen, indem sie die strafrechtlichen Normverstöße als Anlass und nicht als Grund für ihr Angebot sozialpädagogischer Hilfen ansieht, die präventiv, häufig als Alternative zur strafrechtlichen Sanktion oder zu freiheitsentziehenden Maßnahmen, im und nach dem Strafvollzug einsetzen.[261] „Die Straffälligenhilfe stellt Hilfen zur Verbesserung der Lebenslagen in das Zent-

---

258 Vgl. *Jehle/Feuerhelm/Block* (1990), S. 14; *Dünkel/Grosser* (1999), S. 30.
259 Vgl. *Jehle/Feuerhelm/Block* (1990), S. 14.
260 Vgl. *Pollähne/Woynar* (2014), S. 22.
261 Vgl. *Deimel/Köhler* (2020), S. 81.

rum ihrer Bemühungen und setzt darauf, durch die Verbesserung von Teilha-
bemöglichkeiten am gesellschaftlichen Leben straffällig gewordener Menschen die Chance auf Integration zu bieten."[262]

Ein Schwerpunkt der Arbeit eines Sozialarbeiters innerhalb der *Freien Straffälligenhilfe* liegt in der Unterstützung bei der Geltendmachung von Ansprü-
chen gegenüber dem Staat. Neben diesem Bereich stützt sich die Arbeit auf
die Themenfelder Arbeitsplatz- und Wohnungssuche, sowie die Gesundheitsfürsorge. Zudem beschäftigt sich der Sozialarbeiter mit der Vermittlung an
andere Fachdienste wie der Suchthilfe oder der Schuldnerberatung. Die Bearbeitung der hinter dem Delikt stehenden multiplen Problemlagen der Personen
setzen die Schaffung einer Beziehungsebene zwischen den Sozialarbeitern
und der Klientel voraus. Die Herausforderung an der Erarbeitung dieses individuell zu findenden Verhältnisses besteht darin, dass auf der einen Seite eine
Nähe mit Wertschätzung für den hinter dem Delikt stehenden Menschen vor-
herrschen muss, auf der anderen Seite jedoch die nötige Distanz gewahrt
bleibt. Neben dieser ersten Hürde bei der Schaffung der Beziehungsstruktur
kommt hinzu, dass die *Freie Straffälligenhilfe*, trotz ihres präventiven Ar-
beitsansatzes, vor einem Interessenkonflikt steht. Sollten nämlich die Voraussetzungen, die die Haftvermeidungsmaßnahmen mit sich bringen, durch den
Straffälligen nicht erfüllt werden, so sind die Sozialarbeiter der Einrichtungen
verpflichtet, dieses an die Vollstreckungsbehörden weiterzugeben. Auf der einen Seite übt die *Freie Straffälligenhilfe* somit in gewissem Maße eine Kon-
trollfunktion aus, auf der anderen Seite bietet sie ihren Klienten individuelle
sozialpädagogische Hilfestellung an.[263] Diese unvermeidlich existierende
Doppelfunktion macht die Arbeit der *Freien Straffälligenhilfe* nicht einfacher.

Zielgruppe der Arbeit der *Freien Straffälligenhilfe* sind aber nicht nur die
straffällig Gewordenen, sondern auch deren Angehörige.[264] Die aus der Rück-
fall- und Resozialisierungsforschung stammende Annahme, „dass stützende

---

262 Vgl. *Kawamura* (2001), S. 13 ff.
263 *Cornel/Grosser/Lindenberg*, BewHi 2018, 80; *Deimel/Köhler* (2020), S. 82, 83.
264 Vgl. *Kawamura-Reindl* (2020), S. 81, „Insbesondere die Angehörigen von Inhaftierten
    stellen eine in psychosozialer und materieller Hinsicht sehr belastete Zielgruppe dar, auf
    die sich in den letzten Jahren eine zunehmende Aufmerksamkeit richtet, die in ver-
    schiedenste Initiativen zu deren Unterstützung innerhalb und außerhalb des Strafvollzuges
    mündet."; die Opferstellung insbesondere von Kindern betont *Schützwohl*, indem er den
    Risikofaktor für die Entstehung psychosozialer Belastungen durch den Vollzug eines El-
    ternteils beschreibt, *Schützwohl* (2012), S. 13; *Feltes/Schnepper* (2014), S. 547 f.

Partnerschaften das Rückfallrisiko wesentlich mindern können", misst der Angehörigenarbeit eine große Bedeutung zu.[265]

Da den Bundesländern die Möglichkeit der Ausgestaltung der „freien, gemeinnützigen Arbeit" im Sinne des Art. 293 Abs. 1 EGStGB selbst überlassen wurde, findet sich sowohl das „Vereins-" als auch das „Rechtspflegermodell" oder eine Kombination hiervon in der Praxis wieder. Die Zusammenarbeit zwischen der Staatsanwaltschaft und der *Freien Straffälligenhilfe* zeigt sich an dem in Niedersachsen eingeführten Projekt der „Geldverwaltung statt Vollstreckung von Ersatzfreiheitsstrafe", welches im Folgenden *Kapitel 4.2* vorgestellt wird.

2. „Geldverwaltung statt Vollstreckung von Ersatzfreiheitsstrafe"

Die Haftvermeidungsmaßnahme „Geldverwaltung statt Vollstreckung von Ersatzfreiheitsstrafe"[266] wurde seit dem Erlass des Niedersächsischen Justizministeriums vom 26.11.2009 zum 01.01.2010 in Niedersachsen eingeführt.[267] Seither können Personen, die in Niedersachsen zu einer Geldstrafe verurteilt worden sind, diese nicht zahlen konnten und deswegen eine Ladung zum Strafantritt erhalten haben, die Hilfe einer der in Niedersachsen existierenden Anlaufstellen in Anspruch nehmen. Neben dem Bundesland Niedersachsen bieten auch Bremen,[268] Berlin[269] und Bayern[270] „Geldverwaltungsprogramme" als Haftvermeidungsmaßnahme an.[271] Ziel des Projektes ist es, die Vollstreckung von Ersatzfreiheitsstrafe und damit die Inhaftierung der Betroffenen zu vermeiden. Nachteilige Konsequenzen, wie der Verlust der Arbeit, der Wohnung oder die Fremdunterbringung der Kinder, sollen damit abgewendet,

---

265 Vgl. *Dünkel* (2021), S. 546, 547; *Hahn* (2012), S. 7 f., betont das Zusammenspiel aus stützenden Partnerinnen und der professionellen Begleitung durch die Anstalt und den *Sozialen Diensten der Justiz.*
266 Siehe Anhang 2.
267 Es gab einen Testlauf in den Jahren 2006/2007 im Bezirk der Staatsanwaltschaft Oldenburg und Göttingen. Zum Angebot der Anlaufstellen in Niedersachsen vgl. *Teschner*, BewHi 2020, 1 ff.
268 Träger des Projekts ist der Verein Bremische Straffälligenbetreuung (VBS).
269 Träger des Projekts ist die sgh-Gefangenen-Fürsorge gGmbH.
270 Seit 2018 als Pilotprojekt in München durch die Münchner Zentralstelle für Straffälligenhilfe (MZS).
271 „Geldverwaltungsprogramme" in Schleswig-Holstein und Hamburg wurden nach einer kurzen Erprobungsphase wieder eingestellt.

Haftkosten und Haftplätze eingespart sowie die Belegungssituation in den Justizvollzugsanstalten verbessert werden. Zudem können durch die Maßnahme Geldstrafenschuldner erreicht werden, die ihre Geldstrafe nicht mehr durch Arbeitsleistungen,[272] „auf Grund körperlicher oder seelischer Krankheiten"[273] ableisten können. Die Haftvermeidungsmaßnahme wird in Niedersachsen von den Anlaufstellen der *Freien Straffälligenhilfe* angeboten. Sie sind Einrichtungen der Sozialen Arbeit. „In Niedersachsen unterstützen die 14 Anlaufstellen für Straffällige als Einrichtungen der freien Wohlfahrtspflege seit 1980 straffällige Menschen mit einer Vielzahl von Hilfen, Maßnahmen und Projekten bei der Resozialisierung und Integration in die Gesellschaft."[274] Die Träger der 14 Anlaufstellen sind Mitglied im *Diakonischen Werk*, im *Deutschen Paritätischen Wohlfahrtsverband* oder im *Caritasverband.*[275] Von der Existenz der Anlaufstellen, die die Haftvermeidungsmaßnahme „Geldverwaltung statt Vollstreckung von Ersatzfreiheitsstrafen" anbieten, erhalten die Geldstrafenschuldner mit der Übersendung der Ladung zum Haftantritt durch die jeweilige Staatsanwaltschaft Kenntnis. Die Anlaufstellen bezeichnen dies auf ihrer Homepage als „die allerletzte Chance, die Verbüßung der Ersatzfreiheitsstrafe noch abzuwenden"[276]. Nachdem die Klienten den Weg zu der jeweils für sie regional zuständigen Anlaufstelle gefunden haben, wird versucht, entsprechend der jeweiligen finanziellen Situation, eine Ratenzahlung mit der Staatsanwaltschaft als Vollstreckungsbehörde zu vereinbaren. Zu dem vereinbarten persönlichen Gesprächstermin bringen sie die Ladung zum Strafantritt, einen aktuellen Einkommensnachweis und ihren Ausweis mit.[277] Die Arbeit[278] der dort beschäftigten Sozialarbeiter beginnt damit, die straffälligen Klienten über die Möglichkeiten und Grenzen des Hilfeangebots aufzuklären. Dabei wird verdeutlicht, dass durch die Geldverwaltung eine geregelte und durch die Einrichtung begleitete Tilgung der Geldstrafe erfolgen kann. Entscheidend ist dabei, dass der Geldstrafenschuldner mit der Einrichtung zusammenarbeitet.

---

272 Zur „freien, gemeinnützigen Arbeit" genauer *Kapitel 4.3.*
273 Vgl. *Guthke*, ZRP 2018, 58; *Helgerth/Krauß*, ZRP 2001, 282.
274 Vgl. https://www.die-anlaufstellen.de/ueber-uns.html [letzter Aufruf: 20.01.2021].
275 Vgl. https://www.die-anlaufstellen.de/ueber-uns.html [letzter Aufruf: 20.01.2021].
276 Vgl. https://www.die-anlaufstellen.de/was-wir-tun/haftvermeidung/geldverwaltung-statt-vollstreckung-von-ersatzfreiheitsstrafe.html [letzter Aufruf: 05.07.2023]; der Flyer, der mit der Ladung übersandt wird, siehe *Anhang 2.*
277 Vgl. https://www.die-anlaufstellen.de/was-wir-tun/haftvermeidung/geldverwaltung-statt-vollstreckung-von-ersatzfreiheitsstrafe.html [letzter Aufruf: 05.07.2023].
278 Im Folgenden wird ein idealtypisches Verfahren beschrieben, wie das Geldverwaltungsprogramm ablaufen kann. Es ist darauf hinzuweisen, dass auch abweichende Vorgehensweisen von sozialpädagogischen Einrichtungen, die dieses Programm anbieten, denkbar sind.

Sollte dies nicht der Fall sein, wird die fehlende Zusammenarbeit an die Staatsanwaltschaft gemeldet. Nur durch Kenntnis dieser Umstände können die Klienten entscheiden, ob sie in den Hilfeprozess freiwillig einsteigen wollen. Sicherlich ist der Begriff der „Freiwilligkeit" unter Berücksichtigung des Grundes, aus dem die Klienten die Anlaufstellen der *Freien Straffälligenhilfe* aufsuchen, nur bedingt mit einem freien Willen, ohne äußeren Zwang, gleichzusetzen. Dies besonders, wenn man bedenkt, dass die *Freie Straffälligenhilfe* häufig als letzter Ausweg vor einem Leben in Haft gesehen wird. Konzeptionell ist die Arbeit der *Freien Straffälligenhilfe* so ausgerichtet, dass die Klienten im Zuge der Zusammenarbeit immer mehr intrinsische Motivation entwickeln. So wird im Rahmen der im Anschluss an diese Aufklärungsphase stattfindenden Anamnese, bei dem der Sozialarbeiter einen Einblick in die persönlichen und wirtschaftlichen Verhältnisse der Klienten sowie deren soziale Lage erhalten, versucht, eine unterstützende Beziehung zu diesen aufzubauen. Hierdurch wird den Klienten die Möglichkeit gegeben, Selbsterkenntnis und Selbstanalyse zu betreiben, und damit Selbstheilungskräfte frei zu setzten. Im Rahmen der Anamnese ist es neben den genannten Punkten unabdingbar, weitere Geldstrafen, noch offene Verfahren, Schulden und Zukunftsperspektiven abzufragen. Nicht selten kommt es vor, dass die Klienten auf wichtige Unterlagen, zum Beispiel Zeugnisse, Mietverträge oder Einkommensnachweise, nicht zugreifen können. Damit sich der Sozialarbeiter ein umfassendes Bild machen kann, ist es notwendig, diese Unterlagen anzufordern. Wichtig für das weitere Vorgehen im Rahmen der Geldverwaltung ist die Erkundigung nach dem Vorhandensein eines eigenen Kontos. Auch hinterfragt der Sozialarbeiter den bisherigen Kontakt zwischen dem Klienten und der Staatsanwaltschaft, sowie den Grund für die Nichtzahlung der Geldstrafe.[279] Nach Abfrage dieser Punkte ermittelt der Sozialarbeiter eine Ratenhöhe, die der Verurteilte auch bezahlen kann. Diese wird individuell nach Einkommen und zu zahlender Geldstrafe berechnet. In der Regel soll eine Geldstrafe innerhalb von zwei Jahren getilgt sein.[280] Gelegentlich besteht die Möglichkeit, durch die Vereinbarung einer kleinen Zahlung vorab, die Zahlungswilligkeit für die Staatsanwaltschaft zu dokumentieren. Im Anschluss wird festgehalten, welche sonstigen Hilfen erforderlich und durch die Anlaufstelle leistbar sind. Der Sozialarbeiter stellt alsdann i. d. R. schriftlich den Antrag bei dem zuständigen Rechtspfleger bei der Vollstreckungsbehörde. Der Erfolg des Haftvermeidungsprogramms hängt somit auch von einer guten Netzwerkarbeit und einem regen

---

279 Ausführungen abgeleitet aus einem Interview mit einem Sozialarbeiter und eigener Tätigkeit als ehemalige Geschäftsführerin der *AG Resohelp*.

280 Vgl. https://www.die-anlaufstellen.de/was-wir-tun/haftvermeidung/geldverwaltung-statt-vollstreckung-von-ersatzfreiheitsstrafe.html [letzter Aufruf: 05.07.2023].

Austausch zwischen den Rechtspflegern und Sozialarbeitern ab.[281] Die Zahlung der Raten kann wiederum in zwei Varianten erfolgen. So können die Klienten selbst einen Dauerauftrag einrichten[282] oder die Zahlung erfolgt über eine Teilabtretungserklärung von Sozialleistungsansprüchen gegenüber dem Jobcenter an die Anlaufstellen gem. § 53 Abs. 2 S. 1 SGB I. Wurde die Abtretungserklärung von den Klienten unterschrieben, wird diese an das Jobcenter weitergeleitet, damit ein Teil der Sozialleistungsansprüche auf das Treuhandkonto der Anlaufstelle überwiesen werden kann. Bei der Durchführung des Geldverwaltungsprogramms ist ein enger Kontakt zu den Klienten unabdingbar. Die Haftvermeidungsmaßnahme soll durch sozialpädagogische Begleitung ermöglichen, mit dem Klienten dessen Problemlagen, wie Schulden, Sucht, fehlende soziale Kontakte etc., anzugehen. Auch werden die Klienten darauf hingewiesen, dass es für eine funktionierende Zusammenarbeit notwendig ist, dass sie der Anlaufstelle Veränderungen, u. a. bezogen auf die Zahlungen oder die Wohnsituation, mitzuteilen haben. Die Arbeit der Mitarbeiter der *Freien Straffälligenhilfe* geht mit einer Überwachung der monatlichen Zahlungseingänge und der Weiterleitung der Ratenzahlungen an die Staatsanwaltschaft einher. Sollten Raten der Klienten oder Abtretungen des Jobcenters zur Weiterleitung an die Staatsanwaltschaft bei der Anlaufstelle nicht fristgerecht eingegangen sein, ist es die Aufgabe der Anlaufstelle dies der Staatsanwaltschat mitzuteilen. Dieser kontrollierende Moment ist ein zur Durchsetzung der Vollstreckung der Geldstrafe notwendiges Übel.[283] Durch die enge Zusammenarbeit mit der Klientel, überwiegt jedoch die sozialpädagogische Hilfe, indem umfassend auf die Problemlagen der Betroffenen (s. o.) eingegangen wird.

---

281 Im Bereich der Haftvermeidungsmaßnahme der „freien Arbeit" wurde das entscheidende Gelingen für das Funktionieren derer in Abhängigkeit einer guten Netzwerkarbeit bereits dargestellt, *Bögelein/Ernst/Neubacher*, BewHi 2014b, 292.

282 Was hinsichtlich der Bemühung zur Eigenständigkeit der Klientel sicherlich das vorrangige Ziel wäre.

283 Vgl. *Treig/Pruin* (2020), S. 437 „Wenn der Freien Straffälligenhilfe Kontrollaufgaben übertragen werden, entfallen die Vorteile bei der Straffälligenarbeit im Hinblick auf die Freiwilligkeit und die Begegnung „von Bürger zu Bürger".

3. Freie, gemeinnützige Arbeit

Die „freie, gemeinnützige Arbeit" stellt eine weitere Möglichkeit dar, die Ersatzfreiheitsstrafe durch die Vermittlung in Arbeit (Art. 293 EGStGB[284]) zu vermeiden. Sie gilt als „konstruktive Alternative"[285] insbesondere zur kriminalpolitisch nicht erwünschten kurzen Freiheitsstrafe[286] und dient der Normverdeutlichung im Sinne positiver Generalprävention bei leichter und mittlerer Kriminalität.[287] Der Geldstrafenschuldner erhält durch die Ableistung von Arbeit, so *Dölling*[288], eine Art Denkzettel, wobei die Arbeit die Tatschuld ausgleicht. Ihre spezialpräventive Wirkung zeigt sich dadurch, dass sie den Täter nicht ausgrenzt, sondern diesen „in Kontakt mit positiven Rollenbildern, nämlich mit Menschen, die im Rahmen eines Haupt- oder Ehrenamtes Dienst an der Gemeinschaft leisten"[289], bringt.[290] Durch den Einsatz der „freien, gemeinnützigen Arbeit", kann dieser selbst als Subjekt in Anspruch genommen werden. Ziel ist hier, wie bei der Haftvermeidungsmaßnahme „Geldverwaltung statt Vollstreckung von Ersatzfreiheitsstrafe", durch Verdeutlichung der sozialen Verantwortung die intrinsische Motivation zu fördern.[291] Gleichzeitig handelt es sich um eine gesellschaftliche Wiedergutmachung, die den Rechtsfrieden wiederherstellen kann.[292] Folglich wird mit der gemeinnützigen Arbeit der Gedanke verfolgt, dass die Gesellschaft, die vom Täter durch seine Tat geschädigt wurde, etwas durch die Arbeit zurückerhält.[293] Insoweit erscheint sie der Geld- und der Freiheitsstrafe überlegen, die den Täter lediglich zum passiven Erleiden eines Übels zwingen.[294] Bei der „freien, gemeinnützigen Arbeit" wird die Ersatzfreiheitsstrafe auf Antrag an die Rechtspfleger bei den Strafvollstreckungsbehörden in Arbeitsstunden umgewandelt und so die Haft vermieden. In Niedersachsen wird dabei ein Tag Ersatzfreiheitsstrafe mit

---

284 Der zuvor geltende § 28b StGB a. F. sah zwar die freie Arbeit zur Tilgung uneinbringlicher Geldstrafen vor, enthielt jedoch keine Vorgaben zur operativen Umsetzung, *BVerfGE* 83, S. 127. Seit 1987 setzen alle Bundeländer die Ermächtigung um.
285 Vgl. *Schneider*, MSchrKrim 2001, 275.
286 Vgl. *Dünkel/Flügge/Lösch/Pörksen* (2010), S. 175, welche von „unnötigem Freiheitsentzug" bei Ersatzfreiheitsstrafen sprechen; *Dünkel/Spieß*, BewHi 1992, 125 ff.; *Schädler*, ZRP 1985, 191; *Schneider*, MSchrKrim 2001, 275; *Rössner*, BewHi 1985, 105 f..
287 Vgl. *Schneider*, MSchrKrim 2001, 275.
288 Vgl. *Dölling*, BewHi 1990, 365 f.
289 Vgl. BT-Drs. 15/2725, S. 17; *Duttge* (2019), S. 266.
290 Vgl. *Schneider*, MSchrKrim 2001, 275.
291 Vgl. *Schneider*, MSchrKrim 2001, 275.
292 Vgl. *Schneider*, MSchrKrim 2001, 275; *Dünkel/Păroşanu*, BewHi 2020, 309 ff.; *Dünkel/Horsfield/Păroşanu* (2015), S. 177.
293 Vgl. *Dünkel* (2013), S. 245; *Schneider*, MSchrKrim 2001, 276; *Mohr* (2020), S. 147.
294 Vgl. *Schneider*, MSchrKrim 2001, 275.

sechs Stunden Arbeit ausgeglichen.[295] Nach Antragstellung des Geldstrafen-schuldners auf Ableistung von gemeinnütziger Arbeit, „ergeht ein Vermitt-lungsauftrag der Staatsanwaltschaft an den zuständigen Vermittler, der den Geldstrafenschuldner nach Möglichkeit in eine Beschäftigungsstelle vermit-telt, [...]."[296] Als Vermittler kommt der *Allgemeine Justizsozialdienst* (AJSD) oder einige der Anlaufstellen[297] die z. B. ein Programm wie „Schwitzen statt Sitzen" anbieten, in Betracht. „Tritt der Geldstrafenschuldner die Arbeit nicht an oder bricht er sie – ggf. nach Wechsel in eine andere Beschäftigungsstelle – endgültig ab, wird die Gestattung der Straftilgung durch freie Arbeit (nach Anhörung des Geldstrafenschuldners) widerrufen."[298] Nach der Ladung zum Strafantritt muss der Geldstrafenschuldner nun die Ersatzfreiheitsstrafe antre-ten. Auch hier zeigt sich neben dem Hilfe- auch ein Kontrollmoment.

Rechtliche Bedenken gegen die Verhängung der Arbeitsstrafe als alternative Tilgungsmöglichkeit mit Blick auf das Zwangsarbeitsverbot in Art. 12 Abs. 2, 3 GG konnten nicht durchgreifen.[299] Das *BVerfG* hat mehrfach anhand der Entstehungsgeschichte der Verfassungsvorschrift und ihrer Zielrichtung ge-gen willkürliche und entwürdigende Zwangsarbeit Kriterien einer zulässigen Arbeitsverpflichtung herausgearbeitet.[300] Durch die Bezugnahme auf § 28b StGB a. F., nach der die Vollstreckungsbehörde dem Verurteilten gestatten konnte, eine uneinbringliche Geldstrafe durch freie Arbeit zu tilgen, um zu vermeiden, dass an die Stelle einer uneinbringlichen Geldstrafe bei Verbre-chen oder Vergehen Gefängnis, bei Übertretungen Haft traten,[301] hat es „der Surrogatfunktion der gemeinnützigen Arbeit im Rechtsfolgensystem unmit-telbare Verfassungsrelevanz eingeräumt".[302]

---

295 Die Tilgungsverordnungen der Länder sind hinsichtlich der Voraussetzungen zur Ableis-
    tung der „freien, gemeinnützigen Arbeit" unterschiedlich ausgestaltet. Dies betrifft *u. a.*
    die Anzahl der abzuleistenden Stunden zur Tilgung eines Tagessatzes Geldstrafe. In Ba-
    den-Württemberg und Bremen werden mit vier Stunden gemeinnütziger Arbeit ein Tages-
    satz Geldstrafe getilgt. In Hamburg und Sachsen sind es fünf Stunden und in den übrigen
    Bundesländern wie Niedersachsen sind es sechs Stunden. *Redlich* (2005), S. 150 f.; *Mohr*
    (2020), S. 178. Reduzierungsmöglichkeiten sind in den meisten Bundesländern möglich,
    wobei die Gründe für die Reduzierung variieren; hierzu *Dünkel*, FS 2011, 145 ff.; Details
    zur Umrechnung *Schall*, NStZ 1985, 109 ff.
296 Vgl. *Dünkel/Scheel* (2006), S. 29 f.
297 Damit sind Einrichtungen der Freien Straffälligenhilfe gemeint.
298 Vgl. *Dünkel/Scheel* (2006), S. 30.
299 Vgl. *BVerfGE* 74, S. 102, 122; *Schall*, NStZ 1985, 108; *Heghmanns*, ZRP 1999, 300.
300 Vgl. *Heghmanns*, ZRP 1999, 300.
301 Vgl. *BVerfGE* 83, S. 127.
302 Vgl. *Jung* (1992), S. 179.

„Die Arbeit muss unentgeltlich sein und darf erwerbswirtschaftlichen Zwecken nicht dienen (Art. 293 Abs. 1 S. 2 EGStGB)".[303] Gemeinnützig ist eine Leistung des Verurteilten nur dann, wenn sie einem Zweck dient, an dessen Verfolgung die Allgemeinheit oder jedenfalls ein größerer Kreis von Bedürftigen ein unmittelbares Interesse hat.[304] Häufig werden die Geldstrafenschuldner „in sozialen Einrichtungen oder im Umweltschutz eingesetzt".[305]

Die Verbindung aus strafenden und rehabilitierenden Elementen zeichnet diese Form der Strafreaktion aus. So wird der Täter nicht aus seiner sozialen Umwelt herausgerissen und kann weiter seinem Beruf nachgehen, wird aber dadurch bestraft, dass die Arbeit seine Freizeit einschränkt.[306] Die Reichweite dieses kriminologisch sinnvollen Instituts ist jedoch bislang – angesichts des notwendigen Betreuungsaufwands für die überwiegend schwierige Klientel und der stets knappen Haushaltsmittel – begrenzt geblieben.[307] Die Anzahl der Verfahren, in denen die „freie, gemeinnützige Arbeit" geleistet worden ist, ist unter Berücksichtigung der gleichbleibenden vollstreckten Geldstrafen zurückgegangen.[308] Die Staatsanwaltsstatistik des *Statistischen Bundesamtes* zeigt mit der Veranschaulichung der Vollstreckungseinleitungen, dass „im ersten Erhebungsjahr 2004 6,2 % der zu Geldstrafe Verurteilten die Ersatzfreiheitsstrafe durch gemeinnützige Arbeit zumindest teilweise abgewendet haben. 2007 waren es 7,4 %, 2011 6,4 %, 2015 5,5 % und 2019 3,6 %. Seit 2007 sank die Zahl somit um 51,3 %".[309] Unter Berücksichtigung dieser Entwicklung wird der „dringende kriminalpolitische Handlungsbedarf" deutlich. Zudem relativieren diese Erkenntnisse die Wertigkeit der „von den Länderjustizministerien bzgl. vermiedener Hafttage und damit einhergehende Kosteneinsparungen" „regelmäßig mitgeteilten Erfolgszahlen".[310]

---

303 Vgl. *Meier* (2019), S. 81; *Dölling*, NJW 1987, 1046.
304 Vgl. *Carranza* (1996), S. 41.
305 Vgl. *Meier* (2019), S. 81.
306 Vgl. *Huber*, JZ 1980, 638 ff.; *Carranza* (1996), S. 41.
307 Vgl. *Bublies* (1989), S. 12 ff. auch wenn es z. B. mit dem Projekt „Ausweg" in Mecklenburg-Vorpommern, bei dem eine spezielle Variante der betreuten Ableistung gemeinnütziger Arbeit erfolgreich implementiert wurde, indem den Beschäftigungsstellen mit besonderem Betreuungsangebot Fachleistungsstunden vergütet wurden, gibt, *Dünkel/Scheel* (2006), S. 22 ff., 26 ff, sind die Fälle in denen die Geldstrafe durch freie, gemeinnützige Arbeit getilgt und damit Ersatzfreiheitsstrafe vermieden werden konnten grundsätzlich rückläufig, hierzu *Köhne*, JR 2004, 453; *Mohr* (2020), S. 42.
308 Vgl. *Statistisches Bundesamt* (2017), Fachserie 10 „Rechtspflege", Reihe 2.6, 2016.
309 Vgl. *Dünkel*, NK 2022, 256; *Statistisches Bundesamt* 2004-2020, jeweils *Tabelle 1.1*, S. 13.
310 Vgl. *Dünkel*, NK 2022, 257; dies gilt zumindest hinsichtlich der Haftvermeidungsmaßnahme der „freien, gemeinnützigen Arbeit".

4. Haftvermeidungsmaßnahmen in anderen Bundesländern

Haftvermeidungsmaßnahmen, die die Sanktionsalternativen zu Ersatzfreiheitsstrafen in anderen Bundesländern prägen, werden im Folgenden beispielhaft vorgestellt.[311] Den Projekten ist gemeinsam, dass sie sich an Personen richten, die rechtskräftig zu einer Geldstrafe verurteilt wurden, sich jedoch nicht eigenständig um die Tilgung kümmern können. Grundsätzlich können die Verurteilten, welche nicht über ausreichende finanzielle Mittel zur Tilgung ihrer Strafe verfügen, einen Antrag auf Ratenzahlung oder aber auf Tilgung durch gemeinnützige Arbeitsstunden stellen. Bei den Personen, die im Rahmen der Projekte betreut werden, ist dieser eigenständige Antrag jedoch unterblieben: Sie haben weder auf Mahnungen der Gerichtskasse, noch auf Schreiben der Staatsanwaltschaft reagiert. In letzter Konsequenz droht den Betroffenen daher eine ersatzweise Inhaftierung.[312] Der angesprochene Klientenkreis gleicht somit dem der in Niedersachsen vorhandenen Haftvermeidungsmaßnahmen.

4.1 Hessen – Projekt „Auftrag ohne Antrag"[313]

In Hessen hat sich das Projekt „Auftrag ohne Antrag" „im Jahr 2009 aus der zunächst informellen Hilfe des Vereins *Haftentlassenenhilfe Frankfurt e. V.* bei der Vermittlung von gemeinnütziger Arbeit zur Vermeidung der Vollstreckung von Ersatzfreiheitsstrafen im Bezirk der Staatsanwaltschaft Wiesbaden entwickelt."[314] „Im Juli 2013 [wurde] das Projekt im Landgerichtsbezirk Kassel bei dem Träger *Soziale Hilfe e. V.* verortet. Zwischenzeitlich ist das Projekt

---

311 Die Auswahl der Projekte erfolgte angesichts der Vielfalt von Trägern bzw. Einrichtungen zur Vermittlung gemeinnütziger Arbeit im Rahmen einer Schwerpunktsetzung auf die im empirischen Teil der Arbeit erfassten Projekte in Niedersachsen sowie wegen der räumlichen Nähe auf Projekte in Hessen, Sachsen und Nordrhein-Westfalen. Die Auflistung erhebt keinen Anspruch auf Vollständigkeit. Ein Überblick zu entsprechenden Einrichtungen und Tätigkeitsschwerpunkten geben *Jehle/Feuerhelm/Block* (1990); *Villmow* (2020), S. 536 ff.; zur Situation in Nordrhein-Westfalen vgl. *Bögelein/Ernst/Neubacher* (2014a).

312 Vgl. Jahresbericht des Projektes „Auftrag ohne Antrag" für den Zeitraum 01.01. - 31.12.2018.

313 Information gab die Abteilung III des *Hessischen Ministeriums der Justiz*.

314 Vgl. Pressemitteilung des *Hessischen Ministeriums für Justiz* vom 30.04.2021 „Statistik zum Projekt „Auftrag ohne Antrag" veröffentlicht, zu finden unter: https://justizministerium.hessen.de/node/110 [letzter Aufruf: 26.09.2023].

„Auftrag ohne Antrag" in allen hessischen Landgerichtsbezirken implementiert."[315] Zur Abwendung der Ersatzfreiheitsstrafe wird hier der Weg der aufsuchenden Sozialen Arbeit gewählt. Kommt es zu einer Situation, in der ein Geldstrafenschuldner auf Anschreiben der Vollstreckungsbehörde nicht reagiert und folglich die Geldstrafe auch nicht zahlt, wird der örtliche Träger des Projekts — ohne Antrag des Geldstrafenschuldners — beauftragt, zur Abwendung der Vollstreckung einer Ersatzfreiheitsstrafe tätig zu werden. Durch den persönlichen Kontakt mit dem Betroffenen soll ein Weg zur Tilgung der Geldstrafe erarbeitet werden, so dass die Vollstreckung einer Ersatzfreiheitsstrafe, und damit die negativen Folgen des Kurzstrafenvollzugs, vermieden werden.[316] Die Geldstrafe kann „durch gemeinnützige Arbeit, Ratenzahlungen oder [...] direkte Zahlungen" getilgt werden.[317] Das Vorgehen wird nach § 9 der Verordnung über die Tilgung von Geldstrafen durch freie Arbeit eng mit der Gerichtshilfe, den Rechtspflegern, den beteiligten Staatsanwaltschaften und den Betroffenen abgestimmt. Das Projekt „Auftrag ohne Antrag" unterscheidet sich folglich in einem Punkt essentiell von der Haftvermeidungsmaßnahme „Geldverwaltung statt Vollstreckung von Ersatzfreiheitsstrafe" in Niedersachsen. In Niedersachsen müssen die Geldstrafenschuldner aufgrund der Bekanntgabe von Adressen der Anlaufstellen selbstständig Kontakt zu diesen aufnehmen, um in das Projekt einsteigen zu können. Bei dem Projekt „Auftrag ohne Antrag" bedarf es keiner Antragsstellung durch den Verurteilten selbst. Hier ist es vielmehr so, dass ein Projektträger der Freien Straffälligenhilfe durch die Vollstreckungsbehörde beauftragt wird, zur Abwendung der Vollstreckung einer Ersatzfreiheitsstrafe tätig zu werden.[318] Dies erfolgt nach einer Rückstandsmeldung (keine Zahlung) oder nach der Ladung zum Strafantritt (und keiner Reaktion durch die verurteilte Person) bevor der Vollstreckungshaftbefehl erlassen wird. Damit nimmt das Projekt speziell die Klientel in den Blick, welches nicht in der Lage ist, selbstständig Kontakt zu einem Projekt der Haftvermeidung aufzunehmen.

---

315 Vgl. Pressemitteilung des *Hessischen Ministeriums für Justiz* vom 30.04.2021 „Statistik zum Projekt „Auftrag ohne Antrag" veröffentlicht, zu finden unter: https://justizministerium.hessen.de/node/110 [letzter Aufruf: 26.09.2023].

316 Vgl. Jahresbericht des Projektes „Auftrag ohne Antrag" Zeitraum 01.01. - 31.12.2018.

317 Vgl. Pressemitteilung des *Hessischen Ministeriums für Justiz* vom 30.04.2021 „Statistik zum Projekt „Auftrag ohne Antrag" veröffentlicht, zu finden unter: https://justizministerium.hessen.de/node/110 [letzter Aufruf: 26.09.2023].

318 Diese Vorgehensweise scheint auch die aktuelle Gesetzesänderung zu unterstützen, vgl. BT-Drs. 20/7026, S. 20.

Die Hauptaufgaben des Projekts, welches aufsuchende Soziale Arbeit betreibt, zeigen sich wie folgt[319]:

Individuelle Einladungen zu einem Gespräch, flexible Termingestaltung mit der Möglichkeit von Hausbesuchen; Beratung zu Tilgungsmöglichkeiten; Unterstützung der Kommunikation zwischen Betroffenen und Rechtspflegern; enge Zusammenarbeit mit den Rechtspflegern und der Gerichtshilfe; Vermittlung in gemeinnützige Arbeit und Überprüfung von deren Ableistung; Vermittlung in weiterführende Beratungsangebote.

4.2 Sachsen – Projekt „FAHRPLAN"[320]

Das Projekt FAHRPLAN des *Vereins für Soziale Rechtspflege Dresden e. V.* wurde im Jahr 2019 zur Abwendung von Ersatzfreiheitsstrafen installiert. Laut der Konzeption des Vereins reagiert dieser mit dem Projekt „auf die seit Jahren bestehenden Beratungs- und Unterstützungsanfragen von Personen, die zu einer Geldstrafe verurteilt wurden, eine Ersatzfreiheitsstrafe [...] verbüßen oder nach der Verbüßung einer Ersatzfreiheitsstrafe aus der Haft entlassen wurden".[321] Unmittelbares Ziel des Projekts ist die Tilgung der Geldstrafe der Klientel und Bearbeitung akuter Probleme, die die Tilgung behindern könnten. Weiter soll ihnen ermöglicht werden, ihre Lebenssituation zu stabilisieren und neue Verfahrensweisen zu etablieren, mit dem langfristigen Ziel einer Legalbewährung und gelingenden Lebensbewältigung.[322] Die Intensität der Beratung hängt von dem Bedarf und dem Wunsch des Geldstrafenschuldners ab und „korreliert stark mit der Komplexität der Lebenslage und den zu bearbeitenden Themen, die eine Haftvermeidung erfordern".[323] Die unterschiedlichen Stadien der Vollstreckung werden berücksichtigt, indem das Projekt in verschiedene Teilbereiche aufgeteilt ist. So gibt es einen Projektteil „FAHRPLAN Haftvermeidung" und einen Projektteil „FAHRPLAN in Haft".

Im Rahmen des Projektteils „FAHRPLAN Haftvermeidung" werden fünf Unterbereiche abgedeckt. Diese sind die Unterstützung bei Zahlungen, die Arbeit zur Abwendung der Vollstreckung von Ersatzfreiheitsstrafe, die Geldverwaltung, die Vorbereitung einer Inhaftierung und die Unterstützung bei individuellen Anliegen.

---

319 Vgl. Anhang Infoblatt „Auftrag ohne Antrag".
320 Informationen gab der Vorstand des *VSR Dresden e.V.*
321 Vgl. Konzeption FAHRPLAN, S. 9.
322 Vgl. Konzeption FAHRPLAN, S. 13.
323 Vgl. Konzeption FAHRPLAN, S. 11.

Entscheidend für die Vermeidung von Haft ist es, dass im Bereich „Unterstützung von Zahlungen" der Fokus auf realisierbare Ratenzahlungsvereinbarungen gelegt wird. Diese setzten voraus, dass sich der Geldstrafenschuldner in einer langfristigen, soliden finanziellen Lage befindet. Um feststellen zu können, ob sich der Geldstrafenschuldner in eben dieser Lage befindet, bietet das Projekt FAHRPLAN Unterstützung an. Diese Unterstützung besteht u. a. in Form der Überprüfung zustehender Leistungsansprüche,[324] der Schaffung von Rahmenbedingungen für die Zahlungen und der Bearbeitung von individuellen Zahlungshemmnissen. Zusammen mit dem Klienten werden Haushaltspläne erstellt, Hilfestellungen wie Abtretungen oder Daueraufträge installiert und die Vermittlung bei Zahlungsverzögerung übernommen. Zudem wird der Klient in seiner Zahlungsmotivation gestärkt.

Entscheidet sich der Klient für die „freie, gemeinnützige Arbeit" zur Abwendung der Vollstreckung von Ersatzfreiheitsstrafe, bietet das Projekt FAHRPLAN Unterstützung bei der Umwandlung in gemeinnützige Arbeit, der Kontaktaufnahme zu den Einsatzstellen und der Ableistung der Arbeit. Die Vermittlung der Einsatzstellen liegt vorrangig beim Sozialen Dienst des Landgerichts Dresden.[325]

Kommt die Ableistung für den Klienten nicht in Betracht, bietet das Projekt FAHRPLAN im Rahmen der Geldverwaltung Unterstützung, über ein hierfür angelegtes Konto die Ratenzahlungsvereinbarung mit der Staatsanwaltschaft durch die Weiterleitung abgetretener Ansprüche, von z. B. Arbeitgebern, Kostenträgern sozialer Einrichtungen etc., zu erfüllen.[326]

Auch im Falle einer unvermeidbaren Inhaftierung, bietet das Projekt FAHRPLAN Unterstützung bei deren Vorbereitung an. Eine Inhaftierung hat Auswirkungen auf unterschiedlichste Bereiche. Neben dem sozialen Umfeld hat die Inhaftierung auch Auswirkungen auf das Mietverhältnis, das Arbeitsverhältnis etc. Das Projekt FAHRPLAN hilft bei der Kontaktaufnahme, um z. B. Anträge auf Kostenübernahmen der Miete zur Überbrückung ausfallender Zahlungen während der Inhaftierung zu stellen, oder auch den Kontakt und Umgang mit den Angehörigen während der Haft zu klären.[327]

---

324 Vgl. Konzeption FAHRPLAN, S. 14.
325 Information nach Rücksprache mit dem Vorstand des *VSR Dresden e.V.*
326 Vgl. Konzeption FAHRPLAN, S. 15.
327 Vgl. Konzeption FAHRPLAN, S. 15.

Neben den genannten Hilfebereichen ist ein umfassender Blick auf die Lebenssituation des Betroffenen für eine ganzheitliche Unterstützung notwendig. Dies bedingt, dass die Rahmenbedingungen (Schulden, Gesundheit etc.) für eine zukünftige Straffreiheit und Tilgung der Geldstrafe geklärt sein sollten.[328] Unterstützung bei individuellen Anliegen bietet das Projekt, indem es die Betroffenen z. B. auch an weiterführende Beratungsangebote vermittelt.

Der zweite große Teilbereich des Projekts FAHRPLAN Haft unterteilt sich in die Unterbereiche „Ansprechpartner in Haft" und „Entlassungsvorbereitung".

Personen, die wegen einer Ersatzfreiheitsstrafe in Haft sind, bedürfen einer gezielten Beratung. Das Projekt setzt mit seiner Arbeit an der Verordnung des Sächsischen Staatsministeriums der Justiz über die Abwendung der Vollstreckung einer Ersatzfreiheitsstrafe durch Arbeit vom 8. Januar 2014 an. Danach sollen Möglichkeiten zur Abwendung und Verkürzung von Ersatzfreiheitsstrafen besser ausgeschöpft werden, um so die Anzahl der Gefangenen aufgrund einer Ersatzfreiheitsstrafe zu reduzieren.[329] Das Projekt FAHRPLAN unterstützt somit bei der Prüfung der Möglichkeit der Ableistung der Geldstrafe durch gemeinnützige Arbeit während der Haft[330] bzw. der Ableistung der Geldstrafe durch Zahlung. Gleichzeitig soll durch eine intensiv begleitete Entlassungsvorbereitung und Nachsorge die soziale Integration der Verurteilten verbessert und Rückfälligkeit vermieden werden.[331] Nicht unerwähnt bleiben soll an dieser Stelle, dass das Projekt FAHRPLAN in Haft bei der intensiven Betreuung der Klientel bisher besonders dadurch behindert ist, dass der Zugang zu diesem, aufgrund fehlender Büros in den Haftanstalten, fehlender Schlüssel und fehlendem Zugang zum Intranet, erschwert ist.

Konzeptionell war angedacht, dass die betroffenen Geldstrafenschuldner vom Projekt FAHRPLAN Kenntnis erhalten, indem diese bei der Versendung der zweiten Zahlungsaufforderung durch die Staatsanwaltschaft Dresden einen Flyer des Projekts erhalten. Der Vorstand des *VSR Dresden e. V.* teilte mit, dass nach mehreren Gesprächen mit der Staatsanwaltschaft eine verbindliche Lösung, wie angedacht, nicht zu erwirken war.[332] Die Rechtspfleger haben nun

---

328 Vgl. Konzeption FAHRPLAN, S. 16.
329 Vgl. Konzeption FAHRPLAN, S. 10.
330 Vergleichbare Projekte gibt es *u. a.* in der JVA Plötzensee (Männervollzug) und der JVA für Frauen in Berlin, z. T. in Zusammenarbeit mit dem Projekt *IsA-K.*
331 Vgl. Konzeption FAHRPLAN, S. 13.
332 Diese Problematik dürfte sich mit der angedachten Gesetzesänderung erledigt haben, vgl. BT-Drs. 20/7026, S. 7, 8, 20.

die Möglichkeit Flyer mitzuschicken; eine Verpflichtung besteht nicht. Empfohlene Zeitpunkte für die Versendung sind die letzte Zahlungsaufforderung, die Bewilligung der gemeinnützigen Arbeit und generell, wenn die Aktenlage auf einen Bedarf schließen lässt. Zudem kann auch die Gerichtshilfe eingeschaltet werden, um die betroffenen Geldstrafenschuldner aufzusuchen und diese alsdann an das Projekt FAHRPLAN zu vermitteln. Auch besteht die Möglichkeit, dass Kontaktdaten der Betroffenen nach vorheriger Genehmigung durch den Sozialen Dienst der Justiz am Landgericht Dresden an die Projektmitarbeitenden übermittelt werden können. In der Haft können die Betroffenen durch Aushänge vom Projekt Kenntnis erlangen.[333] Überwiegend erfolgen die Vermittlungen jedoch durch andere sozialpädagogische Angebote in Dresden, u. a. durch die Schuldner- und Beratungsstellen für „Eingewanderte und ihren (direkten) Nachkommen", oder indem die Betroffenen in Eigeninitiative auf das Projekt zukommen.

4.3 NRW-Projekt „Haftvermeidung Caritasverband Geldern – Kevelaer"

Im Rahmen der Haftvermeidung bietet das Projekt „Haftvermeidung Caritasverband Geldern – Kevelaer" als eine von landesweit zehn Fachstellen die Vermittlung und Ableistung gemeinnütziger Arbeit statt Ersatzfreiheitsstrafe an. Die Betroffenen sollen vor der Ersatzfreiheitsstrafe verschont werden und bekommen mit dem Projekt ein Hilfeangebot zur Information, Beratung und Vermittlung.[334] Neben diesem Ziel steht auch die Entlastung der Justizvollzugsanstalten (Geldern, Kleve, Moers-Kapellen, Wittlich) und die Kosteneinsparung im Fokus des Projekts.[335] Gemäß dem Erlass des Justizministeriums des Landes Nordrhein-Westfalen vom 04. August 2009 (4450-III.19) übermittelt die Staatsanwaltschaft Kleve alle Strafantrittsladungen der verurteilten Geldstrafenschuldner aus dem Kreis Kleve und dem linksrheinischen Teil des Kreises Wesel der Fachstelle Haftvermeidung als Abschrift. Im Gegenzug wird die Staatsanwaltschaft durch die Fachstelle über den Vollstreckungsverlauf informiert, was u. a. die Meldung/Nichtmeldung der Klientel, die Bitte der Klientel um Zahlung, Ratenzahlung oder Ableistung von gemeinnütziger Arbeit, deren Ableistung bzw. Beendigung (Abbruch/vollständige Ableistung) umfasst. Bei der Vermittlung von Ratenzahlung durch die Fachstelle erhält die Staatsanwaltschaft, falls vorhanden, Unterlagen wie Ratenantrag,

---

333 Vgl. Konzeption FAHRPLAN, S. 19.
334 Vgl. Tätigkeitsbericht 2018, S. 1.
335 Vgl. Tätigkeitsbericht 2018, S. 2.

Verdienstbescheinigungen und eine Kopie des Dauerauftrages/eventuell des Überweisungsbelegs.[336] Auch hier lässt sich somit erkennen, dass die Zusammenarbeit zwischen der Freien Straffälligenhilfe und der Justiz besteht und der Freien Straffälligenhilfe eine Doppelfunktion, aus Kontrolle und Hilfestellung, zukommt. Die Arbeitsschwerpunkte der Fachstelle[337] umfassen allgemein die Betreuung und Beratung der Klientel, die Gewinnung und Begleitung der Einsatzstellen, die Zusammenarbeit mit der Staatsanwaltschaft, dem Allgemeinen Sozialen Dienst, der Bewährungshilfe, dem Amtsgericht und die Vernetzung mit anderen Beratungsstellen. Neben der Dokumentation und Statistik gehört auch die Öffentlichkeitsarbeit und die Teilnahme an Arbeitskreisen zu den Arbeitsschwerpunkten der Fachstelle.

Unter Berücksichtigung der im sozialen, gesundheitlichen und materiell-existenziellen Bereich vorhandenen Mehrfachproblematiken der Betroffenen[338] geben die Sozialarbeiter Informationen über die rechtlichen Möglichkeiten, bieten Vermittlung in individuell angepasste Einsatzstellen und deren individuelle Begleitung, Betreuung und Unterstützung bei der gemeinnützigen Arbeit an. Hierzu gehört auch die Intervention bei Konflikten in der Einsatzstelle. Entscheidet sich der Betroffene für eine Ratenzahlung, so bietet das Projekt Unterstützung bei Anträgen auf Ratenzahlungsvereinbarungen an, d. h. die Mitarbeitenden fordern einen Ratenantrag, einen Einkommensnachweis und eine Kopie des Dauerauftrages bzw. eine Abtretungserklärung ein. Ganzheitliche Hilfe wird durch die Vermittlung zu weiterführenden Fachberatungsstellen (wie z. B. Drogenhilfe, Schuldnerberatung etc.) angeboten.

Die Fachstelle Haftvermeidung bietet darüber hinaus ein niedrigschwelliges Angebot für die Klienten, Sprechstunden vor Ort (Geldern, Kleve, Moers); Begleitung, Pflege und Akquise der Einsatzstellen, verbandseigene Einrichtungen zur Ableistung von gemeinnütziger Arbeit und Zusammenarbeit mit Staatsanwaltschaft, ambulanten Dienste, Fachberatungsstellen etc. Der Ablauf zur Ableistung der gemeinnützigen Arbeit ist im *Anhang 4* skizziert.

Neben diesen beispielhaft aufgeführten Angeboten in den Bundesländern Hessen, Sachsen und NRW beschreibt *Villmow*[339] die Notwendigkeit von Arbeitsangeboten, welche den Bedürfnissen der Klientel angepasst niedrigschwellig ausgerichtet sind. Unter Berücksichtigung der Personen, die an

---

336 Vgl. Tätigkeitsbericht 2018, S. 3.
337 Vgl. Tätigkeitsbericht 2018, S. 2.
338 Vgl. Tätigkeitsbericht 2018, S. 2; Übermittlung durch den Träger *Caritasverband Geldern-Kevelaer e.V.*, Stand Januar 2020.
339 Vgl. *Villmow* (2020), S. 523 ff.

psychischen Erkrankungen leiden, wird u. a. das „Arbeitsprojekt „Werkraum Sonne 3" des Bremer Vereins *Hoppenbank* [angesprochen], [welches] seit 2013 niedrigschwellige, arbeitstherapeutische Beschäftigung für Klientel mit erheblichen Arbeitshemmnissen anbietet."[340] Nicht unerwähnt soll auch das „*Projekt Stadtticket Extra* in Bremen [bleiben], das seit 2012 [...] Bedürftigen für monatlich 10,50 € ermöglicht, den öffentlichen Nahverkehr zu nutzen."[341]

---

340 Vgl. *Villmow* (2020), S. 537.
341 Vgl. *Villmow* (2020), S. 540.

Kapitel 5: Erläuterungen zum Stand der Forschung zum Kurzstrafenvollzug und zur Ersatzfreiheitsstrafe

Über das Thema „Ersatzfreiheitsstrafen" wurde in der Vergangenheit umfassend geforscht.[342] Dabei standen meist die Erfassung der sozialen Herkunft der Klientel sowie die abgeurteilte Delinquenz im Vordergrund. Nach der Erörterung der rechtlichen (dogmatischen) Grundlagen der Geldstrafenvollstreckung bzw. der Ersatzfreiheitsstrafe wird bei der Darstellung des Forschungsstandes vor allem auf Untersuchungen zum Kurzstrafenvollzug, zur Klientel der Ersatzfreiheitsstrafen, zur Wirksamkeit von Haftvermeidungsmaßnahmen und zur Legalbewährung eingegangen. Daraus werden Desiderate der bisherigen Forschungen deutlich und die Fragestellungen der eigenen empirischen Untersuchung konkretisiert. Erwartet wird, dass im Rahmen der vorliegenden Arbeit einige Fragen zur Rückfälligkeit nach Ableistung einer Haftvermeidungsmaßnahme bzw. Verbüßung einer Ersatzfreiheitsstrafe im Kontext der entsprechenden Ausgestaltung von Haftvermeidungsprojekten beantwortet werden können.

1. Der Forschungsstand zum Kurzstrafenvollzug

Ein wesentlicher Kritikpunkt an der Vollstreckung der Geldstrafe durch Ersatzfreiheitsstrafen ist der damit einhergehende Kurzstrafenvollzug. Unter einer kurzen Freiheitsstrafe wird nach *von Liszt* eine Freiheitsstrafe von unter sechs Monaten verstanden.[343] Hinsichtlich der Verweildauer der Ersatzfreiheitsstrafgefangenen im Vollzug bestehen in der Literatur unterschiedliche Ansichten.[344] *Villmow* weist diesbezüglich auf die fehlende Möglichkeit der

---

342 Vgl. *Dolde*, ZfStrVO 1999b, 330 ff; *Villmow* (1998), S. 1291 ff.

343 Vgl. *von Liszt* (1892), S. 382 f; dies zeigt sich auch in § 47 Abs. 1 StGB. Dort heißt es: „Eine Freiheitsstrafe unter sechs Monaten verhängt das Gericht nur, wenn besondere Umstände, die in der Tat oder der Persönlichkeit des Täters liegen, die Verhängung einer Freiheitsstrafe zur Einwirkung auf den Täter oder zur Verteidigung der Rechtsordnung unerläßlich machen."

344 So wird zwar überwiegend die Dauer aus § 47 Abs. 1 StGB mit sechs Monaten abgeleitet, es gibt mit *Hall* und *Stenner* jedoch auch Vertreter, die diese auf ein Jahr beziffern, *Hall*, ZStW 1954, 77; *Stenner* (1970), S. 28 f. bzw. bei neun Monaten festlegen. Legt man den Resozialisierungsgedanken des § 2 StVollzG zugrunde und berücksichtigt die Verwaltungsvorschrift zu § 6 StVollzG, so könnte die Verweildauer für die Bemessung des Kurz-

Benennung der Verweildauer im Vollzug hin.[345] So könne zwar, wie bei den Kostenberechnungen für die Länderhaushalte, von einer 30-tägigen Durchschnittsdauer einer Ersatzfreiheitsstrafe ausgegangen werden.[346] Allerdings entspreche „dies nicht der durchschnittlichen Tagessatzanzahl bei der Verhängung der Geldstrafe, sondern" dem tatsächlichen Verbleib im Vollzug.[347] Berechnungen des *Statistischen Bundesamtes* zufolge liegen die durchschnittlichen Tagessatzzahlen bei 48 Tagessätzen für das Jahr 2012.[348] Aktuellen Forschungen[349] gehen ebenfalls von einer höheren Tagessatzzahl (60 Tagessätze pro Ersatzfreiheitsstrafe)[350] aus. *Dolde* und *Villmow* folgern hieraus, dass es

---

strafenvollzugs von der zeitlichen Komponente des Behandlungsvollzugs abgeleitet werden. Das StVollzG spricht nur an einer nachträglich eingeführten Stelle von Resozialisierung; dem Begriff der Behandlung kommt jedoch ein großer Stellenwert im StVollzG zu, *Cornel* (2003), S. 30; so auch *Dünkel* (1987), S. 190 „hat der „Behandlungsvollzug" in der Bundesrepublik einen beachtlichen Stellenwert erlangt"; *Albrecht* (1982), S. 169. Die zu § 6 StVollzG „ergangene Verwaltungsvorschrift stellt klar, daß bei einer Vollzugsdauer bis zu einem Jahr ... eine Behandlungsuntersuchung in der Regel nicht geboten" sei. Eine gesetzliche Definition des Begriff Behandlung gibt es nicht. *Schwind u. a.* legen den Begriff weit aus und umschreiben ihn wie folgt: „jede Art von Einflussnahme und Tätigkeit, die mit dem Ziel stattfindet, den Gefangenen auf die Zeit nach der Entlassung aus der Haft vorzubereiten.", zitiert nach *Jehle* (2020), S. 53 ff., S. 85; *Wirth* (2020), S. 1028. Aufgrund der fehlenden Behandlungsuntersuchung ist auch bei der Erstellung der sog. Entlassungspläne, bei einer Haftdauer von bis zu einem Jahr, nicht mit der Planung resozialisierender Maßnahmen zu rechnen. Aus diesem Grund wird der Kurzstrafenvollzug als nicht resozialisierend ausgestaltet betrachtet, hierzu *Dolde/Rössner*, ZStW 1987, S. 424 ff.; *Redlich* (2005), S. 63, so dass ein Kurzstrafenvollzug bei einer Haftdauer von bis zu einem Jahr vorliegen müsste. Die Praxis zeigt, dass unter den Gefangenen mit einer Vollzugsdauer von bis unter sechs Monaten den weitaus größten Anteil diejenigen ausmachen, die Ersatzfreiheitsstrafen verbüßen.

345 Vgl. *Villmow* (2020), S. 525; seit dem Jahr 2019 weist das *Statistische Bundesamt* auch die insgesamt zu verbüßende Strafzeit aus. Zuvor war nur die voraussichtliche Vollzugsdauer bis zur Entlassung vermerkt. Dies war nicht aussagekräftig, da folglich auch ein Gefangener, der die letzten sechs Monate einer 10-jährigen Strafe verbüßte, als Inhaftierter einer Kurzstrafe galt.

346 Vgl. NK/StGB/*Albrecht* (2017), § 43 Rn. 2.

347 Vgl. *Villmow* (2020), S. 525, 526.

348 Vgl. *Statistisches Bundesamt* (2015), S. 27; *Villmow* (2020), S. 526. Die Entwicklung der Tagessatzanzahlen zeigt im Beobachtungszeitraum von 2012 bis 2017 ein nahezu konstantes Bild. So werden die Tagessatzanzahlen am häufigsten im Bereich von 31 bis 39 Tagessätzen, gefolgt von Tagessatzanzahlen im Bereich von 16 bis 30 Tagessätzen und 91 bis 180 Tagessätzen verhängt. *Statistisches Bundesamt*, Fachserie 10 Reihe 3 in den Jahren 2012 bis 2020.

349 Vgl. *Lürßen*, FS 2011, 160; HH Bürgerschafts-Drs. 21/12115, S. 3 ff.

350 Vgl. *Lobitz/Wirth*, FS 2018b, 18.

sich bei der Durchschnittsdauer von 30 Tagen nur um einen „Teil-Tilgungs-zeitraum" der Freiheitsstrafe handeln muss.[351] Ungeachtet dieser Unklarheit zur Aufenthaltsdauer von Ersatzfreiheitsstrafgefangenen im bundesweiten Durchschnitt ist jedoch klar, dass es sich bei dem Vollzug der Ersatzfreiheits-strafe um einen Kurzstrafenvollzug handelt.[352] Forschungsergebnisse weisen darauf hin, dass es sich bei der Klientel der Ersatzfreiheitsstrafen um Men-schen mit vielfältigen Problemlagen im Arbeits- und Sozialbereich handelt[353], die durch den Vollzug der kurzen Freiheitsstrafe in Form der Ersatzfreiheits-strafe eher verschärft werden können.[354] *Konrad* fasst diesbezüglich zusam-men: „Der Vollzug der Ersatzfreiheitsstrafe als Kurzmaßnahme hat keinen re-sozialisierenden Stellenwert, zumal es hierbei an Strukturierungsangeboten für den Alltag mangelt, so dass die negativen Folgen überwiegen: Gefährdung bzw. Verlust des Arbeitsplatzes und der Wohnung; Verstärkung abweichen-den Verhaltens durch Kontakte zum kriminellen Milieu; Verminderung der Angst vor dem Strafvollzug; Gefahr der weiteren Entsozialisierung, da die so-ziale Stigmatisierung durch die Ersatzfreiheitsstrafe die berufliche und sons-tige soziale Integration erschwert."[355]

Aufgrund der vorgenannten Ausführungen scheint es angebracht das Klientel der Ersatzfreiheitsstrafen, unter Berücksichtigung der bisherigen Forschungs-ergebnisse, in den Blick zu nehmen.

2. Der Forschungsstand zur Klientel der Ersatzfreiheits-strafen

Der Forschungsstand zur Klientel der Ersatzfreiheitsstrafen ist umfassend. *Dolde*[356] untersuchte im Jahr 1997 in Baden-Württemberg die Gruppe der Ge-fangenen die eine Ersatzfreiheitsstrafe verbüßt haben. Dabei kam heraus, dass bezogen auf das soziodemographische Merkmal des Familienstandes 66 % der Inhaftierten ledig waren.[357] *Wirth* kam in seiner Forschung aus dem Jahre

---

351 Vgl. *Dolde* (1999a), S. 587; *Dolde*, ZfStrVO 1999b, 332; *Villmow* (2020), S. 526.
352 Vgl. *Dünkel* (2018b), S. 120.
353 Vgl. *Kawamura*, BewHi 1998, 338 ff.
354 Vgl. *Schneider*, MSchrKrim 2001, 274.
355 Vgl. *Konrad*, ZfStrVO 2003, 216, hierzu auch *Dolde* (1999a), S. 596.
356 Vgl. *Dolde*, ZfStrVO 1999b, 330 ff.
357 Vgl. *Dolde*, ZfStrVO 1999b, 330 ff.

2000 in Nordrhein-Westfalen zu dem Ergebnis, dass ca. die Hälfte der Ersatzfreiheitsstrafgefangenen nicht in einer festen Beziehung gelebt haben.[358] Betrachtet man die Wohnungssituation der Ersatzfreiheitsstrafgefangenen vor
der Inhaftierung, so stellte *Dolde* fest, dass nur 65 % in einer eigenen Wohnung gelebt haben. Die Forschung von *Wirth* zeigte für das Land Nordrhein-
Westfalen, dass ca. ein Drittel der Ersatzfreiheitsstrafgefangenen über eine eigene Wohnung verfügten.[359] Zu den beruflichen Hintergründen der Inhaftierten fand *Dolde* heraus, dass bei den Ersatzfreiheitsstrafgefangenen eine Ar-
beitslosenquote von 60 % vorgelegen hat.[360] *Wirth* fand in seiner Erhebung in
Nordrhein-Westfalen heraus, dass 72 % der Ersatzfreiheitsstrafgefangenen arbeitslos gewesen sind, im Bundesland Thüringen in der Justizvollzugsanstalt
Gera waren es nach *Villmow* im Jahr 2012 75 %.[361] In Nordrhein-Westfalen
ergaben Forschungen aus dem Jahr 2017, dass 77 % der Ersatzfreiheitsstrafgefangenen vor Haftantritt arbeitslos waren und ca. die Hälfte hiervon zu den
Langzeitarbeitslosen gehörten.[362] Zur Einkommenssituation wurde festgestellt, dass mindestens 16 % der Ersatzfreiheitsstrafgefangenen ohne Einkommen waren. Ein Drittel waren nicht auf SGB II/XII-Leistungen angewiesen;
in 15 % der Fälle konnten andere Einnahmequellen erhoben werden.[363] Bezogen auf die Schuldenlast kam die Untersuchung von *Lobitz* und *Wirth* zu dem
Ergebnis, dass von den Ersatzfreiheitsstrafgefangenen, die Angaben zur
Schuldenlast machten, nur 27 % ohne Schulden waren.[364] Die Untersuchungen
von *Villmow* aus dem Jahre 1998[365] und *Wirth* aus dem Jahr 2000[366] beschäftigten sich zudem mit dem beruflichen Hintergrund der Delinquenten. Die
Forschung von *Lobitz* und *Wirth* stellte hierzu fest, dass 60 % keinen Beruf
erlernt hatten.[367] *Janssen* beschäftigte sich mit dem Zusammenhang zwischen

358 Vgl. *Wirth*, ZfStrVO 2000, 337 ff.
359 Vgl. *Wirth*, ZfStrVO 2000, 337 ff.
360 Vgl. *Dolde*, ZfStrVO 1999b, 330 ff.
361 Vgl. *Wirth*, ZfStrVO 2000, 337 ff.; *Villmow* (1998), S. 1291 ff.
362 Vgl. *Lobitz/Wirth* (2018a), S. 9, wobei der Wert als Mindestgröße zu betrachten sei, da
die Dauer der Arbeitslosigkeit nicht für alle rückblickend exakt ermittelt werden konnte.
363 Vgl. *Lobitz/Wirth* (2018a), S. 9; Andere Einnahmequellen wie Gehalts- oder Unterhalts-
zahlungen. *Albrecht* stellte bereits im Jahr 1980 fest, „dass die Vollstreckung der Ersatzfreiheitsstrafe mit der wirtschaftlichen Lage der Verurteilten korreliert und daß sie vor
allem bei solchen Tätergruppen vollstreckt wird, die durch Arbeitslosigkeit und niedrige
Berufspositionen gekennzeichnet sind.", vgl. *Albrecht* (1980), S. 257 ff.; *Meier* (2019),
S. 84.
364 Vgl. *Lobitz/Wirth* (2018a), S. 10.
365 Vgl. *Villmow* (1998), S. 1291 ff.
366 Vgl. *Wirth*, ZfStrVO 2000, 337 ff.
367 Vgl. *Lobitz/Wirth* (2018a), S. 9.

der Art der Verfahrenserledigung und der Vorstrafenbelastung. Die Ergebnisse seiner Forschung zeigten, dass Geldstrafenschuldner mit wenig Vorstrafen „häufiger zu der Gruppe, die die Geldstrafe direkt zahlte" gehörten, „während die Ersatzfreiheitsstrafe häufiger von erheblich vorbestraften Tätern verbüßt wurde."[368] *Bögelein, Ernst* und *Neubacher* haben anhand einer Analyse von Interviews Verbüßende von Ersatzfreiheitsstrafen und Geldstrafenschuldner idealtypischen Lebenslagen — „akut schwierig, dauerhaft ungeordnet und desolat" — zugeordnet und konnten so einen Überblick über die Lebenslagen von Verurteilten aufzeigen.[369]

Alle Studien haben gemeinsam, dass ein großer Teil der [...] Verbüßer von Ersatzfreiheitsstrafen sich durch eine gravierende soziale Randständigkeit auszeichnete.[370] Aufgrund dieser Randständigkeit, so *Villmow,* muss davon ausgegangen werden, dass die Klientel nicht in der Lage ist, die Vermeidung von Ersatzfreiheitsstrafe aktiv mitzugestalten[371] und folglich einen wesentlichen Umstand skizziert, der zur Vollstreckung der Geldstrafe in Form der Ersatzfreiheitsstrafe führt. Dies stützt auch die Untersuchung von *Müller-Fotis,*

---

368 Vgl. *Meier* (2019), S. 85; *Janssen* (1994), S. 206 f.
369 Vgl. *Bögelein/Ernst/Neubacher*, BewHi 2014b, 285. Die Gruppe der „akut Schwierigen" war durch Personen charakterisiert, die ein „normales" Leben geführt haben, jedoch durch ein Lebensereignis „aus der Bahn geworfen wurden". Bei der Personengruppe, die als „dauerhaft ungeordnet" beschrieben wurde, handelte es sich um Personen, deren Alltag mit „rumhängen" beschrieben werden konnte, unter Suchtproblemen litten und kurz vor der Haft ein dramatisches Lebensereignis erfahren mussten. Unter die Gruppe der „desolaten" Personen fallen solche, die wie die „dauerhaft Ungeordneten" leben, zusätzlich jedoch kein festes Dach über dem Kopf haben, also obdachlos sind. Auch *Matt* bildete für seine Untersuchungen im Justizvollzug Bremen idealtypische Gruppen. Nach diesen teilt sich die Klientel in drei Gruppen. Die erste Gruppe, welche sich aus meist unbescholtenen Bürgern zusammensetzt, erlebt den Vollzug der Ersatzfreiheitsstrafe infolge zunehmender Armut. Bei der zweiten Gruppe ist die Verbüßung der Geldstrafe in Haft Folge von Lebenskrisen bzw. misslichen Lebenslagen, wie finanziellen Engpässen etc. charakteristisch. Die dritte Gruppe umfasst Langzeitarbeitslose, welche die Zeit u. U. als Auszeit von ihrer Sucht oder Obdachlosigkeit etc. nutzen.
370 Sie befinden sich oftmals in wirtschaftlich und/oder psychosozial schwierigen Lebensverhältnissen, so dass Zahlungsversäumnisse nicht immer Ausdruck von strafwürdiger Unwilligkeit, sondern von schlichter Überforderung mit der Strukturierung des eigenen Lebens sind, auf die aber besser mit Hilfe als mit Strafe reagiert werden sollte. Langzeitarbeitslosigkeit, Wohnungslosigkeit, hohe Schuldenprobleme, Delikte eher im unteren Schwerebereich, eine ausgeprägte Passivität und Unbekümmertheit im Umgang mit Strafbefehl und Haft sind immer wieder gefundene Merkmale; *Matt*, MSchrKrim 2005, 348; *Dolde*, ZfStrVO 1999b, 330 ff.; *Villmow* (1998), S. 1291 ff.
371 Vgl. *Villmow* (1998).

Robertz, Schildbach und Wickenhäuser[372] über die psychischen Beeinträchtigungen von Ersatzfreiheitsstrafengefangen.. Die Untersuchung von *Lobitz* und *Wirth* deutete ebenfalls auf gesundheitliche Probleme der Ersatzfreiheitsstrafgefangenen hin, so waren bei 20 % zu Beginn der Haft Entzugserscheinungen zu erwarten, die in 14 % mit einer Alkohol- und in 27 % mit einer Drogenabhängigkeit einhergingen. Eine suizidale Gefährdung war bei 15 % aktenkundig.[373]

Die neuerlichen Gedanken von *Dünkel* und *Morgenstern*, welche sich im Rahmen ihres Artikels „Der Einfluss von Covid-19 auf den Strafvollzug und die Strafvollzugspolitik in Deutschland" mit der Frage beschäftigen, ob „im derzeitigen Strafvollzug nicht zahlreiche Verurteilte [sind], die man [...] besser aus dem Vollzug heraushalten sollte"[374] deuten auf die dringende Reform des Sanktionssystems hin. Angeführt wurde dahingehend, dass das auf eine Geldstrafe „erkennende Gericht der Überzeugung [war], dass die Betroffenen nicht in den Strafvollzug gehören."[375] Unter Berücksichtigung der Klientel der Ersatzfreiheitsstrafen und den Ergebnissen der Forschung zu den kurzen Freiheitsstrafen, nach denen die negativen Folgen des Kurzstrafenvollzugs wie die „Gefährdung bzw. Verlust des Arbeitsplatzes und der Wohnung", Schuldenzunahme, „Verstärkung abweichenden Verhaltens durch Kontakte zum kriminellen Milieu", „Verminderung der Angst vor dem Strafvollzug", „Gefahr der weiteren Entsozialisierung durch Stigmatisierung"[376] in Nachbarschaft und Betrieb sowie familiäre Entfremdung[377] überwiegen, ist die Ausweitung der Haftvermeidungsmaßnahmen eine naheliegende Entwicklung.

3. Der Forschungsstand zur Wirksamkeit von Haftvermeidungsmaßnahmen

Forschungen zur Wirksamkeit der Haftvermeidungsmaßnahmen im Rahmen der Freien Straffälligenhilfe sind selten. Generell ist der Aufgabenbereich der Freien Straffälligenhilfe ein Feld, welches in der Vergangenheit empirisch nur

---

372 Vgl. *Müller-Foti/Robertz/Schildbach/Wickenhäuser*, International Journal of Prisoner Health 2007; *Dubielczyk* (2002); *Lobitz/Wirth* (2018a), S. 9.
373 Vgl. *Lobitz/Wirth* (2018a), S. 10.
374 Vgl. *Dünkel/Morgenstern*, NK 2020, 452.
375 Vgl. *Dünkel/Morgenstern*, NK 2020, 452.
376 Vgl. *Konrad*, ZfStrVO 2003, 216, hierzu auch *Dolde* (1999a), S. 596.
377 Vgl. *Dünkel* (2021), S. 547; *Konrad*, ZfStrVO 2003, 216; *Villmow/Sessar/Vonhoff*, KrimJ 1993, 212; *Heghmanns*, ZRP 1999, 298; BVerfGE 28, S. 386.

wenig Erwähnung fand. Am Beispiel des Projekts „Ausweg" in Mecklenburg-Vorpommern wurde die freie Arbeit, als eine Maßnahme der Haftvermeidung, durch *Dünkel* und *Scheel* evaluiert und bezogen auf die Wirksamkeit der Ersatzfreiheitsstrafenvermeidung untersucht.[378] Forschungen zur Haftvermeidungsmaßnahme „Geldverwaltung statt Vollstreckung von Ersatzfreiheitsstrafe" sind nicht bekannt. *Wilde* untersuchte anhand einer bundesweiten Studie, ob durch die Haftvermeidungsmaßnahme der freien Arbeit die Ziele der Vermeidung der Vollstreckung der Ersatzfreiheitsstrafen erreicht wurden.[379] Er kam zu dem Ergebnis, dass „die freie Arbeit […] kein Instrument [sei], welches „die Gerechtigkeitsproblematik, die aus der Gestaltung der Geldstrafe im § 40 StGB Abs. 2 (Nettoeinkommensprinzip) und des § 43 StGB (Ersatzfreiheitsstrafe) resultiert," beheben könne.[380] Als Gründe führte er an, dass die freie Arbeit zum einen nicht jeden erreichen und das „Sanktionsgefälle" von der eigentlich verhängten Geldstrafe, aufgrund von Zahlungsunfähigkeit, zur freien Arbeit, nicht aufheben könne. Vielmehr führe es zu einer neuen Benachteiligung, indem „nun nicht mehr „weil du arm bist, musst du sitzen", sondern „weil du arm bist, musst du schwitzen" [gelte]".[381] *Wilde* stellt somit klar, dass Armut im jetzigen System der Geldstrafe nach wie vor strafschärfend wirke.[382] Bedenkt man allerdings, dass die Haftvermeidungsmaßnahmen dem Klientel bei dem Aufbau ihrer intrinsischen Motivation zur Bearbeitung der multiplen Problemlagen verhelfen sollen, um z. B. ihre finanzielle Situation zu stärken, so sind die Einwände von *Wilde* zwar grundsätzlich nicht von der Hand zu weisen, jedoch zu kurz gedacht.

4. Der Forschungsstand zur Legalbewährung bei Haftvermeidungsmaßnahmen und Ersatzfreiheitsstrafen

Die Untersuchung der Legalbewährung ist ein Mittel, mit welchem in einem auf Spezialprävention ausgerichtetem Strafrecht der Erfolg einer Maßnahme gemessen werden kann. Denkt man an die in *Kapitel 4* dargestellten Sanktionsalternativen zur Ersatzfreiheitsstrafe, so ist es nicht einfach, den Erfolg einer Maßnahme allein anhand der Legalbewährung empirisch festzulegen. Grundsätzlich kann mit der Erhebung der Legalbewährung nicht ohne Weiteres auf die Resozialisierung einer Person als Form der „Lebensbewährung"

---

378 Vgl. *Dünkel/Scheel* (2006).
379 Vgl. *Wilde* (2016), S. 33.
380 Vgl. *Wilde* (2016), S. 344.
381 Vgl. *Wilde* (2016), S. 345.
382 Vgl. *Wilde* (2016), S. 347.

geschlossen werden. So kann es z. B. sein, dass der Klient in für ihn entscheidenden Bereichen Hilfe durch die sozialpädagogisch begleiteten Angebote gefunden hat, trotzdem aber rückfällig geworden ist. Dennoch dient die Untersuchung der Legalbewährung dazu, Aussagen zum Erfolg spezialpräventiver Bemühungen zu tätigen.[383]

Die Rückfallforschung ist ein Thema, welches sich in der Kriminologie und der Kriminalpolitik großer Aufmerksamkeit erfreut.[384] Die bundesweite Rückfalluntersuchung von *Jehle, Albrecht, Homann-Fricke und Tetal* zeigte, dass u. a. das Alter, das Geschlecht und die Vorstrafenbelastung, Auswirkungen auf die Rückfallraten haben.[385] So zeigten die Ergebnisse, dass die höchsten Rückfallraten bei Jugendlichen, Heranwachsenden und jungen Erwachsenen zu verzeichnen waren. Die über 60-Jährigen wiesen nur eine geringe Rückfälligkeit auf. Ob die klassische Age-crime-curve auch bei den Rückfallraten der Ersatzfreiheitsstrafgefangenen und den Absolventen der Haftvermeidungsmaßnahmen vorliegt, wird in *Kapitel 7.3.3* untersucht. *Jehle, Albrecht, Homann-Fricke und Tetal* fanden zudem heraus, dass Frauen weniger rückfällig wurden als Männer.[386] Bzgl. der Vorstrafenbelastung wurde festgestellt, dass „mit der Zahl und der Sanktionsschwere früherer Verurteilungen" die Rückfallrate zunimmt.[387] Unter Berücksichtigung der unterschiedlichen Sanktionsformen kam die Untersuchung zu dem Ergebnis, dass freiheitsentziehende Sanktionen wie die Freiheits- und Jugendstrafe ohne Bewährung mit höheren Rückfallraten assoziiert sind als mildere Sanktionen wie die Geldstrafe.[388] Aus diesen Sanktionsvergleichen allein kann allerdings nicht auf die unterschiedliche Wirkung von Sanktionen geschlossen werden, da die Gruppen von zu Freiheits- oder Geldstrafe Verurteilten nicht vergleichbar sind, sondern wegen des normativen Programms des Strafrechts Ergebnis systematischer Auswahl- bzw. Selektionsprozesse sind (s. auch unten). Hinsichtlich der Interpretation der Ergebnisse zu den Rückfallraten nach der Sanktionsart der Bezugsentscheidung weisen *Jehle, Albrecht, Homann-Fricke und Tetal*

---

383 Vgl. *Heinz* (2004), S. 14; *Harrendorf* merkt an, dass „die Bedeutung und Aussagekraft des Rückfalls [...] nicht überschätzt werden" darf und weist darauf hin, dass „schwere Strafen tendenziell eher gegenüber Personen mit ungünstiger Sozialprognose verhängt werden". *Harrendorf* (2007), S. 93.
384 Vgl. *Albrecht* (2004), S. 55; *Heinz* (2004), S. 12; *Jehle* (2004), S. 147; *Sutterer* (2004), S. 173. Zur Bedeutung der Rückfälligkeit für die Strafrechtspolitik *Blath* (2004), S. 133 ff.
385 Vgl. *Jehle/Albrecht/Homann-Fricke/Tetal* (2020), S. 17.
386 Vgl. *Jehle/Albrecht/Homann-Fricke/Tetal* (2020), S. 17.
387 Vgl. *Jehle/Albrecht/Homann-Fricke/Tetal* (2020), S. 17.
388 Vgl. *Jehle/Albrecht/Homann-Fricke/Tetal* (2020), S. 17.

darauf hin, dass aufgrund der unterschiedlichen Personengruppen (mit unterschiedlicher Rückfallgefährdung) „die Zusammenhänge zwischen strafrechtlichen Sanktionen und Rückfall nicht kausal interpretiert werden dürfen".[389]

Untersuchungen von *Albrecht* aus dem Jahr 1982 zur Rückfälligkeit von Gewaltstraftätern bestätigen den Zusammenhang zwischen Sanktionsart (Geldstrafe, bedingter und unbedingter Freiheitsstrafe) und dem Rückfall nach Deliktsgruppen, insbesondere auch unter Berücksichtigung der Vorstrafen.[390] Er kam zu dem Ergebnis, dass die wegen eines Körperverletzungsdelikts vorbestraften Geldstrafenschuldner nach Verurteilung zu Geldstrafe wesentlich häufiger wiederverurteilt wurden (zu 65 %), als diejenigen, die keine Vorstrafe aufwiesen (14 %).[391] „Bei Freiheitsstrafen mit und ohne Bewährung differenziert *Albrecht* aufgrund der kleinen Fallzahlen nur noch zwischen Verkehrsdelikten und anderen [Körperverletzung, Diebstahl und Betrug] Delikten. Für die Nicht-Verkehrsdelikte ergab sich jeweils eine deutlich höhere Rückfallquote von 71 % bei Freiheitsstrafe mit Bewährung und 78 % bei Freiheitsstrafe ohne Bewährung."[392]

Trotz der zahlreichen Rückfalluntersuchungen blieb dieses Thema, bezogen auf die Ersatzfreiheitsstrafe und die Haftvermeidungsmaßnahmen, bisher unberücksichtigt. Es ist nach derzeitigem Wissensstand keine Untersuchung bekannt, die sich mit diesem Thema befasst. Diese Lücke soll durch die vorliegende Untersuchung geschlossen werden.

---

389 Vgl. *Jehle/Albrecht/Homann-Fricke/Tetal* (2020), S. 17; *Jehle/Albrecht/Homann-Fricke/Tetal* (2010), S. 7, hierzu auch *Heinz* (2007), S. 7, 12.
390 Vgl. *Albrecht* (1982), S. 169.
391 Vgl. *Albrecht* (1982), S. 198.
392 Vgl. *Albrecht* (1982), S. 199, 203; *Harrendorf* (2007), S. 48.

Kapitel 6: Untersuchungsdesign und Untersuchungsmethode

Das Forschungsvorhaben untersucht die Auswirkungen der Haftvermeidungs-maßnahmen „Geldverwaltung statt Vollstreckung von Ersatzfreiheitsstrafen" und der „freien, gemeinnützigen Arbeit" auf die („Nicht")-Rückfälligkeit der Klientel in Gegenüberstellung und Vergleich zu den Verbüßenden von Ersatz-freiheitsstrafe. Erwartet wird, dass die Personengruppe, die die Geldstrafe in Haft verbüßt, eine schlechtere Legalbewährung aufzeigt, als die Klientel der Haftvermeidungsmaßnahmen. Grund für diese Annahme ist, dass aufgrund der Kürze des Strafvollzugs an der Resozialisierung der Inhaftierten nicht ge-arbeitet werden kann und diese darüber hinaus mit den negativen Begleiter-scheinungen des Vollzugs konfrontiert sind.

Durch ein Ex-post-facto-Design werden vergleichbare Gruppen im zeitlichen Längsschnitt (Ableistung der Haftvermeidungsmaßnahme statt Verbüßung der Ersatzfreiheitsstrafe) untersucht. Es soll ein möglichst kausales Ergebnis unter Parallelisierung von Störvariablen erzielt werden. Bei jeder Rückfällig-keitsforschung besteht das Problem, über die Kausalitätsbeziehung zwischen Sanktion und späterem Verhalten eine Aussage treffen zu können. So stellt zum Beispiel *Ostendorf* fest, dass sich die spezialpräventive Wirkung nicht wirklich messen lässt: „Selbst bei späterer Abkehr des Verurteilten von Kri-minalität steht nicht fest, ob gerade die verhängte Strafe zu diesem Ergebnis geführt hat."[393] Dies ist nur möglich, wenn sichergestellt werden kann, „dass die Variation der abhängigen Variablen [hier: der Rückfallraten] möglichst zweifelsfrei auf die Variation der zu evaluierenden unabhängigen Variablen [hier: der Strafen nach Art und Höhe] zurückgeführt werden kann."[394] Eine Untersuchungsanordnung, in der dies garantiert werden kann, ist bereits aus dem Grund unmöglich, da die in der vorliegenden Arbeit verwendeten Daten-quellen, die Strafvollstreckungsakten und die Bundeszentralregisterauszüge, nicht alle persönlichen Merkmale der Klientel erfassen. Eine zweifelsfreie Kausalität ist folglich nicht feststellbar. Es bleibt somit auch hier die Frage offen, ob im Falle des Ergebnisses, dass die Verbüßer von Ersatzfreiheitsstrafe häufiger oder gleich häufig rückfällig werden wie die Klienten einer Haftver-meidungsmaßnahme, dieser Unterschied kausal auf die Art der justiziellen Reaktion zurückzuführen ist. Nicht auszuschließen ist es, dass die („Nicht")-Rückfälligkeit auch auf anderen Umständen, wie zum Beispiel besonderen

---

393 Vgl. *Ostendorf* (2010), S. 21.
394 Vgl. *Heinz* (2007), S. 7; *Heinz* (2019), S. 1669.

Lebensereignissen der Klientel basiert. Diesem Problem begegnet die gegenwärtige Forschung, indem sie basierend auf dem ex-post facto Design eine Zufallszuweisung zu den untersuchten Vergleichsgruppen verwendet hat. Vorliegend wurde die Grundgesamtheit durch eine Zufallsauswahl (Stichprobe unter allen Geldstrafenverfahren der einschlägigen Staatsanwaltschaften[395]) gebildet, so dass die Forschung eine hohe Validität aufweist.

Die Untersuchung der Wirkung einer Maßnahme auf die Legalbewährung ist durchaus schwierig. So kann zum Beispiel die Zuordnung der begangenen Delikte zum Täter problematisch sein, nämlich dann, wenn Taten nicht bemerkt werden oder aufgrund des Anzeigeverhaltens im Dunkelfeld[396] verbleiben. Aus der Dunkelfeldforschung ist bekannt, dass der Anteil der nicht angezeigten Straftaten deutlich größer ist, als der, der zur Anzeige kommt.[397] Um diese Vakanz zu vermeiden, wäre die Befragung der Person grundsätzlich ein sinnvolles Mittel. Allerdings besteht in der vorliegenden Untersuchung das Problem des Datenschutzes und die fragliche Bereitschaft der ehemals Straffälligen, an einer Befragung teilzunehmen. Hinzu kommt der enorme Arbeitsaufwand. Aus diesem Grund wurde als Untersuchungsmethode auf die gängige Methode der Dokumentenanalyse zurückgegriffen. „Akten spiegeln den tatsächlichen Informationsspeicher der Organisation"[398] – und damit die erfasste Grundlage von Verwaltungshandeln – sowie die Informationsgrundlage bei justiziellen Entscheidungen besser wieder, als „aufwendige zusätzliche Erfassungsverfahren, die der Gefahr unterliegen, eben diese Alltagsrealität selbst zu verzerren."[399] Dennoch ist die Möglichkeit zu berücksichtigen, dass entscheidendes Verwaltungshandeln, zum Beispiel der Staatsanwaltschaft, zwar besprochen, aber nicht dokumentiert wurde. Die Folge ist, dass diese nur besprochenen Informationen auch in der Forschung nicht evaluiert werden können. Des Weiteren ist die Informationstiefe von der Aussagebereitschaft der Geldstrafenschuldner abhängig. Verweigern diese gegenüber den Ermittlungsbehörden Angaben zu ihren wirtschaftlichen Verhältnissen, so taucht hierzu auch nichts in der Akte auf. Dies gilt auch bezüglich der tatsächlichen Lebenswelt des Täters.[400]

---

395 Beteiligt waren Hildesheim, Hannover, Göttingen, Oldenburg und Osnabrück.
396 Auf den Begriff des Dunkelfeldes wird im *Kapitel 6.3.4* eingegangen.
397 Vgl. *Nickolai* (2020), S. 14.
398 Vgl. *Karstedt-Henke* (1982), S. 199.
399 Vgl. *Müller/Müller* (1984), S. 33.
400 Vgl. *Albrecht* (1980), S. 56 f.

Trotz dieser Hindernisse wurde die Dokumentenanalyse der Forschungsarbeit zugrunde gelegt. Die Strafvollstreckungsakten und die Bundeszentralregisterauszüge bieten die Möglichkeit, die für die Forschungsfrage wichtigen abhängigen und unabhängigen Variablen zu erheben. Gleichzeitig stellen diese „die einzige gemeinsame Informationsbasis zur Rekonstruktion des Verfahrensablaufs dar",[401] indem verschiedenste Akteure innerhalb der Strafrechtspflege ihre Erkenntnisse in den Vollstreckungsakten dokumentieren. Des Weiteren wird im Ermittlungsverfahren durch die Staatsanwaltschaft „nach Aktenlage" entschieden.[402] Neben der Entscheidungsfindung der Justiz ist auch die Handlung des Geldstrafenschuldners im Zuge der Vollstreckung ersichtlich.

Die Daten zur Legalbewährung wurden durch einen Rückgriff auf die Bundeszentralregisterauszüge erfasst. Diese wurden gemäß § 476 StPO von den Staatsanwaltschaften im Jahr 2019 direkt übermittelt, zumal sie dort ohnehin vorlagen. Damit war ein Auskunftsersuchen gemäß § 42a Gesetz über das Zentralregister und das Erziehungsregister/Bundeszentralregistergesetz (BZRG) an das *Bundesamt für Justiz* nicht notwendig.

1. Bildung der Zufallsstichprobe

Zunächst wurden die Daten der Grundgesamtheit (abhängige Variable: Rückfall und unabhängige Variable: z. B. Art der justiziellen Reaktion) durch die Untersuchung der Strafvollstreckungsakten der fünf an der Forschung beteiligten Staatsanwaltschaften in Niedersachsen ermittelt. Die Staatsanwaltschaften wurden gebeten, Verfahren aus den Jahren 2012 und 2013 aufzulisten, in denen die Verurteilung zu einer Geldstrafe rechtskräftig geworden ist. Entscheidend war, dass das Rechtskraftdatum im Jahr 2012 oder 2013 liegt. Die Jahre 2012 und 2013 wurden gewählt, um zum Erhebungszeitraum[403] möglichst viele Fälle generieren zu können, in denen die Vollstreckung bereits abgeschlossen war. Inhaltlich wurden in die Forschung alle Strafvollstreckungsakten aus den Bereichen des allgemeinen Strafrechts und der Sachen nach dem BtmG hinzugezogen. Wirtschaftsstrafverfahren schieden als für die Ersatzfreiheitsstrafen und Haftvermeidungsmaßnahmen nicht relevant aus. Eine Einzelfallanalyse, also die Erfassung und Auswertung aller Geldstrafenverfahren, thematisch einschlägigen mit Rechtskraft 2012/2013, war aufgrund der Masse der Verfahren nicht möglich. Bei den einbezogenen Fällen in die

---

401 Vgl. *Kunz* (1980), S. 48; *Blankenburg* (1975), S. 194.
402 Vgl. *Kunz* (1980), S. 49.
403 Erhebungszeitraum 2017 bis 2019.

Grundgesamtheit kam es zudem darauf an, dass es sich um problematische Geldstrafenschuldner handelt. Damit sind in der gegenwärtigen Forschung all jene gemeint, die trotz Mahnung ihre Geldstrafe nicht gezahlt und die Androhung einer Ersatzfreiheitsstrafe erhalten haben. Die Zufallsstichprobe ist daher nicht für die Geldstafenschuldner insgesamt, sondern nur für die problematischen Fälle mit einer Androhung der Ersatzfreiheitsstrafe repräsentativ. Die Weiterbearbeitung anhand der Bildung einer Zufallsstichprobe war, neben der Validität, aus ökonomischen Gesichtspunkten angezeigt.

Mit Hilfe der folgenden Formel wurde eine Zufallsstichprobe ermittelt:

=RUNDEN(ZUFALLSZAHL()*(2000-1)+1;0)

Die mit dieser Formel ermittelten Akten wurden den Staatsanwaltschaften, durch Übersendung einer Liste mit den einschlägigen Aktenzeichen, mitgeteilt und von den Rechtspflegern herausgesucht. Diese Akten bildeten so die Zufallsstichprobe, welche ausgewertet wurde.

Tabelle 4: Grundgesamtheit zur Bildung der Zufallsstichprobe

	2012	2013
Hildesheim	4.408	4.173
Hannover	10.029	10.230
Göttingen	2.613	2.562
Osnabrück	5.902	4.900
Oldenburg	5.783	5.745
Gesamt	28.735	27.610
	56.345	

Bei der Staatsanwaltschaft Hildesheim wurden aus insgesamt 8.581 Verfahren für das Jahr 2012 (4.408 Verfahren) und 2013 (4.173 Verfahren) eine Zufallsstichprobe von 150 Verfahren für das Jahr 2012 und 150 Verfahren für das Jahr 2013 festgelegt.

Aus den von der Staatsanwaltschaft Hannover übersandten Geldstrafenverfahren (insgesamt 20.259 Verfahren) für das Jahr 2012 (10.029 Verfahren)

und 2013 (10.230 Verfahren) wurde eine Zufallsstichprobe von 150 Verfahren
für das Jahr 2012 und 150 Verfahren für das Jahr 2013 festgelegt.

Die Staatsanwaltschaft Göttingen übersandte insgesamt 5.175 Verfahren für
das Jahr 2012 (2.613 Verfahren) und 2013 (2.562 Verfahren) eine Zufallsstichprobe von 80 Verfahren für das Jahr 2012 und 80 Verfahren für das Jahr
2013 festgelegt. Die Verringerung der Zufallszahlen erklärt sich daran, dass
die Auswertung der Akten bei der Staatsanwaltschaft Göttingen zeitlich wesentlich früher erfolgt ist. Zu diesem Zeitpunkt war noch nicht klar, wie die
Anzahl der übersandten Akten der anderen Staatsanwaltschaften aussehen
werden. Aufgrund der Bildung von Zufallszahlen sollte dies im Endergebnis
jedoch keine Probleme aufweisen.

Aus den von der Staatsanwaltschaft Osnabrück übersandten Geldstrafenverfahren (insgesamt 10.802 Verfahren) für das Jahr 2012 (5.902 Verfahren) und
2013 (4.900 Verfahren) wurde eine Zufallsstichprobe von 150 Verfahren für
das Jahr 2012 und 150 Verfahren für das Jahr 2013 festgelegt.

Tabelle 5: Bildung der Zufallsstichprobe nach Staatsanwaltschaft

Staatsanwaltschaft	Rechtskraft	
	2012	2013
Hildesheim	150	150
Hannover	150	150
Göttingen	80	80
Osnabrück	150	150
Oldenburg	150	150
Gesamt	680	680
	1.360	

Bei der Staatsanwaltschaft Oldenburg wurden aus insgesamt 11.528 Verfahren für das Jahr 2012 (5.783 Verfahren) und 2013 (5.745 Verfahren) eine Zufallsstichprobe von 150 Verfahren für das Jahr 2012 und 150 Verfahren für
das Jahr 2013 festgelegt.

Aus den insgesamt 56.345 Strafvollstreckungsakten der fünf Staatsanwaltschaften wurde eine Zufallsstichprobe von 1.360 Verfahren gebildet. Insgesamt sind aus diesen 1.360 Verfahren 1.014 Verfahren datenmäßig erhoben worden. Dass nicht alle 1.360 Akten erhoben werden konnten, hat seinen Grund darin, dass Akten nicht aufgefunden werden konnten oder lediglich das Aussonderungsheft zur Auswertung übersandt worden war. Die Aussonderungshefte wurden, soweit sie für die zu erhebenden Variablen relevant waren, mit erhoben.

2. Bildung der Vergleichsgruppen Haftvermeidungsmaßnahmen und Ersatzfreiheitsstrafe

Nach Ermittlung der Zufallsstichprobe aus den Strafvollstreckungsakten wurden die Vergleichsgruppen der Haftvermeidungsmaßnahmen und Ersatzfreiheitsstrafe gebildet. Hierdurch wird der Bezug zur abhängigen Variable verdeutlicht.

2.1 Vergleichsgruppe der Haftvermeidungsmaßnahmen

Die Vergleichsgruppe der Haftvermeidungsmaßnahmen bilden alle Verfahren, in denen sich die Personen mit der Anordnung einer Ersatzfreiheitsstrafe konfrontiert sahen und diese über eine Haftvermeidungsmaßnahme, „Geldverwaltung statt Vollstreckung von Ersatzfreiheitsstrafe" oder „freien, gemeinnützigen Arbeit", abgeleistet haben.

Konzeptionell war zunächst angedacht, nur die „Geldverwaltung statt Vollstreckung von Ersatzfreiheitsstrafe" als Vergleichsgruppe der Haftvermeidungsmaßnahme zu den Ersatzfreiheitsstrafern als Vergleichsgruppe auf die Rückfälligkeit hin zu überprüfen. Allerdings hat sich dieses Vorgehen im Laufe der Forschung als nicht praktikabel erwiesen. Nach der Auswertung der Akten wurde deutlich, dass in einer für die Forschung zu geringen Anzahl Fälle der Haftvermeidungsmaßnahme „Geldverwaltung statt Vollstreckung von Ersatzfreiheitsstrafe" zur Auswertung vorhanden waren. Aus den insgesamt 1.014 Strafvollstreckungsakten nahmen 67 Personen die „freie, gemeinnützige Arbeit" als Haftvermeidungsmaßnahme in Anspruch. Bei den Geldverwaltungsschuldnern waren es lediglich sechs Personen.[404]

---

404 Doppelnennungen möglich, so dass im Ergebnis nicht 72 Fälle, sondern 73 Fälle gezählt werden.

Aufgrund der geringen Anzahl der Personen, die diese Haftvermeidungsmaßnahme aufgesucht haben, konnte gegenwärtig nicht auf valide Ergebnisse allein durch die Auswertung dieser Haftvermeidungsmaßnahme geschlossen
werden. Aus diesem Grund wurden bei den quantitativen Ergebnissen die
Haftvermeidungsmaßnahmen der „Geldverwaltung statt Vollstreckung von
Ersatzfreiheitsstrafen" und der „freien, gemeinnützigen Arbeit" zusammen im
Verhältnis zur Ersatzfreiheitsstrafe ausgewertet.

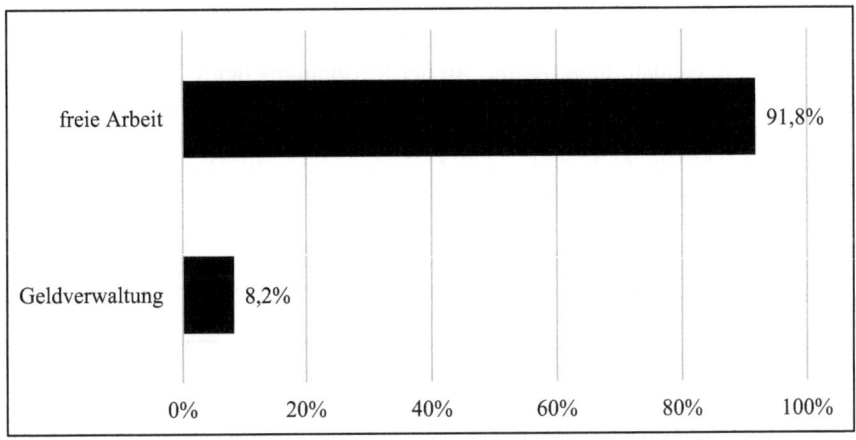

Abbildung 2: Bildung der Vergleichsgruppe der HVM (Gesamt-N = 73)[405]

Die geringe Anzahl der Klienten, die in die „Geldverwaltung statt Vollstreckung von Ersatzfreiheitsstrafe" gegangen sind, begründet sich vermutlich darin, dass diese Maßnahme im Verhältnis zur „freien, gemeinnützigen Arbeit"
einen wesentlich kürzeren Zeitraum der Etablierung am Markt hinter sich
hatte. Die „freie, gemeinnützige Arbeit" war im Jahr 2012/2013 wesentlich
bekannter als die „Geldverwaltung statt Vollstreckung von Ersatzfreiheitsstrafe", die erst durch einen zum 01.01.2010 in Kraft getretenen Erlass eingeführt wurde.

2.2 Vergleichsgruppe der Ersatzfreiheitsstrafe

Die Vergleichsgruppe der Ersatzfreiheitsstrafe (N= 78) ergibt sich anhand der
Auswertung der verbleibenden Akten unter Abzug derer, in denen die Geld-

---

405 Siehe auch *Tabelle A2* im Anhang.

strafe durch Einbeziehung in ein anderes Verfahren (N= 41), durch Ratenzahlung (ohne die Maßnahme „Geldverwaltung statt Vollstreckung von Ersatzfreiheitsstrafe") (N= 385) und der vollständigen Ableistung bzw. sofortigen
Zahlung (N= 836), abgewendet worden ist. Bei der Auswertung ist aufgefal-
len, dass bei der direkten Zahlung auch die Fälle enthalten sein müssen, in
denen z. B. durch Ratenzahlung die Geldstrafe vollständig getilgt worden ist.
Aus diesem Grund ist diese Variable nicht mit der sofortigen Zahlung gleichzusetzen. Würde man diesen Wert herausrechnen,[406] so würde in 443 Fällen
eine sofortige Zahlung erfolgt sein. Aus diesen Zahlen kann geschlossen werden, dass die Geldstrafenschuldner an der Vermeidung der Vollstreckung der
Geldstrafe nach Androhung einer Ersatzfreiheitsstrafe überwiegend interes-
siert sind, die Geldstrafe zu bezahlen. Immerhin wurde in 443 von den 1.014
Fällen (43,7 %) die Geldstrafe nach Androhung gezahlt. Dies spricht für die
Effektivität des Druckmittels Ersatzfreiheitsstrafe.

Tabelle 6: Geldstrafentilgung (alle Formen)

Art der justiziellen Reaktion	N	%
Ersatzfreiheitsstrafe	72	7,1 %
Geldverwaltung	6	0,6 %
freie Arbeit	67	6,6 %
sofortige Zahlung (aus der vollständigen Ableistung generiert)	443 (836)	43,7 (82,4 %)
Raten ohne Anlaufstelle	385	38,0 %
Erledigung durch Einbeziehung	41	4,0 %
Gesamt	1.014	100,0 %

Bei der Darstellung der absoluten Zahlen ist anzumerken, dass darunter auch
Fälle sind, bei denen sowohl die Ersatzfreiheitsstrafe als auch eine Haftvermeidungsmaßnahme Anwendung gefunden hat. Dies kommt zum Beispiel
dann vor, wenn Klienten mit der „freien, gemeinnützigen Arbeit" beginnen,

---

406 1.014 minus die justiziellen Reaktionen ohne vollständige Ableistung= 443.

diese jedoch abbrechen und alsdann eine Ersatzfreiheitsstrafe verbüßen müssen.[407]

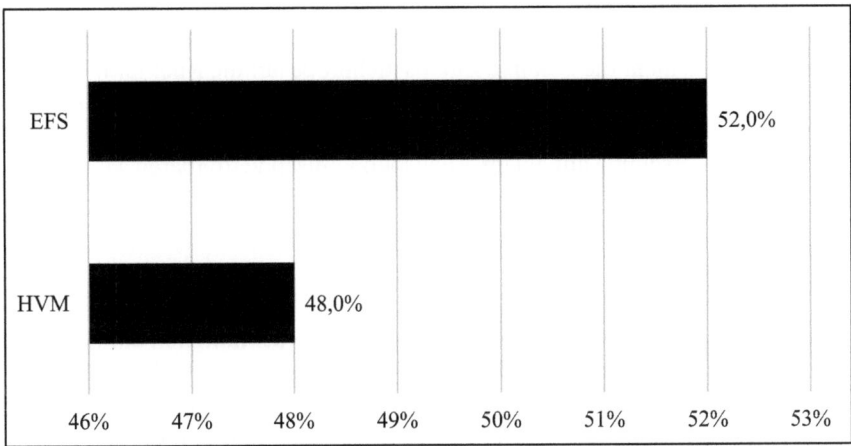

Abbildung 3: Verteilung EFS/HVM (Gesamt-N = 150)[408]

Es zeigt sich, dass von den 150 Personen, die in eine Haftvermeidungsmaßnahme oder Ersatzfreiheitsstrafe gegangen sind, 48 % (N= 72) eine Haftvermeidungsmaßnahme und 52 % (N= 78) eine Ersatzfreiheitsstrafe verbüßt haben.

Sind die Gruppen entsprechend analysiert worden, erfolgt die Untersuchung der Rückfälligkeit bzw. Legalbewährung. Dabei wird untersucht, ob sich die abhängige Variable („Nicht")-Rückfälligkeit der Vergleichsgruppe der Haftvermeidungsmaßnahmen und der Ersatzfreiheitsstrafe unterscheidet.

3. Rückfalluntersuchung - der Bezug zur abhängigen Variablen

Nach dem Konzept der Rückfalluntersuchung wurden alle im Jahr 2012 und 2013 rechtskräftig zu einer Geldstrafe Verurteilten während eines Risikozeit-

---

407 Die statistische Überprüfung zeigte, dass, schließt man die „doppelten" Fälle jeweils aus und zählt die einzelnen Sachverhalte nur noch zu einer justiziellen Reaktion hinzu, sich im Verhältnis nichts ändert.
408 Siehe auch Tabelle A3 im Anhang.

raums von drei Jahren daraufhin überprüft, ob sie in Bezug auf die Folgeentscheidung „Ersatzfreiheitsstrafe", nach der Ableistung der Haftvermeidungsmaßnahme „Geldverwaltung statt Vollstreckung von Ersatzfreiheitsstrafen" oder der „freien, gemeinnützigen Arbeit" wieder rückfällig geworden sind. Demnach wird nicht die gesamte Zufallsstichprobe auf die Rückfälligkeit untersucht, sondern nur die Personen, die entweder in die Ersatzfreiheitsstrafe oder die Haftvermeidungsmaßnahmen gegangen sind. Hierdurch wurde der Umfang der Forschung auf einem arbeitsökonomisch vertretbaren Maß gehalten.

3.1 Rückfall

Die vorliegende Arbeit stellt für die Messung der Rückfälligkeit auf das Ausbleiben neuerlicher Straftaten, die Legalbewährung, ab. Als Rückfall gilt jede neue, im Bundeszentralregisterauszug eingetragene Straftat[409] innerhalb des festgelegten Kontrollzeitraums (2014 bis 2016). Die Straftat muss nach deren Tatdatum zeitlich, für die Sanktion in Form einer Geldstrafe, dem Zeitpunkt der Rechtskraft der Bezugsentscheidung nachfolgen. Bei der Sanktion des Freiheitsentzuges im Rahmen der Ersatzfreiheitsstrafe ist der Zeitpunkt der Entlassung entscheidend. Gibt es mehrere Taten im Risikozeitraum, so wird lediglich die schwerste Folgeentscheidung im Hinblick auf die Sanktion betrachtet. Dabei gilt hinsichtlich der Folgeentscheidung folgende Reihenfolge im Hinblick auf die Schwere: Freiheitsstrafe, Freiheitsstrafe mit Bewährung, Geldstrafe. Da lediglich das Erwachsenenstrafrecht ausgewertet wurde, bleiben Entscheidungen nach dem JGG unberücksichtigt.

Hypothesen: Es wird erwartet, dass die Klientel der Ersatzfreiheitsstrafen häufiger rückfällig wird als die Klientel der Haftvermeidungsmaßnahmen. Unter den Rückfälligen sind häufiger junge, ledige Männer vertreten, welche über ein niedriges Nettoeinkommen verfügen.

3.2 Kontrollzeitraum

Der Kontrollzeitrum für die Gruppe der Klienten, welche die Geldstrafe im Rahmen eines Haftvermeidungsprogramms beglichen haben, beginnt mit der Ableistung der letzten Rate bzw. der Ableistung der Arbeitsstunden. Dieser Zeitpunkt wurde aus den Strafvollstreckungsakten, durch Mitteilung des Am-

---

409 Vgl. *Hüttenrauch* (2015), S. 146.

bulanten Justizsozialdienstes Niedersachsen (AJSD) an die Staatsanwalt-schaften, entnommen. Zu beachten ist, dass dabei nicht die taggenaue Ableis-tung der Rate festzustellen ist. Für die Klienten, die eine Ersatzfreiheitsstrafe verbüßt haben, beginnt der Kontrollzeitraum mit der Entlassung aus dem Vollzug. Dieser Zeitraum ist aus der Vollstreckungsakte, dort aus dem Straf-vollstreckungsblatt, taggenau zu entnehmen.

3.3 Beobachtungszeitraum gesamt

Als Beobachtungszeitraum wurde eine Zeit von drei Jahren (2014 bis 2016) festgelegt. Taten außerhalb dieses Zeitraums bleiben unberücksichtigt. Ein dreijähriger Beobachtungszeitraum ermöglicht es, empirisch aussagekräftige Untersuchungsergebnisse erlangen zu können. „Etwa jeder Dritte strafrecht-lich Sanktionierte bzw. aus der Haft Entlassene wird innerhalb des Risikozeit-raums von drei Jahren erneut straffällig."[410]

3.4 Bundeszentralregisterauszüge

Im Bundeszentralregister befinden sich gem. § 3 BZRG neben personenspe-zifischen Daten[411] unter anderem alle strafgerichtlichen Entscheidungen deut-scher Gerichte[412]. Weitere Eintragungen wie die nachträglichen Entscheidun-gen und Tatsachen sind für die vorliegende Untersuchung nicht relevant, so dass hierauf nicht weiter eingegangen wird. Obwohl die personenspezifische Dokumentation aller strafrechtlichen Verurteilungen und Aburteilungen eine einzigartige Datengrundlage für die Messung der Rückfälligkeit bildet, ist diese vorliegend nur bedingt relevant. Dies hat unterschiedliche Gründe. So können zum einen nicht alle Straftaten tatsächlich entdeckt und verfolgt wer-den. Die damit im Dunkelfeld verbleibenden Taten können somit nicht nach-gewiesen werden. Als Dunkelfeld der Straftaten sind die Delikte zu verstehen,

---

410 Vgl. *Jehle/Albrecht/Homann-Fricke/Tetal* (2010), S. 6; *Jehle/Albrecht/Homann-Fri-cke/Tetal* (2016), S. 40; *Jehle/Albrecht/Homann-Fricke/Tetal* (2020), S. 16; *Dünkel/Geng* (1988), S. 137 ff., Rückfallentwicklungen zeigen, dass nach drei bis fünf Jahren über die Hälfte der Ausgangspopulation wieder rückfällig wird.

411 Gemäß § 5 BZRG sind die Daten zur Person: Name, Vorname, Geburtsname, Geburtsda-tum, Geschlecht, Geburtsort, Nationalität, Anschrift.

412 Es werden Daten zur Entscheidung und zur Tat festgehalten: Entscheidende Stelle, Datum des 1. Urteils, Datum der Rechtskraft, Aktenzeichen, Art und Umfang der verhängten Strafe sowie alle Maßregeln, Maßnahmen und Nebenfolgen, Datum der letzten Tat, recht-liche Bezeichnung der Tat, sowie Aufzählung der angewendeten Straftatbestände.

welche Strafverfolgungsbehörden (Polizei und Justiz) nicht bekannt werden.[413] Aber auch bei den im Hellfeld bekannt gewordenen Straftaten kommt es nicht immer zu einer für die Rückfalluntersuchung notwendigen Eintragung im Bundeszentralregister. Grund hierfür ist, dass, sofern ein Tatverdächtiger ermittelt wurde, Einstellungen durch die Staatsanwaltschaft oder das Gericht erfolgen können, § 153 ff., 153a, 153b StPO. „Derzeit wird bei mehr als jedem zweiten, hinreichend tatverdächtigen Beschuldigten das Verfahren aus Opportunitätsgründen eingestellt"[414], so dass ein erheblicher Teil bei der Berechnung der Rückfallraten außen vor bleibt. Diese Taten fließen somit ebenfalls nicht in die Auswertung ein.

4. Das Auswertungsverfahren

Nach der Bildung der Zufallsstichprobe wurden die Akten von den Rechtspflegern bei den Staatsanwaltschaften herausgesucht und, nach Unterzeichnung einer Datenschutzerklärung, zur Abholung bereitgestellt. Die Datenerhebung erfolgte alsdann in den Räumen der Verfasserin im Zeitraum von 2017 bis 2019. Die durchschnittliche Erhebungszeit dauerte pro Akte ca. 40 Minuten. Die Daten wurden in einer kodierten SPSS-Tabelle anonymisiert den entsprechenden Variablen zugeordnet. In einer zweiten Excel-Tabelle wurden die Fälle zu den jeweils erhobenen Daten auf einem separaten Speichermedium festgehalten. So blieb trotz Anonymisierung die Zuordnung der erhobenen Variablen zu bestimmten Personen gewährleistet. Nach Fertigstellung der Arbeit wurden die hinterlegten Daten gelöscht.

Die statistische Auswertung erfolgte in Zusammenarbeit mit einer studentischen Hilfskraft des Lehrstuhls.

„Hypothesen werden in der empirischen Forschung mit Hilfe eines Signifikanztestes überprüft."[415] Taucht in der Auswertung der Begriff „signifikant" auf, so meint dieser, dass eine Generalisierbarkeit der Aussagen über die Beziehung zwischen mehreren Variablen erlaubt und damit der Ausschluss der Zufälligkeit des Ergebnisses beinhaltet ist. Das Signifikanzniveau (p) gibt die Irrtumswahrscheinlichkeit an. Vorliegend wird das Signifikanzniveau auf 5 % festgesetzt. Mit einem Signifikanzniveau von 5 % ist die Wahrscheinlichkeit,

---

413 Vgl. *Meier* (2021), S. 147.
414 Vgl. *Heinz* (2007), S. 3.
415 Vgl. *Bortz/Döring* (2002), S. 492.

auch bei einer kleinen Stichprobengröße, wie in der vorliegenden Untersuchung gegeben, statistisch signifikante Ergebnisse zu finden, höher. Statistisch signifikant ist ein Ergebnis im Rahmen der gegenwärtigen Untersuchung immer dann, wenn „p < 0.05", also die Irrtumswahrscheinlichkeit kleiner als 5 % ist. Anders gesagt, trifft die Aussage die untersucht worden ist, bei „p < 0.05" zu 95 % zu, so ist klar, dass ein Zufallsergebnis unwahrscheinlich ist.

5. Der Bezug zu unabhängigen Variablen: Störfaktoren

Zur Erreichung eines möglichst kausalen Ergebnisses ist zu untersuchen, ob unabhängige Variablen Einfluss auf die („Nicht")-Rückfälligkeit (abhängige Variable) haben. Somit wird im ersten Schritt die Beurteilung der („Nicht")-Rückfälligkeit unter Berücksichtigung der unabhängigen Variablen und möglichen Störfaktoren vorgenommen. Als für die Arbeit zentrale unabhängige Variable gilt die Art der justiziellen Reaktion. Als Art der justiziellen Reaktion wird die Haftvermeidungsmaßnahme „Geldverwaltung statt Vollstreckung von Ersatzfreiheitsstrafe" und die „freie, gemeinnützige Arbeit" vs. die Verbüßung einer Ersatzfreiheitsstrafe in den Fokus gerückt. Bevor jedoch hierauf genauer eingegangen wird, wird zunächst auf die persönlichen Merkmale der Klientel eingegangen. Dabei wird jeweils der Grund für die Erhebung der Variable und die Hypothese dargestellt.

5.1 Persönliches Merkmal – Geschlecht und Altersverteilung

Als unabhängige Variablen wurden neben der Art der justiziellen Reaktion zahlreiche in der Person liegende Merkmale erfasst. Hierzu zählen zunächst das Geschlecht und das Alter der straffälligen Personen.

Das Merkmal des Geschlechts steht in engem Zusammenhang mit der Kriminalität. Verschiedenste Erklärungsansätze[416] versuchen diesen Zusammenhang zu verdeutlichen. Neben biologischen Erklärungsansätzen nach den veralteten Hypothesen von Cesare Lombroso und Guglielmo Ferrero[417], versucht ein „neuerer Ansatz" die geschlechterspezifischen Differenzen in der Kriminalitätsentwicklung auf Unterschiede in der Chromosomenstruktur, in der

---

416 Vgl. *Hermann* (2004), S. 567 ff..
417 Vgl. *Lombroso* (1894).

hormonellen Ausstattung oder im angeborenen Aggressionspotenzial zu er-klären.[418] „Am plausibelsten scheint es, die Unterschiede auf unterschiedliche Sozialisationsverläufe von Jungen und Mädchen zurückzuführen, die zu un-terschiedlichen Ausprägungen sozialer Kontrolle und der Fähigkeit zur Selbstkontrolle führen."[419] Am Ende kann jedoch kein Ansatz erklären, warum Männer insgesamt häufiger kriminell werden, als Frauen. So zeigt die PKS im gegenwärtig zugrunde gelegten Erhebungsjahr 2012, dass es in Deutschland insgesamt 2.094.118 Tatverdächtige gegeben hat. Hiervon waren 1.562.190 Personen männlich und nur 531.928 Personen weiblich.[420]

Neben dem Geschlecht wurde das Alter der Klientel als unabhängige Variable einbezogen. Bisherige Untersuchungen zeigen die klassische Alters-Kriminali-täts-Kurve (*age crime curve*).[421] Darunter versteht man den Anstieg delin-quenten Verhaltens in der Jugend und den anschließenden Rückgang mit zu-nehmendem Alter. Die Erklärung für die hinter dieser Kurve vorhandenen in-dividuellen Verläufe der Personen, sind vielfältig und teilweise umstritten.[422] *Meier* erklärt die „Konzentration der Kriminalitätsbelastung auf die Jugendli-chen, Heranwachsenden und jungen Erwachsenen vor allem mit den Beson-derheiten dieser Lebensphase, die durch Risikobereitschaft und Suche nach dem eigenen Platz in der Gesellschaft, aber auch durch Unsicherheit und leichte Beeinflussbarkeit gekennzeichnet ist."[423] Die Anpassung an Werte und Normen unserer Gesellschaft geht eng mit den Bindungen des Einzelnen in der Gesellschaft einher. Je stärker die Bindung, desto eher verhalten sich die Menschen normkonform. Diese Entwicklung ist ein „Alterseffekt".[424] Die vor-liegende Forschung untersucht das Alter zum Zeitpunkt der Tat. Dieses wurde aus den Bundeszentralregisterauszügen erhoben. Wird somit vom Alter der Person gesprochen, ist damit das Alter bei der letzten, der Bezugsentschei-dung zugrundeliegenden, Tat gemeint. Zur Ermittlung der Altersverteilung wurden Alterskategorien[425] gebildet.

---

418 Vgl. *Franke* (2000), S. 31-54.
419 Vgl. *Meier* (2021), S. 139.
420 Vgl. *Bundeskriminalamt* (2013), Polizeiliche Kriminalstatistik 2012, S. 5.
421 Vgl. *Kerner* (2015), S. 199 ff.
422 Vgl. *Meier* (2021), S. 139; zur Jugendkriminalität in sozialen Kontexten, *Oberwittler* (2018), S. 297 ff.
423 Vgl. *Meier* (2021), S. 138.
424 Vgl. *Walter/Neubacher* (2011), S. 90 ff.; *Meier* (2021), S. 138; siehe auch die Kontrollthe-orien, *Meier* (2021), S. 76 ff.
425 18-21, 22-30, 31-40, 41-50, 51-60, älter als 60 Jahre; teilweise wurden diese Kategorien für bestimmte Forschungsfragen weiter zusammengefasst.

Hypothesen: Unter den problematischen Geldstrafenschuldnern der Zufallsstichprobe sind insgesamt mehr Männer vertreten. Gleiches gilt für die Verteilung innerhalb der justiziellen Reaktion der Ersatzfreiheitsstrafe. Frauen
hingegen verbüßen die Geldstrafe eher durch Ableistung einer Haftvermeidungsmaßnahme. Bezogen auf das Alter zeigt sich, dass überwiegend jüngere
Männer eine Ersatzfreiheitsstrafe ableisten.

5.2 Persönliches Merkmal – Staatsangehörigkeit

In der gegenwärtigen Untersuchung wird zwischen Personen mit deutscher
Staatsangehörigkeit und solchen mit nichtdeutscher Staatsangehörigkeit unterschieden, wobei letztere noch nach europäischer und nichteuropäischer
Staatsangehörigkeit differenziert werden. Klarstellend sei an dieser Stelle darauf hingewiesen, dass der hohe Anteil an nichtdeutschen Tatverdächtigen[426]
nicht „mit einer höheren Kriminalitätsbelastung und Gefährlichkeit gleichgesetzt" werden kann.[427] Dieser Schlussfolgerung sind „erhebliche methodische
Einwände" entgegengesetzt.[428] „Kriminalität ist keine Frage des Reisepasses
oder der ethnischen Zugehörigkeit, sondern der biographischen Entwicklung
und der Lebenslage."[429] Es stellt sich somit die Frage, warum die gegenwärtige
Untersuchung das persönliche Merkmal der Staatsangehörigkeit überhaupt erhebt. Grund hierfür ist, dass anzunehmen ist, dass nichtdeutsche Geldstrafenschuldner möglicherweise häufiger in die Ersatzfreiheitsssstrafe gehen, da sie
aufgrund von Sprachbarrieren nicht in der Lage sind, die Möglichkeit der Beantragung von Haftvermeidungsmaßnahmen nachzuvollziehen und durchzu-
führen. Die Erhebung der Staatsangehörigkeit ist somit ein Indiz für diese Hypothese.

Hypothesen: Der Anteil an deutschen Staatsangehörigen in der Zufallsstichprobe ist höher als der Anteil an nichtdeutschen Staatsangehörigen. Ein gleiches Verhältnis zeigt sich auch bei den Sanktionen der Ersatzfreiheitsstrafe
und der Haftvermeidungsmaßnahmen. Es wird erwartet, dass der Anteil an

---

426 „Nichtdeutsche Tatverdächtige stellen etwa ein Drittel (34,6 %) aller Tatverdächtigen, obwohl der Anteil der Nichtdeutschen an der Wohnbevölkerung deutlich geringer ist
(12,2 %)." *Meier* (2021), S. 140.
427 Vgl. *Meier* (2021), S. 140.
428 Vgl. *Meier* (2021), S. 140, so ist zum einen die Zahl der in Deutschland sich aufhaltenden
Nichtdeutschen nicht bekannt; zum anderen ist davon auszugehen, dass „die Kontroll-
dichte und Anzeigebereitschaft bei Nichtdeutschen höher ist."; *Feltes*, Kriminalistik 2016,
694 ff.
429 Vgl. *Meier* (2021), S. 141; *Feltes*, Kriminalistik 2016, 696; *Wetzels/Brettfeld/Farren*,
MSchrKrim 2018, 85 ff.

Nichtdeutschen in der Gruppe der Ersatzfreiheitsstrafgefangenen höher ist, zumal anzunehmen ist, dass diese aufgrund von Sprachbarrieren die Möglichkeit der Haftvermeidungsmaßnahmen nicht nachvollziehen und beantragen können.

5.3 Persönliches Merkmal – Familienstand

Durch die Erhebung der Strafvollstreckungsakten liegen neben den persönlichen Merkmalen Geschlecht, Alter und Staatsangehörigkeit noch weitere soziodemographische Merkmale der Geldstrafenschuldner vor. Eines ist das Merkmal des Familienstandes, welches für die Rückfalluntersuchung von entscheidender Bedeutung ist. *Tittle* stellte fest, dass das abweichende Verhalten von Personen eng mit der festen sozialen Anbindung, u. a. in einer Ehe, verbunden ist.[430] Die soziale Anbindung und Verfestigung in der Familie kann den Straffälligen, zum Beispiel durch die Mithilfe bei der Geldstrafentilgung, vor einer Ersatzfreiheitsstrafe beziehungsweise einem Rückfall, schützen.[431] Sollte nach einer (meist längeren) Haft die Beziehung z. B. zu einem Ehepartner zerrüttet sein[432], so sollten andere, geeignete Personen aus dem Umfeld des Inhaftierten in die Rückfallprävention mit eingebunden werden.[433] „Die empirischen Zusammenhänge zwischen partnerschaftlicher Bindung [...] und Kriminalität sind in der Kriminologie bislang jedoch erst in Ansätzen erforscht worden."[434] *Meier* weist in diesem Zusammenhang darauf hin, dass das Merkmal der Ehe jedoch nur eine begrenzte kriminologische Aussagekraft haben könne. „Die größere Bedeutung scheint der Qualität der partnerschaftlichen/ehelichen Beziehung beizumessen zu sein." Es komme somit eher darauf an, ob die Ehe „intakt" und damit die Bindung „stark" sei.[435]

Hypothesen: In der Zufallsstichprobe sind mehr unverheiratete, ledige, geschiedene, verwitwete oder verheiratete, aber getrenntlebende Geldstrafenschuldner, als verheiratete oder mit einem Lebenspartner zusammenlebende vertreten. Gleiches gilt für die Personen, die die Geldstrafe nicht zahlen können/wollen und in die Ersatzfreiheitsstrafe oder Haftvermeidungsmaßnahme

---

430 Vgl. *Tittle* (2000), S. 334; *Dünkel* (2021), S. 546, 547.
431 Vgl. *Dünkel* (2021), S. 546, 547; *Kunz* (2003), S. 94 ff., 124 ff.
432 Dies zeigten Ergebnisse einer Aktenanalyse in Mecklenburg-Vorpommern aus den 1990er Jahren und im Langstrafenvollzug der JVA Brandenburg, vgl. *Kunz* (2003), S. 264 ff.; *Dünkel* (2021), S. 547.
433 Vgl. *Hahn* (2012), S. 7 f.; *Dünkel* (2021), S. 546, 547.
434 Vgl. *Meier* (2021), S. 184.
435 Vgl. *Meier* (2021), S. 185.

gehen. Es wird darüber hinaus erwartet, dass prozentual mehr Klienten in der Ersatzfreiheitsstrafe ledig sind als in den Haftvermeidungsmaßnahmen.

5.4 Persönliches Merkmal – Erwerbssituation

Ein weiteres persönliches Merkmal, welches in die Forschung einfließen soll, ist die Erwerbssituation. *Albrecht* hat bereits im Jahr 1980 die Erkenntnis geäußert, dass vor allem Arbeitslose die Geldstrafen nicht bezahlen würden.[436] Die Untersuchung von *Dolde* im Jahr 1999 zeigte, dass „überwiegend nicht fehlender Zahlungswille, sondern tatsächlich das fehlende Geld ausschlaggebend für die Geldstrafenschuldner waren."[437] Das Geld fehlt, so *Dolde*, überwiegend bei Arbeitslosen.[438] *Meier* betont hierzu, dass die Arbeitslosigkeit bei der Frage des Zusammenhangs zur Straffälligkeit jedoch nicht überbewertet werden sollte. „Das äußere Faktum der Arbeitslosigkeit ist für sich genommen kriminologisch kaum aussagekräftig." Für den Zusammenhang mit Kriminalität kommt es weniger auf das „Ob" der Erwerbstätigkeit als vielmehr auf das „Wie" und „Warum" an.[439] Untersuchungen, die den Abbruch von kriminellen Karrieren beleuchtet haben, stellten jedoch fest: „Je besser die Stabilität des Beschäftigungsverhältnisses zu beurteilen ist, desto geringer ist der Anteil der Straffälligen."[440]Aufgrund der ausgeführten Argumente sind die Ergebnisse nur eingeschränkt aussagekräftig.

Hypothesen: Es wird erwartet, dass der überwiegende Teil der problematischen Geldstrafenschuldner in der Zufallsstichprobe, nicht erwerbstätig ist. Gleiches gilt bzgl. der Personen, die in die Ersatzfreiheitsstrafe oder eine Haftvermeidungsmaßnahme gegangen sind. In der Gruppe der Ersatzfreiheitsstrafgefangenen ist der Anteil erwerbsloser Insassen höher als in der Gruppe derjenigen, die eine Haftvermeidungsmaßnahme abgeleistet haben. Ein Vergleich mit der Zufallsstichprobe zeigt, dass in der Gruppe der Verbüßer von Ersatzfreiheitsstrafgefangenen prozentual mehr Erwerbslose vorzufinden sind, als in der Gruppe der Zufallsstichprobe.

---

436 Vgl. *Albrecht* (1980), S. 271, 301.
437 Vgl. *Dolde*, ZfStrVO 1999b, 332.
438 Vgl. *Dolde*, ZfStrVO 1999b, 332.
439 Vgl. *Meier* (2021), S. 182.
440 Vgl. *Meier* (2021), S. 183; *Sampson/Laub*, Crime & Delinquency 1993, 139 ff.; *Mischkowitz* (1993), S. 197 ff.; *Stelly/Thomas* (2001), S. 275 ff.

5.5 Persönliches Merkmal – Nettoeinkommen

Auch das Nettoeinkommen ist ein persönliches Merkmal, welches bei der Ableistung/Nichtableistung der Geldstrafe eine entscheidende Rolle spielen könnte. Bisherige Forschungsergebnisse zeigen, dass Geldstrafen überwiegend Bezieher niedriger Einkommen betreffen.[441] „Vor allem Sozialleistungsempfängern schöpft die Geldstrafe regelmäßig Beträge unterhalb des wirtschaftlichen Existenzminimums ab."[442] Untersuchungen in den USA ergaben, dass „regelmäßig nicht etwa die Zahlungsunwilligkeit, sondern die Zahlungsunfähigkeit die Ursache für die Nichtbezahlung darstellt."[443] Um aussagekräftige Ergebnisse präsentieren zu können, wurde vorliegend das niedrige Einkommen auf Personen begrenzt, die Transferleistungen[444] bzw. ein Einkommen von 851 € bis unter 1.000 € erhalten haben.

Hypothese: Die Höhe des Nettoeinkommens bewegt sich im Hinblick auf die Zufallsstichprobe der problematischen Geldstrafenschuldner und der Verbüßer einer Ersatzfreiheitsstrafe und Haftvermeidungsmaßnahme überwiegend im Rahmen der Transferleistungen oder eines Einkommens von 851 € bis 1.000 €. Die Verbüßer einer Ersatzfreiheitsstrafe weisen ein geringeres Einkommen auf als die Verbüßer einer Haftvermeidungsmaßnahme.

5.6 Persönliches Merkmal – Besondere Problemlagen

Die einer Ersatzfreiheitsstrafe vorgeschaltete „Mittellosigkeit, die die Uneinbringlichkeit der Geldstrafe bedingt, folgt oft aus komplexen sozialen und/oder materiellen Problemlagen (z. B. langfristig und schwer vermittelbare Arbeitslose, Sozialhilfeempfänger, alleinerziehende Elternteile, Drogenabhängige, Alkoholabhängige, Patienten oder Patientinnen der Psychiatrie)."[445] Um die Lebenssituation dieser Menschen genauer darstellen zu können, wurden die Strafvollstreckungsakten zu den Angaben von Schulden, Sucht, einer

---

441 Vgl. *Henning, ZRP* 1990, 101 f.
442 Vgl. *Guthke*, ZRP 2018, 58.
443 Vgl. *Scutt* (1978), S. 1137; *Kaiser* (1993), S. 605.
444 Hiermit sind das Arbeitslosengeld II und die Grundsicherung gemeint. Die Erhebung erfolgte vor Änderung der Gesetzeslage zum SGB II und der Überführung in das Bürgergeld.
445 Vgl. *Schneider*, MSchrKrim 2001, 278; *Dünkel/Scheel* (2006), S. 92; *Dünkel/Morgenstern* (2003), S. 26; *Barkemeyer*, FS 2011, 142; *Bögelein/Ernst/Neubacher*, BewHi 2014b, 284; *Cornel* (2010), S. 15 ff.; *Feest* (2016c), S. 492; *Guthke/Kitlikoglu* (2015), S. 12; *Redlich* (2005), S. 77 f.; *Kawamura-Reindl/Sonnen* (2003), S. 295 f.; *Dolde* (1999a), S. 586.

ungeklärten Wohnsituation und/oder einer psychiatrischen Erkrankung/Therapie untersucht.

Hypothese: Die Klientel der problematischen Geldstrafenschuldner innerhalb der Zufallsstichprobe sowie die, die eine Ersatzfreiheitsstrafe und Haftvermeidungsmaßnahme ableisten, weisen besondere Problemlagen wie Schulden, Sucht, einer ungeklärten Wohnsituation und/oder einer psychiatrischen Erkrankung/Therapie auf. Bei der Gruppe der Ersatzfreiheitsstrafgefangenen zeigt sich im Verhältnis zur Gruppe der Absolventen einer Haftvermeidungsmaßnahme eine Häufung der Problemlagen. Gleiches gilt im Verhältnis zur Zufallsstichprobe. Bezogen auf die Art der besonderen Problemlagen ist zu erwarten, dass die Ersatzfreiheitsstrafgefangenen besonders häufig unter einer ungeklärten Wohnungssituation im Verhältnis zu den Geldstrafenschuldnern der Zufallsstichprobe leiden.

5.7 Art der Bezugsentscheidung

Neben den persönlichen Merkmalen wird die Zufallsstichprobe im Hinblick auf die Bezugsentscheidung ihrer Art nachuntersucht. Die Bezugsentscheidung ist die Entscheidung, ab welcher die Rückfälligkeit im Rahmen des Kontrollzeitraums bemessen wird. Die Art der Bezugsentscheidung meint, ob diese durch Strafbefehl oder durch Urteil geendet hat. Die durch einen Richter getroffene Entscheidung durch Strafbefehl ist eine zumessungs- und verfahrensökonomische Alternative zum Urteil. Bei einem Strafbefehl entscheidet der Richter auf Vorschlag der Staatsanwaltschaft über die Sache. Ein direkter Kontakt zwischen dem Straffälligem und dem Richter findet gewöhnlich nicht statt. Massendelikte können so schnell und günstig bearbeitet werden. „Die Bedeutung des Staatsanwalts erfährt hier eine weitere immense Aufwertung als maßgeblicher Agent der Verbrechenskontrolle"[446] und eröffnet der Strafverfolgungsbehörde neben der von manchen als problematisch angesehenen Abweichung vom Legalitätsprinzip[447] eine weitere Möglichkeit der Abkehr von der Ermittlungs- hin zu einer Entscheidungsinstanz.[448] Wie bereits erwähnt[449], bringt dieser Weg auch Nachteile mit sich. Äußert sich der Beschuldigte im Ermittlungsverfahren nicht zur Sache, so erfährt der Richter wenig zur persönlichen und wirtschaftlichen Lage des Straffälligen. Die Folge ist,

---

446 Vgl. *Kunz*, KJ 1984a, 39.
447 Vgl. *Blankenburg/Sessar/Steffen* (1978), S. 324 ff.
448 Vgl. *Backes,* KritV 1986, 320 ff.; *Weigend*, KJ 1984, 12 ff.
449 Kapitel 3.3.

dass diese Informationen im Rahmen der Strafzumessung fehlen und deswegen Geldstrafen aufgrund von Fehleinschätzungen der Einkommensverhält-
nisse in der Tagessatzhöhe zu hoch ausfallen und daher Gefahr laufen in eine
Ersatzfreiheitsstrafe umgewandelt zu werden.

Hypothesen: Die meisten Geldstrafenentscheidungen der Zufallsstichprobe
basieren auf einem Strafbefehl, welche anhand der Aktenlage, auf Vorschlag
der Staatsanwaltschaft, durch den Richter verhängt wurden. Die Personen die
einen Strafbefehl erhalten haben, gehen eher in die Ersatzfreiheitsstrafe als
den Weg einer Haftvermeidungsmaßnahme zu wählen.

5.8 Bezugsentscheidung – Tagessatzanzahl und Deliktsverteilung

Die Tagessatzanzahl, welche zur Ermittlung der Geldstrafe notwendig ist,
hängt eng mit der Deliktsverteilung zusammen. Wissenschaftliche Erkenntnisse zeigen, dass vorwiegend das Bagatelldelikt des Erschleichens von Leistungen[450] von der Klientel der Ersatzfreiheitsstrafen begangen worden ist.
Schaut man sich die PKS aus dem Jahre 2012/2013 an, so wird deutlich, dass
im Berichtsjahr 2012 256.545 Fälle des Erschleichens von Leistungen[451] und
253.312 Fälle der Beförderungserschleichung gem. § 265a Abs. 1 Var. 3
StGB, des sog. Schwarzfahrens, erfasst wurden. Im Berichtsjahr 2013 waren
es 238.547 Fälle, bzw. 235.343 Fälle der Beförderungserschleichung. „Bezüglich des Diebstahls geringwertiger Sachen sind zwischen [den Jahren] 1995
und 2017 die in der PKS registrierten Fälle des einfachen Ladendiebstahls um
45 % zurückgegangen."[452] *Harrendorf* betont, dass „der Ladendiebstahl nicht
mehr Gegenstand größerer Entkriminalisierungsdebatten" geworden sei, es
aber auch bei diesem „gute Gründe für eine Entkriminalisierung" gebe. Aus
diesem Grund wird die Bezugsentscheidung speziell auf die Bagatellen des
Erschleichens von Leistungen und des Diebstahls geringwertiger Sachen untersucht.

---

450 Vgl. *Harrendorf*, NK 2018, 252; *Lobitz/Wirth* (2018a), S. 16 ff.; Wenn in der gegenwärtigen Untersuchung von Erschleichen von Leistungen gesprochen wird, ist damit die Beförderungserschleichung gemeint.
451 Dazu gehören neben der Beförderungserschleichung auch das Erschleichen des Zutritts zu
   einer Veranstaltung oder Einrichtung und das Erschleichen von Leistungen eines Auto-
   maten oder eines öffentlichen Zwecken dienenden Telekommunikationsnetzes.
452 Vgl. *Harrendorf*, NK 2018, 252.

Zunächst wird die Bezugsentscheidung jedoch unter Berücksichtigung aller Bagatelldelikte mit einer Tagessatzanzahl bis zu 30 Tagessätzen, die auf eine geringe Schuldschwere hindeuten, untersucht. Hierbei werden die die Tagessatzanzahlen bei der Zufallsstichprobe, den Ersatzfreiheitsstrafen und den Haftvermeidungsmaßnahmen insgesamt dargestellt und diese sodann miteinander verglichen.

Hypothese: Innerhalb der Zufallsstichprobe wird erwartet, dass bei den problematischen Geldstrafenschuldnern häufiger Bagatelldelikte mit einer Tagessatzanzahl von bis zu 30 Tagessätzen verhängt wurden. Dieses Ergebnis zeigt sich auch bei den Ersatzfreiheitsstrafgefangenen und Absolventen einer Haftvermeidungsmaßnahme, wobei erwartet wird, dass die Ersatzfreiheitsstrafgefangenen häufiger von Bagatelldelikten mit einer Tagessatzanzahl von bis zu 30 Tagessätzen betroffen sind. Berücksichtigt man bei der Bewertung der Bagatelldelikte die Deliktsverteilung und ordnet die Delikte Erschleichen von Leistungen und den Diebstahl geringwertiger Sachen als Bagatelldelikte ein, so wird erwartet, dass diese Delikte bei den Ersatzfreiheitsstrafgefangenen akzentuiert vorliegen.

5.9 Bezugsentscheidung – Tagessatzhöhe

Wie bereits in *Kapitel 3.2* verdeutlicht, besteht die Gefahr, dass durch eine unzureichende Erfassung der wirtschaftlichen und persönlichen Verhältnisse des Täters zu hohe Tagessätze den Weg in die Ersatzfreiheitsstrafe ebnen können.[453] Aus diesem Grund beschäftigt sich die Untersuchung zunächst mit der Feststellung der Tagessatzhöhe bei der Bezugsentscheidung. Nachdem die Tagessatzhöhen bei der Zufallsstichprobe und den justiziellen Reaktionen dargestellt wurden, werden diese im Verhältnis zueinander verglichen. Sodann wird der Bekanntheitsgrad des Nettoeinkommens bei den problematischen Geldstrafenschuldnern der Zufallsstichprobe mit einbezogen und mit dem der Ersatzfreiheitsstrafgefangenen und den Absolventen der Haftvermeidungsmaßnahmen verglichen.

Hypothesen: Es wird erwartet, dass die problematischen Geldstrafenschuldner der Zufallsstichprobe niedrigere Tagessatzhöhen als die Ersatzfreiheitsstrafgefangenen und die Absolventen einer Haftvermeidungsmaßnahme vorweisen. Darüber hinaus gehen die Tagessatzhöhen mit dem Bekanntheitsgrad der wirtschaftlichen Verhältnisse einher, so dass erwartet wird, dass im Falle der

---

453 Vgl. *Villmow* (2020), S. 533.

Unkenntnis des Nettoeinkommens die Ersatzfreiheitsstrafgefangenen höhere Tagessätze im Verhältnis zur Zufallsstichprobe auf sich vereinen.

Dieses Ergebnis zeigt auch ein Vergleich der Ersatzfreiheitsstrafgefangenen und der Absolventen der Haftvermeidungsmaßnahmen.

5.10 Vorstrafen vor Bezugsentscheidung

In Deutschland ist ein Zusammenhang zwischen der Entwicklung der Sanktionshärte und der Vorstrafenbelastung zu erkennen.[454] So schlussfolgert *Höfer*, dass „mit zunehmender Karrieredauer die Sanktionshärte und die Deliktsschwere immer weiter auseinander [fallen]"[455.] Strafschärfungen aufgrund von Vorstrafen vorzunehmen, entspricht jedoch nicht der Tatproportionalitätslehre,[456] nach welcher die Schwere der Tat[457] bzw. das „Ausmaß der Rechtsverletzung"[458] im Fokus stehen. Andererseits ist in § 46 Abs. 2 StGB auch das Vorleben des Täters und damit die Vorstrafenbelastung als bei der Strafzumessung zu berücksichtigender Faktor anerkannt.[459]

Die Zufallsstichprobe wird deswegen auch hinsichtlich der Vorstrafen vor der Bezugsentscheidung, also vor Verhängung der zugrundeliegenden Geldstrafe, untersucht.

Hypothesen: Die Personen, die die Geldstrafen durch die Ableistung einer Ersatzfreiheitsstrafe verbüßen, weisen mehr Vorstrafen auf als diejenigen, die die Geldstrafe in einer Haftvermeidungsmaßnahme tilgen. Insgesamt liegt die Vorstrafenbelastung der Zufallsstichprobe prozentual unter der der Verbüßer einer Ersatzfreiheitsstrafe oder Haftvermeidungsmaßnahme.

5.11 Vollzugserfahrung vor Bezugsentscheidung

Die Kenntnis des Ablaufs des Vollzugs sollte grundsätzlich dazu führen, dass der erneut straffällig Gewordene abgeschreckt ist und daher versucht eine Ersatzfreiheitsstrafe zu vermeiden. Der umgekehrte Fall ist jedoch auch denkbar, insbesondere dann, wenn man den Vorwurf der „Kriminalisierung im

---

454 Vgl. *Höfer* (2003), S. 143.
455 Vgl. *Höfer* (2003), S. 143.
456 Vgl. *Harrendorf*, NK 2018, 258; *Hörnle* (1999), S. 164; *Schünemann* (2003), S. 195.
457 Vgl. *Kaspar* (2018), S. 39.
458 Vgl. *Frisch* (2003), S. 7.
459 Vgl. NK/StGB/*Streng* (2017), § 46 Rn. 66; *Hacker/Hoffmann*, JR 2007, 452 ff.

Knast" berücksichtigt. *Meier* beschreibt die Interaktion der Gefangenen miteinander und mit dem Gefängnispersonal als eine „eigenständige Gefängnisgesellschaft mit eigenen Wertvorstellungen und Normen, Umgangsformen, Rangordnungen und Konfliktmechanismen".[460] Der Verurteilte, der auch im Gefängnis zwischenmenschliche Kontakte benötige, müsse sich dieser „Subkultur" anpassen („Prisonisierung").[461] Zwar kann ein Insasse geblendet vom Zugehörigkeitsgefühl, denken, die Ableistung einer Ersatzfreiheitsstrafe sei, im Verhältnis zur Zahlung der Geldstrafe, das kleinere Übel. Allerdings sollte klar sein, dass trotz der Bemühungen nach Modernisierung des Vollzugs, dieser als rein repressive Sanktion, insbesondere bei einer kurzen Strafdauer, keine positiven Auswirkungen auf den Insassen hat.[462]

Hypothese: Die Personen, die eine Ersatzfreiheitsstrafe abgeleistet haben, weisen häufiger eine bereits bestehende Vollzugserfahrung auf als die Absolventen der Haftvermeidungsmaßnahmen und die problematischen Geldstrafenschuldner der Zufallsstichprobe.

---

460 Vgl. *Meier* (2019), S. 89.
461 Vgl. *Meier* (2019), S. 89; *Plack* (1987), S. 14, „Die Gefängnisse sind immer noch Schulen des Verbrechens."
462 Vgl. *Brughelli* (1989), S. 7; *Mohr* (2020), S. 47; *Meier* (2019), S. 87 ff.

Kapitel 7: Auswertungsergebnisse der Untersuchung

Für die Untersuchung standen aus zwei Jahrgängen (2012 und 2013) die Strafvollstreckungsakten von insgesamt fünf Staatsanwaltschaften[463] mit einer Gesamtzahl von 1.014 Akten[464] zur Verfügung. Im Jahr 2012 konnten in insgesamt 431 Akten Angaben zu den Staatsanwaltschaften evaluiert werden; im Jahr 2013 waren dies 576. Die unterschiedlichen Erhebungszahlen in den einzelnen Staatsanwaltschaften erklären sich damit, dass zahlreiche angefragte Akten der Zufallsstichprobe bereits ausgesondert oder nicht auffindbar waren. Aufgrund der großen Zeitspanne, die die Zusammenstellung der Zufallsstichprobe in Anspruch genommen hatte, wurde auf vereinzelte Nachforderungen verzichtet. Gleiches gilt für die Akten aus dem Jahr 2012 für Hildesheim. Da es sich vorliegend um die Erfassung einer Zufallsstichprobe handelt, ist jedoch nicht mit einer Verfälschung der statistischen Ergebnisse zu rechnen. Um diese Aussage treffen zu können, wurden im Rahmen der Zufallsstichprobe die Daten, orientiert an den übersandten Aktenanzahlen, mit einer entsprechenden Gewichtung nach dem Quotierten von Ist- und Soll-Werten[465] versehen. Im Ergebnis haben sich keine statistisch relevanten Änderungen in den Daten ergeben.

Innerhalb der quantitativen Aspekte werden zunächst die Hypothesen durch Auswertung der Daten im Hinblick auf die hinter den Bezugsentscheidungen stehende Klientel untersucht. Alsdann werden die Hypothesen hinsichtlich der Bezugsentscheidungen und schließlich der Rückfälligkeit überprüft.

1. Die einbezogenen Geldstrafenschuldner

Bei den einbezogenen Geldstrafenschuldnern handelt es sich um Personen, die ihre Geldstrafe trotz Mahnung nicht gezahlt haben und die Androhung einer Ersatzfreiheitsstrafe erhalten haben. Um sich ein Bild von der hinter den Geldstrafen stehenden Klientel machen zu können, werden die hierfür einschlägigen Variablen zunächst dargestellt. Die drei im BZR erfassten demo-

---

463 Göttingen, Hannover, Hildesheim, Osnabrück, Oldenburg.
464 Bei sieben Akten fehlte eine Angabe zu den Staatsanwaltschaften.
465 'Ist' = tatsächlich eingegangene Akten je Staatsanwaltschaft und 'Soll' = 150 Akten je Staatsanwaltschaft.

graphischen Variablen Geschlecht, Alter und Nationalität (hier als Staatsangehörigkeit bezeichnet) wurden hierfür einer Untersuchung unterzogen. Nach Darstellung der Ergebnisse werden die Variablen Familienstand, Erwerbssituation, Nettoeinkommen und besondere Problemlagen dargestellt.

1.1 Geschlecht und Altersverteilung

Unter den problematischen Geldstrafenschuldnern der Zufallsstichprobe und der justiziellen Reaktion Ersatzfreiheitsstrafe, sind insgesamt mehr Männer vertreten, so die Hypothese. Frauen verbüßen die Geldstrafe hingegen eher durch Ableistung einer Haftvermeidungsmaßnahme. Bezogen auf das Alter wurde erwartet, dass überwiegend jüngere Männer eine Ersatzfreiheitsstrafe ableisten.

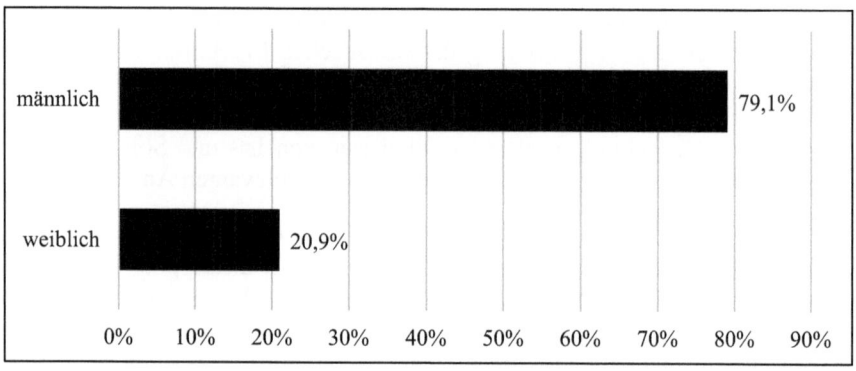

Abbildung 4: Geschlechterverteilung Zufallsstichprobe (Gesamt-N = 1.013)[466]

In der Zufallsstichprobe (N= 1.013[467]) liegt der Anteil der Männer bei 79,1 % (N= 801) und der der Frauen bei 20,9 % (N= 212). Diese Verteilung entspricht, bezogen auf die rechtskräftig Verurteilten in Deutschland nach Altersgruppen und Geschlecht, dem Bundesdurchschnitt von 2012. So wurden im Jahr 2012 773.901 Verurteilungen[468] ausgesprochen. 148.325 Verurteilun-

---

466 Siehe auch *Tabelle A4* im Anhang.
467 Bei der Variable Geschlecht war eine Person als im System fehlend angegeben.
468 Hier sind alle Verurteilungen erfasst.

gen betrafen Frauen (19,2 %), die restlichen Verurteilungen entfielen auf Männer.[469] Auch das Jahr 2013 zeigt, dass 19,4 % der Verurteilungen auf Frauen
entfielen.[470] Die Altersverteilung der Zufallsstichprobe (N= 1.009[471]) zeigt,
dass die kleinste Alterskategorie die Gruppe der 18- bis 21-Jährigen mit 5,7 %
(N= 58) darstellt, welche innerhalb der Zufallsstichprobe unterrepräsentiert ist
(*Abbildung 5, nächste Seite*).

Mit 34,4 % (N= 347) der Straffälligen bildet die größte Gruppe die zwischen
22 und 30 Jahren und 23,6 % (N= 238) im Alter von 31 bis 40 Jahren ab. Die
Personengruppe ab 60 Jahren und älter ist mit 6,2 % (N= 63) innerhalb der
Zufallsstichprobe ebenfalls unterrepräsentiert. Die Zufallsstichprobe setzt
sich somit überwiegend aus männlicher Klientel im Alter von 22 bis 40 Jahren
zusammen. Auch dies entspricht dem Bundesdurchschnitt der Verurteilungen
im Jahr 2012. Dort waren 2012 53,7 % der Verurteilten im Alter von 21 bis
40 Jahren. Im Jahr 2013 waren es 54,7 %.[472]

469 Vgl. *Statistisches Bundesamt*, Strafverfolgungsstatistik (2012), Ergebnis 24311-0002 und
eigene Berechnungen. Abrufbar unter: https://www-genesis.destatis.de/genesis/on-
line?operation=abruftabelleBearbeiten&levelindex=0&levelid=1706864451280&aus-
wahloperation=abruftabelleAuspraegungAuswaehlen&auswahlverzeichnis=ordnungs-
struktur&auswahlziel=werteabruf&code=24311-0002&auswahltext=&werteabruf=Wer-
teabruf#abreadcrumb [letzter Aufruf: 14.09.2023].
470 Vgl. *Statistisches Bundesamt*, Strafverfolgungsstatistik (2013), Ergebnis 24311-0002 und
eigene Berechnungen. https://www-genesis.destatis.de/genesis/online?operation=abrufta-
belleBearbeiten&levelindex=0&levelid=1706864451280&auswahloperation=abruftabel-
leAuspraegungAuswaehlen&auswahlverzeichnis=ordnungsstruktur&auswahlziel=werte-
abruf&code=24311-0002&auswahltext=&werteabruf=Werteabruf#abreadcrumb [letzter
Aufruf: 14.09.2023].
471 Bei der Variable Alter waren fünf Personen als im System fehlend angegeben.
472 Vgl. *Statistisches Bundesamt*, Strafverfolgungsstatistik (2012), Ergebnis 24311-0002 Abrufbar unter https://www-genesis.destatis.de/genesis/online?operation=abruftabelleBear-
beiten&levelindex=0&levelid=1706864451280&auswahloperation=abruftabelleAu-
spraegungAuswaehlen&auswahlverzeichnis=ordnungsstruktur&auswahlziel=werte-
abruf&code=24311-0002&auswahltext=&werteabruf=Werteabruf#abreadcrumb [letzter
Aufruf: 14.09.2023]; hierzu auch *Jehle/Albrecht/Homann-Fricke/Tetal* (2020), S. 54.

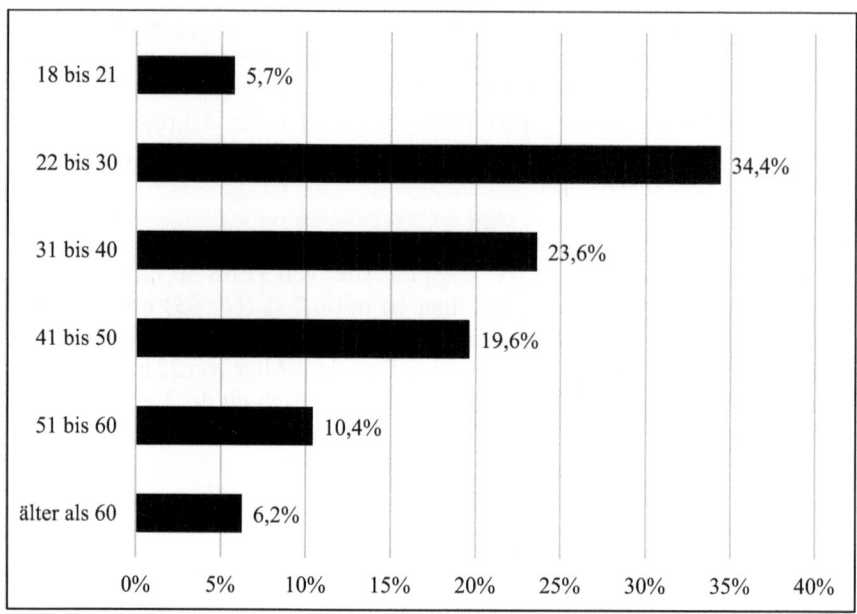

Abbildung 5: Altersverteilung Zufallsstichprobe (Gesamt-N = 1.009)[473]

Bei einer Einteilung nach der justiziellen Reaktion (N= 150[474]) der Ersatzfreiheitsstrafe und der Haftvermeidungsmaßnahmen wie der „freien, gemeinnützigen Arbeit" und der „Geldverwaltung statt Vollstreckung von Ersatzfreiheitsstrafen" wird deutlich, dass von allen Straffälligen, die eine Ersatzfreiheitsstrafe abgeleistet haben (N= 78), 89,7 % (N= 70) männlich und 10,3 % (N= 8) weiblich waren (siehe *Abbildung 6*, nächste Seite).

---

473 Siehe auch *Tabelle A5* im Anhang.
474 Doppelzählungen sind möglich.

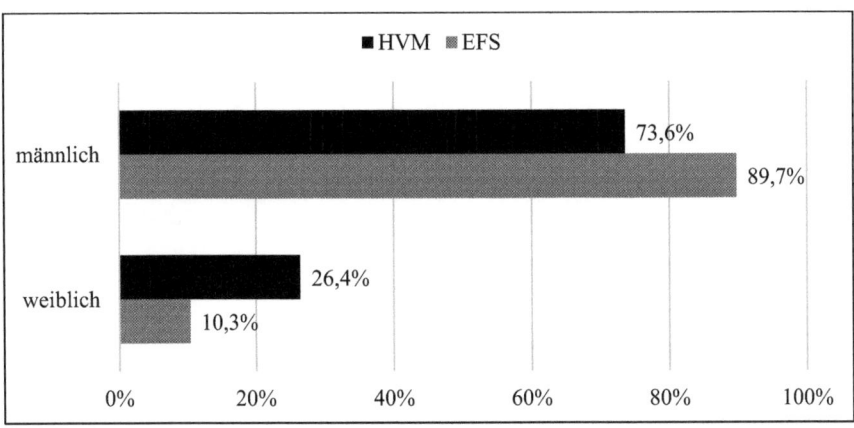

Abbildung 6: Geschlechterverteilung nach justizieller Reaktion (Gesamt-N = 150, EFS N= 78, HVM N= 72)[475]

Bei den Haftvermeidungsmaßnahmen (N= 72) waren 73,6 % (N= 53) männlich und 26,4 % (N= 19) weiblich. Frauen gehen also eher in eine Haftvermeidungsmaßnahme und Männer eher in eine Ersatzfreiheitsstrafe. Es besteht ein Zusammenhang (phi = -0.21), der signifikant (p = 0.01) ist, so dass sich die Ausgangshypothese bezogen auf das Geschlecht bestätigt hat.

Die Klienten, die eine Ersatzfreiheitsstrafe verbüßt haben (N= 78[476]), sind zu 43,6 % (N= 34) der Alterskategorie 22 bis 30 Jahre zuzuordnen (*Abbildung 7*, nächste Seite). Auch bei den Klienten der Haftvermeidungsmaßnahmen (N= 72[477]) waren mit 40,3 % (N= 29) Klienten im Alter von 22 bis 30 Jahren vertreten.

Zusammengefasst kann man somit sagen, dass die Klienten, welche sich in einer Ersatzfreiheitstrafe oder Haftvermeidungsmaßnahme befunden haben, überwiegend männlich und im Alter von 22 bis 30 Jahren waren. Wie bereits dargestellt gibt es einen signifikanten Zusammenhang zwischen dem Geschlecht und der Ableistung der justiziellen Reaktion.

---

475 Siehe auch *Tabelle A6* im Anhang.
476 Doppelzählungen sind möglich.
477 Doppelzählungen sind möglich.

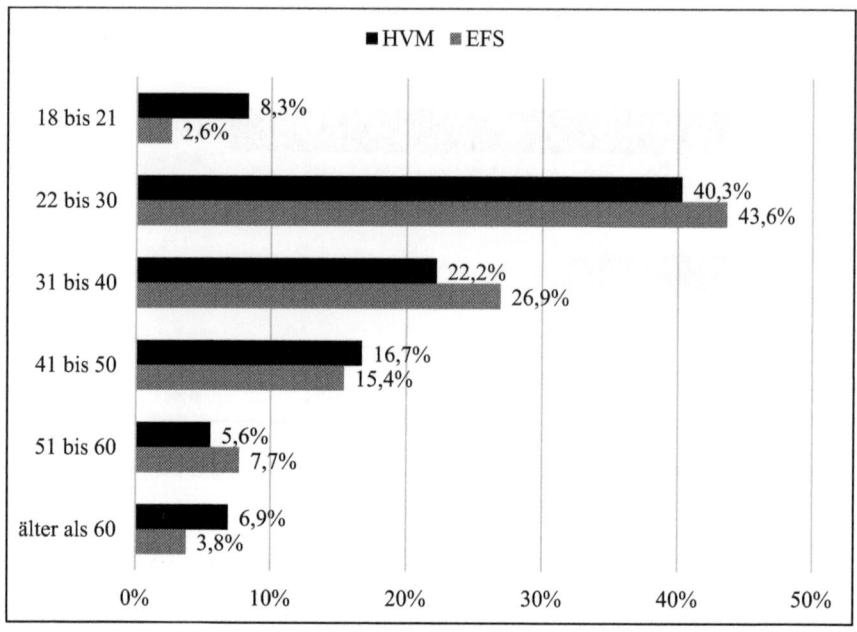

Abbildung 7: Alter und Art der justiziellen Reaktion EFS (N= 78) und HVM (N= 72)[478]

Bezüglich des Alters der Klienten hat die Auswertung jedoch ergeben, dass zwar ein äußerst schwacher Zusammenhang (phi= 0.15) zwischen dem Alter und der justiziellen Reaktion vorliegt, dieser aber nicht signifikant ist (p= 0.60). Das Alter hat somit keinen signifikanten Einfluss auf die Entscheidung der justiziellen Reaktion, also der Verbüßung einer Ersatzfreiheitsstrafe oder Ableistung einer Haftvermeidungsmaßnahme.

1.2 Staatsangehörigkeit

Die Hypothese, dass der Anteil der deutschen Staatsangehörigen in der Zufallsstichprobe dem der Nichtdeutschen überwiegt, hat sich bestätigt. Gleiches gilt auch unter Berücksichtigung der justiziellen Reaktionen der Haftvermeidungsmaßnahmen und der Ersatzfreiheitsstrafen, wobei der prozentuale Anteil derjenigen mit einer nichtdeutschen Staatsangehörigkeit bei der Gruppe der Ersatzfreiheitsstrafgefangenen am höchsten ist (siehe *Abbildung 8*, nächste Seite).

---

478 Siehe auch *Tabelle A7* im Anhang.

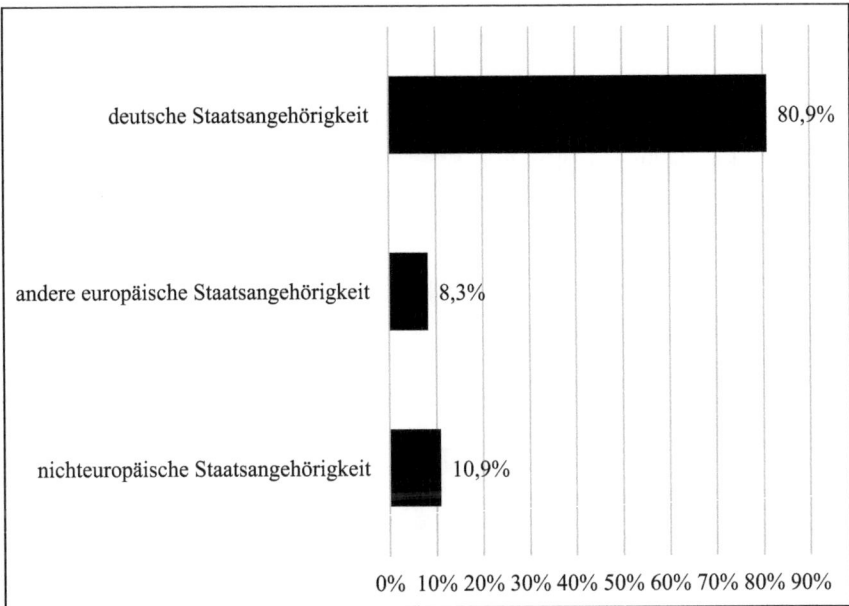

Abbildung 8: Staatsangehörigkeit Zufallsstichprobe (Gesamt-N = 1.004)[479]

Bezogen auf die Staatsangehörigkeit zeigen die an der Zufallsstichprobe beteiligten Verfahren (N= 1.004[480]), dass 80,9 % (N= 812) der Straffälligen über die deutsche Staatsangehörigkeit verfügen. 8,3 % (N= 83) verfügen über andere europäische Staatsangehörigkeit und 10,9 % (N= 109) über eine nichteuropäische Staatsangehörigkeit.[481] Dieses Ergebnis entspricht hinsichtlich der Aufteilung deutsch/nichtdeutsch dem Bundesdurchschnitt. So lag im Jahr 2012 der Anteil der verurteilten Ausländer bei 22,9 %, im Jahr 2013 bei 24,5 %.[482]

---

479 Siehe auch *Tabelle A8* im Anhang.

480 Bei neun Fällen war die Staatsangehörigkeit nicht ermittelbar. In einem Fall war die Variable im System fehlend.

481 Andere europäische Staatsangehörigkeit bezieht sich auf die geographischen Grenzen des Kontinents Europas. Als nichteuropäisch sind Staatsangehörigkeiten bzgl. folgender Länder gemeint: Somalia, Syrien, Türkei, Armenien, Georgien, Irak, Jugoslawien.

482 Vgl. *Statistisches Bundesamt*, Strafverfolgungsstatistik (2012), Ergebnis 24311-0002.Abrufbar unter: https://www-genesis.destatis.de/genesis/online?operation=abruftabelleBearbeiten&levelindex=0&levelid=1706864451280&auswahloperation=abruftabelleAuspraegungAuswaehlen&auswahlverzeichnis=ordnungsstruktur&auswahlziel=werteabruf&code=24311-0002&auswahltext=&werteabruf=Werteabruf#abreadcrumb [letzter Aufruf: 14.09.2023].

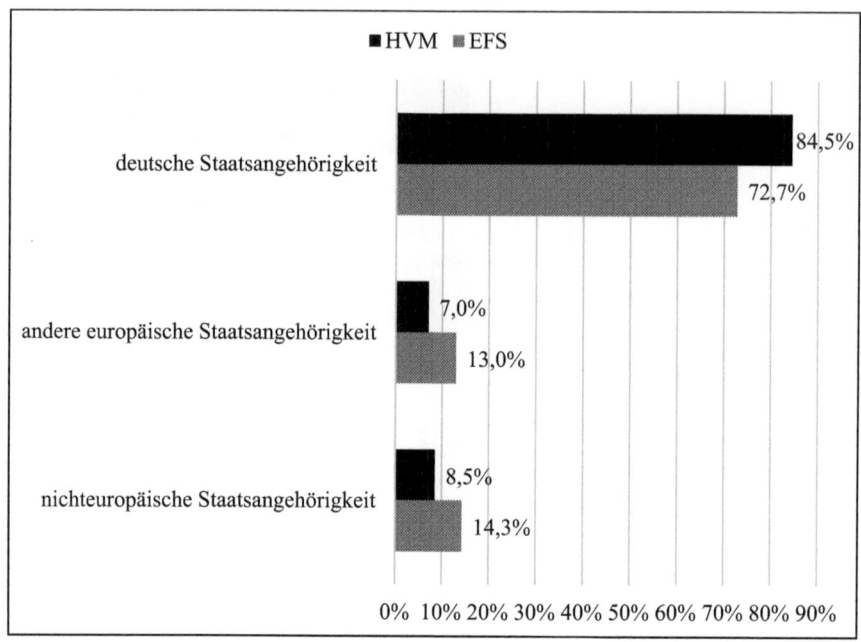

Abbildung 9: Staatsangehörigkeit nach justizieller Reaktion HVM (N= 71) und EFS (N= 77)[483]

Von den 71 Personen der Haftvermeidungsmaßnahmen waren 84,5 % (N= 60) deutscher Staatsangehörigkeit, 8,5 % (N= 6) verfügten über eine nichteuropäische Staatsangehörigkeit und 7 % (N= 5) verfügten über eine andere europäische Staatsangehörigkeit als die deutsche. Von den Ersatzfreiheitsstrafgefangenen (N= 77) waren 72,7 % (N= 56) deutscher Staatsangehörigkeit, 13 % (N= 10) anderer europäischer Staatsangehörigkeit und 14,3 % (N= 11) nichteuropäischer Staatsangehörigkeit. Die *Abbildung 9* verdeutlicht, dass mit knapp zehn Prozentpunkten mehr Personen mit der deutschen Staatsangehörigkeit in die Haftvermeidungsmaßnahmen als in die Ersatzfreiheitsstrafen gehen. Es zeigt sich somit prozentual eine Tendenz, dass nichtdeutsche Staatsangehörige eher in die Ersatzfreiheitsstrafe als in die Haftvermeidungsmaßnahmen gehen. Dies könnte u. a. auf fehlende Sprachkenntnisse, die für die Beantragung einer Haftvermeidungsmaßnahme notwendig sind, zurückgeführt werden.

---

483 Siehe auch *Tabelle A9* im Anhang.

Einen signifikanten Zusammenhang zwischen der Staatsangehörigkeit und dem Umstand der Verbüßung oder Nichtverbüßung einer Ersatzfreiheitsstrafe oder Haftvermeidungsmaßnahme gibt es jedoch nicht (phi= 0.14, p= 0.21).

1.3 Familienstand

Die Hypothese, dass in der Zufallsstichprobe mehr unverheiratete, ledige oder geschiedene Personen als verheiratete oder mit einem Lebenspartner zusammenlebende vertreten sind, hat sich bestätigt. Gleiches gilt für die Personen, die die Geldstrafe nicht zahlen können oder wollen und in die Ersatzfreiheitsstrafe oder Haftvermeidungsmaßnahme gehen. Der Vergleich der justiziellen Reaktionen der Ersatzfreiheitsstrafe und Haftvermeidungsmaßnahme zeigt jedoch keinen Unterschied bezogen auf das Merkmal des Familienstandes.

Von den in die Zufallsstichprobe einbezogenen Geldstrafenschuldnern konnte bei 73 % (N= 739) Personen eine Angabe zum Familienstand erfasst werden.

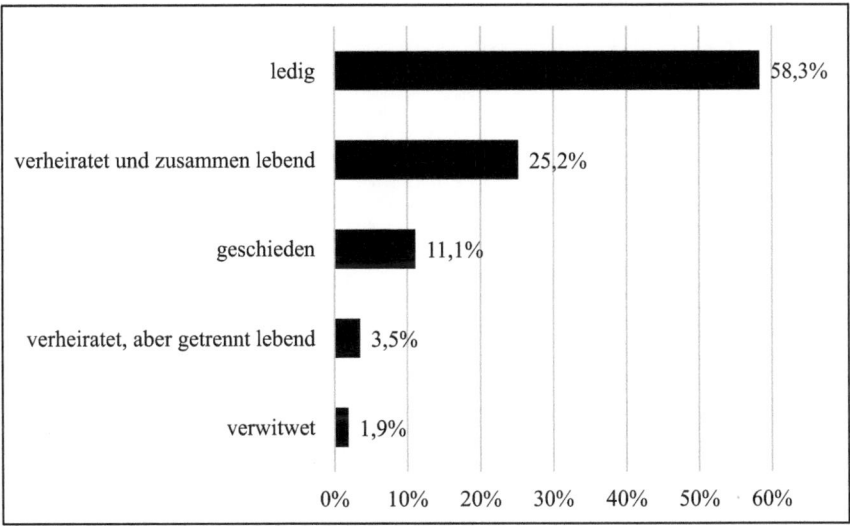

Abbildung 10: Familienstand Zufallsstichprobe (Gesamt-N = 739)[484]

---

484 Siehe auch *Tabelle A10* im Anhang.

Von den 739 Fällen[485] waren 58,3 % (N= 431) ledig, 25,2 % (N= 186) lebten in einer Lebenspartnerschaft oder Ehe. 11,1 % (N= 82) waren geschieden und 3,5 % (N= 26) waren verheiratet, lebten aber getrennt. 1,9 % (N= 14) der Personen waren verwitwet.

Diese Entwicklung zeigt, dass problematische Geldstrafenschuldner zumeist nicht über die Einbindung in gesicherte Familienstrukturen verfügen[486] und damit die genannte Hypothese hinsichtlich der Zufallsstichprobe zutrifft.

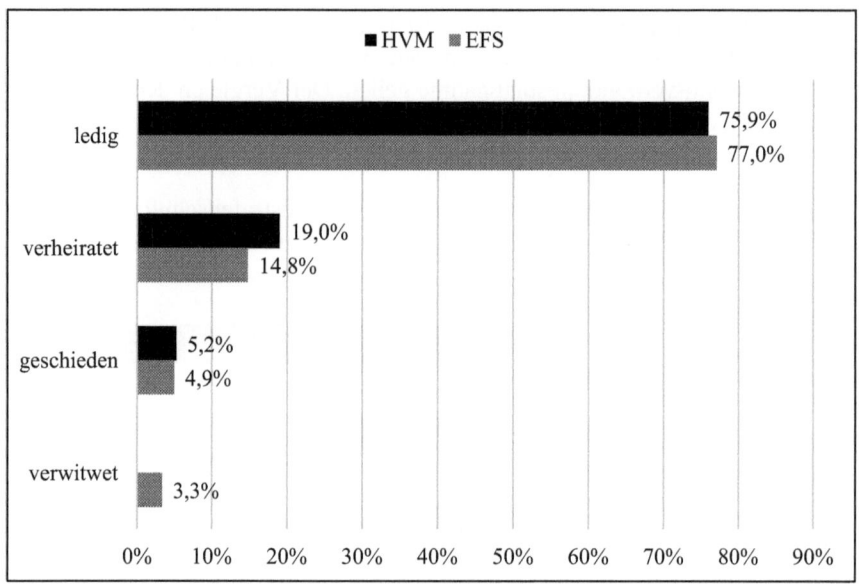

Abbildung 11: Familienstand nach justizieller Reaktion EFS (N= 61) und HVM (N= 58)[487]

Schaut man sich die Ergebnisse hinsichtlich der justiziellen Reaktion Ersatzfreiheitsstrafe an, so zeigt sich, dass von den 61 Personen, bei denen eine Angabe zum Familienstand erhoben werden konnte, 77 % (N= 47) ledig, 14,8 % (N= 9) verheiratet, 4,9 % (N= 3) geschieden und 3,3 % (N= 2) verwitwet waren. Bei den Haftvermeidungsmaßnahmen (N= 58) zeigt sich, dass 75,9 % (N= 44) Personen ledig, 19,0 % (N= 11) verheiratet und 5,2 % (N= 3) geschieden waren.

---

485 Von den 1.014 Personen konnte bei 274 Personen keine Angabe zum Familienstand ermittelt werden, ein Fall war im System fehlend.
486 Vgl. *Dünkel/Scheel* (2006), S. 81.
487 Siehe auch *Tabelle A11* im Anhang.

Die Ergebnisse verdeutlichen einen nicht signifikanten Zusammenhang (phi= 0.13, p= 0.52) zwischen dem Umstand der Verbüßung oder Nichtverbüßung einer Ersatzfreiheitsstrafe oder Haftvermeidungsmaßnahme und dem Familienstand.

Der Familienstand der Personen, die eine Ersatzfreiheitsstrafe abgeleistet haben, und derer, die in die Haftvermeidungsmaßnahme gegangen sind, unterscheidet sich gegenwärtig somit nicht, auch wenn die Ergebnisse insgesamt zeigen, dass wir es bei den problematischen Geldstrafenschuldnern in den Haftvermeidungsmaßnahmen und der Ersatzfreiheitsstrafe eher mit einer ledigen Klientel zu tun haben.

1.4 Erwerbssituation

Es wurde erwartet, dass der überwiegende Anteil der Personen der Zufallsstichprobe und der justiziellen Reaktionen nicht erwerbstätig ist. Diese Hypothese hat sich bestätigt. Ein Vergleich der Gruppen der justiziellen Reaktionen untereinander zeigt jedoch, dass die Erwerbslosigkeit keinen Einfluss auf die Wahl Ersatzfreiheitsstrafe oder Haftvermeidungsmaßnahmen hat. Gleiches gilt bei dem Vergleich der Gruppe der Zufallsstichprobe und der der Ersatzfreiheitsstrafe. Ein Unterschied zeigt sich lediglich hinsichtlich der Erwerbssituation in der Zufallsstichprobe und den Haftvermeidungsmaßnahmen.

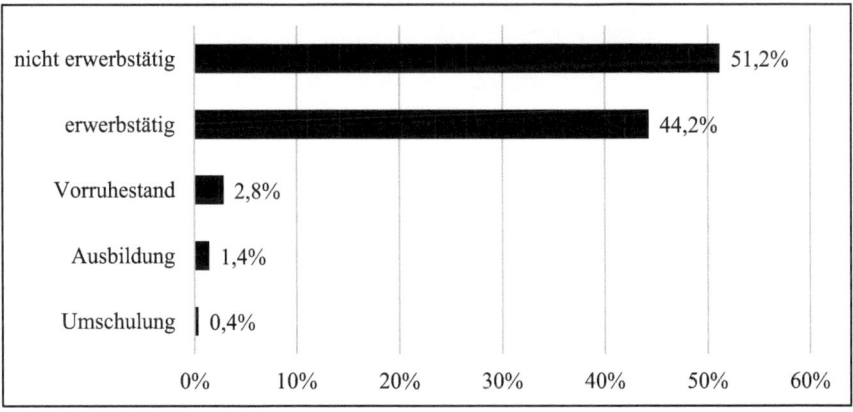

Abbildung 12: Erwerbssituation Zufallsstichprobe (Gesamt-N = 565)[488]

---

488 Siehe auch *Tabelle A12* im Anhang.

116   *Kapitel 7: Untersuchungsergebnisse*

Bei 565 Personen (55,7 %)[489] der Zufallsstichprobe (N= 1.014) konnten Angaben zur Erwerbssituation gefunden werden.

Von der Gruppe der Personen, bei denen eine Angabe zur Erwerbssituation erhoben werden konnte (N= 565), waren 51,2 % (N= 289) zum Zeitpunkt der Erhebung nicht erwerbstätig. 44,2 % (N= 250) Personen waren erwerbstätig. Im Vorruhestand waren insgesamt 2,8 % (N= 16) Personen. 1,4 % (N= 8) Personen befanden sich in einer beruflichen Ausbildung und 0,4 % (N= 2) Personen in einer beruflichen Umschulung. Folglich hat sich die Hypothese, dass in der Zufallsstichprobe mehr erwerbslose Personen vertreten sind, bestätigt.

Bezieht man die Erwerbstätigkeit nun auf die justizielle Reaktion Ersatzfreiheitsstrafe und die Haftvermeidungsmaßnahmen, so zeigt sich, dass prozentual die Personen, die eine Ersatzfreiheitsstrafe oder Haftvermeidungsmaßnahme ableisteten (N= 88), ebenfalls überwiegend nicht erwerbstätig waren.

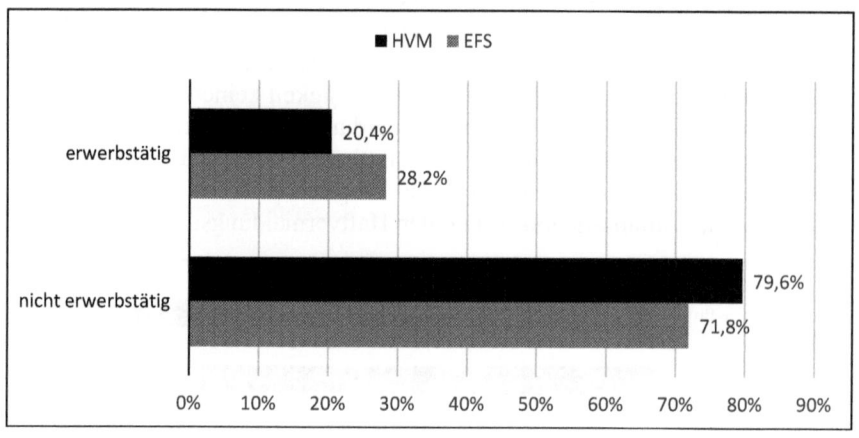

Abbildung 13: Erwerbssituation nach justizieller Reaktion EFS (N= 39) und HVM (N= 49)[490]

Insgesamt konnte bei 39 Personen (N= 100 %) der Verbüßer von Ersatzfreiheitsstrafe eine Angabe zur Erwerbstätigkeit ermittelt werden. Von diesen 39 Personen waren 71,8 % (N= 28) nicht erwerbstätig. Bei den Personen, die in die Haftvermeidungsmaßnahme gegangen sind, konnte bei 49 (100 %) von ihnen eine Angabe zur Erwerbssituation erhoben werden. Danach waren

---

489 44,3 % (N= 449) waren als im System fehlend angegeben.
490 Siehe auch *Tabelle A13* im Anhang.

79,6 % (N= 39[491]) nicht erwerbstätig. Die Zahlen zeigen somit, dass die problematischen Geldstrafenschuldner in der Haftvermeidungsmaßnahme und Ersatzfreiheitsstrafe überwiegend nicht erwerbstätig sind.

Einen statistisch relevanten Zusammenhang zwischen der Variable Erwerbstätigkeit und der gegenwärtig untersuchten justiziellen Reaktion Ersatzfreiheitsstrafe oder Haftvermeidungsmaßnahme gibt es jedoch nicht (phi= -0.09, p= 0.39). Es muss somit angenommen werden, dass die Erwerbssituation mithin keinen Einfluss auf die Entscheidung der justiziellen Reaktion Ersatzfreiheitsstrafe oder Haftvermeidungsmaßnahme hat. Die Hypothese hat sich dahingehend nicht bestätigt.

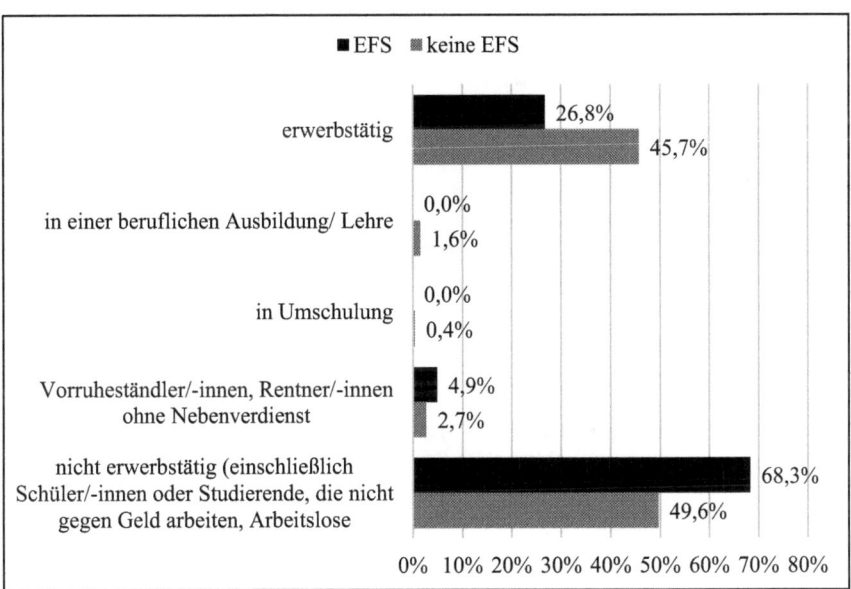

Abbildung 14: Erwerbstätigkeit bei Vorliegen (N= 41) und Nichtvorliegen (N= 516) einer EFS[492]

Hypothetisch wurde darüber hinaus angenommen, dass in der Gruppe der Verbüßer von Ersatzfreiheitsstrafgefangenen prozentual mehr erwerbslose vorzufinden sind, als in der Gruppe der Zufallsstichprobe.

---

491 Eine Person befand sich zusätzlich in einer Umschulung und eine Person war der Kategorie Vorruheständler/-innen, Rentner/-innen zugeordnet.
492 Siehe auch *Tabelle A14* im Anhang.

Abbildung 14 zeigt, dass 68,3 % (N= 28) der Ersatzfreiheitsstrafenverbüßer nicht erwerbstätig waren. Innerhalb der Zufallsstichprobe waren dies knapp 20 Prozentpunkte weniger (49,6 %, N= 256). Vergleicht man den Anteil der erwerbslosen Personen, die in die Ersatzfreiheitsstrafe gegangen sind, mit dem Anteil der erwerbslosen Klientel der Zufallsstichprobe[493] (ohne Verbüßung einer Ersatzfreiheitsstrafe), so zeigt sich, dass ebenfalls kein signifikanter Zusammenhang zwischen der Erwerbssituation und der Ableistung einer Ersatzfreiheitsstrafe vorliegt (phi= 0.11, p= 0.36).

Anders ist dies, wenn man den prozentualen Anteil der erwerbslosen Personen in den Haftvermeidungsmaßnahmen mit denen der Zufallsstichprobe vergleicht (siehe *Abbildung 15*).

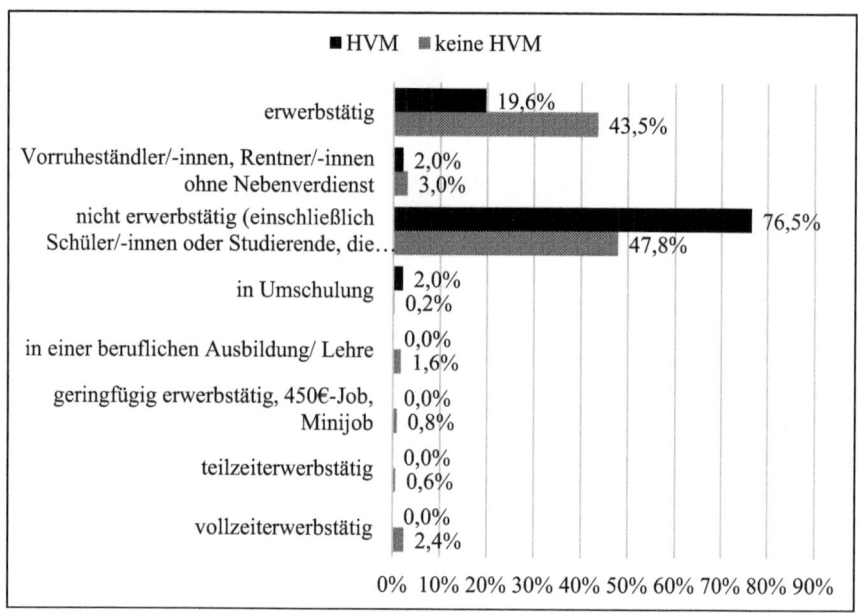

Abbildung 15: Erwerbstätigkeit bei Vorliegen (N= 51) und Nichtvorliegen (N= 496) einer HVM[494]

Es zeigt sich, dass 76,5 % (N= 39) der Absolventen einer Haftvermeidungsmaßnahme nicht erwerbstätig waren. Der prozentuale Anteil der erwerbslosen

---

493 Hier ist der Anteil der Ersatzfreiheitsstrafenverbüßer herausgerechnet.
494 Siehe auch *Tabelle A15* im Anhang.

Personen in der Zufallsstichprobe (ohne Verbüßung einer Haftvermeidungsmaßnahme) betrug mit 47,8 % (N= 237) fast 30 Prozentpunkte weniger. Die Auswertung ergibt, dass in statistisch signifikanter Weise erwerbslose Personen häufiger in der Haftvermeidungsmaßnahme vertreten sind als in der Zufallsstichprobe (phi= 0.19, p= 0.004).

1.5 Nettoeinkommen

Hypothetisch wurde erwartet, dass sich die Höhe des Nettoeinkommens sowohl bei der Zufallsstichprobe als auch bei den justiziellen Reaktionen Ersatzfreiheitsstrafe und Haftvermeidungsmaßnahmen überwiegend im Rahmen des Arbeitslosengeldes II, der Grundsicherung oder in einer Einkommensspanne von 851 € bis unter 1.000 € bewegt und damit als gering[495] bezeichnet werden kann. Zudem wurde angenommen, dass ein Vergleich der Einkommenssituation der Gruppen der Ersatzfreiheitsstrafen und der der Haftvermeidungsmaßnahmen, zeigt, dass die Personen, die eine Ersatzfreiheitsstrafe verbüßen, prozentual häufiger über ein geringeres Einkommen verfügen als die Gruppe derer, die eine Haftvermeidungsmaßnahme absolviert haben.

Innerhalb der Zufallsstichprobe konnte bei 459 Personen (45,3 %) das Einkommen erhoben werden. In 555 Fällen (54,7 %) war dieses unbekannt/nicht ermittelbar.[496]

---

495 Das geringe Einkommen wurde angelehnt an den monatlichen Schwellenwert für die Armutsgefährdung eines Alleinerziehenden in Deutschland für das Jahr 2012/2013. Dieser lag im Jahr 2012 bei 870 € und im Jahr 2013 bei 892 €. https://de.statista.com/statistik/daten/studie/816302/umfrage/monatlicher-schwellenwert-fuer-armutsgefaehrdung-in-deutschland-2016/ [letzter Aufruf: 06.03.2021]. Folglich wurden alle Einkünfte bis unter 1.000 € als geringes Einkommen gewertet. Hierunter fällt auch das mit der Reform des SGB II eingeführte Bürgergeld.

496 Siehe *Kapitel 8.1.*

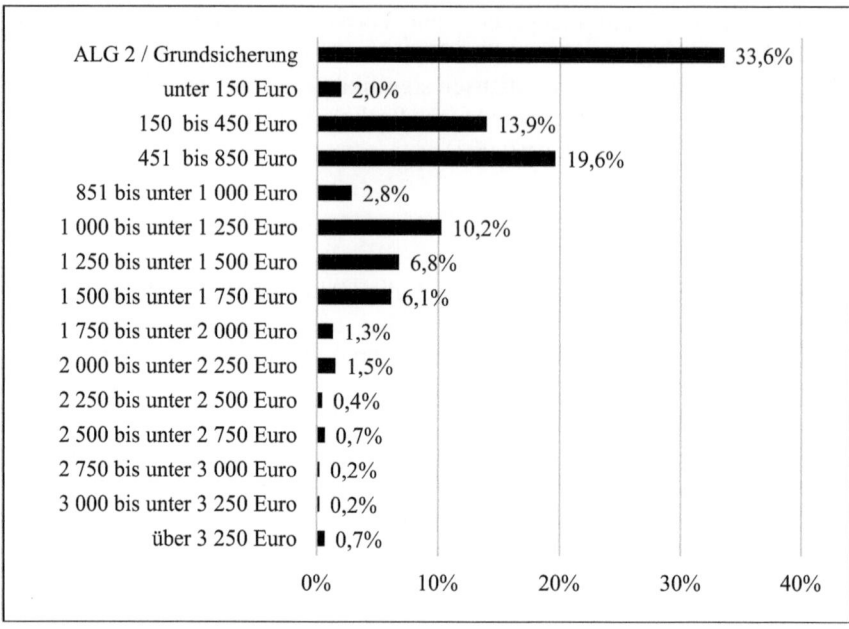

Abbildung 16: Art/Höhe des Nettoeinkommens Zufallsstichprobe (Gesamt-N = 459)[497]

Bei den Personen, bei denen das Nettoeinkommen bekannt war (N= 459, 100 %), empfingen 33,6 % (N= 154) Personen Grundsicherung bzw. Arbeitslosengeld II. Damit dominierten bei der Zufallsstichprobe die unteren Einkommensschichten ganz eindeutig, indem 71,9 % (N= 330) lediglich über ein Einkommen von unter 1.000 € verfügten.

---

497 Siehe auch *Tabelle A16* im Anhang.

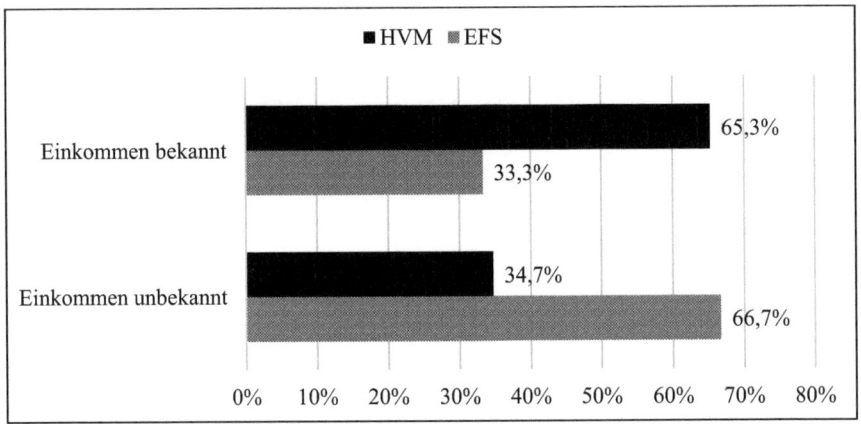

Abbildung 17: Einkommensbekanntheit nach justizieller Reaktion EFS (N= 78) und HVM (N= 72)[498]

Die *Abbildung 17* zeigt einen deutlichen Unterschied zwischen dem Bekanntheitsgrad der Einkommenssituation und den justiziellen Reaktionen der Haftvermeidungsmaßnahmen und der Ersatzfreiheitssstrafe. Bei den Haftvermeidungsmaßnahmen konnte in 65,3 % (N= 47) der Fälle Angaben zum Einkommen erhoben werden. Bezogen auf die justizielle Reaktion der Ersatzfreiheitsstrafe (N= 78) zeigt sich, dass in 33,3 % (N= 26) der Fälle Angaben zur Einkommenssituation vorlagen.

Es gibt einen signifikanten Zusammenhang zwischen der Einkommensbekanntheit und der Ableistung der jeweiligen justiziellen Reaktion (phi= -0.31, p= < 0.001).

---

498 Siehe auch *Tabelle A17* im Anhang.

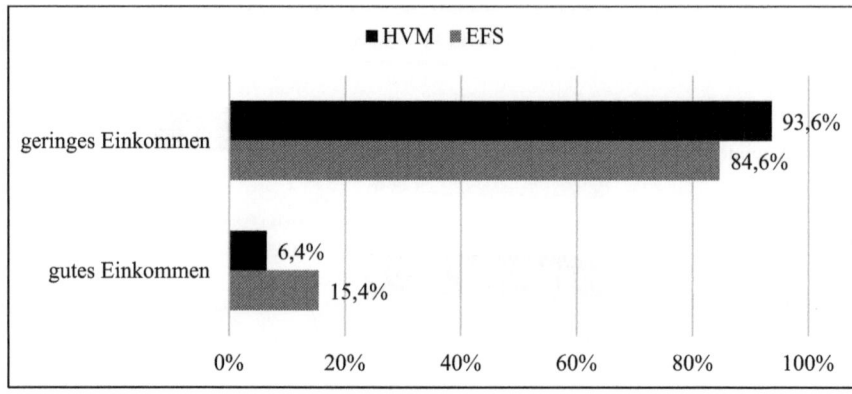

Abbildung 18: Geringes oder gutes Einkommen bei EFS (N= 26) und HVM (N= 47)[499]

84,6 % der Ersatzfreiheitsstrafgefangenen (N= 22) verfügten über ein geringes Einkommen, 15,4 % (N= 4) über ein gutes Einkommen. Bei 93,5 % der Personen, die in eine Haftvermeidungsmaßnahme gegangen sind (N= 44) lag ein geringes Einkommen vor, wohingegen in 6,4 % (N= 3) ein gutes Einkommen vorlag.

Damit besteht ein signifikanter Zusammenhang zwischen dem Einkommen und der justiziellen Reaktion (phi = 0.29, p = 0.03). Personen in der Ersatzfreiheitsstrafe verfügen also eher über ein gutes Einkommen als Personen in der Haftvermeidungsmaßnahme.

Folglich hat sich zwar die Hypothese bestätigt, dass sich die Höhe des Nettoeinkommens sowohl bei der Zufallsstichprobe als auch bei den justiziellen Reaktionen im geringeren Einkommensbereich befindet. Es hat sich jedoch nicht bestätigt, dass die Ersatzfreiheitsstrafgefangenen im Verhältnis zu den Absolventen der Haftvermeidungsmaßnahmen über ein geringeres Einkommen verfügen. Bei diesem Ergebnis ist die geringe Einkommensbekanntheit bei den Ersatzfreiheitsstrafgefangenen zu beachten, so dass das Ergebnis mit Zurückhaltung bewertet werden sollte.

---

499 Siehe auch *Tabelle A18* im Anhang.

1.6 Besondere Problemlagen

Nach der Hypothese kennzeichnet die Gruppe der problematischen Geldstrafenschuldner innerhalb der Zufallsstichprobe, sowie die derjenigen von Ersatzfreiheitsstrafen Verbüßenden und Teilnehmenden an Haftvermeidungsmaßnahmen, besondere Problemlagen wie Schulden, Sucht, eine ungeklärten Wohnsituation und/oder eine psychiatrische Erkrankung/Therapieteilnahme. Es wurde erwartet, dass die Gruppe der Ersatzfreiheitsstrafgefangenen im Verhältnis zu den Absolventen einer Haftvermeidungsmaßnahme und zur Zufallsstichprobe besonders häufig unter besonderen Problemlagen leidet. Dies hat sich nur teilweise bestätigt. Zudem wurde erwartet, dass die Verbüßer einer Ersatzfreiheitsstrafe im Verhältnis zur Zufallsstichprobe häufiger unter einer ungeklärten Wohnungssituation leiden. Dies hat sich bestätigt.

Die Zufallsstichprobe zeigt, dass von den 1.014[500] Personen bei 378 Personen eine Angabe zu den besonderen Problemlagen aus den Strafvollstreckungsakten zu ermitteln war.

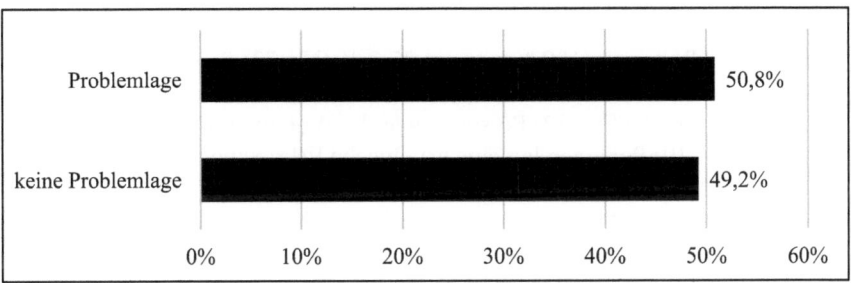

Abbildung 19: Besondere Problemlage – Zufallsstichprobe (Gesamt-N = 378)[501]

Bei 50,8 % (N= 191) dieser Personen bestand eine besondere Problemlage, bei 49,2 % (N= 187) keine.

---

500 In 634 Fällen konnte eine Angabe zur besonderen Problemlage nicht ermittelt werden. Zwei Fälle waren als im System fehlend angegeben.
501 Siehe auch *Tabelle A19* im Anhang.

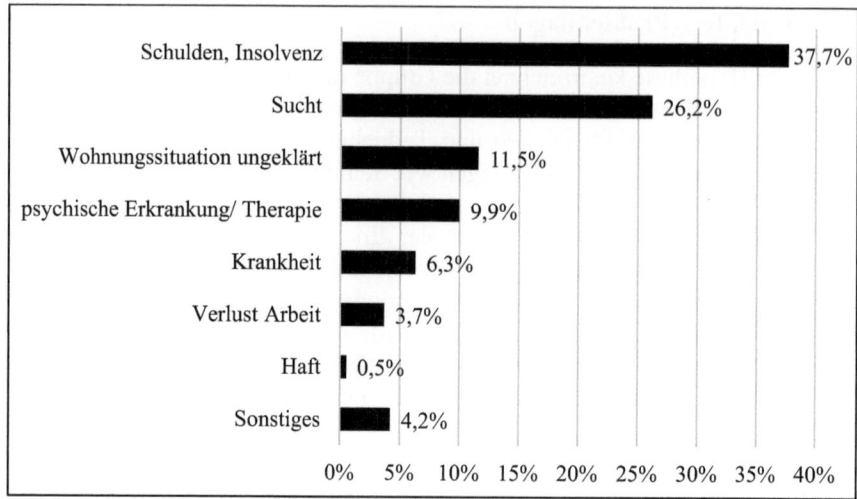

Abbildung 20: Besondere Problemlage benannt – Zufallsstichprobe (Gesamt-N = 191)[502]

Von den 191 Personen (100 %), waren 37,7 % (N= 72) Personen von Schulden oder einer Insolvenz betroffen, 26,2 % (N= 50) wiesen eine Suchterkrankung auf, bei 11,5 % (N= 22) Personen war die Wohnungssituation ungeklärt, bei 9,9 % (N= 19) Personen lag eine psychische Erkrankung und bei weiteren 6,3 % (N= 12) Personen eine andere Erkrankung vor. In 3,7 % (N= 7) wurde der Verlust der Arbeit genannt und in 0,5 % (N= 1) die Haft.

---

502 Siehe auch *Tabelle A20* im Anhang.

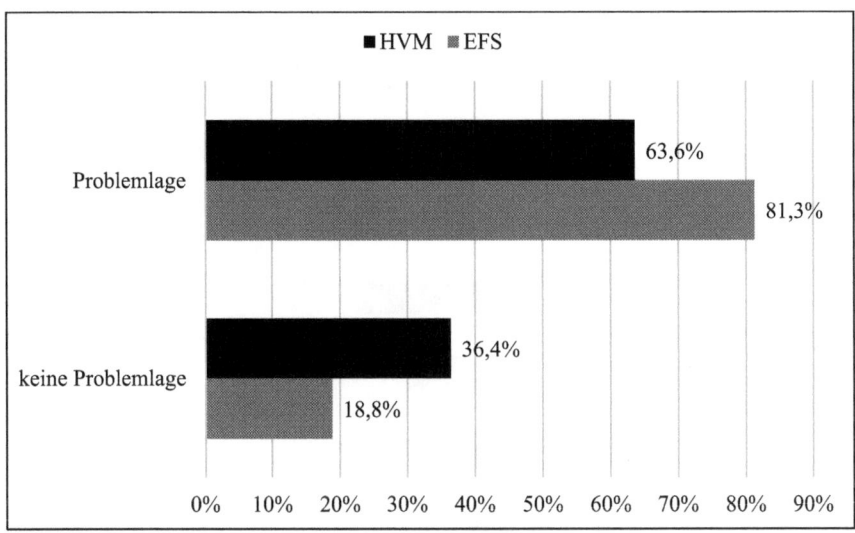

Abbildung 21: Vorhandensein von Problemlagen nach justizieller Reaktion EFS (N= 32)
und HVM (N= 33)[503]

Bei 33 Personen (100 %), die in die Haftvermeidungsmaßnahme gegangen sind, konnten Angaben über die persönliche Situation gefunden werden. Von diesen wiesen 63,6 % (N= 21) eine besondere Problemlage auf. 36,4 % (N= 12) wiesen keine besondere Problemlage auf. Bei 32 Personen (100 %), die in die Ersatzfreiheitsstrafe gegangen sind, wurde eine Angabe zu den besonderen Problemlagen gefunden. In 81,3 % (N= 26) der Fälle lag eine besondere, bei 18,8 % (N= 6) der Fälle keine besondere Problemlage vor.

Statistisch gesehen zeigt die Auswertung, dass ein äußerst schwacher Zusammenhang zwischen den Problemlagen und der justiziellen Reaktion Haftvermeidungsmaßnahmen/Ersatzfreiheitsstrafe insgesamt besteht (phi = 0.19), der nicht signifikant ist (p= 0.11). Personen, die in eine Ersatzfreiheitsstrafe gehen, unterliegen also nicht häufiger Problemlagen als Personen, die in eine Haftvermeidungsmaßnahme gehen. Folglich hat sich diese Teilhypothese nicht bestätigt. Insgesamt muss jedoch gesagt werden, dass die beiden Gruppen zu einem ähnlichen Anteil Probleme haben, aber die Art der Probleme bzw. die Zusammensetzung der Problemarten sich unterscheidet. Dies zeigt sich in der nachfolgenden *Abbildung 22* (nächste Seite).

---

503 Siehe auch *Tabelle A21* im Anhang.

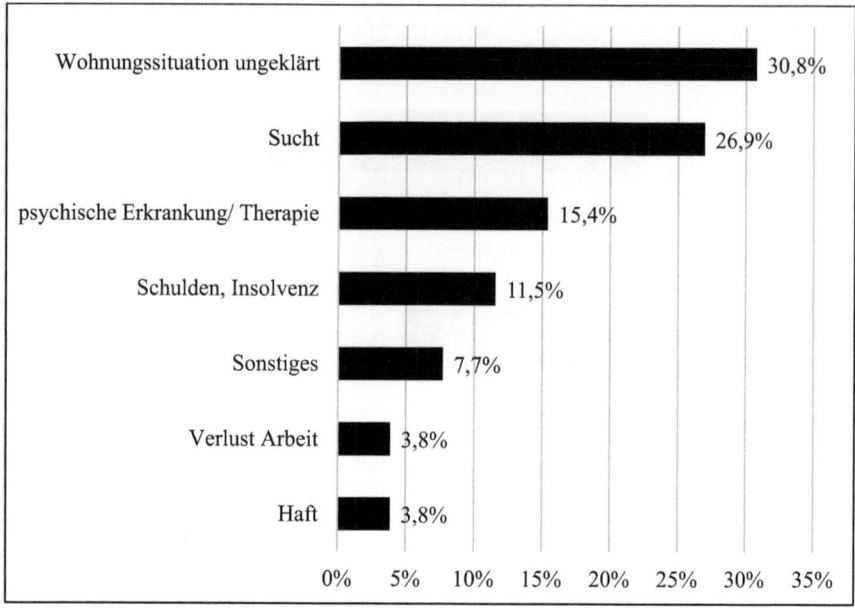

Abbildung 22: Problemlagen bei der Klientel der EFS (Gesamt-N = 26)[504]

Bei den Verbüßern von Ersatzfreiheitsstrafe ist auffällig, dass diese häufig von einer ungeklärten Wohnungssituation betroffen waren (30,8 %, N= 8). Mit 26,9 % (N= 7) folgt das Vorliegen der Problemlage Sucht.

Es besteht ein signifikanter Zusammenhang zwischen dem Vorliegen einer besonderen Problemlage und dem Ableisten einer Ersatzfreiheitsstrafe (phi= 0.36, p= <0.001).[505]

---

504 Siehe auch *Tabelle A22* im Anhang.
505 Dieses Ergebnis ist aufgrund der geringen Fallzahlen mit Zurückhaltung zu betrachten.

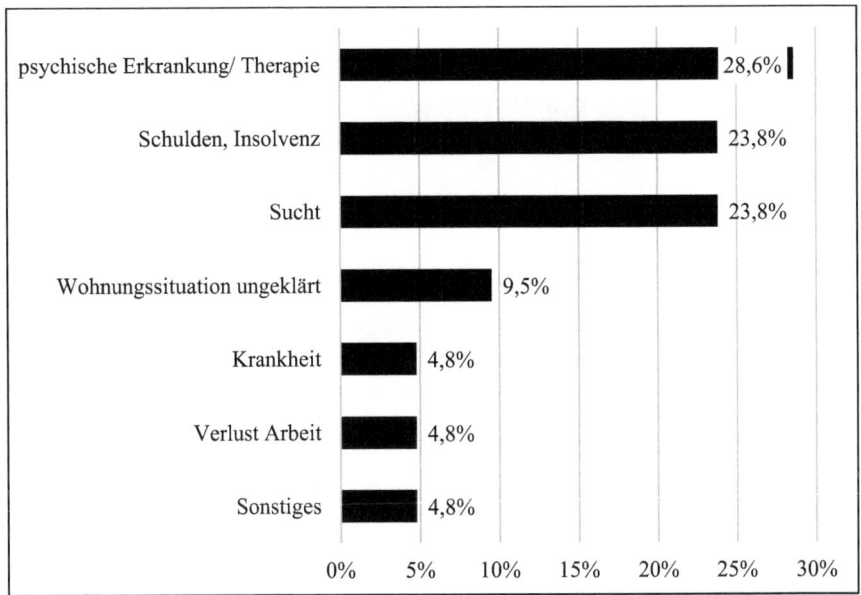

Abbildung 23: Problemlagen bei der Klientel der HVM (Gesamt-N = 21)[506]

Abbildung 23 zeigt, dass sich die besonderen Problemlagen bei den Klienten der Haftvermeidungsmaßnahmen besonders auf die Bereiche der psychischen Erkrankung/Therapie (28,6 %, N= 6), der Schulden und/oder Insolvenzproblematik (23,8 %, N= 5) und der Sucht (23,8 %, N= 5) konzentriert. Hervorzuheben ist der geringere Anteil an Personen, die von einer ungeklärten Wohnungssituation betroffen waren (9,5 %, N= 2). Zwischen den besonderen Problemlagen und dem Vorliegen einer Haftvermeidungsmaßnahme gibt es einen leichten, nicht signifikanten Zusammenhang (phi= 0.25, p= 0.13).[507]

Die nachfolgende *Abbildung 24* (nächste Seite) zeigt zudem, dass bei der Gruppe der Ersatzfreiheitsstrafenverbüßenden eine Häufung von Problemlagen im Verhältnis zu den Personen die keine Ersatzfreiheitsstrafe[508] verbüßt haben, vorliegt.

---

506 Siehe auch *Tabelle A23* im Anhang.
507 Dieses Ergebnis ist ebenfalls aufgrund der geringen Fallzahlen mit Zurückhaltung zu betrachten.
508 Zufallsstichprobe abzgl. der Klientel der Ersatzfreiheitsstrafen.

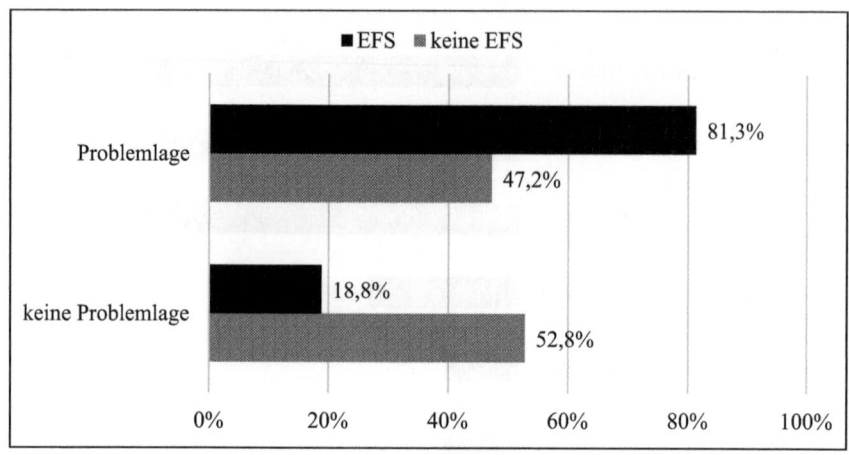

Abbildung 24: Problemlagen bei Personen mit EFS (N= 26) und keine EFS (N= 345)[509]

Bei den Personen, die eine Ersatzfreiheitsstrafe absolviert haben und eine Angabe zu den Problemlagen erfasst werden konnte (N= 32), lagen in 81,3 % (N= 26) Problemlagen vor. Bei denen die keine Ersatzfreiheitsstrafe verbüßten und Angaben zu den Problemlagen getätigt haben (N= 345) verfügten 47,2 % (N= 163) über Problemlagen. Dies sind knapp die Hälfte.

Folglich liegt bei Ersatzfreiheitsstrafgefangenen eine Häufung von Problemlagen im Verhältnis zur Zufallsstichprobe vor. Dieser leichte Zusammenhang ist hoch signifikant (phi= 0.19, p= <0,001).

Die nachfolgende *Abbildung 25* (nächste Seite) zeigt die Verteilung der besonderen Problemlagen ihrer Art nach.

---

509 Siehe auch *Tabelle A24* im Anhang.

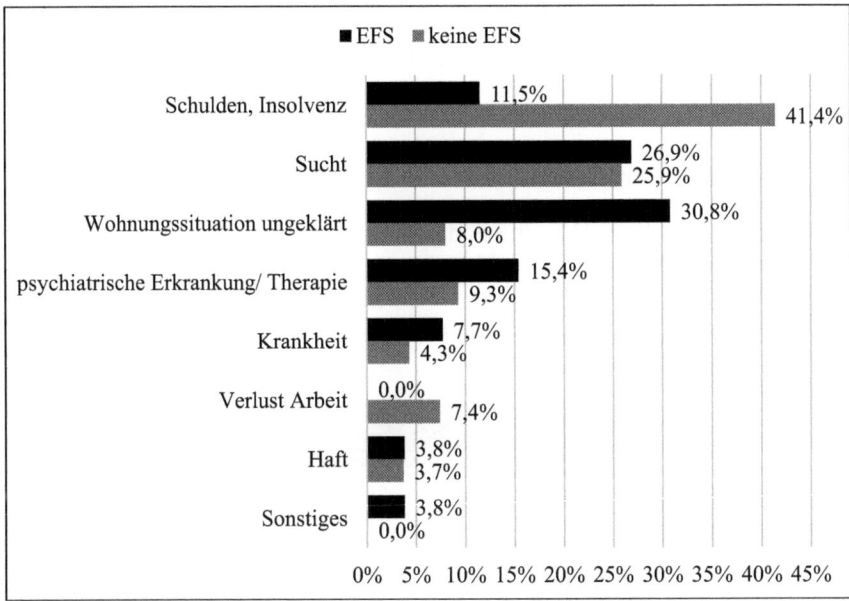

Abbildung 25: Problemlagen bei („Nicht")-Vorliegen einer EFS (Gesamt-N = 188)[510]

Die Auswertung hat ergeben, dass die Personen, die eine Ersatzfreiheitsstrafe absolviert haben, mit 30,8 % (N= 8) besonders häufig von einer ungeklärten Wohnungssituation betroffen waren. Hierauf folgt die Sucht mit 26,9 % (N= 7). Bei denen, die keine Ersatzfreiheitsstrafe verbüßt haben, war das Klientel am häufigsten von Schulden und/oder einer Insolvenz betroffen (41,4 %, N= 67).

Zwischen der Art der besonderen Problemlagen bei der justiziellen Reaktion Ersatzfreiheitsstrafe und der Zufallsstichprobe besteht ein signifikanter Zusammenhang (phi= 0,36, p= < 0,001).

2. Die Bezugsentscheidung

Die Ergebnisse der Auswertung werden nun im Hinblick auf die Bezugsentscheidung dargestellt. Die Bezugsentscheidung ist die justizielle Reaktion, auf

---

510 Siehe auch *Tabelle A25* im Anhang.

die sich die gegenwärtige Rückfalluntersuchung bezieht. Die Art der Bezugsentscheidung meint die Ausprägungen der zugrundeliegenden Entscheidung,
nämlich Urteil oder Strafbefehl.

2.1 Urteil oder Strafbefehl

Vorliegend hat sich die Hypothese, dass die meisten Geldstrafenentscheidungen bei den problematischen Geldstrafenschuldnern im Rahmen der Zufallsstichprobe auf einem Strafbefehl beruhen, bestätigt.

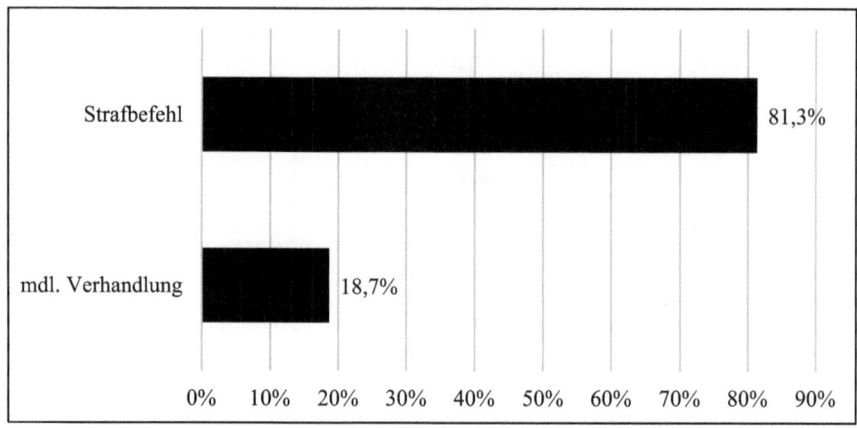

Abbildung 26: Zufallsstichprobe – Strafbefehl und Hauptverhandlung (Gesamt-N =
1.008)[511]

Von den 1.008[512] Fällen wurden 81,3 % (N= 820) durch Strafbefehl entschieden. 18,7 % (N= 188) endeten mit einer Hauptverhandlung.

---

511 Siehe auch *Tabelle A26* im Anhang.
512 Von den 1.014 Fällen war bei drei Personen nicht ermittelbar, ob die Entscheidung durch
   Urteil oder Strafbefehl erfolgte. Drei weitere Fälle fehlten im System.

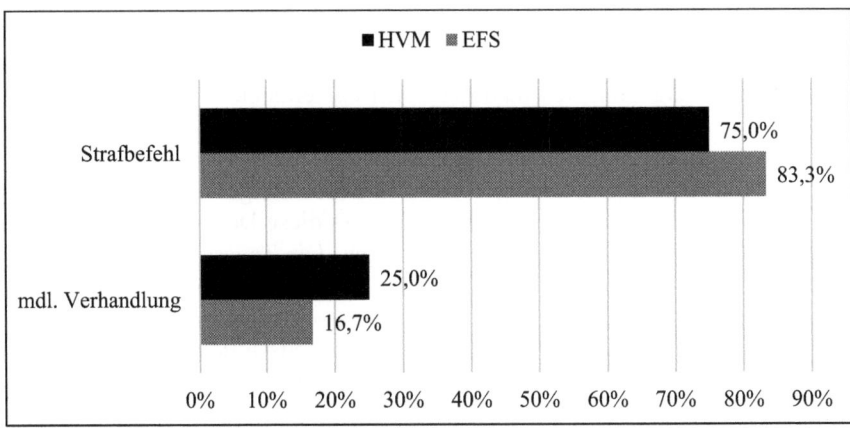

Abbildung 27: Bezugsentscheidung EFS/HVM (Gesamt-N = 150)[513]

Von der Gruppe, die eine Haftvermeidungsmaßnahme abgeleistet hat (N= 72), erhielten 75 % (N= 54) einen Strafbefehl und 25 % (N=18) ein Urteil. Von den 78 Personen, die eine Ersatzfreiheitsstrafe abgeleistet haben, haben 83,3 % (N= 65) der Personen einen Strafbefehl und 16,7 % (N= 13) der Personen ein Urteil durch mündliche Verhandlung im Rahmen der Bezugsentscheidung erhalten.

Zwischen der Ableistung der justiziellen Reaktion (Haftvermeidungsmaßnahme oder Ersatzfreiheitsstrafe) und der Art der Bezugsentscheidung (Strafbefehl oder Urteil) besteht ein schwacher Zusammenhang, der nicht signifikant ist (p= 0.20, phi= -0.10). Dennoch ergibt sich in der Tendenz, dass Ersatzfreiheitstrafen nach der Verhängung der Geldstrafe aufgrund einer Hauptverhandlung seltener sind als bei einer Entscheidung durch Strafbefehl. Die Hypothese konnte wegen der geringen Fallzahlen und nur schwachen Unterschiede zwar nicht bestätigt werden, jedoch gehen die Ergebnisse in die Richtung der vermuteten Annahme.

2.2 Bezugsentscheidung –Tagessatzanzahl und Deliktsverteilung

Es wurde angenommen, dass bei den problematischen Geldstrafenschuldnern der Zufallsstichprobe häufiger Bagatelldelikte mit einer Tagessatzanzahl von bis zu 30 Tagessätzen, als Nicht-Bagatelldelikte (ab 31 Tagesätzen) verhängt

---

513 Siehe auch *Tabelle A27* im Anhang.

132   *Kapitel 7: Untersuchungsergebnisse*

wurden. Dieses Ergebnis wurde auch bei den Ersatzfreiheitsstrafgefangenen und Absolventen einer Haftvermeidungsmaßnahme erwartet, wobei die Ersatzfreiheitsstrafgefangenen häufiger von Bagatelldelikten mit einer Tagessatzanzahl von bis zu 30 Tagessätzen betroffen sind. Berücksichtigt man bei der Bewertung der Bagatelldelikte die Deliktsverteilung und ordnet die Delikte Erschleichen von Leistungen und den Diebstahl geringwertiger Sachen als Bagatelldelikte ein, so wurde erwartet, dass diese Delikte bei den Ersatzfreiheitsstrafgefangenen akzentuiert vorliegen. Die Tagessatzanzahl, welche im Sinne des § 40 Abs. 1 StGB den Schweregrad des Strafübels widerspiegelt, wurde durch Auswertung der Strafvollstreckungsakten erfasst. Zunächst wird hinsichtlich der Zufallsstichprobe, den Ersatzfreiheitsstrafen und den Haftvermeidungsmaßnahmen die Tagessatzanzahl insgesamt dargestellt. Alsdann wird jeweils zwischen Bagatelldelikten und Nicht-Bagatelldelikten unterschieden, wobei als Bagatelldelikte alle Delikte mit einer Tagessatzanzahl von bis zu 30 Tagessätzen berücksichtigt werden.

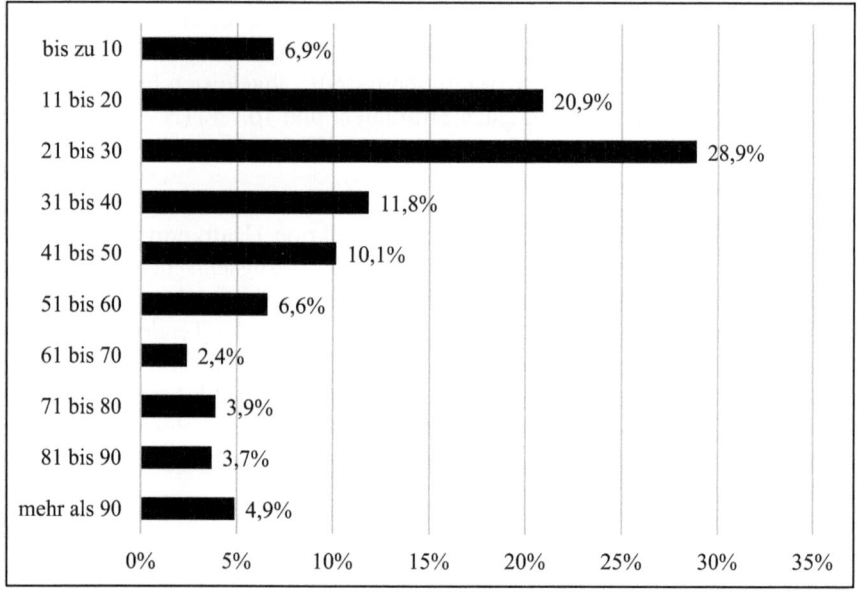

Abbildung 28: Tagessatzanzahl Zufallsstichprobe (Gesamt-N = 1.005)[514]

---

514 Siehe auch *Tabelle A28* im Anhang.

Innerhalb der Zufallsstichprobe (N= 1.005[515]) liegen die Tagessatzanzahlen mit 28,9 % (N= 290) am häufigsten bei 21 bis 30 Tagessätzen. Darauf folgen mit 20,9 % (N= 210) Anzahlen in einer Höhe von elf bis 20 Tagessätzen und mit 6,9 % (N= 69) Tagessätze mit einer Anzahl von bis zu 10.

Insgesamt wird deutlich, dass 56,7 % (N= 569) der untersuchten Geldstrafenfälle im Bereich geringer Schuldschwere mit einer Tagessatzanzahl von bis zu 30 lagen, weitere 28,5 % (N= 287) im Bereich von 31 bis zu 60 Tagessätzen deuten ebenfalls eine eher geringe Schuldschwere an.

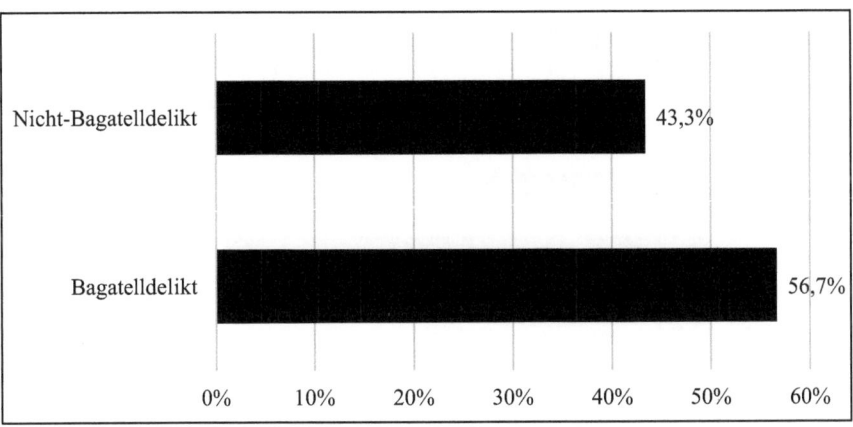

Abbildung 29: („Nicht")-Bagatelldelikt bei Bezugsentscheidung (Gesamt-N = 1005)[516]

Die Auswertung zeigt, dass die Nicht-Bagatelldelikte[517] und Bagatell-[518] mit 43,3 % (N= 436) und 56,7 % (N= 569) knapp hälftig in der Zufallsstichprobe vertreten sind. Somit kann gesagt werden, dass die problematischen Geldstrafenschuldner nicht häufiger von Bagatelldelikten betroffen sind als von Nicht-Bagatelldelikten.

Ein Vergleich mit den Zahlen der Strafverfolgungsstatistik 2021 zeigt, dass die Stichprobe für Deutschland insgesamt repräsentativ ist. So wurden von

---

515 Neun Fälle waren im System fehlend.
516 Siehe auch *Tabelle A29* im Anhang.
517 Tagessätze ab 31 Tagessätzen.
518 Tagessätze bis 30 Tagessätzen.

den 524.643 2021 verurteilten Geldstrafenschuldnern 206.991 Personen im Bereich von bis zu 30 Tagessätzen verurteilt. Dies sind 39,4 %.[519]

Auch bei den Absolventen einer Ersatzfreiheitsstrafe oder Haftvermeidungsmaßnahme zeigt sich ein ähnliches Bild.

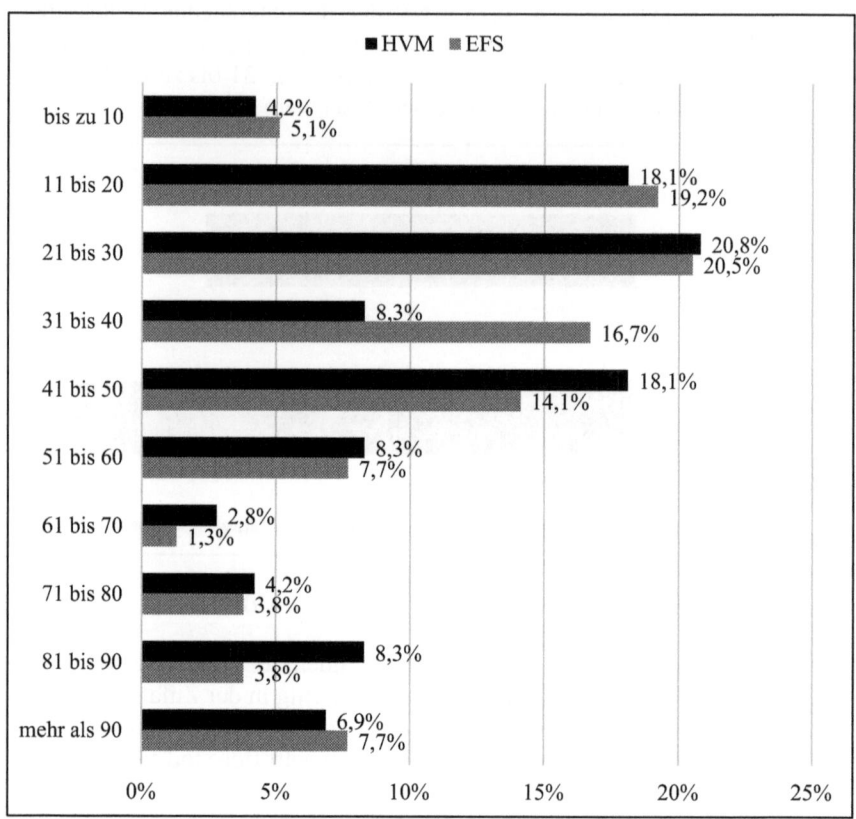

Abbildung 30: Tagessatzanzahl bei HVM (N= 72) und EFS (N= 78)[520]

Bezieht man die Tagessatzanzahlen auf die Haftvermeidungsmaßnahmen (N= 72) wird deutlich, dass mit 20,8 % (N= 15) am häufigsten Tagessätze in einer

---

519 Im Erhebungsjahr 2012 wurden 560.377 Personen zu einer Geldstrafe verurteilt. 254.455 Personen erhielten eine Geldstrafe mit einer Tagessatzhöhe von bis zu 30 Tagessätzen, dies sind 45,4 %.
520 Siehe auch *Tabelle A30* im Anhang.

Anzahl von 21 bis 30 Tagessätzen vorliegen. Gleiches gilt auch für die Ersatz-freiheitsstrafen (20,5 %, N= 16). Auffällig ist, dass die Haftvermeidungsmaß-nahmen nach Tagessätzen von 21 bis 20 Tagessätzen mit 18,1 % (N= 13) in gleicher Höhe Tagessatzanzahlen von 41 bis 50 Tagessätzen (18,1 %, N= 13) aufweisen. Auch bei den Ersatzfreiheitsstrafen zeigt sich, dass Tagessätze mit einer Anzahl von 11 bis 20 mit 19,2 % (N= 15) und Tagessätze mit einer An-zahl von 31 bis 40 mit 16,7 % (N= 13) vergleichsweise häufig auftreten.

Die nachfolgende *Abbildung 31* zeigt, dass sich das Vorliegen von Bagatell- zu Nicht-Bagatelldelikten innerhalb der Ersatzfreiheitsstrafe und den Haftver-meidungsmaßnahmen fast hälftig ausgleicht.

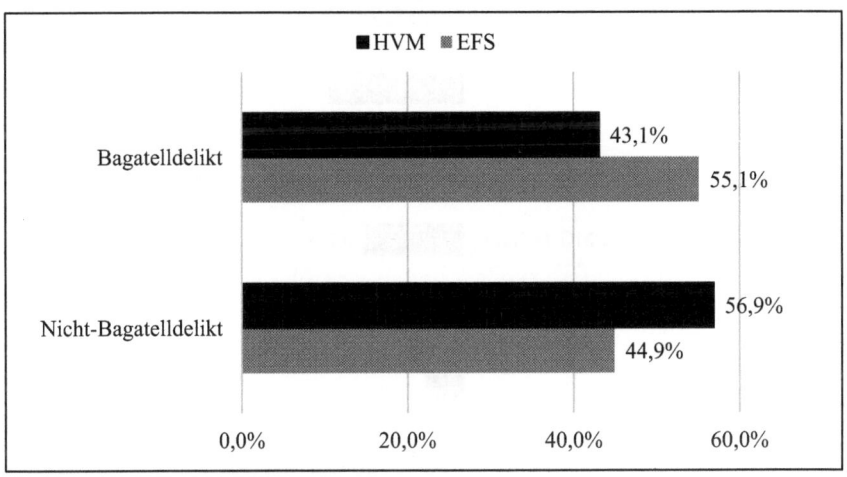

Abbildung 31: („Nicht")-Bagatelldelikt nach justizieller Reaktion EFS (N= 78) und HVM (N= 72)[521]

Bei den Absolventen der Ersatzfreiheitsstrafe (N= 78) ist festzustellen, dass diese fast gleich häufig von Bagatelldelikten mit einer Tagessatzanzahl von bis zu 30 Tagessätzen (53 %, N= 35) oder Nicht-Bagatelldelikten mit einer Tagessatzanzahl von über 30 Tagessätzen (51,2 %, N= 43) betroffen sind. Gleiches gilt für die 72 Absolventen der Haftvermeidungsmaßnahmen (Baga-telldelikt 47 %, N= 31 und Nicht-Bagatelldelikt 48,8 %, N= 41).

---

521 Siehe auch *Tabelle A31* im Anhang.

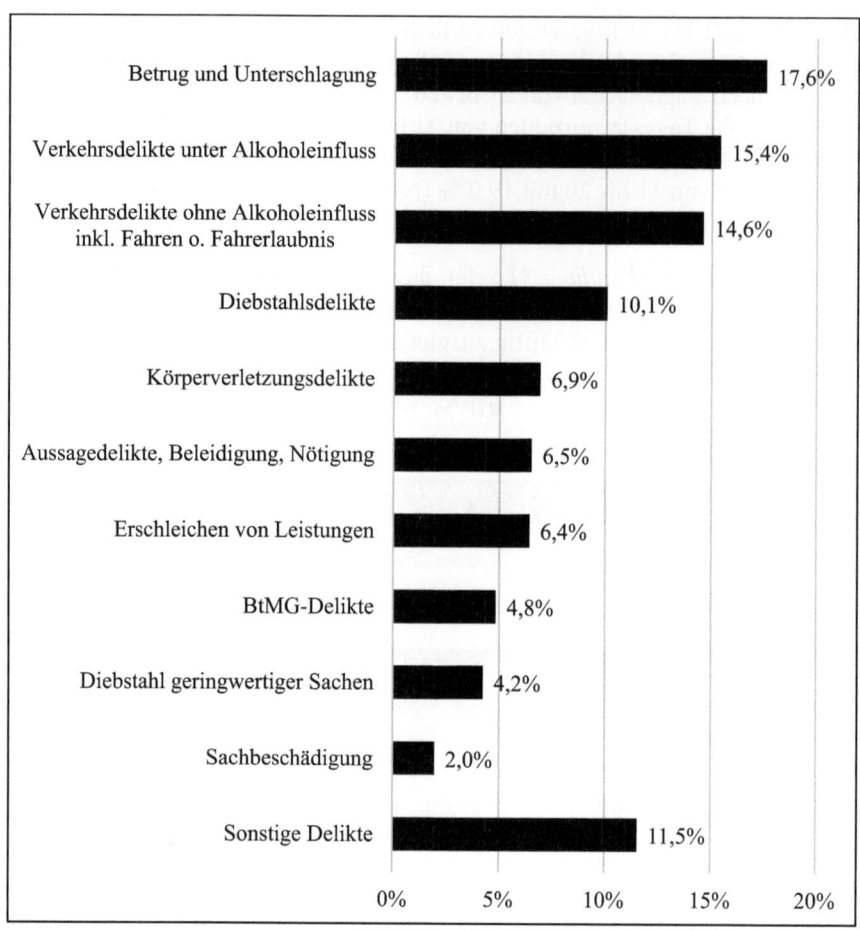

Abbildung 32: Deliktsverteilung – Bezugsentscheidung (Gesamt-N = 1.014)[522]

Ein Vergleich der Tagessatzanzahlen der Zufallsstichprobe und denen der justiziellen Reaktionen zeigt, dass es keinen signifikanten Zusammenhang zwischen der Gruppe der Absolventen einer Haftvermeidungsmaßnahme/Ersatzfreiheitsstrafe und denen der Zufallsstichprobe gibt (HVM phi= 0.13, p= 0.08; EFS phi= 0.09, p= 0,56). Personen, die in eine Haftvermeidungsmaßnahme

---

522 Siehe auch *Tabelle A32* im Anhang.

oder Ersatzfreiheitsstrafe gehen, bekommen im Verhältnis zu den problematischen Geldstrafenschuldnern der Zufallsstichprobe insgesamt nicht häufiger höhere Tagessätze.

Vergleicht man die Tagessatzanzahlen der Gruppen der Haftvermeidungsmaßnahmen mit denen der Ersatzfreiheitsstrafgefangenen, so zeigt sich ebenfalls kein signifikanter Zusammenhang (phi= 0.16, p= 0.89) zwischen der justiziellen Reaktion und der Tagessatzanzahl. Personen, die eine Ersatzfreiheitsstrafe ableisten, bekommen folglich ebenfalls nicht häufiger höhere Tagessatzanzahlen als Personen einer Haftvermeidungsmaßnahme.

Unter Berücksichtigung der Deliktsverteilung und der Einordnung der Delikte Erschleichen von Leistungen und des Diebstahls geringwertiger Sachen als Bagatelldelikte, zeigt sich jedoch ein deutlicher Unterschied unter den verschiedenen Gruppen.

Innerhalb der Stichprobe von 1.014 Fällen gab es in 178 Fällen (17,6 %) Betrugs- oder Unterschlagungsdelikte, gefolgt von Verkehrsdelikten unter Alkoholeinfluss (15,4 %, N= 156) und Verkehrsdelikten ohne Alkohol (14,6 %, N= 148). Delikte wie der Diebstahl geringwertiger Sachen (N= 43, 4,2 %), das Erschleichen von Leistungen (6,4 %, N= 65) und die Sachbeschädigung (zwei %, N= 20) machten nur einen untergeordneten Anteil aus.
Bezogen auf die Bezugsentscheidung lag der prozentuale Anteil der Bagatelldelikte[523] mit 108 zu 1.014 Fällen (10,6 %) vergleichsweise niedrig.

Berücksichtigt man nun die justiziellen Reaktionen und stellt einen Zusammenhang zwischen der Deliktsverteilung und den Ersatzfreiheitsstrafen her, wird deutlich, dass die Delikte, die in der Zufallsstichprobe unter Berücksichtigung der Bezugsentscheidung nur eine untergeordnete Rolle gespielt haben, bei den Ersatzfreiheitsstrafen überrepräsentiert sind (*Abbildung 33*, nächste Seite).

---

523 Damit sind die Delikte des Erschleichens von Leistungen (Beförderungserschleichung) und des Diebstahls geringwertiger Sachen gemeint.

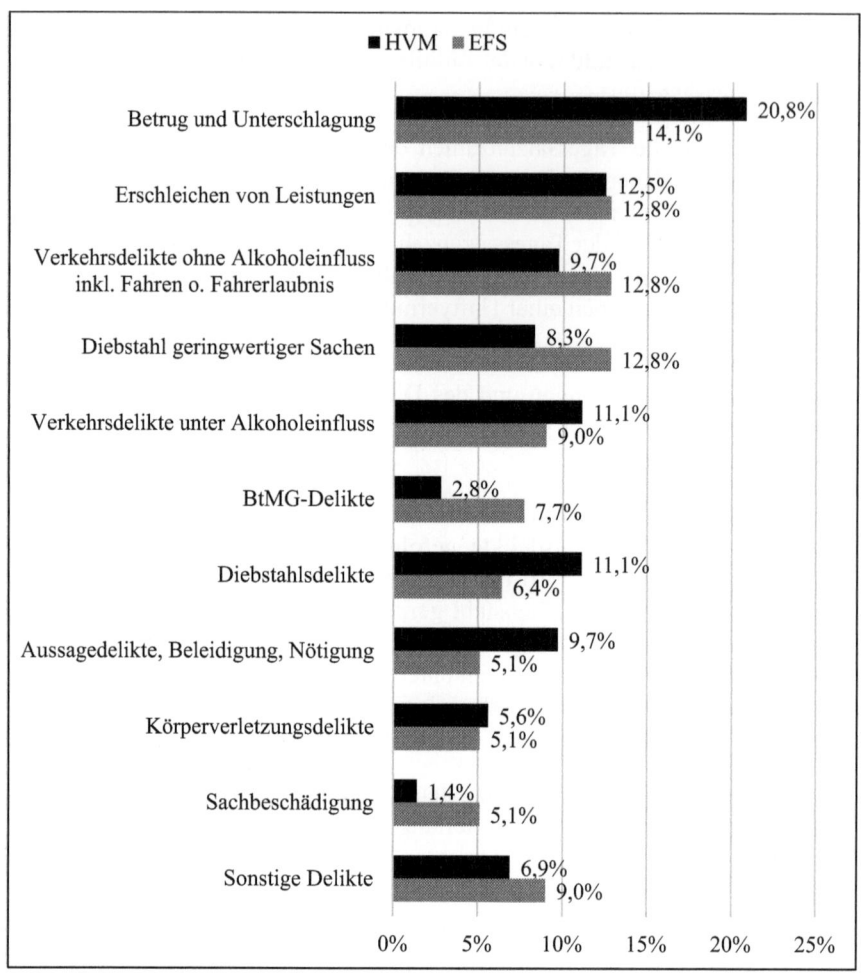

Abbildung 33: Deliktsverteilung HVM (N= 72) und EFS (N= 78)[524]

Dies zeigt sich insbesondere bei dem Delikt Erschleichen von Leistungen mit 12,8 % (N= 10) und dem Diebstahl geringwertiger Sachen 12,8 % (N= 10). Bei den Teilnehmern einer Haftvermeidungsmaßnahme lag der prozentuale Anteil der Deliktsverwirklichung Erschleichen von Leistungen zur Bezugs-entscheidung mit 12,5 % (N= 9) fast gleich, bei dem Diebstahl gering wertiger

---

524 Siehe auch *Tabelle A33* im Anhang.

Sachen mit 8,3 % (N= 6) darunter. Die gegenwärtige Forschung bestätigt somit, dass auf die Klientel der Ersatzfreiheitsstrafen häufig Bagatelldelikte wie das Erschleichen von Leistungen und der Diebstahl geringwertiger Sachen entfallen.

Insgesamt kann gesagt werden, dass Diebstahls- (11,1 %, N= 8), Betrugs- und Unterschlagungsdelikte (20,8 %, N= 15) eher von der Klientel begangen wurden, die eine Haftvermeidungsmaßnahme antraten. Delikte wie der Diebstahl geringwertiger Sachen (12,8 %, N= 10) und die Betäubungsmittelkriminalität (7,7 %, N= 7) waren eher mit der Verbüßung einer Ersatzfreiheitsstrafe assoziiert.

Statistisch gesehen besteht ein schwacher Zusammenhang zwischen der Deliktsverteilung und der justiziellen Reaktion Ersatzfreiheitsstrafe/Haftvermeidungsmaßnahme (phi= 0.22), der aber nicht signifikant ist (p= 0.66).

Untersucht man nun die Delikte des Erschleichens von Leistungen und des Diebstahls geringwertiger Sachen auf deren Tagessatzanzahl und ordnet diese als Bagatelldelikt ein, wird deutlich, dass es einen signifikanten Zusammenhang zwischen der Tagessatzanzahl und den Bagatelldelikten des Erschleichens von Leistungen und dem Diebstahl geringwertiger Sachen gibt (*Abbildung 34*, nächste Seite)

Es zeigt sich, dass bei allen 1.014 ausgewerteten Fällen bei 1.004 Fällen Angaben zum Delikt (Bagatell-/Nicht-Bagatelldelikt) erhoben werden konnten. Insgesamt waren von den 1.004 Fällen 107 Fälle Bagatelldelikten wie dem Erschleichen von Leistungen und dem Diebstahl geringwertiger Sachen und 897 Fälle anderen als den definitiv eindeutigen Bagatelldelikten zuzuordnen. Bei den Tagessatzanzahlen von 21 bis 30 Tagessätzen überwiegen die Nicht-Bagatelldelikte. Bei der Gruppe der Tagessatzanzahlen bis zu 20 Tagessätzen überwiegen die Bagatelldelikte.

Es zeigt sich ein schwacher (phi= 0.14), signifikanter Zusammenhang (p= 0.01) zwischen der Tagessatzanzahl und der Deliktsart Erschleichen von Leistungen und des Diebstahls geringwertiger Sachen. Die Bagatelldelikte des Erschleichens von Leistungen und des Diebstahls geringerwertiger Sachen werden somit häufiger mit einer geringen Tagessatzanzahl belegt.

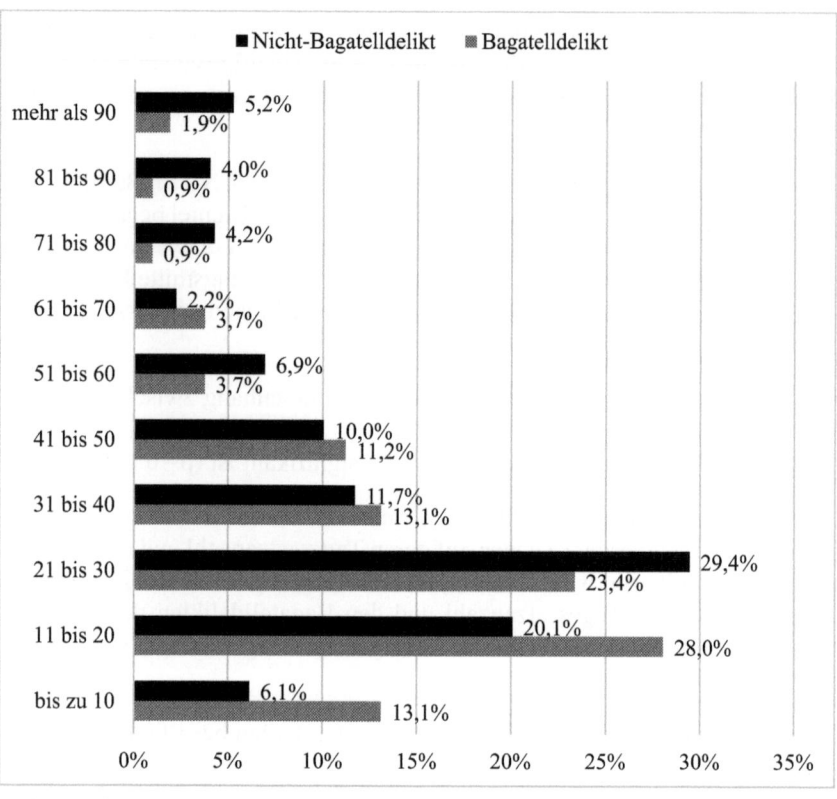

Abbildung 34: Tagessatzzahl nach Bagatell- (N= 107) und Nicht-Bagatelldelikt (N= 897) gruppiert (Gesamt-N = 1.004)[525]

2.3 Bezugsentscheidung – Tagessatzhöhe

Es wurde angenommen, dass die problematischen Geldstrafenschuldner der Zufallsstichprobe niedrigere Tagessatzhöhen als die Absolventen einer Haft-vermeidungsmaßnahme und die Ersatzfreiheitsstrafgefangenen vorweisen. Darüber hinaus gehen die Tagessatzhöhen mit dem Bekanntheitsgrad der wirt-schaftlichen Verhältnisse einher, so dass erwartet wurde, dass im Falle der Unkenntnis des Nettoeinkommens die Ersatzfreiheitsstrafgefangenen höhere

---

525 Siehe auch *Tabelle A34* im Anhang.

Tagessätze im Verhältnis zur Zufallsstichprobe auf sich vereinen. Dieses Ergebnis zeigt auch ein Vergleich der Ersatzfreiheitsstrafgefangenen und der Absolventen der Haftvermeidungsmaßnahmen.

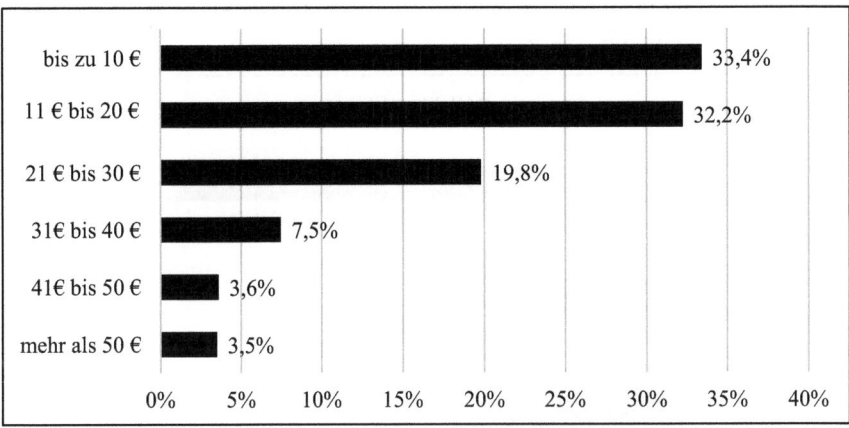

Abbildung 35: Tagessatzhöhe Zufallsstichprobe (Gesamt-N = 1.005)[526]

Es zeigt sich, dass von allen 1.014 erfassten Personen bei 1.005 Angaben zur Tagessatzhöhe ermittelt werden konnten. Bei 336 Fällen (33,4 %) sind am häufigsten Tagessätze mit einer Höhe von bis zu 10 € zum Einsatz gekommen. Hierauf folgen Tagessatzhöhen von 11 bis 20 € in einer Häufigkeit von 32,2 % (N= 324). Dieser Befund bestätigt, dass es sich bei der gegenwärtigen Klientel der Geldstrafe um Personen handelt, die jeweils zu einem Drittel mit einem Nettomonatseinkommen von bis zu 300 € bzw. bis zu 600 € auskommen müssen.

Vergleicht man die Gruppen der justiziellen Reaktionen hinsichtlich der Tagessatzhöhen miteinander, deutet dies zunächst auf das Vorliegen von höheren Tagessätzen bei der Gruppe der Ersatzfreiheitsstrafgefangenen hin (*Abbildung 36*, nächste Seite). Jedoch ist ein statistisch signifikanter Unterschied nicht erkennbar (phi= 0.22, p= 0.19).

Tagessätze bis zu 10 € kommen bei den Haftvermeidungsmaßnahmen mit 48,6 % (N= 35) am häufigsten vor. Darauf folgen mit 26,4 % (N= 19) Tagessatzhöhen von 11 € bis 20 € und Tagessatzhöhen von 21 € bis 30 € mit 16,7 %

---

526 Siehe auch *Tabelle A35* im Anhang.

(N= 12). Bei der Gruppe der Ersatzfreiheitsstrafgefangenen werden am häufigsten mit 37,2 % (N= 29) Tagessätze in einer Höhe von 11 € bis 20 € verhängt. Diesem folgen Tagessätze mit einer Höhe von bis zu 10 € mit 33,3 %
(N= 26), worauf wiederum Tagessätze mit einer Höhe von 21 € bis 30 € mit
20,5 % (N= 16) folgen.

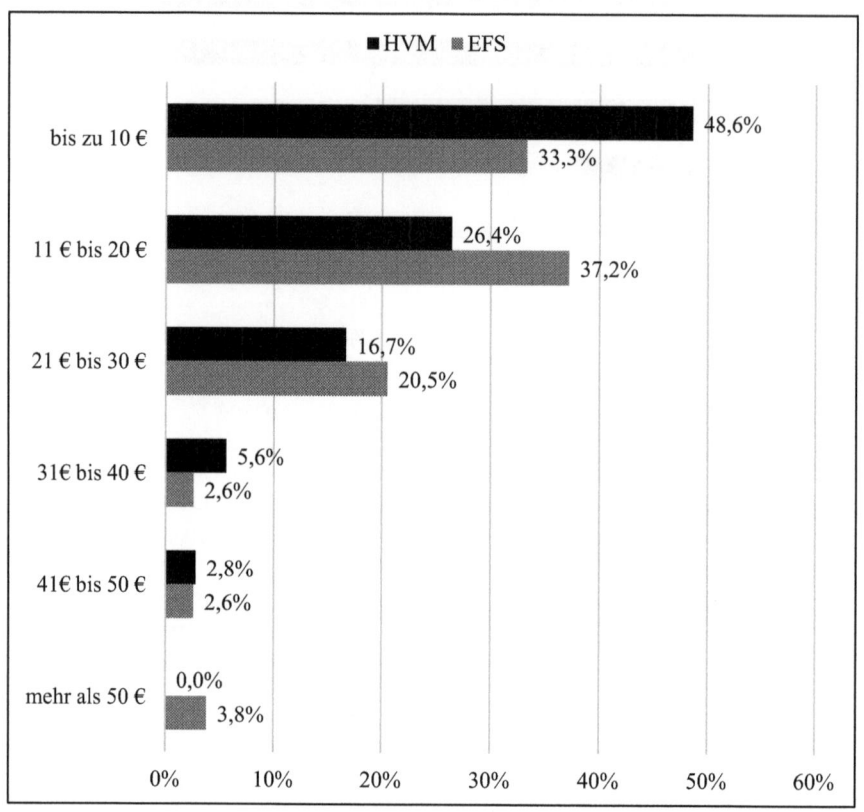

*Abbildung 36: Tagessatzhöhe nach Art der justiziellen Reaktion HVM (N= 72) und EFS (N=
78)[527]*

Die prozentualen Angaben zeigen, dass sich die Klientel der Zufallsstichprobe
im Hinblick auf die niedrigen Tagessatzhöhen von bis zu 10 € der Gruppe der
Ersatzfreiheitsstrafgefangenen angleicht.

---

527 Siehe auch *Tabelle A36* im Anhang.

Vergleicht man alle Ersatzfreiheitsstrafgefangenen (N= 78) mit den problematischen Geldstrafenschuldnern der Zufallsstichprobe, die keine Ersatzfreiheitsstrafe absolviert haben (N= 793), so zeigt sich, dass die Ersatzfreiheitsstrafgefangenen zu 33,3 % (N= 26) Tagessätze in einer Höhe von bis zu 10 € erhalten haben.

Die Geldstrafenschuldner der Zufallsstichprobe, die keine Ersatzfreiheitsstrafe absolviert haben, haben mit 31,7 % (N= 251) Tagessätze bis zu 10 € erhalten haben (*Abbildung 37*).

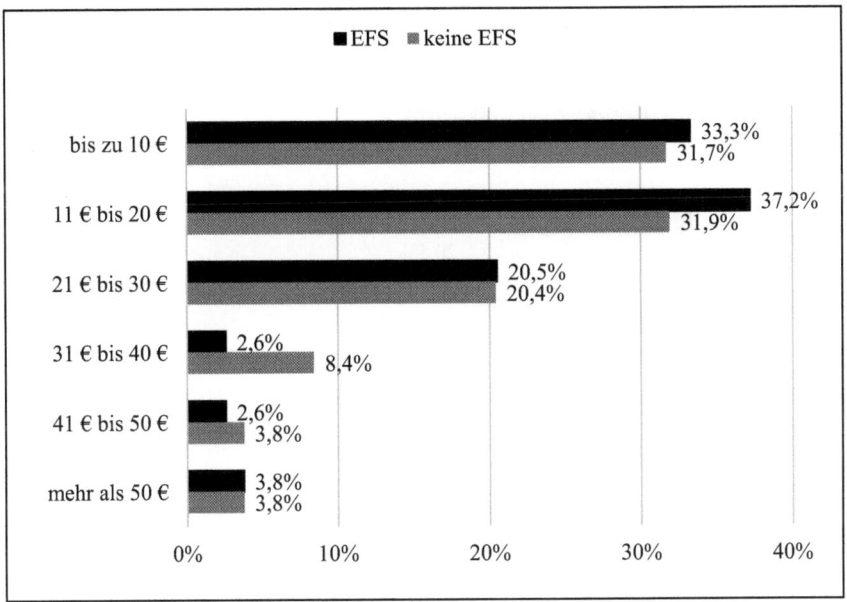

Abbildung 37: Tagessatzhöhe nach Vorliegen (N= 78) und Nichtvorliegen (N= 793) einer EFS[528]

Der Vergleich der Tagessätzhöhen der Ersatzfreiheitsstrafe mit denen der Zufallsstichprobe weisen keinen signifikanten Zusammenhang auf (phi= 0.06, p= 0.54).

Vergleicht man die Absolventen der Haftvermeidungsmaßnahmen (N= 72) mit den problematischen Geldstrafenschuldnern die keine Haftvermeidungsmaßnahme absolviert haben (N= 791), so zeigt sich, dass die Absolventen der

---

528 Siehe auch *Tabelle A37* im Anhang.

Haftvermeidungsmaßnahmen mit 48,6 % (N= 35) Tagessätze in einer Höhe von bis zu 10 € erhalten haben. Die Geldstrafenschuldner der Zufallsstichprobe, die keine Haftvermeidungsmaßnahme absolviert haben, haben mit 34,4 % (N= 272) am häufigsten Tagessätze mit einer Höhe von 11 € bis 20 € erhalten haben (*Abbildung 38*). In 29,5 % (N= 233) haben diese Tagesätze von bis zu 10 € erhalten.

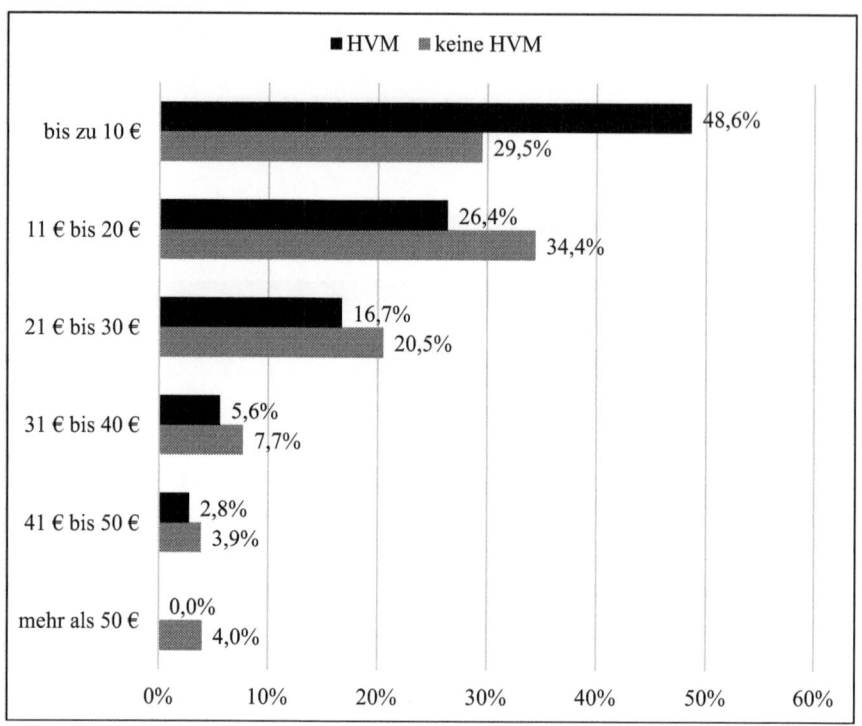

Abbildung 38: Tagessatzhöhe nach Vorliegen (N= 72) und Nichtvorliegen (N= 791) einer HVM[529]

Es zeigt sich hier ein schwacher, signifikanter Zusammenhang (phi= 0.12, p= 0.02).

Die Personen der Haftvermeidungsmaßnahmen haben somit entgegen der Hypothese eher niedrigere Tagessätze erhalten als die Klientel der Zufallsstichprobe.

---

529 Siehe auch *Tabelle A38* im Anhang.

Unter Bezugnahme auf den Bekanntheitsgrad des Nettoeinkommens zeigt sich, dass bei Unkenntnis der wirtschaftlichen Verhältnisse, ein Unterschied zwischen den Tagessatzhöhen bei den Bezugsentscheidungen der Absolventen der Haftvermeidungsmaßnahmen und denen der Ersatzfreiheitsstrafgefangenen nicht zu erkennen ist (*Abbildung 39*).

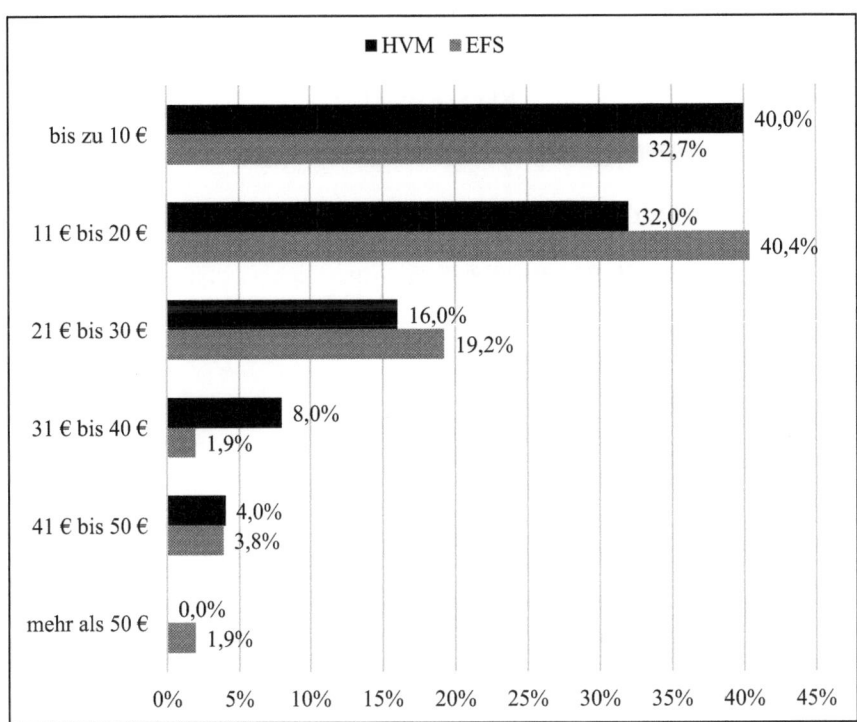

Abbildung 39: Tagessatzhöhe bei justiziellen Reaktionen und Nettoeinkommen unbekannt (HVM N= 25, EFS N= 52)[530]

So erhalten Personen, deren Nettoeinkommen unbekannt ist und die in die Ersatzfreiheitsstrafe oder Haftvermeidungsmaßnahmen gehen prozentual fast gleich häufig Tagessätze mit einer Höhe von bis zu 10 € bzw. 11 bis 20 €.

Ein signifikanter Zusammenhang zwischen der Tagessatzhöhe, der Einkommensbekanntheit und der Wahl der justiziellen Reaktion liegt nicht vor (phi= 0.23, p= 0.15).

530Siehe auch *Tabelle A39* im Anhang.

Gleiches zeigt sich auch, wenn man die Tagessatzhöhen, im Falle der Unkenntnis des Nettoeinkommens, bei den Ersatzfreiheitsstrafgefangenen mit
denen der problematischen Geldstrafenschuldner der Zufallsstichprobe vergleicht.

Die *Abbildung 40* zeigt, dass es den größten prozentualen Unterschied bei einer Tagessatzhöhe von 11 € bis 20 € gibt.

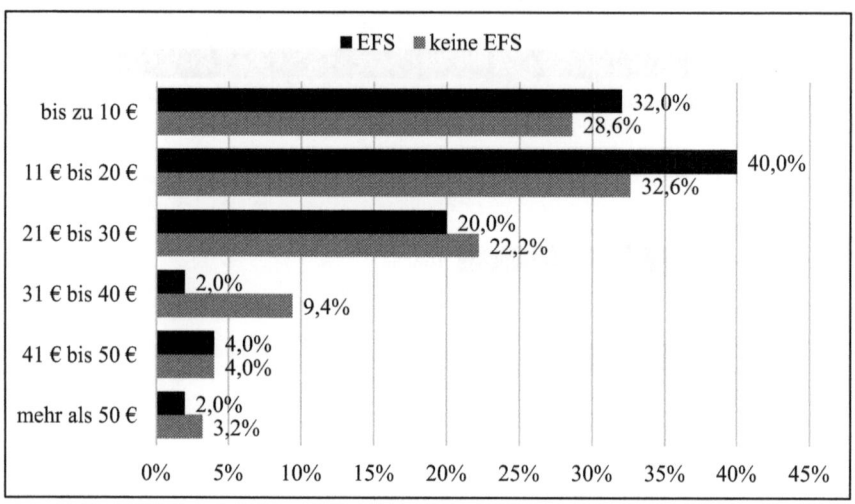

Abbildung 40: Tagessatzhöhe bei unbekanntem Nettoeinkommen nach Vorliegen (N= 50)
und Nichtvorliegen (N= 374) einer EFS[531]

Allerdings ist ein Zusammenhang zwischen der Tagessatzhöhe und unbekanntem Nettoeinkommen zwischen der Gruppe der Ersatzfreiheitsstrafgefangenen und den Geldstrafenschuldnern der Zufallsstichprobe nicht gegeben (phi=
0.09, p= 0.55).

2.4 Vorstrafen vor der Bezugsentscheidung

Hypothetisch war angenommen worden, dass die Personen, die die Geldstrafen durch die Ableistung einer Ersatzfreiheitsstrafe verbüßten, mehr Vorstrafen aufweisen als diejenigen, die die Geldstrafe in einer Haftvermeidungsmaßnahme getilgt haben. Dies hat sich statistisch nicht bestätigt.

---

531 Siehe auch *Tabelle A40* im Anhang.

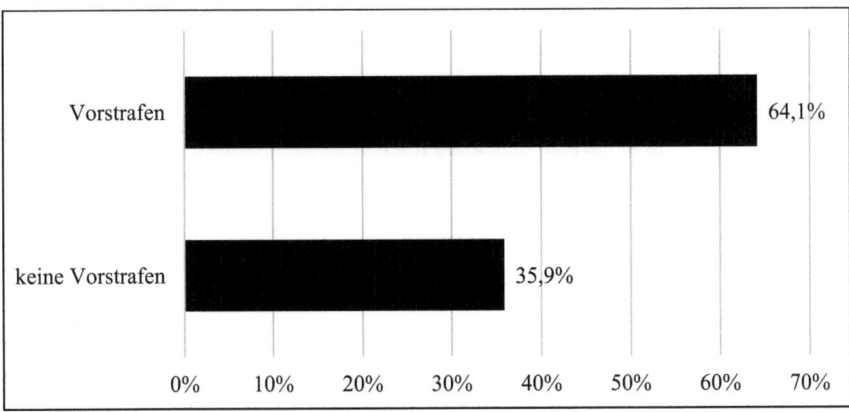

Abbildung 41: Vorstrafenbelastung Zufallsstichprobe (Gesamt-N = 499)[532]

320 Fälle (64,1 %) der 499 Personen[533] wiesen eine oder mehrere Vorstrafen auf. Bei 179 Fällen (35,9 %) lag keine Vorstrafenbelastung vor.

Bezogen auf die justiziellen Reaktionen ist festzustellen, dass bei den 122 Personen, die in eine Ersatzfreiheitsstrafe oder Haftvermeidungsmaßnahme gegangen sind und bei denen eine Angabe zu den Vorstrafen ermittelt werden konnte, 81 % (N= 47) der Klientel der Haftvermeidungsmaßnahmen und 85,9 % (N= 55) der Verbüßer einer Ersatzfreiheitsstrafe mit einer oder mehreren Vorstrafen belastet waren.

Folglich weisen Personen, die in die Haftvermeidungsmaßname oder Ersatzfreiheitsstrafe gegangen sind, ebenfalls überwiegend eine oder mehrere Vorstrafen auf, wobei die Auswertung zeigt, dass die Zahlen um ca. 20 Prozentpunkte höher sind als bei der Klientel der gesamten Zufallsstichprobe.

---

532 Siehe auch *Tabelle A41* im Anhang.
533 Von den 1.020 Fällen der Bezugsentscheidung konnte in 512 Fällen eine Vorstrafe nicht ermittelt werden. Vier Fälle waren als im System fehlend angegeben, so dass insgesamt bei 499 Fällen Angaben zu den Vorstrafen getätigt wurden.

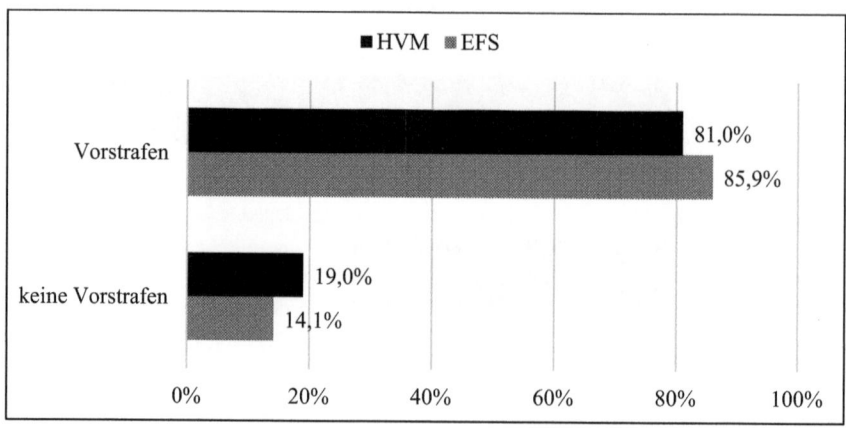

Abbildung 42: Vorstrafenbelastung nach justizieller Reaktion EFS (N= 64) und HVM (N= 58)[534]

Vergleicht man alle Ersatzfreiheitsstrafgefangenen bei denen eine Angabe zu den Vorstrafen ermittelbar war (N= 64), mit den problematischen Geldstrafenschuldnern, die keine Ersatzfreiheitsstrafe absolviert haben (N= 419), so zeigt sich, dass letztere mit 59,9 % (N= 251) gut 20 Prozentpunkte weniger Vorstrafen begangen haben als die Ersatzfreiheitsstrafenverbüßenden mit 85,9 % (N= 55). Der Vergleich der Vorstrafenbelastung der Absolventen einer Haftvermeidungsmaßnahme (N= 58) mit der der problematischen Geldstrafenschuldner der Zufallsstichprobe (N= 403) zeigt, dass 81 % (N= 47) der Absolventen der Haftvermeidungsmaßnahmen eine Vorstrafe vorweisen. Bei den problematischen Geldstrafenschuldnern der Zufallsstichprobe sind es ca. 20 Prozentpunkte weniger, nämlich 59,8 % (N= 241). Die statistische Auswertung zeigt trotz der deutlichen Zahlen, dass es nur einen schwachen, signifikanten Zusammenhang zwischen der Vorstrafenbelastung der problematischen Geldstrafenschuldner und der Absolventen der justiziellen Reaktion der Ersatzfreiheitsstrafe (phi= 0.18, p= <0.001) oder der Haftvermeidungsmaßnahmen (phi= 0.14, p= 0.002) gibt. Der Vergleich der Vorstrafenbelastung der Absolventen der justiziellen Reaktionen untereinander weist insgesamt keinen signifikanten Zusammenhang auf (phi= 0.06, p= 0.46).

Die Vorstrafenbelastung haben sich gegenwärtig also nicht auf die Entscheidung Ersatzfreiheitsstrafe oder Haftvermeidungsmaßnahme ausgewirkt, während sich andererseits Unterschiede zwischen der Gruppe der problematischen

---

534 Siehe auch *Tabelle A42* im Anhang.

Geldstrafenschuldner der Zufallsstichprobe und der Gruppe der Absolventen einer Ersatzfreiheitsstrafe/Haftvermeidungsmaßnahme zeigten.

2.4 Vollzugserfahrung vor Bezugsentscheidung

Die Hypothese, dass die Vollzugserfahrung die Entscheidung bestimmt, eine Ersatzfreiheitsstrafe abzuleisten oder nicht, hat sich bestätigt.

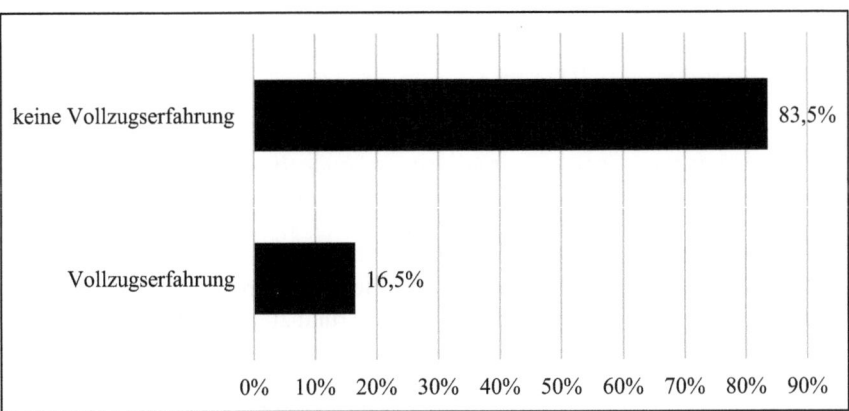

Abbildung 43: Vollzugserfahrung Zufallsstichprobe (Gesamt-N= 431)[535]

Von den 431 Fällen[536] (100 %) wurde bei 83,5 % (N= 360) keine Vollzugserfahrung angegeben. 16,5 % (N= 71) der Personen wiesen eine oder mehrere Vollzugserfahrungen auf.

---

535 Siehe auch *Tabelle A43* im Anhang.
536 Von den 1.014 Personen der Zufallsstichprobe konnte in 431 Fällen (42,5 %) eine Angabe zur Vollzugserfahrung erhoben werden. 579 Fälle (57,1 %) waren nicht ermittelbar und vier Fälle im System fehlend angegeben.

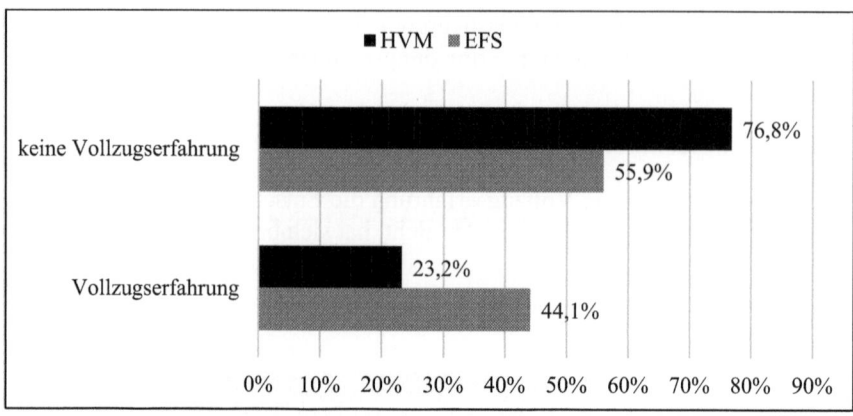

Abbildung 44: Vollzugserfahrung nach justizieller Reaktion HVM (N= 56) und EFS
(N= 59)[537]

Bei der Gruppe der Absolventen einer Haftvermeidungsmaßnahmen haben
76,8 % (N= 43) keine Vollzugserfahrung. Bei der Gruppe der Ersatzfreiheitsstrafgefangenen sind dies mit 55,9 % (N= 33) rund 20 Prozentpunkte weniger.

Die Auswertung hat ergeben, dass ein hoch signifikanter Zusammenhang
(phi= 0.22, p= 0.01) zwischen der Vollzugserfahrung und der Art der justiziellen Reaktion Ersatzfreiheitsstrafe oder Haftvermeidungsmaßnahme vorliegt. Folglich lässt sich sagen, dass Personen, die schon einmal Vollzugserfahrungen gesammelt haben, eher in die Ersatzfreiheitsstrafe gehen als in die
Haftvermeidungsmaßnahme. Vergleicht man die Vollzugserfahrung der problematischen Geldstrafenschuldner der Zufallsstichprobe mit den Absolventen
der Haftvermeidungsmaßnahmen und Ersatzfreiheitsstrafen, so wird deutlich,
dass letztere besonders häufig Vollzugserfahrung vorweisen. Vergleicht man
alle Ersatzfreiheitsstrafgefangenen bei denen eine Angabe zur Vollzugserfahrung ermittelbar war (N= 59) mit den problematischen Geldstrafenschuldnern
die keine Ersatzfreiheitsstrafe absolviert haben (N= 365), so zeigt sich, dass
letztere mit 11,5 % (N= 42) um ca. 30 Prozentpunkte weniger Vollzugserfahrung aufwiesen als die Gruppe der Ersatzfreiheitsstrafgefangenen mit 44,1 %
(N= 26). Vergleicht man die Vorstrafenbelastung der Absolventen einer Haftvermeidungsmaßnahme (N= 56) mit der der problematischen Geldstrafenschuldner der Zufallsstichprobe (N= 353), so zeigt sich, dass 23,2 % (N= 13)

---

537 Siehe auch *Tabelle A44* im Anhang.

der Absolventen der Haftvermeidungsmaßnahmen Vollzugserfahrung vorweisen. Bei den problematischen Geldstrafenschuldnern der Zufallsstichprobe sind es ca. zehn Prozentpunkte weniger, nämlich 12,7 % (N= 45).

Der Zusammenhang zwischen der Vollzugserfahrung der Ersatzfreiheitsstrafgefangenen und der Vollzugserfahrung der problematischen Geldstrafenschuldner der Zufallsstichprobe ist signifikant (phi= 0.30, p= <0.00). Ein signifikanter Zusammenhang zwischen der Vollzugserfahrung der Absolventen einer Haftvermeidungsmaßnahme und den problematischen Geldstrafenschuldnern der Zufallsstichprobe besteht nicht (phi= 0.10, p= 0.03).

3. Rückfälligkeit

Das wesentliche Kriterium, nach dem der Erfolg der justiziellen Reaktion gemessen wird, ist gegenwärtig die Rückfälligkeit der Klientel. Der Begriff des Erfolgs einer Sanktion/Maßnahme bringt durchaus Diskussionsbedarf mit sich. So kann aus sozialpädagogischer Sicht bereits die stetige Kontaktaufnahme zu einer Einrichtung der Sozialen Arbeit oder die Vermittlung in ein Hilfeangebot, z. B. der Suchthilfe oder Schuldnerberatung, ein Erfolg für die Klientel sein.

In dieser Untersuchung ist der Erfolg jedoch auf das Vorliegen/Nichtvorliegen eines Rückfalls bezogen zu verstehen. Der Erfolg ist somit gegenwärtig an der Legalbewährung der Klientel bemessen.

Im Rahmen der Rückfälligkeitsuntersuchung soll überprüft werden, ob die Klientel der Ersatzfreiheitsstrafe häufiger rückfällig wird als die Klientel der Haftvermeidungsmaßnahmen. Zudem wird geprüft, ob die Hypothese, dass unter den Rückfälligen häufiger junge, ledige Männer vertreten sind, welche über ein niedriges Nettoeinkommen verfügen, richtig ist. Außerdem wird festgestellt, ob das Rückfälligkeitsdelikt dem Delikt der Bezugsentscheidung gleicht.

Die relativ kleine Kohorte von 109 Personen, die in die Rückfälligkeitsuntersuchung einbezogen wurde[538], begrenzt die Allgemeingültigkeit der Ergebnisse. Dennoch werden im Folgenden der statistische Zusammenhang und die Signifikanz, der Vollständigkeit halber, dargestellt.

---

538 Da in der Forschung nur die Bundeszentralregisterauszüge der Personen, die eine Ersatzfreiheitsstrafe oder Haftvermeidungsmaßnahme abgeleistet haben, ausgewertet wurden,

3.1 Rückfälligkeit gesamt und nach justizieller Reaktion

Vorliegend sind 109 Personen, 10,7 % der Zufallsstichprobe (N= 1.014), in die Rückfälligkeitsuntersuchung einbezogen worden. Bezüglich der einbezogenen Personen, die eine Ersatzfreiheitsstrafe verbüßt oder eine Haftvermeidungsmaßnahme abgeleistet haben, wurden die Daten aus den Bundeszentralregisterauszügen erhoben. Es wurde angenommen, dass die Personen, die in einer Ersatzfreiheitsstrafe ihre Geldstrafe verbüßt haben, häufiger rückfällig werden als die Personen, die diese im Rahmen einer Haftvermeidungsmaßnahme getilgt haben.

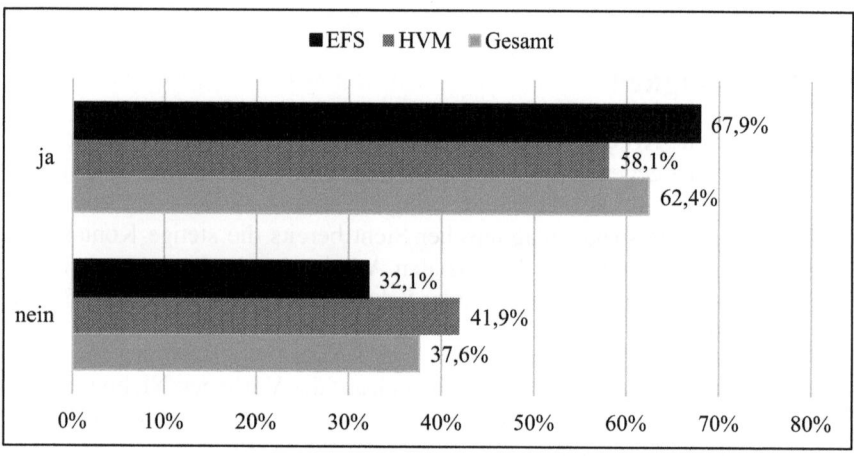

Abbildung 45: Rückfälligkeit nach justizieller Reaktion EFS (N= 53) und HVM (N= 62)[539]

Von den 115[540] Fällen sind in 72 Fällen Rückfälle erhoben worden. In 43 Fällen konnte keine Rückfälligkeit festgestellt werden. Somit werden von den problematischen Geldstrafenschuldnern, die in die Ersatzfreiheitsstrafe oder Haftvermeidungsmaßnahme gegangen sind, mehr als die Hälfte der Personen erneut rückfällig. Nach der Rückfälligkeitsstudie von *Jehle, Albrecht,*

---

gibt es eine nur kleine Untersuchungsgruppe für die Feststellung der Rückfälligkeit (N= 109). Hier liegen keine Doppelnennungen vor.

539 Siehe auch *Tabelle A45* im Anhang.

540 Hier sind Doppelnennungen berücksichtigt.

Homann-Fricke und Tetal liegt „die Rückfallrate nach Geldstrafen vergleichsweise niedrig bei rund 31 %."[541] Dieser Unterschied zu den gegenwärtigen Ergebnissen dürfte darin zu sehen sein, dass gegenwärtig nur die problematischen Geldstrafenschuldner in die Untersuchung eingeflossen sind.

Schaut man sich die Rückfälligkeit der Personen an, die eine Ersatzfreiheitsstrafe verbüßt haben und bei denen eine Angabe zur Rückfälligkeit erfasst
werden konnte (N= 53[542]), so zeigt sich, dass 36 Personen (67,9 %) rückfällig
geworden sind. 32,1 % (N= 17) sind nicht rückfällig geworden. Bei den Haft-
vermeidungsmaßnamen konnte in 62 Fällen eine Angabe zur Rückfälligkeit
erhoben werden. 36 dieser Personen (58,1 %) sind rückfällig geworden, 26
Personen (41,9 %) nicht.[543]

Es zeigt sich somit, dass die Personen, die in die Ersatzfreiheitsstrafe gegangen sind, insgesamt um ca. zehn Prozentpunkte häufiger rückfällig geworden
sind als die Klientel der Haftvermeidungsmaßnahmen.

Die statistische Auswertung zeigt einen sehr schwachen Zusammenhang zwischen der Rückfälligkeit und der justiziellen Reaktion (phi= 0.10), der nicht
signifikant ist (p= 0.27). Ein Zufallsergebnis kann somit nicht ausgeschlossen
werden. Statistisch gesehen müsste man somit sagen, dass die Personen, die
eine Ersatzfreiheitsstrafe abgeleistet haben, nicht häufiger rückfällig geworden sind als die Personen, die in eine Haftvermeidungsmaßnahme gegangen
sind. Es lässt sich jedoch vermuten, dass die geringe Fallzahl für dieses Ergebnis verantwortlich ist, zumal es immerhin einen schwachen Zusammenhang in Richtung der erwarteten Tendenz einer besseren Legalbewährung der
Teilnehmer an Haftvermeidungsmaßnahmen gibt. Betrachtet man die
Schwere des Rückfalls[544], so ist festzustellen, dass die meisten Rückfälle mit
einer Geldstrafe sanktioniert wurden.

---

541 Vgl. *Jehle/Albrecht/Homann-Fricke/Tetal* (2020), S. 57.
542 Sechs Doppelzählungen vorhanden.
543 Diesbezüglich ergibt sich eine Gesamtzahl von 115 Personen, anstatt den zuvor genannten
109 Personen. Dies liegt daran, dass es Personen gibt, die sowohl die Ersatzfreiheitsstrafe
als auch die Haftvermeidungsmaßnahmen abgeleistet haben (sechs Doppelzählungen).
Dies betrifft im Übrigen ausschließlich Personen, die zuvor eine Haftvermeidungsmaßnahme abgeleistet haben und dann in die Ersatzfreiheitsstrafe „gewechselt" sind.
544 Von den 72 Fällen war bei 6 Fällen eine Angabe zur Schwere des Rückfalls (Geldstrafe,
Freiheitsstrafe mit Bewährung oder unbedingte Freiheitsstrafe) nicht ermittelbar.

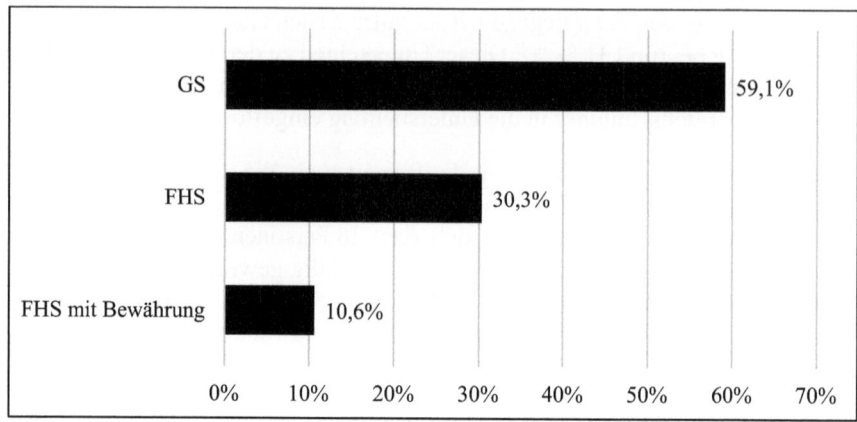

Abbildung 46: Schwere des Rückfalls (Gesamt-N = 66)[545]

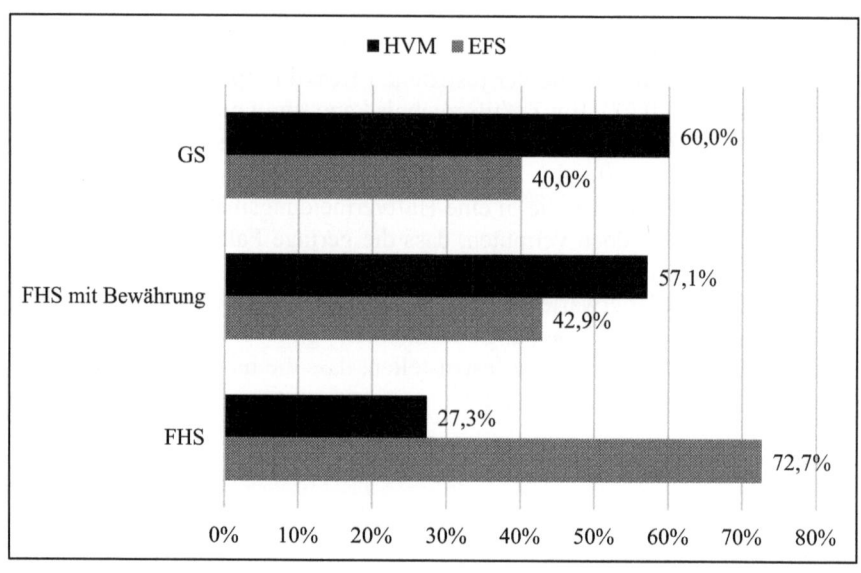

Abbildung 47: Schwere des Rückfalls nach justiziellen Reaktion EFS und HVM[546]

---

545 Siehe auch Tabelle A46 im Anhang.
546 Siehe auch Tabelle A47 im Anhang.

Von den 66 Fällen, bei denen eine Angabe zur Schwere des Rückfalls erhoben werden konnte, wurden 59,1 % (N= 39) mit einer Geldstrafe sanktioniert. Darauf folgt die Freiheitsstrafe mit 30,3 % (N= 20) und die Freiheitsstrafe mit Bewährung (10,6 %, N= 7). Bezieht man die Schwere des Rückfalls auf die justiziellen Reaktionen, so wird deutlich, dass der größte Unterschied zwischen den Absolventen der Ersatzfreiheitsstrafe und der Haftvermeidungsmaßnahmen bei der Verurteilung zu einer Freiheitsstrafe zu sehen ist.

Die Auswertung zeigt, dass von den 40 Fällen, die mit einer Geldstrafe sanktioniert wurden, 40 % (N= 16) zuvor eine Ersatzfreiheitsstrafe und 60 % (N= 24) eine Haftvermeidungsmaßnahme abgeleistet haben. Unter den Personen, die im Rahmen der Rückfälligkeitstat mit einer Freiheitsstrafe zur Bewährung verurteilt wurden (N= 7), leisteten zuvor 42,9 % (N= 3) eine Ersatzfreiheitsstrafe und 57,1 % (N= 4) eine Haftvermeidungsmaßnahme ab. Den gravierendsten Unterschied wiesen die prozentualen Werte hinsichtlich der Sanktion der Freiheitsstrafe auf. So haben von den 22 Personen, die im Rahmen der Rückfälligkeitstat zu einer Freiheitsstrafe verurteilt wurden, zuvor mit 72,7 % (N= 16) eine Ersatzfreiheitsstrafe und nur 27,3 % (N= 6) eine Haftvermeidungsmaßnahme abgeleistet.

Zwischen der Schwere des Rückfalls und der justiziellen Reaktion besteht ein signifikanter Zusammenhang (phi= 0.30, p= 0.04).

3.2 Rückfälligkeit nach Geschlecht

In die Rückfälligkeitsuntersuchung sind 109 Personen einbezogen worden, wobei hiervon 79,8 % (N= 87) Männer und 20,2 % Frauen (N= 22) sind.

Die Auswertung zeigt, dass die Rückfallrate bei den Frauen mit 63,6 % (N= 14) tendenziell höher liegt als bei den Männern mit 62,1 % (N= 54). Dieses Ergebnis ist überraschend, zumal die Rückfälligkeitsrate bei männlichen Verurteilten grundsätzlich höher ist als bei Frauen.[547]

Es gibt keinen signifikanten Zusammenhang zwischen dem Geschlecht und der („Nicht")-Rückfälligkeit (phi= 0.01, p= 0.89).

Bezieht man die Rückfälligkeit auf das Geschlecht und die justiziellen Reaktionen, zeigt sich ebenfalls, dass keine gesteigerte Rückfälligkeit der männlichen Klientel vorliegt.

---

547 Vgl. *Jehle/Albrecht/Homann-Fricke/Tetal* (2020), S. 54.

156   *Kapitel 7: Untersuchungsergebnisse*

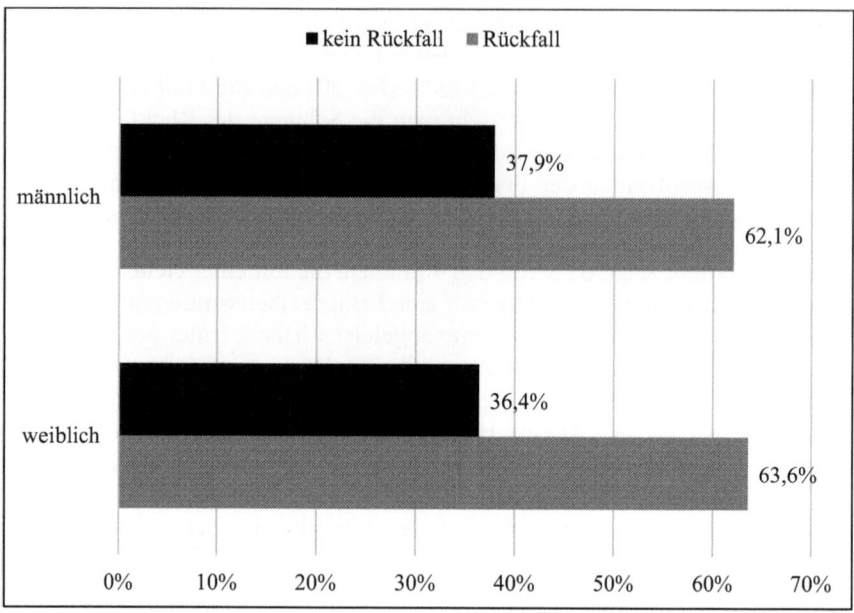

Abbildung 48: ("Nicht")-Rückfälligkeit nach Geschlecht (Gesamt-N = 109)[548]

Die *Abbildung 49* zeigt, dass die männliche Klientel nach Ableistung einer Ersatzfreiheitsstrafe mit 66,7 % (N= 30) sogar weniger häufig rückfällig wird als die weibliche Klientel mit 75 % (N= 6). Gleiches zeigt sich auch hinsichtlich der justiziellen Reaktion der Haftvermeidungsmaßnahmen.

548 Siehe auch *Tabelle A48* im Anhang.

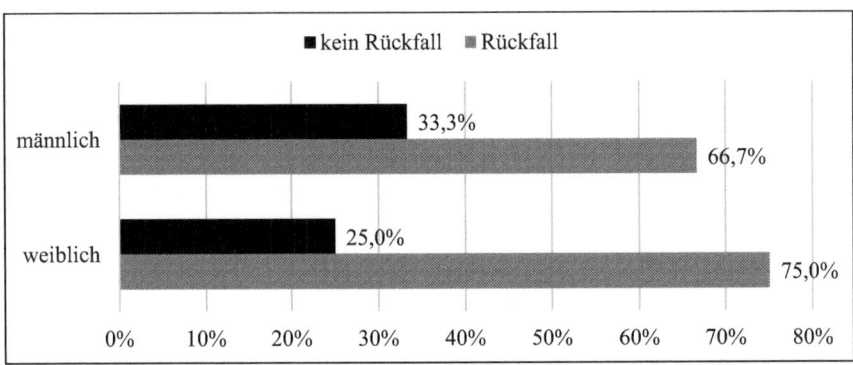

Abbildung 49: („Nicht")-Rückfälligkeit nach Geschlecht und justizieller Reaktion EFS (Gesamt-N = 53)[549]

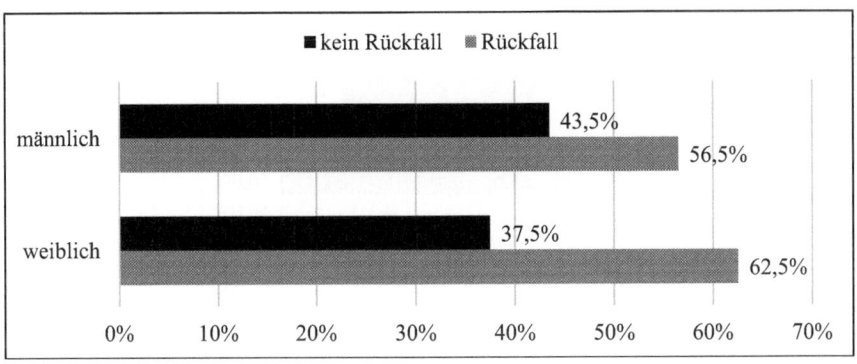

Abbildung 50: („Nicht")-Rückfälligkeit nach Geschlecht und justizieller Reaktion HVM (Gesamt-N = 62)[550]

So wurden 56,5 % (N= 26) männliche Personen nach Ableistung einer Haft-vermeidungsmaßnahme rückfällig. 43,5 % männliche Personen (N= 20) wurden nicht rückfällig (vgl. *Abbildung 50*). Bei der weiblichen Klientel wurden 62,5 % (N= 10) rückfällig, hinsichtlich der („Nicht")-Rückfälligkeit waren es bei den weiblichen Personen 37,5 % (N= 6).

75 % der Frauen, die eine Ersatzfreiheitsstrafe verbüßt haben, sind rückfällig geworden (vgl. *Abbildung 49*). Nach den Haftvermeidungsmaßnahmen waren es 62,5 % (vgl. *Abbildung 50*). Bei den Männern sind die Unterschiede mit

549 Siehe auch *Tabelle A49* im Anhang.
550 Siehe auch *Tabelle A50* im Anhang.

66,7 % zu 56,5 % gleichfalls statistisch nicht signifikant. Ein signifikanter Zusammenhang zwischen dem Geschlecht und der Wahl der justiziellen Reaktionen gibt es nicht (EFS phi= 0.06, p= 0.64; HVM phi= 0.05, p= 0.67).

3.3 Rückfälligkeit nach Alter

Die Zahlen der vorliegenden Untersuchung spiegeln die klassische Age-Crime-Kurve wider. Das heißt, dass in jungen Jahren die (Risiko)-Bereitschaft höher ist, eine bzw. mehrere Straftaten zu begehen, als es in einem höheren Alter der Fall ist.

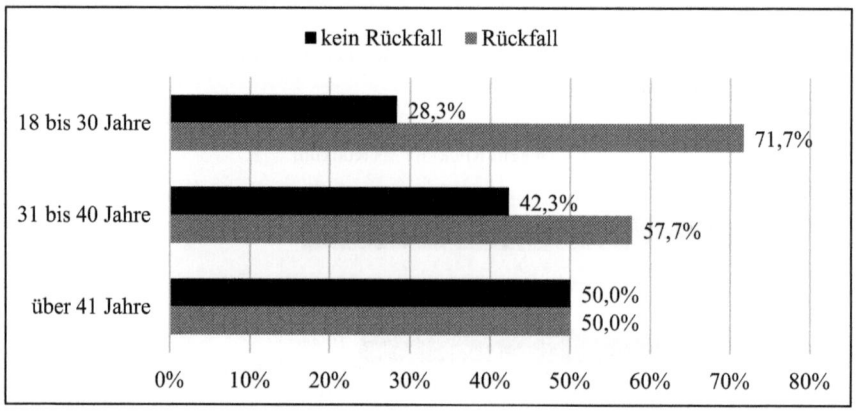

Abbildung 51: („Nicht")-Rückfälligkeit nach Alter (Gesamt-N = 109, Rückfall N= 68, kein Rückfall N= 41)[551]

So zeigt sich, dass prozentual am häufigsten Personen im Alter von 18 bis 30 Jahren rückfällig werden, 71,1 % (N= 38). In der Gruppe der 31- bis 40-Jährigen sind 57,7 % (N= 26) rückfällig geworden. Bei den über 41-Jährigen nimmt die Rückfälligkeitsrate ab (50 %, N= 15). Folglich zeigt sich auch hier die klassische Age-Crime-Kurve.

Zwischen dem Alter und der Rückfälligkeit besteht kein signifikanter Zusammenhang (phi= 0.19, p= 0.12).

Auch unter Berücksichtigung der justiziellen Reaktion der Haftvermeidungsmaßnahme zeigt sich, dass die Rückfälligkeit mit zunehmendem Alter sinkt.

---

551 Siehe auch *Tabelle A51* im Anhang.

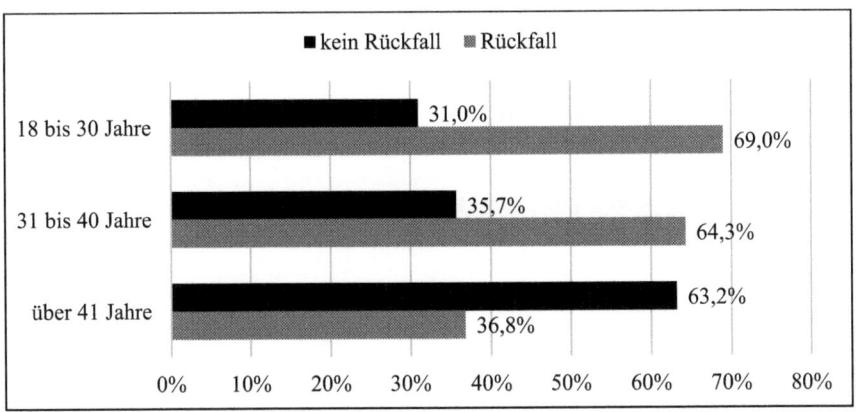

Abbildung 52: ("Nicht")-Rückfälligkeit nach Alter und justizieller Reaktion HVM (Gesamt-
N = 62)[552]

Der Auswertung kann entnommen werden, dass 69 % (N= 20) der 18- bis 30-Jährigen (N= 29), die eine Haftvermeidungsmaßnahme abgeleistet haben, rückfällig geworden sind. Von den 31- bis 40-Jährigen sind 64,3 % (N= 9) Personen von 14 rückfällig geworden. In der Gruppe der über 41-Jährigen sind 36,8 % (N= 12) der 19 Personen rückfällig geworden. Dies entspricht ebenfalls der klassischen Age-Crime-Kurve, zumal bei den über 40-Jährigen ein altersbedingter Rückgang der Kriminalität erwartet werden kann.

Zwischen dem Alter, der Rückfälligkeit und der justiziellen Reaktion der Haftvermeidungsmaßnahmen besteht ein signifikanter Zusammenhang (phi= 0.28, p= 0.07).

Betrachtet man die ("Nicht")-Rückfälligkeit nach Alter und justizieller Reaktion Ersatzfreiheitsstrafe, so zeigt sich, dass sich diese von der der Haftvermeidungsmaßnahmen unterscheidet und im Ergebnis von der klassischen Alter-Kriminalitätskurve abweicht.

Die *Abbildung 53* (nächste Seite) zeigt, dass bei den Verbüßern von Ersatzfreiheitsstrafen im Alter von 18 bis 30 Jahren (N= 24) am häufigsten Rückfälle zu verzeichnen sind (75 %, N= 18), gefolgt von der Gruppe der über 41-Jährigen (N= 11) mit 72,7 % (N= 8). Die Gruppe der 31- bis 40-Jährigen (N= 12) weist die geringste Rückfallrate auf. So teilt sich in dieser Gruppe die ("Nicht")-Rückfälligkeit hälftig auf (50 %, N= 6).

---

552 Siehe auch *Tabelle A52* im Anhang.

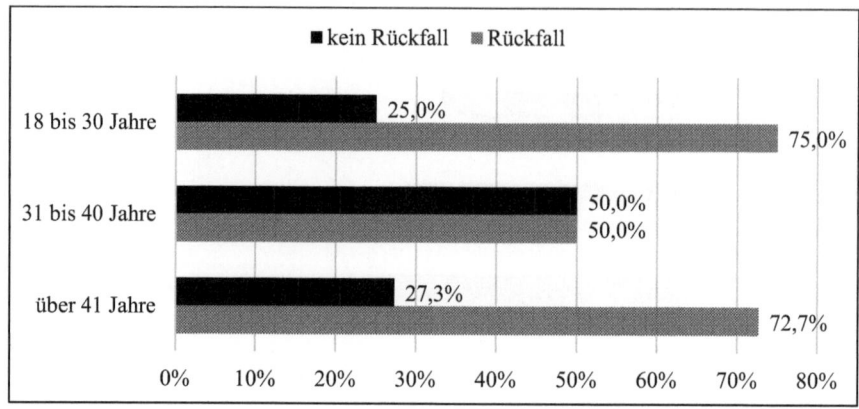

Abbildung 53: („Nicht")-Rückfälligkeit nach Alter und justizieller Reaktion EFS (N= 47)[553]

Zwischen dem Alter, der Rückfälligkeit und der justiziellen Reaktion Ersatzfreiheitsstrafe besteht kein signifikanter Zusammenhang (phi= 0.22, p= 0.29).

3.4 Rückfälligkeit nach Nettoeinkommen

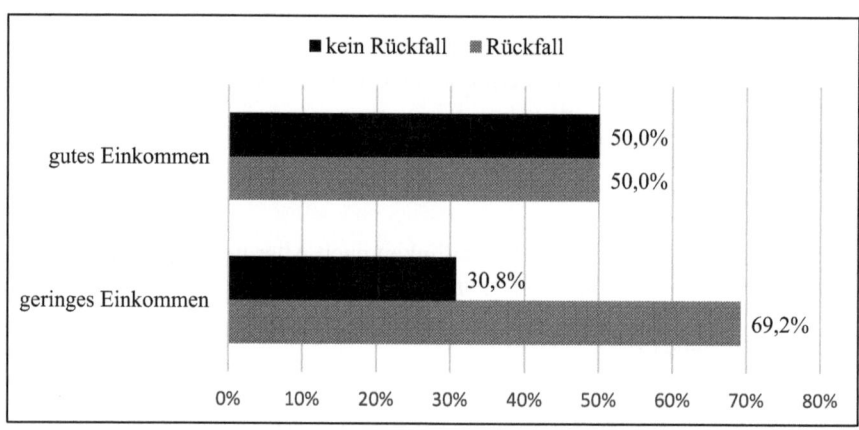

Abbildung 54: („Nicht")-Rückfälligkeit nach Einkommenssituation (Gesamt-N = 58, geringes Einkommen N= 52, gutes Einkommen N= 6)[554]

---

553 Siehe auch *Tabelle A53* im Anhang.
554 Siehe auch *Tabelle A54* im Anhang.

Die Rückfälligkeit wird unter Berücksichtigung des Nettoeinkommens untersucht. Insgesamt konnte bei 58 Personen die Rückfälligkeit nach der Einkommenssituation ausgewertet werden.

Die Auswertung zeigt, dass von den Personen, die über ein gutes Einkommen verfügen (N= 6), je die Hälfte (N= 3; 50 %) rückfällig werden. Bei den Personen mit einem geringen Einkommen (N= 52), sind 69,2 % (N= 36) rückfällig geworden.

Es besteht ein schwacher Zusammenhang (phi= -0.12), der nicht signifikant ist (p= 0.34), was erneut den geringen Fallzahlen geschuldet sein dürfte. Dennoch muss gegenwärtig davon ausgegangen werden, dass, unabhängig von der justiziellen Reaktion, die Einkommenssituation die Rückfälligkeit nicht grundlegend zu bestimmen scheint.

Ein anderes Bild zeigt sich jedoch in der nachfolgenden *Abbildung* 55, welche die Rückfälligkeit bezogen auf die Sanktionsalternativen (justiziellen Reaktionen) bei geringem Einkommen zeigt.

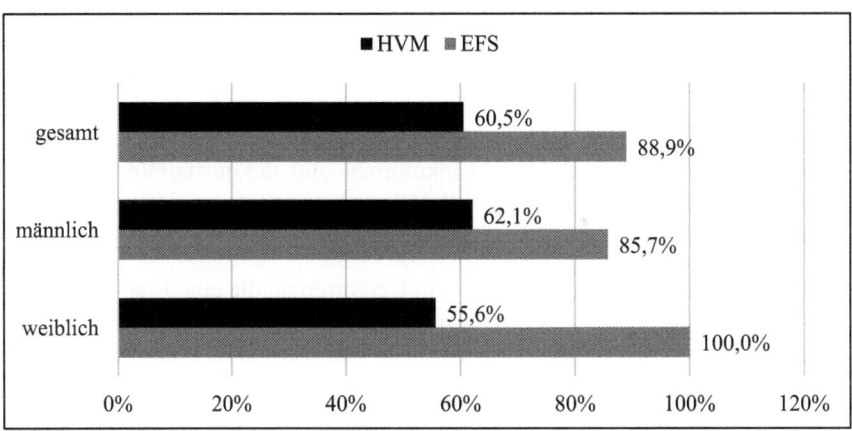

Abbildung 55: Rückfälligkeit nach justizieller Reaktion bei geringem Einkommen und Geschlecht (Gesamt-N = 56, EFS N= 18, HVM N= 38)[555]

Von den Personen mit geringem Einkommen (N= 56[556]), die eine Ersatzfreiheitsstrafe abgeleistet haben (N= 18), sind 88,9 % (N= 16) rückfällig gewor-

---

555 Siehe auch *Tabelle A55* im Anhang.
556 Hier sind drei Doppelnennungen enthalten.

den. Bei denen, die bei geringem Einkommen eine Haftvermeidungsmaß-nahme abgeleistet haben (N= 38), sind 60,5 % (N= 23) rückfällig geworden. Folglich sind die Personen, die in eine Ersatzfreiheitsstrafe gegangen sind und über ein geringes Einkommen verfügten, zu knapp 30 Prozentpunkte häufiger rückfällig geworden als die Absolventen der Haftvermeidungsmaßnahmen bei ebenfalls geringem Einkommen.

Statistisch gesehen besteht zwischen der Einkommenssituation und der Ab-leistung einer Ersatzfreiheitsstrafe oder Haftvermeidungsmaßnahme ein Zu-sammenhang (phi= 0.28), der stark signifikant ist (p= 0.03). Personen, die eine Ersatzfreiheitsstrafe abgeleistet haben und über ein geringes Einkommen ver-fügen, werden somit eher rückfällig als solche, die unter gleichen Bedingun-gen eine Haftvermeidungsmaßnahme angetreten haben.[557]

Männliche Absolventen einer Ersatzfreiheitsstrafe mit geringem Einkommen werden häufiger rückfällig als männliche Absolventen einer Haftvermei-dungsmaßnahme. So sind unter den Personen, die die Ersatzfreiheitsstrafe verbüßt haben, 85,7 % (N= 12) männliche Personen mit geringem Einkom-men. In der Haftvermeidungsmaßnahme sind männliche Personen mit gerin-gem Einkommen zu rund 20 Prozentpunkte weniger vertreten, nämlich mit 62,1 % (N= 18).

Allerdings ist der Zusammenhang zwischen der Rückfälligkeit, dem männli-chen Geschlecht, dem geringen Einkommen und der justiziellen Reaktion zwar nur minimal schwächer (phi= 0.24), aber wegen der geringen absoluten Fallzahlen nicht mehr signifikant (p= 0.11).

Alle weiblichen Personen mit geringem Einkommen, die eine Ersatzfreiheits-strafe abgeleistet haben, sind auch rückfällig geworden 100 % (N= 4). Von den neun Personen, die unter den gleichen Voraussetzungen die Haftvermei-dungsmaßnahmen abgeleistet haben, sind 55,6 % (N= 5) Personen rückfällig geworden.

Aufgrund der geringen Anzahl von Frauen, die in die Ersatzfreiheitsstrafe ge-gangen sind, ist der statistisch errechnete Zusammenhang (phi= 0.44, p= 0.10) nicht aussagekräftig. Bemerkenswert ist jedoch, dass alle Frauen, die in der Ersatzfreiheitsstrafe waren, auch rückfällig geworden sind.

---

557 Aufgrund der geringen Fallzahlen ist dieses Ergebnis nur bedingt aussagekräftig.

3.5 Rückfälligkeit nach Staatsangehörigkeit

Die Rückfälligkeit wurde des Weiteren unter Berücksichtigung der Staatsangehörigkeit der Personen untersucht (*Abbildung 56*).

Von den 89 Personen mit deutscher Staatsangehörigkeit sind 61,8 % (N= 55) rückfällig geworden. Bei den 19 Personen, die nicht über eine deutsche Staatsangehörigkeit verfügen, sind 63,2 % (N= 12) rückfällig geworden. Zwischen einem Rückfall und der Staatsangehörigkeit besteht kein signifikanter Zusammenhang (phi= 0.01, p= 0.91).

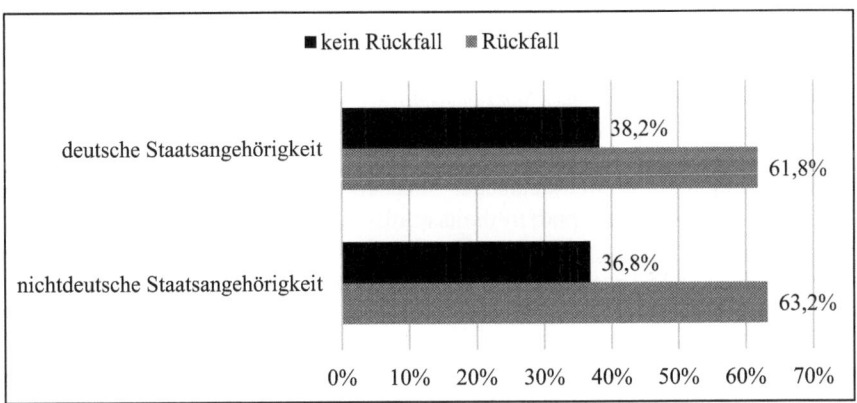

Abbildung 56: („Nicht")-Rückfälligkeit nach Staatsangehörigkeit (Gesamt-N = 108, deutsch N= 89, nichtdeutsch N= 19)[558]

Die Abbildungen 56 und 57 (nächste Seite) zeigen, dass die Differenzierung nach nichtdeutscher und deutscher Staatsangehörigkeit keinen signifikanten Einfluss auf die Rückfälligkeit hat.

Deutlich wird allerdings, dass bei Ableistung einer Ersatzfreiheitsstrafe eine höhere Rückfälligkeit festgestellt werden kann. Diese liegt im Vergleich zur Haftvermeidungsmaßnahme bei den deutschen um 10 Prozentpunkte, bei den nichtdeutschen sogar um 15 Prozentpunkte höher.

---

558 Siehe auch *Tabelle A56* im Anhang.

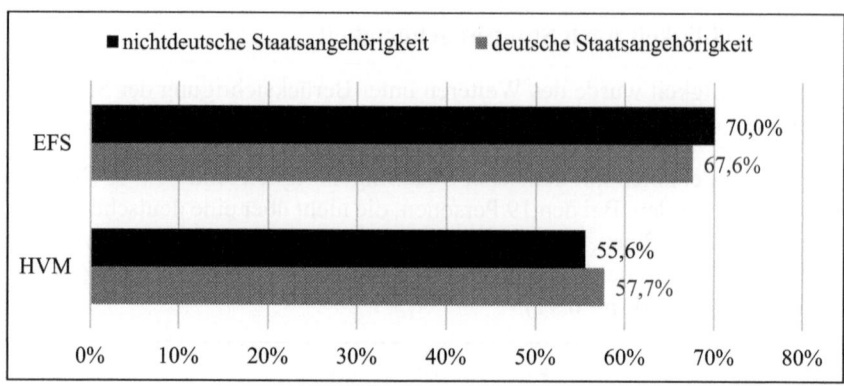

Abbildung 57: Rückfälligkeit nach Staatsangehörigkeit und justizieller Reaktion (deutsch
N= 89, nichtdeutsch N= 19 und EFS N= 47 und HVM N = 61)[559]

Von 10 Personen mit nichtdeutscher Staatsangehörigkeit sind 70,0 % (N= 7)
nach Ableistung einer Ersatzfreiheitsstrafe rückfällig geworden. Von den 9
nichtdeutschen Personen, die eine Haftvermeidungsmaßnahme vollzogen haben, ist eine um 15 Prozentpunkte geringere Rückfälligkeit (55,6 %, N= 5) zu
verzeichnen.

Eine ähnliche Verteilung ist bei den deutschen Staatsangehörigen erkennbar.

Trotz der Tendenz, welche anzeigt, dass die Nichtdeutschen einer Ersatzfreiheitsstrafe am häufigsten rückfällig werden, zeigt die Auswertung, dass es
zwischen der Staatsangehörigkeit und den justiziellen Reaktionen keinen signifikanten Zusammenhang (phi= 0.01, p= 0.88) gibt.

3.6 Rückfälligkeit nach Familienstand

Hinsichtlich des Rückfalls wurde vermutet, dass auch hier die Zahl der unver-
heirateten, ledigen Personen in der Ersatzfreiheitsstrafe oder Haftvermeidungsmaßnahme überwiegt.

---

559 Siehe auch *Tabelle A57* im Anhang.

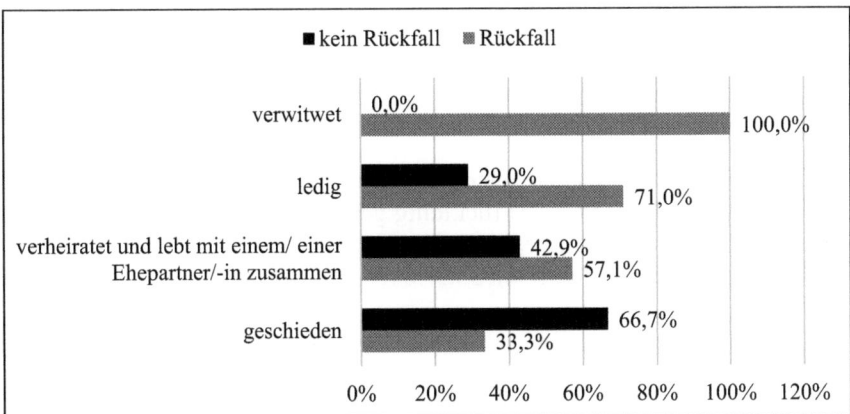

Abbildung 58: ("Nicht")- Rückfälligkeit nach Familienstand (Gesamt-N= 90)[560]

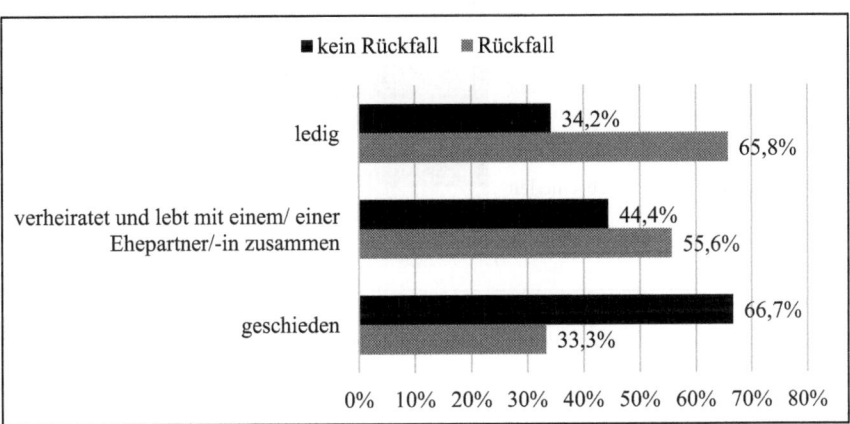

Abbildung 59: ("Nicht")-Rückfälligkeit nach Familienstand und justizieller Reaktion HVM (Gesamt-N = 50)[561]

Die Auswertung zeigt, dass die eine verwitwete Person auch rückfällig geworden ist. Von den 69 ledigen Personen sind 71 % (N= 49) rückfällig geworden. Von den 14 verheirateten und mit einem Lebenspartner zusammen Lebenden sind 57,1 % (N= 8) rückfällig geworden. Von den sechs Geschiedenen sind 33,3 % (N= 2) rückfällig geworden.

---

560 Siehe auch *Tabelle A58* im Anhang.
561 Siehe auch *Tabelle A59* im Anhang.

Statistisch gesehen besteht ein nicht signifikanter Zusammenhang zwischen der („Nicht")-Rückfälligkeit und dem Familienstand (phi= 0.22, p= 0.19). Ein Einfluss des Familienstandes auf die („Nicht")-Rückfälligkeit konnte nicht nachgewiesen werden.

Von den 38 ledigen Personen, die eine Haftvermeidungsmaßnahme abgeleistet haben, sind 65,8 % (N= 25) rückfällig geworden. Hierauf folgen die verheirateten und mit einem Ehepartner zusammenlebenden mit 55,6 % (N= 5) und zuletzt die Geschiedenen mit 33,3 % (N=1).

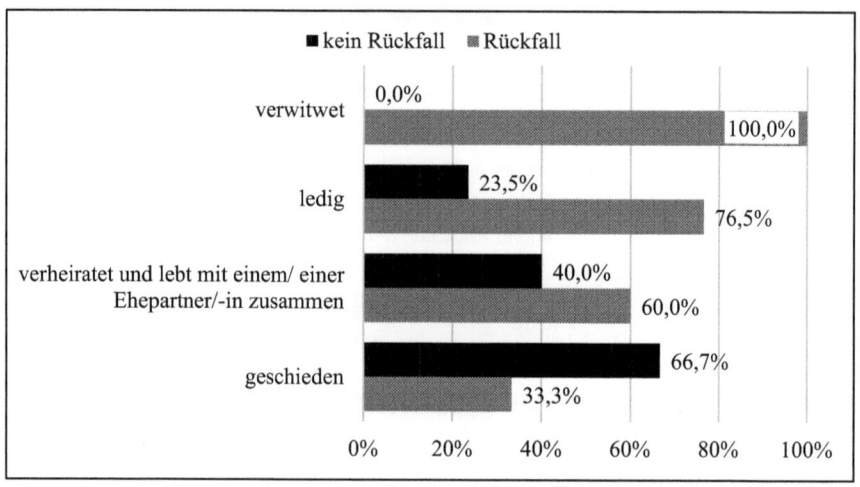

Abbildung 60: („Nicht")-Rückfälligkeit nach Familienstand und justizieller Reaktion EFS (N= 43)[562]

Bei den Ersatzfreiheitsstrafgefangenen sind alle Verwitweten (N = 1) rückfällig geworden. Von den 34 ledigen Personen, die eine Ersatzfreiheitsstrafe absolviert haben, sind 76,5 % rückfällig geworden (N= 26). Diesen folgen die verheirateten und mit einem Ehepartner zusammenlebenden mit 60 % (N= 3). Auch nach Ableistung einer Ersatzfreiheitsstrafe werden die Geschiedenen am seltensten rückfällig (33,3 %, N= 1).

Statistisch gesehen besteht auch unter Berücksichtigung der justiziellen Reaktion der Haftvermeidungsmaßnahmen ein schwacher (phi= 0.17), aber nicht

---

562 Siehe auch *Tabelle A60* im Anhang.

signifikanter (p= 0.48) Zusammenhang. Der Zusammenhang bei der Ersatzfreiheitsstrafe und dem Familienstand ist zwar deutlicher erkennbar (phi= 0.29), allerdings ist dieser auch hier nicht signifikant (p= 0.32).

Die Rückfälligkeit wird gegenwärtig somit nicht zwangsläufig durch den Familienstand beeinflusst. Durch den schwachen Zusammenhang und dem deutlichen prozentualen Anteil der ledigen Personen, darf dieses Ergebnis jedoch nicht unberücksichtigt bleiben.

3.7 Folgedelikte im Fall des Rückfalls

Die Rückfälligkeit wurde unter Berücksichtigung des Folgedelikts untersucht. So können Aussagen darüber getätigt werden, ob die Klientel nach einer Ersatzfreiheitsstrafe oder Haftvermeidungsmaßnahme erneut im gleichen Deliktsbereich straffällig wird. Dabei werden die Delikte des Erschleichens von Leistungen und des Diebstahls geringwertiger Sachen besonders in den Blick genommen. Aufgrund der geringen Fallzahlen können hier nur Tendenzen festgestellt werden.

Zunächst wird jedoch eine Übersicht über die Folgedelikte, welche die Ersatzfreiheitsstrafgefangenen und Absolventen einer Haftvermeidungsmaßnahme insgesamt begangen haben, gegeben. Bei 68 Personen, die in die Ersatzfreiheitsstrafe gegangen sind oder eine Haftvermeidungsmaßnahme absolviert haben, konnten Angaben zum Folgedelikt erfasst werden.

Die *Abbildung 61* (nächste Seite) zeigt, dass als Folgedelikt im Risikozeitraum neben dem Betrug und dem besonders schweren und qualifizierten Diebstahl das Delikt des Erschleichens von Leistungen mit 14,7 % (N= 10) am häufigsten verwirklicht worden ist.

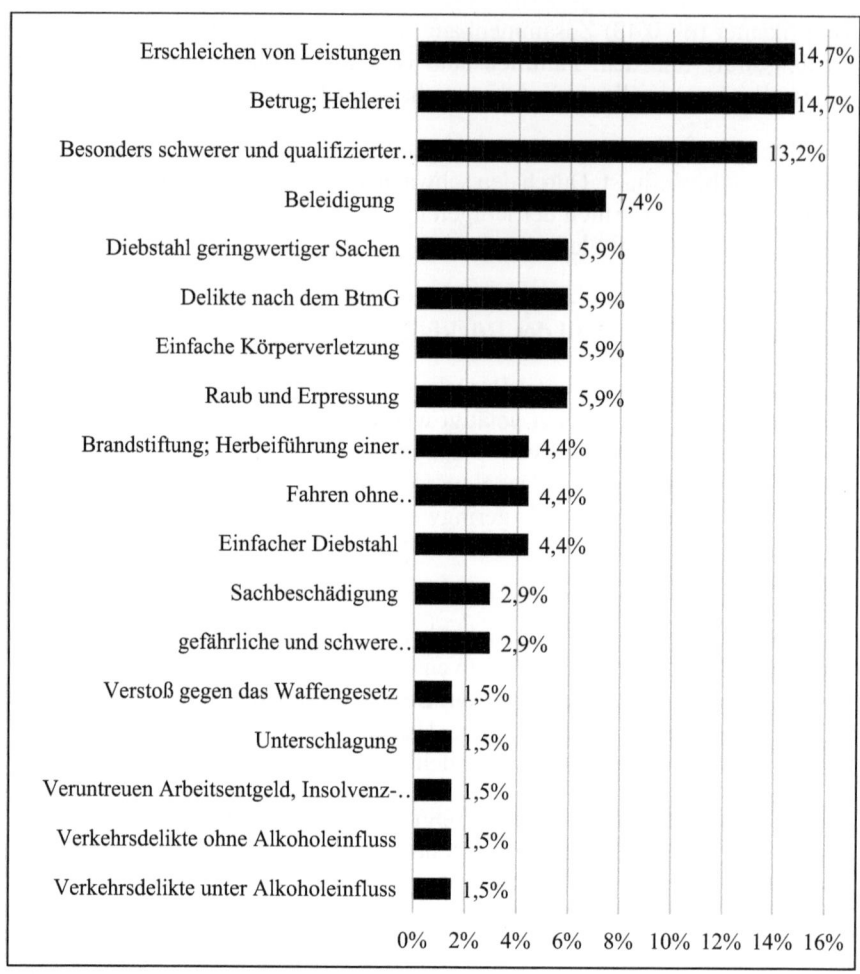

Abbildung 61: Folgedelikt im Risikozeitraum (Gesamt-N = 68)[563]

In der nachfolgenden *Abbildung 62* (nächste Seite) wird das Folgedelikt nach Bezugsentscheidung unter Berücksichtigung der justiziellen Reaktionen dargestellt.

---

563 Siehe auch *Tabelle A61* im Anhang.

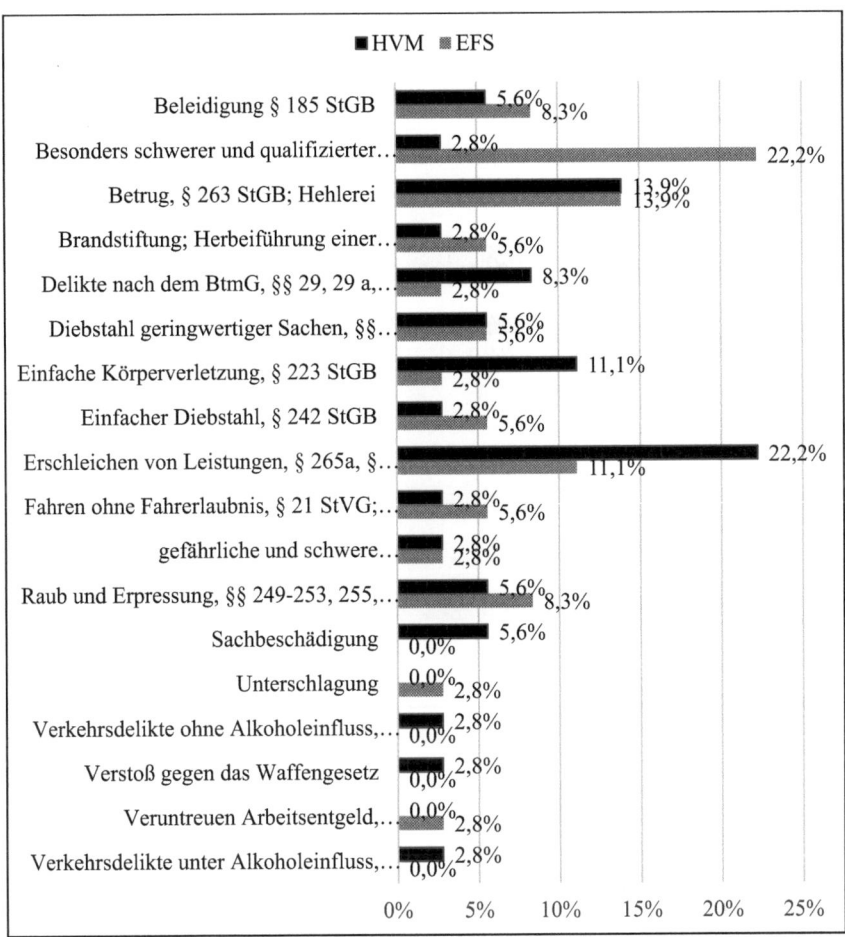

Abbildung 62: Folgedelikt nach justizieller Reaktion EFS (N= 36) und HVM (N= 36)[564]

Es zeigt sich, dass als Folgedelikt bei den rückfälligen Ersatzfreiheitsstrafgefangenen (N= 36[565]) am häufigsten der besonders schwere und qualifizierte Diebstahl mit 22,2 % (N= 8), gefolgt vom Betrug mit 13,9 % (N= 5) vorkommt. Von den Absolventen der Haftvermeidungsmaßnahmen wurde als Folgedelikt am häufigsten das Erschleichen von Leistungen mit 22,2 % (N= 8) und der Betrug mit 13,9 % (N= 5) verwirklicht.

---

564 Siehe auch *Tabelle A62* im Anhang.
565 Doppelzählungen möglich.

Alsdann wurde untersucht, welche Folgedelikte unter Berücksichtigung der justiziellen Reaktionen auf die der Bezugsentscheidung zugrundeliegenden Delikte des Erschleichens von Leistungen und des Diebstahls geringwertiger Sachen verwirklicht wurden.

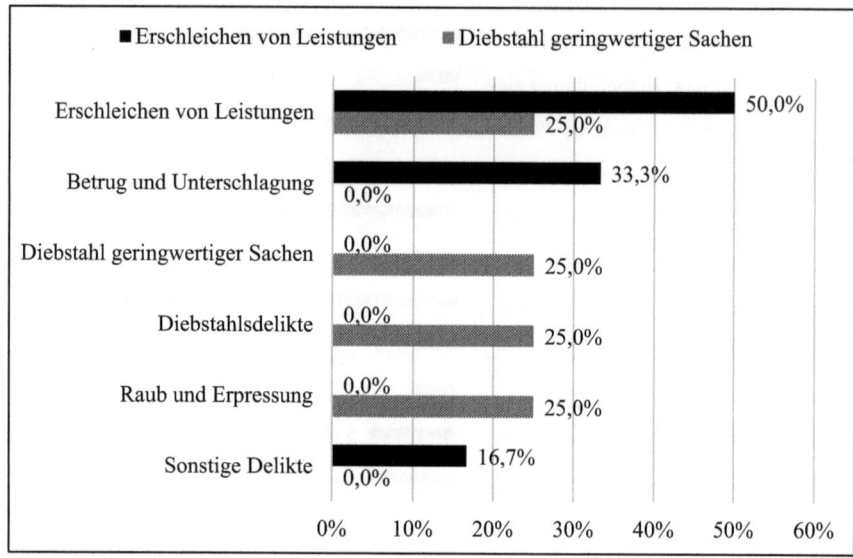

Abbildung 63: Folgedelikt nach Bagatelldelikten des Erschleichens von Leistungen (N= 6) und des Diebstahls geringwertiger Sachen (N= 4) nach EFS (Gesamt-N = 10)[566]

Es zeigt sich, dass die sechs Ersatzfreiheitsstrafgefangenen, die in der Bezugsentscheidung wegen des Bagatelldelikts Erschleichen von Leistungen eine Geldstrafe erhalten haben, erneut mit diesem Delikt rückfällig geworden sind (50 %, N= 3). Hierauf folgen Delikte des Betrugs und der Unterschlagung mit 33,3 % (N= 2).

Bei den Ersatzfreiheitsstrafgefangenen deren Bezugsentscheidung sich auf das Delikt des Diebstahls geringwertiger Sachen (N= 4) bezogen hat, sind jeweils zu 25 % im Deliktsbereich des Betrugs und der Unterschlagung, des Diebstahls geringwertiger Sachen und des Raubs und der Erpressung straffällig geworden.

---

566 Siehe auch *Tabelle A63* im Anhang.

Man kann somit die Tendenz feststellen, dass Personen, die in der Bezugsentscheidung wegen des Delikts Erschleichen von Leistungen sanktioniert worden sind, auch im Falle einer Rückfälligkeitstat in diesem Deliktsbereich straffällig wurden. Bei den Personen die einen Diebstahl geringwertiger Sachen in der Bezugsentscheidung verwirklicht haben, sind Rückfälligkeitsdelikte meist ebenfalls im Bereich der Vermögensdelikte festzustellen.

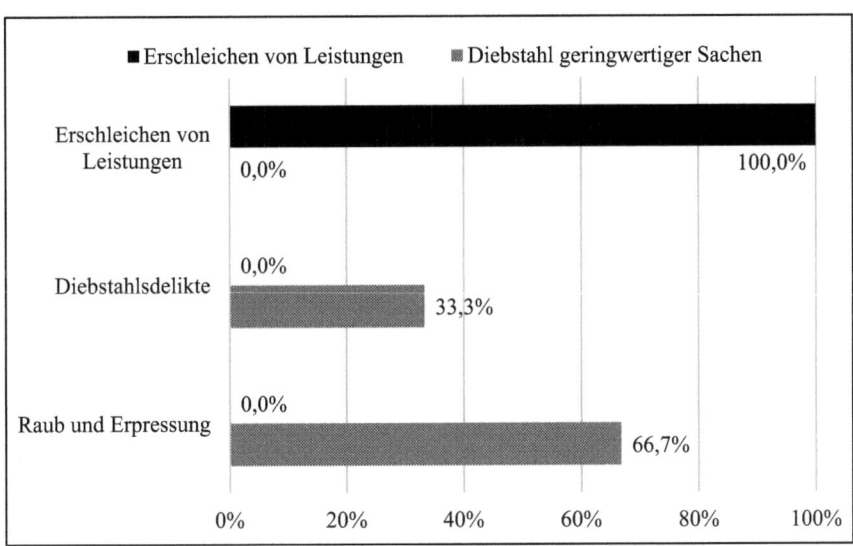

Abbildung 64: Folgedelikt nach Bagatelldelikten des Erschleichens von Leistungen (N= 6) und des Diebstahls geringwertiger Sachen (N= 3) nach HVM (Gesamt-N = 9)[567]

Betrachtet man das Folgedelikt der Absolventen einer Haftvermeidungsmaßnahme nach Verwirklichung des Delikts Erschleichen von Leistungen innerhalb der Bezugsentscheidung, so wird deutlich, dass diese im gleichen Deliktsbereich erneut rückfällig werden (100 %, N= 6).

---

567 Siehe auch *Tabelle A64* im Anhang.

Kapitel 8: Zusammenfassung der wesentlichen Ergebnisse

Die Zusammenfassung zeigt zunächst die Defizite bei der Strafzumessung im Bereich der Geldstrafe auf. Alsdann werden die einbezogenen Geldstrafenschuldner, also die Klientel der Vergleichsgruppen der Ersatzfreiheitsstrafe und der Haftvermeidungsmaßnahmen, im Verhältnis zur Zufallsstichprobe, dargestellt, um letztlich zur Rückfälligkeit dieser beiden Gruppen zu kommen.

1. Defizite bei der Ermittlung der Geldstrafe

Auch im 21. Jahrhundert spielt die Geldstrafe, als nach § 40 StGB ausgestaltete Hauptstrafe[568], eine dominierende Rolle in der strafrechtlichen Sozialkontrolle. Allerdings kann sie „in ihrer derzeitigen Ausgestaltung [bis heute], insbesondere aufgrund der mangelnden relativen Strafgerechtigkeit[569] und der damit einhergehenden mangelnden generalpräventiven Eignung,[570] [...] die Freiheitsstrafe nicht wirkungsvoll verdrängen."[571] Neben der systematischen Benachteiligung von armen Tätern infolge der Anwendung und Ausgestaltung des Nettoeinkommensprinzips zeigen die Ergebnisse der vorliegenden Untersuchung, dass die Geldstrafe bereits im Rahmen der staatsanwaltlichen Ermittlung und gerichtlichen Strafzumessung Defizite aufweist. Diese Defizite zeigen sich insbesondere in der Nichtberücksichtigung der „Opfergleichheit", indem bei Entscheidungen, die zumeist im Strafbefehlswege erlassen wurden, die persönlichen und wirtschaftlichen Verhältnisse der Klientel, die bei der Ermittlung der Tagessatzhöhe entscheidend sind, nicht ausreichend berücksichtigt wurden.[572]

Die Forschungsergebnisse veranschaulichen, dass bei 555 Fällen der 1.014 Fälle (54,7 %)[573] die individuelle Bemessung der Geldstrafe, im Rahmen der Festlegung der Höhe des Tagessatzes, aufgrund der fehlenden Kenntnis der Vermögensverhältnisse des Täters, nur über eine Schätzung z. B. aufgrund der

568 Vgl. *Fehl* (2001), S. 15.
569 Vgl. *Kapitel 3.1.*
570 Vgl. *Kapitel 3.3.*
571 Vgl. *Mühl* (2015), S. 23, 24; siehe ausführlich *Kapitel 2.1.1.*
572 Vgl. hierzu auch *Guthke*, ZRP 2018, 58; „Geldstrafen werden in der Regel im Strafbefehlsverfahren aufgrund der Aktenlage und nur auf Plausibilitätsbasis verhängt", *Guthke/Kitlikoglu* (2015), S. 12.
573 Siehe *Abbildung 65.*

Kenntnis des ausgeübten Berufs erfolgen konnte. Dies ist wiederum dann problematisch, wenn die Klientel über keinen Beruf verfügt, wie es bei den Ersatzfreiheitsstrafgefangenen häufig der Fall ist.

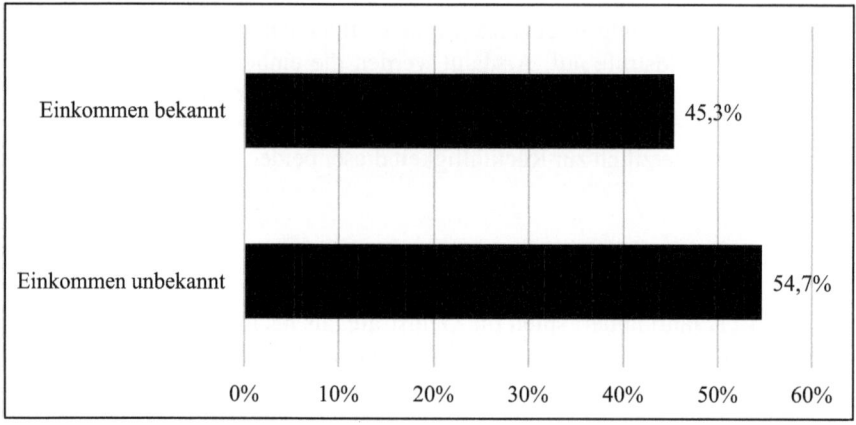

Abbildung 65: Zufallsstichprobe (Gesamt-N = 1.014) – Nettoeinkommen unbekannt/ bekannt[574]

Dieses Ergebnis lässt den Schluss zu, dass das skandinavische Tagessatzsystem, nach dem die Geldstrafe in Deutschland berechnet und festgelegt wird, nicht zufriedenstellend funktioniert.[575] Wird die Höhe der Geldstrafe ohne die Berücksichtigung der wirtschaftlichen Verhältnisse des Täters bestimmt, liegt die Vermutung nahe, dass eine zu hohe Geldstrafe die Folge der Uneinbringlichkeit nach sich zieht. Dies könnte ein möglicher Grund für die häufige Anordnung einer Ersatzfreiheitsstrafe sein. Nun könnte vorgebracht werden, dass in den Fällen, in denen das Nettoeinkommen in der betreffenden Untersuchung nicht bekannt war, lediglich eine fehlende Protokollierung an dem Umstand der Nichtbenennung der wirtschaftlichen Verhältnisse in den Vollstre-

574 Siehe auch *Tabelle A65* im Anhang.
575 Vgl. *Feest* (2016b), S. 2, abrufbar unter: http://www.wawzyniak.de/fileadmin/lcmswawzyniak/Dateien/Johannes_Feest_Ersatzfreiheitstrafe_AErgernis_und_Loesungen.pdf [letzter Aufruf 06.05.2021], In der Bundesrepublik Deutschland wurde „zwar aus Schweden die Idee der Tagessätze übernommen, aber nicht das dort vorgesehene Verfahren. Die Umwandlung der Geldstrafe in eine Freiheitsstrafe erfordert dort stets eine erneute richterliche Entscheidung. Das Gericht muss nämlich prüfen, ob der Geldstrafenschuldner zahlungsunfähig oder zahlungsunwillig ist. Nur im letzteren Fall darf das Gericht eine Ersatzfreiheitsstrafe anordnen."

ckungsakten schuld gewesen sei. Kurz gesagt, es sei einfach vergessen worden, die wirtschaftlichen Verhältnisse des Täters in der Akte festzuhalten. Diese Argumentation überzeugt mit einem Blick auf die Ergebnisse der vorliegenden Untersuchung jedoch nicht.

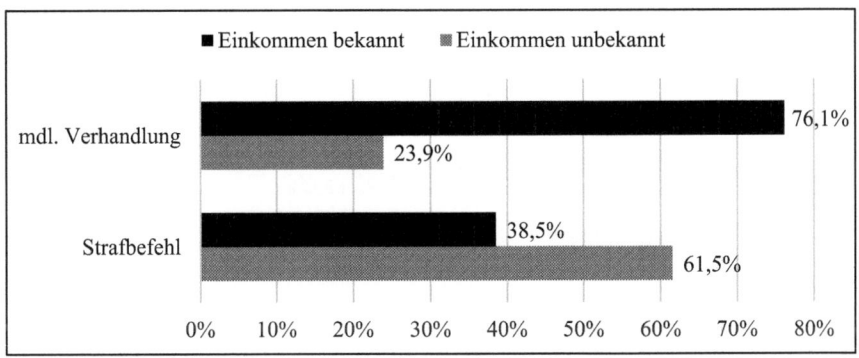

Abbildung 66: Anzahl Fälle nach Sanktion und Nettoeinkommen bekannt/unbekannt (Gesamt-N = 1.008, mdl. Verhandlung N= 188, Strafbefehl N= 820)[576]

In 1.008 Fällen der Zufallsstichprobe konnten Angaben zur Sanktionsart (mündliche Verhandlung oder Strafbefehl) erhoben werden. Bei den 188 Fällen, bei denen die Entscheidung durch Urteil nach mündlicher Verhandlung/ Anklage endete, war bei 23,9 % der Fälle (N= 45) das Einkommen unbekannt. In 820 Fällen endete die Entscheidung durch Strafbefehl, wovon in 61,5 % der Fälle (N= 504) das Einkommen unbekannt war. Eine fehlerhafte Protokollierung kann somit nicht der Hauptgrund für die Nichtbeachtung der wirtschaftlichen Verhältnisse des Täters gewesen sein. Im Falle des Strafbefehlsverfahrens ist eine Protokollierung, mangels Hauptverhandlung, nicht möglich. Die Geldstrafe wird in diesem Fall lediglich nach Aktenlage festgelegt.

Diese Ergebnisse geben Anlass zur Annahme, dass in den Fällen, in denen die Entscheidung mit einem Strafbefehl endete, ungefähr 20-mal häufiger die wirtschaftlichen Verhältnisse des Täters nicht ermittelt wurden und damit die „Opfergleichheit" nicht berücksichtigt wurde. Denn ohne Ermittlung der wirtschaftlichen Verhältnisse kann nicht sichergestellt werden, dass die Strafe bei vergleichbaren Zuwiderhandlungen den unterschiedlich bemittelten Täter gleich schwer trifft.[577] In diesen Fällen werden die Einkünfte der Täter durch

---

576 Siehe auch *Tabelle A66* im Anhang.
577 Vgl. BGH- Beschluss 07.12.2016 I ZB 118/15.

Schätzung ermittelt. „Ein Zugriff auf Unterlagen des Finanzamtes, […] ist wegen des Steuergeheimnisses (vgl. § 355 StGB) nicht möglich."[578]

Dies kann Folgeprobleme nach sich ziehen, indem die verurteilten Täter durch Nichtleistung der Raten zur Ersatzfreiheitsstrafe förmlich gezwungen werden. Dies kann mit zu hohen Tagessätzen zusammenhängen.

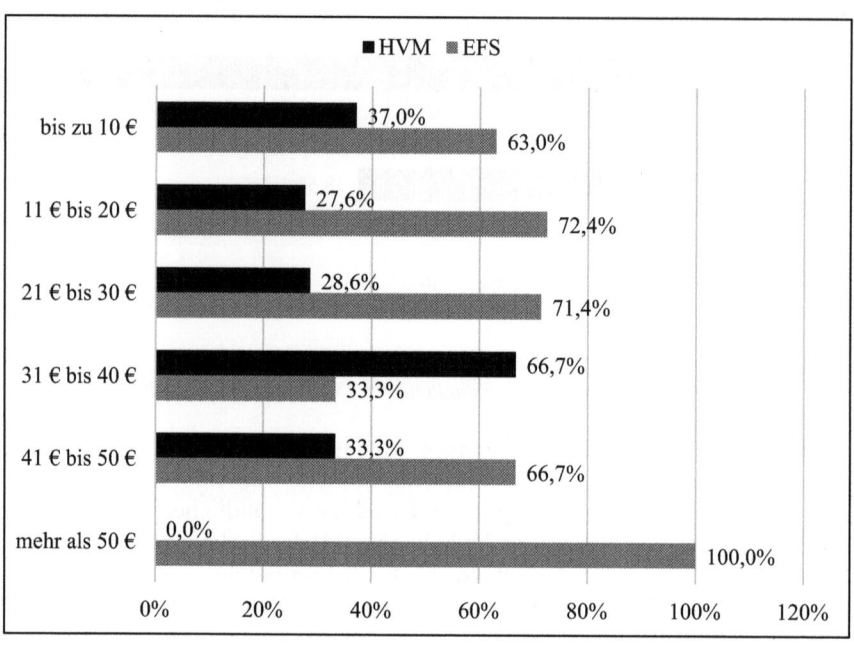

Abbildung 67: Tagessatzhöhe bei Verbüßern von HVM und EFS und unbekanntem Nettoein-
kommen[579]

Die Untersuchungsergebnisse zeigen, dass bei den 27 Personen, die eine Tagessatzhöhe von bis zu 10 € erhalten haben, 63 % (N= 17) in die Ersatzfreiheitsstrafe gegangen sind und knapp 30 Prozentpunkte weniger, nämlich 37 % (N= 10) in die Haftvermeidungsmaßnahme. Dies würde somit zunächst dagegen sprechen, dass die Unkenntnis des Nettoeinkommens hohe Tagessätze, die in die Ersatzfreiheitsstrafe führen, zur Folge haben. Schaut man sich jedoch die folgenden Tagessatzhöhen an, so zeigt sich hier ein anderes Bild. Von den Personen die Tagessätze in Höhe von 11 bis 20 € erhalten haben,

---

578 Vgl. *Meier* (2019), S. 78.
579 Siehe auch *Tabelle A67* im Anhang.

haben 72,4 % (N= 21) eine Ersatzfreiheitsstrafe verbüßt. 27,6 % (N= 8) haben eine Haftvermeidungsmaßnahme absolviert. Ein ähnliches Bild zeigt sich bei den Personen die eine Tagessatzhöhe von 21 € bis 30 € erhalten haben. Von diesen 14 Personen sind 71,4 % (N= 10) in die Ersatzfreiheitsstrafe und 28,6 % (N= 4) in die Haftvermeidungsmaßnahme gegangen.

Die Auswertung zeigt allerdings, dass es keinen signifikanten Zusammenhang zwischen der Tagessatzhöhe bei unbekanntem Nettoeinkommen und unter Beachtung der justiziellen Reaktionen gibt (phi= 0.19, p= 0.74).

Da vorliegend keine Befragung der Klientel stattgefunden hat, kann aufgrund dieses Ergebnisses nicht mit Sicherheit gesagt werden, dass die Höhe der Tagessätze Grund für die Nichtleistung der Geldstrafe, mit der Folge der Ableistung einer Ersatzfreiheitsstrafe, gewesen ist. Diese Schlussfolgerung ist jedoch naheliegend.

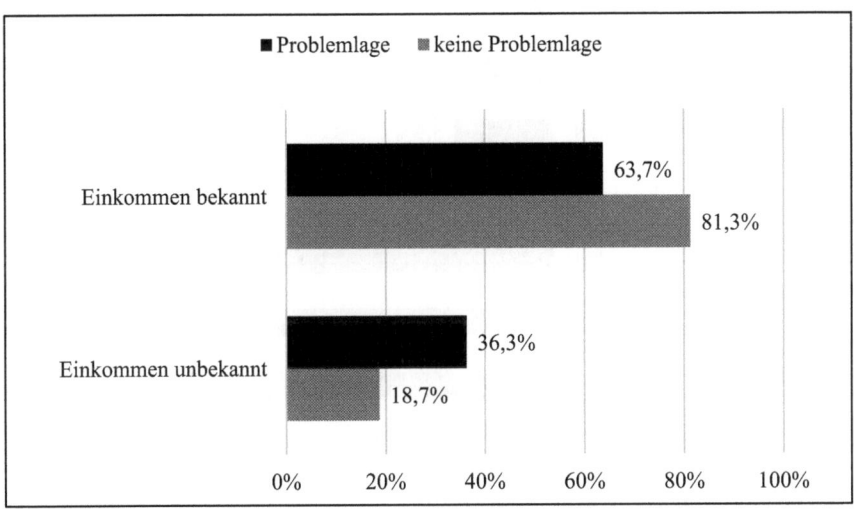

Abbildung 68: Anteil der Problemlagen bei Einkommensbekanntheit (Gesamt-N = 380)[580]

Gleichzeitig waren die persönlichen Verhältnisse aus den Strafvollstreckungsakten häufig nicht nachvollziehbar. Dies birgt ein zusätzliches Risiko im Hinblick auf die Ermittlung einer angemessenen Tagessatzhöhe.

---

580 Siehe auch *Tabelle A68* im Anhang.

Von den 1.014 Fällen der Zufallsstichprobe waren in 62,5 % (N= 634) der Fälle keine Angaben zu den Problemlagen ermittelbar (siehe *Kapitel 7.1.6*).

In 380 Fällen der Zufallsstichprobe konnten Angaben zu den Problemlagen erhoben werden. In 193 Fällen[581] (49,2 %) lagen Problemlagen vor, in 187 Fällen (49,2 %) lagen keine Problemlagen vor. Bei den 193 Fällen, bei denen Problemlagen vorlagen, waren in 63,7% (N= 123) das Einkommen bekannt und in 36,3 % der Fälle (N= 70) das Einkommen unbekannt.

Zwischen der Einkommensbekanntheit und dem Vorliegen von Problemlagen besteht ein signifikanter Zusammenhang (phi= -0.19, p= 0.001).

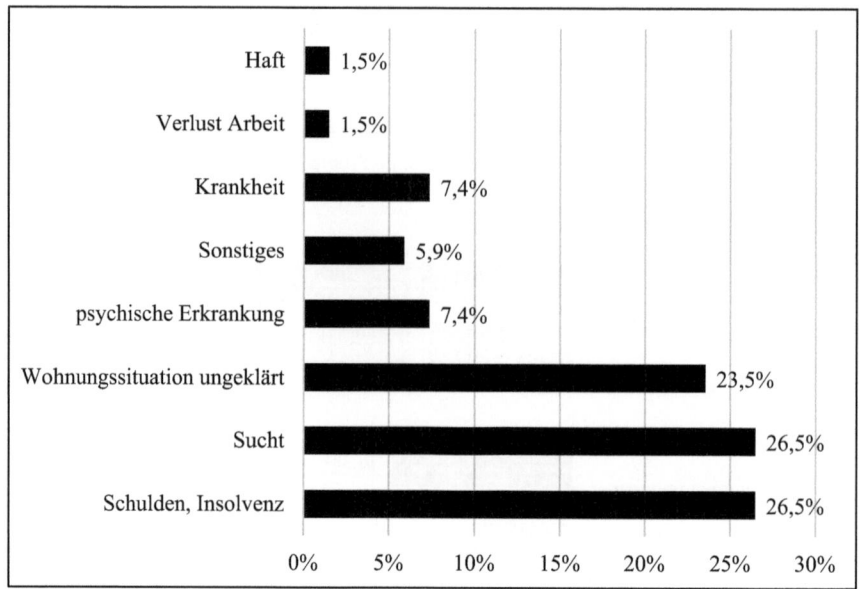

Abbildung 69: Art der Problemlagen bei unbekanntem Nettoeinkommen (Gesamt-N = 68)[582]

Von den 68 Verurteilten wurde in einem Fall die Haft (1,5%) und in einem Fall der Verlust der Arbeit (1,5%) als Problemlage genannt. Bei fünf Personen (7,4 %) lag eine andere Erkrankung und bei weiteren fünf Personen (7,4 %)

---

581 Zwei im System fehlende mitgerechnet.
582 Siehe auch *Tabelle A69* im Anhang.

eine psychische Erkrankung vor. Bei 16 Personen (23,5 %) war die Wohnungssituation ungeklärt, 18 Verurteilte (26,5 %) waren von einer Sucht und weitere 18 waren von einer Insolvenz bzw. Schulden betroffen (26,5%).

Mit der in dieser Untersuchung mit empirischen Daten untermauerten Bewertung der Leistungsfähigkeit lässt sich schlussfolgern, dass für diejenigen Geldstrafenschuldner das Risiko besteht, mit der Frage der Verbüßung einer Ersatzfreiheitsstrafe konfrontiert zu sein, die über keine oder unzureichende finanzielle Mittel verfügen. Denn die Klientel der Ersatzfreiheitsstrafen, die über ein geringes Einkommen verfügt, wird mit einer Tagessatzhöhe sanktioniert, die unverhältnismäßig hoch ist. So wurden nur bei 33,3 % (N= 26) der eine Ersatzfreiheitsstrafe Verbüßenden (N= 78) eine Tagessatzhöhe von bis zu 10 € verhängt. Bei 37,2 % (N= 29) lag die Höhe im Bereich von 11 bis 20 € und bei 20,5 % (N= 16) im Bereich von 21 bis 30 €.

Schon Mitte der 1980er Jahre wurde die Ersatzfreiheitsstrafe als Surrogat für uneinbringliche Geldstrafen mit der These „weil du arm bist, musst du sitzen" kritisiert.[583] Die Strafgleichheit zwischen arm und reich ist ein wichtiger Aspekt der relativen Gerechtigkeit strafrechtlicher Sanktionen, „also gleicher Übelzufügung in vergleichbaren Fällen."[584] Die Geldstrafe wiegt, trotz der einkommensabhängigen Berechnung der Tagessätze, für Verurteilte mit niedrigem Einkommen tendenziell schwerer. Die Wirkung ist somit nicht für alle gleich.[585] In der fachlichen und politischen Diskussion ist die Vereinbarung der Tagessätzhöhe mit den Leistungen der Grundsicherung für Arbeitssuchende oder der Sozialhilfe ein umstrittenes Thema. Dies vor allem im Hinblick auf Art. 1 i. V. m. Art. 20 Abs. 1 GG, der jedem Menschen ein menschenwürdiges Grundeigentum zuspricht. Fraglich ist, ob der Sozialstaat mit der Regelung der Tagessatzhöhe seiner Verpflichtung, jedem bedürftigem Menschen die für die garantierte Teilhabe an der Gesellschaft erforderlichen Mittel zur Verfügung zu stellen, nachkommt oder diese hiermit konterkariert.[586] Die Forschungsergebnisse zeigen, dass dies aufgrund der Anwendung des Nettoeinkommensprinzips nicht der Fall ist.[587] „Bei der Bemessung der Tagessatzhöhe ist daher darauf Rücksicht zu nehmen, dass durch die Zahlung

583 Vgl. *Dolde* (1999a), S. 581; *Krieg*, MSchrKrim 1984, 25 ff.
584 Vgl. *Mühl* (2015), S. 23.
585 Vgl. *Kunz/Singelnstein* (2016), S. 268.
586 Vgl. hierzu *Cremer* (2015), S. 3, abrufbar unter: https://docplayer.org/32149178-Position-zur-hoehe-von-tagessaetzen-bei-geldstrafen-fuer-menschen-im-bezug-von-transferleistungen.html [letzter Aufruf 26.09.2023].
587 Zu den dogmatischen Fragen hinsichtlich der Folgen des Nettoeinkommensprinzips siehe *Kapitel 3.2.*

der Geldstrafe dem Verurteilten nicht eine wirtschaftliche Entwurzelung droht".[588] Des Weiteren sollte nicht außer Acht gelassen werden, dass der Betroffene einer Ersatzfreiheitsstrafe zudem dadurch belastet ist, dass er zusätzlich zu dem Übel der Inhaftierung sein Tagesnettoeinkommen verliert. Nach *Schall* wird die Ersatzfreiheitsstrafe auf diese Weise zu einem „Zusatzübel", das bei dem vorgegebenen Umrechnungsmaßstab[589] über die primär verhängte — schuldangemessene! — Geldstrafe nicht unerheblich hinausgeht.[590]

Als grundlegendes Problem bei der Anordnung der Ersatzfreiheitsstrafe ist folglich die Strafzumessung bei der Geldstrafe zu sehen. Wie bereits in *Kapitel 3.2* erläutert, kann hier eine Änderung des § 40 Abs. 2 Satz 2 StGB Abhilfe schaffen.[591]

2. Die einbezogenen Geldstrafenschuldner

In diesem Kapitel werden die wesentlichen Ergebnisse zu der Klientel der Zufallsstichprobe und den justiziellen Sanktionen nochmals dargestellt. Zudem werden die Ergebnisse der Gruppen Ersatzfreiheitsstrafe und Haftvermeidungsmaßnahmen miteinander verglichen. Um die Randständigkeit der Klientel der Ersatzfreiheitsstrafen zu verdeutlichen, wird bzgl. des Vorliegens von Problemlagen ein Vergleich zur Klientel der Zufallsstichprobe, der Gesamtgruppe von Geldstrafenschuldnern, mit einer Androhung der Ersatzfreiheitsstrafe (s. *Kapitel 7.1.6.*) gezogen.

2.1 Die Geldstrafenschuldner der Zufallsstichprobe

Aus den Ergebnissen der Untersuchung geht hervor, dass es sich bei den einbezogenen, problematischen Geldstrafenschuldnern[592], also bei denen, die die Geldstrafe trotz Mahnung nicht gezahlt haben und sich mit der Androhung einer Ersatzfreiheitsstrafe (N= 1.014) konfrontiert sahen, um eine Klientel

---

588 Vgl. *Heghmanns*, NStZ 1994, 519, 522 f.; MüKo/StGB/*Radtke* § 40 Rn. 85; *Bruns/Güntge* (2019), S. 83.
589 Ein Tagessatz entspricht einem Tag Freiheitsstrafe; hierzu ausführlich in *Kapitel 3.1.*
590 Vgl. *Schall*, NStZ 1985, 106.
591 Hierzu im Detail mit den aktuellen Entwicklungen *Kapitel 9.2.*
592 Hiermit ist die Zufallsstichprobe gemeint.

handelte, die deutsch (80,9 %, N= 812[593]), männlich (79,1 %, N= 801[594]), ledig (58,3 %, N= 431[595]), nicht erwerbstätig war (51,2 %, N= 289[596]) und zudem über ein geringes Einkommen (71,9 %, N=330[597]) verfügte. Die Entscheidung wurde in 81,3 % (N= 820[598]) der Fälle durch Strafbefehl beschieden. Das Vorliegen von überwiegenden besonderen Problemlagen konnte bei den Personen der Zufallsstichprobe nicht festgestellt werden, so teilte sich das Vorliegen/Nichtvorliegen von besonderen Problemlagen innerhalb dieser Personengruppe hälftig auf (50,8 %, N= 191 zu 49,2 %, N= 187[599]). Die Personen, die von einer besonderen Problemlage betroffen waren (N= 191), waren zu 37,7 % (N= 72) von Schulden oder einer Insolvenz betroffen und zu 26,2 % (N= 50) von einer Suchtproblematik.

Die Auswertung der Daten zur Bezugsentscheidung im Hinblick auf die Deliktsverwirklichung hat ergeben, dass bei den Personen der Zufallsstichprobe Betrugs- und Unterschlagungsdelikte (17,6 %, N= 178) sowie Verkehrsdelikte (30 %, N= 304) im Vordergrund standen. Die Tagessätze lagen am häufigsten mit 28,9 % (N= 290[600]) im Bereich von 21 bis 30 Tagessätzen, folgend mit 20,9 % (N= 210) mit einer Anzahl von 11 bis 20 Tagessätzen. Das Vorliegen von Bagatell-[601]- zu Nicht-Bagatelldelikten[602] glich sich mit 56,7 % (N= 569) zu 43,3 % (N= 436) knapp hälftig aus. Der prozentuale Anteil der Bagatelldelikte des Erschleichens von Leistungen und des Diebstahls geringwertiger Sachen bei der Bezugsentscheidung lag mit 107 zu 1.014 Fällen (10,6 %) vergleichsweise niedrig. Signifikant ist der Zusammenhang (phi= 0.14, p= 0.01) zwischen der Tagessatzanzahl und den besonders beleuchteten Bagatelldelikten des Erschleichens von Leistungen und des Diebstahls geringwertiger

---

593 Bei neun Fällen war die Staatsangehörigkeit nicht ermittelbar. In einem Fall war die Variable im System fehlend.
594 Bei einer Person war der Wert fehlend.
595 Bei 275 Personen war der Wert nicht ermittelbar (N= 274) oder fehlend (N= 1).
596 Bei 449 Personen war der Wert nicht ermittelbar (N= 449).
597 Bei 555 Personen war der Wert nicht ermittelbar (N= 534), fehlend (N= 3) oder unbekannt (N= 18).
598 Insgesamt konnten Werte bei 1.008 Fällen erhoben werden, wobei 18,7 % (N= 188) mit einer Hauptverhandlung endeten. Drei Fälle waren im System fehlend und drei nicht ermittelbar.
599 Bei 636 Personen war der Wert nicht ermittelbar (N= 634) oder fehlend (N= 2).
600 Bei 1.005 Fällen konnte eine Tagessatzanzahl ermittelt werden. In neun Fällen war der Wert fehlend.
601 Damit sind alle Entscheidungen mit einer Tagessatzanzahl von bis zu 30 Tagessätzen gemeint.
602 Damit sind alle Entscheidungen mit einer Tagessatzanzahl ab 31 Tagessätzen gemeint.

Sachen. So lagen mit 28 % (N= 30) am häufigsten Tagessätze mit einer Anzahl von 11 bis 20 Tagessätzen vor. Hierauf folgten Tagessatzanzahlen von 21 bis 30 Tagessätzen in einer Häufigkeit von 23,4 % (N= 25). Hinsichtlich der verhängten Tagessatzhöhen zeigt sich, dass mit 33,4 % (N= 336) am häufigsten Tagessatzhöhen von bis zu 10 € verhängt wurden. Darauf folgten Tagessatzhöhen von 11 bis 20 € (32,2 %, N= 324). 64,1 % der Personen (N= 320[603]) wiesen eine oder mehrere Vorstrafen auf. 16,5 % (N= 71[604]) der Personen wiesen eine oder mehrere Vollzugserfahrungen auf.

2.2 Die Vergleichsgruppe der Ersatzfreiheitsstrafe

Bezogen auf die Vergleichsgruppe der Ersatzfreiheitsstrafe (N= 78) zeigt die Auswertung, dass es sich bei den Personen, die in die Ersatzfreiheitsstrafe gegangen sind, ebenfalls um überwiegend deutsche (72,7 %, N=56), ledige (77 %, N= 47[605]), männliche (89,7 %, N= 70) und vorwiegend im Alter von 22 bis 30 Jahren (43,6 %, N= 34) Verurteilte handelte. Diese waren nicht erwerbstätig (71,8 %, N= 28[606]) und verfügten über ein geringes Einkommen (84,6 %, N= 22[607]). Die Daten zu den besonderen Problemlagen zeigten, dass die Klientel der Ersatzfreiheitsstrafen vor allem von einer ungeklärten Wohnsituation (30,8 %, N= 8) und einer Suchtproblematik (26,9 %, N= 7) betroffen war. Die Auswertung der Daten zur Bezugsentscheidung hat ergeben, dass bei den Ersatzfreiheitsstrafgefangenen mit 14,1 % (N= 11[608]) Betrugs- und Unterschlagungsdelikte, gefolgt vom Diebstahl geringwertiger Sachen und dem Erschleichen von Leistungen mit je 12,8 % (N= 10) vorgelegen hat. Am häufigsten lagen Tagessätze mit einer Anzahl von 21 bis 30 Tagessätzen vor (20,5 %, N= 16). Tagessätze mit einer Höhe von bis zu 10 € kamen bei den Ersatzfreiheitsstrafgefangenen mit 33,3 % (N= 26) vor. Bei 85,9 %

(N= 55[609]) der Personen, die in eine Ersatzfreiheitsstrafe gegangen sind, haben bereits Vorstrafen vor der Bezugsentscheidung vorgelegen. Innerhalb der Ersatzfreiheitsstrafgefangenen haben 44,1 % (N= 26[610]) Vollzugserfahrung.

2.3 Die Vergleichsgruppe der Klientel der Haftvermeidungsmaßnahmen

Bezogen auf die Vergleichsgruppe der Klientel der Haftvermeidungsmaßnahme „Geldverwaltung statt Vollstreckung von Ersatzfreiheitsstrafen" und der „freien, gemeinnützigen Arbeit" zeigt sich diese Gruppe als eine, bei der wir es ebenfalls mit einer überwiegend deutschen 84,5 % (N= 60[611]), ledigen (75,9 %, N= 44[612]) und männlichen (73,6 %, N= 53[613]) Klientel, im Alter von 22 bis 30 Jahren (40,3 %, N= 29[614]) zu tun haben. Zu 79,6 % (N= 39[615]) war diese nicht erwerbstätig und verfügte zu 93,6 % (N= 44[616]) über ein geringes Einkommen. Die Klientel der Haftvermeidungsmaßnahmen wiesen mit 28,6 % (N= 6) eine psychische Erkrankung bzw. eine Therapie, mit 23,8 % (N= 5) Schulden- und/oder einer Insolvenzproblematik oder eine Suchtproblematik mit 23,8 % (N= 5) auf. Bezogen auf die Bezugsentscheidung treten bei den Haftvermeidungsabsolventen Betrugs- und Unterschlagungsdelikte (20,8 %, N= 15) sowie Diebstahlsdelikte (11,1 %, N= 8) auf. Am häufigsten lagen Tagessätze mit einer Anzahl von 21 bis 30 Tagessätzen vor (20,8 %, N= 15). Tagessätze mit einer Höhe von bis zu 10 € kamen bei den Absolventen der Haftvermeidungsmaßnahmen mit 48,6 % (N= 35) vor. 81 % (N= 47) der Klientel der Haftvermeidungsmaßnahmen wiesen eine/mehrere Vorstrafe/-n bzw. 23,2 % (N= 13) eine/mehrere Vollzugserfahrung/-en auf.

2.3 Zwischenfazit

Vergleicht man die Daten der Klientel der Haftvermeidungsmaßnahmen und die der Ersatzfreiheitsstrafen, so zeigt sich ein Unterschied insbesondere hin-

---

609 Bei 121 Personen konnte eine Angabe zu den Vorstrafen erfasst werden.
610 Bei 431 konnte ein Wert zur Vollzugserfahrung erfasst werden. 579 Fälle waren nicht ermittelbar und vier Fälle waren im System fehlend.
611 Bei 71 Personen konnte eine Angabe zur Staatsangehörigkeit erfasst werden.
612 Bei 58 Personen konnte eine Angabe zum Familienstand erfasst werden.
613 Bei 72 Personen konnte eine Angabe zum Geschlecht erfasst werden.
614 Bei 72 Personen konnte eine Angabe zum Geschlecht erfasst werden.
615 Bei 49 Personen konnte eine Angabe zur Erwerbstätigkeit erfasst werden.
616 Bei 47 Personen konnte eine Angabe zum Einkommen erfasst werden.

sichtlich des Geschlechts. So leisten eher Frauen als Männer die Haftvermeidungsmaßnahmen ab. Dieser Zusammenhang (phi = -0.21) ist hoch signifikant (p = 0.01). Bezüglich des Alters der Klientel und der Wahl der justiziellen
Reaktion gibt es einen schwachen (phi= 0.15), aber nicht signifikanten (p=
0.60) Zusammenhang. Gleiches gilt hinsichtlich der Variable Staatsangehörigkeit (phi= 0.14, p= 0.21). Ein erwarteter Zusammenhang bzgl. des Familienstandes liegt ebenfalls nicht vor (phi= 0.13, p= 0.52). Bei beiden Vergleichsgruppen handelt es sich jedoch vorwiegend um ledige Personen. Auch
hat sich gezeigt, dass die Erwerbssituation keinen Einfluss auf die Wahl der
justiziellen Reaktion hat (phi= -0.09, p= 0.39). Dies verwundert, zumal denkbar gewesen wäre, dass die Personen, die eine Haftvermeidungsmaßnahme
einer Ersatzfreiheitsstrafe vorziehen, diesen Weg u. a. deshalb wählen, da sie
ihren Arbeitsplatz sonst durch Inhaftierung als gefährdet angesehen hätten.
Personen in der Ersatzfreiheitsstrafe verfügen jedoch eher über ein gutes Einkommen als Personen in der Haftvermeidungsmaßnahme (phi= 0.29, p=
0.03). Unter Berücksichtigung der Erwerbssituation ist ein signifikanter Zusammenhang zwischen der Gruppe der Ersatzfreiheitsstrafgefangenen und der
problematischen Geldstrafenschuldner der Zufallsstichprobe nicht ersichtlich
(phi= 0.11, p= 0.36). Zudem wird in statistisch signifikanter Weise deutlich,
dass erwerbslose Personen häufiger in der Haftvermeidungsmaßnahme vertreten sind als in der Zufallsstichprobe (phi= 0.19, p= 0.004).

Signifikante Zusammenhänge zwischen den besonderen Problemgruppen und
den Vergleichsgruppen der Ersatzfreiheitsstrafgefangenen bzw. der Absolventen der Haftvermeidungsmaßnahmen zeigen sich nicht (phi= 0.19, p=
0.11). Auffällig ist allerdings, dass die beiden Gruppen zwar zu einem ähnlichen Anteil Probleme haben, aber die Art der Probleme bzw. die Zusammensetzung der Problemarten sich unterscheidet. So liegen bei der Klientel der
Haftvermeidungsmaßnahmen eher Schulden- und/oder Insolvenzproblematiken sowie psychische Erkrankungen/Therapien vor, bei den Ersatzfreiheitsstrafgefangenen Problemlagen wie eine ungeklärte Wohnsituation und eine
Suchtproblematik. Bzgl. des Vorliegens von besonderen Problemlagen lohnt
sich ein Vergleich der Gruppe der Ersatzfreiheitsstrafgefangenen mit den
Geldstrafenschuldnern der Zufallsstichprobe. Dahingehend fällt auf, dass bei
der Gruppe der Ersatzfreiheitsstrafgefangenen das Vorliegen von besonderen
Problemlagen knapp 40 Prozentpunkte höher liegt als bei den Geldstrafenschuldnern der Zufallsstichprobe. Dieses Ergebnis ist hoch signifikant (phi=
0.36, p = <0.001).

Wie auch bei der Klientel der Ersatzfreiheitsstrafen, unterscheidet sich die
Klientel der Haftvermeidungsmaßnahmen von der der Zufallsstichprobe

durch die Deliktsverteilung bei der Bezugsentscheidung, insbesondere hinsichtlich des Delikts Erschleichens von Leistungen (12,5 %, N= 9). Die Klientel der Haftvermeidungsmaßnahmen gleicht sich im Hinblick auf das Vorliegen von Betrugs- und Unterschlagungsdelikten, die bei dieser mit 20,8 % (N= 15) häufig auftraten, der Klientel der Zufallsstichprobe jedoch an. Insgesamt kann gesagt werden, dass die Klientel der Haftvermeidungsmaßnahme, bezogen auf den verwirklichten Deliktsbereich, der Klientel der Zufallsstichprobe eher gleichen als der Klientel der Ersatzfreiheitsstrafen. Bei der Auswertung der Daten zur Bezugsentscheidung fällt zudem auf, dass die Anzahl der Tagessätze am häufigsten im Bereich von 11 bis 20 Tagessätzen liegen. Dahingehend besteht ein schwacher (phi= 0.14), signifikanter Zusammenhang (p= 0.01) zwischen der Tagessatzanzahl und der Deliktsart Bagatell-/Nicht-Bagatelldelikt[617]. Dies ist besonders unter dem Gesichtspunkt einer schuldangemessenen Strafe fragwürdig. Wenngleich die Vorstrafenbelastung sich gegenwärtig nicht auf die Entscheidung Ersatzfreiheitsstrafe oder Haftvermeidungsmaßnahme ausgewirkt, ist ein hoch signifikanter Zusammenhang (phi= 0.22, p= 0.01) zwischen der Vollzugserfahrung und der justiziellen Reaktion gegeben. Personen, die in die Ersatzfreiheitsstrafe gehen, weisen somit eher Vollzugserfahrung auf, als die Klientel der Haftvermeidungsmaßnahmen. Gleiches gilt im Vergleich zur Zufallsstichprobe. Die Ersatzfreiheitsstrafgefangenen verfügen häufiger als die Klientel der Zufallsstichprobe über Vollzugserfahrung. Dieser Zusammenhang ist ebenfalls signifikant (phi= 0.30, p= <0.001).

Die Ergebnisse untermauern vorangegangene Forschungsergebnisse, die der Klientel der Ersatzfreiheitsstrafen eine „gewisse Randständigkeit"[618] zugeschrieben haben. Darüber hinaus machen die Ergebnisse deutlich, dass auch die Klientel der Haftvermeidungsmaßnahmen diese „Randständigkeit" auf sich vereint, wobei die Forschungsergebnisse die Unterschiede zwischen den Gruppen – auch im Verhältnis zur Zufallsstichprobe – darstellt. Dies ist vor allem für die Soziale Arbeit und damit die Ausgestaltung der Haftvermeidungsmaßnahmen entscheidend. Diese sollten auf den unterschiedlichen Bedarf der Vergleichsgruppen, welcher sich z. T. aus den verschiedenen Problemlagen der Absolventen der Ersatzfreiheitsstrafe (ungeklärte Wohnsituation und eine Suchtproblematik) und der Haftvermeidungsmaßnahmen (Schulden- und/oder Insolvenzproblematiken sowie psychische Erkrankungen/Therapien) ergeben, ausgerichtet sein.

---

617 Hiermit mit sind die Delikte des Erschleichens von Leistungen und des Diebstahls geringwertiger Sachen gemeint.
618 Siehe *Kapitel 5.2.*

3. Rückfälligkeit

Bei der Rückfälligkeitsstudie konnten nur die Zahlen der Vergleichsgruppen Ersatzfreiheitsstrafe und Haftvermeidungsmaßnahmen miteinander verglichen werden. Eine Erhebung der Rückfälligkeitsdaten der Zufallsstichprobe erfolgte aufgrund der großen Datenmasse nicht. Da die gesamte Kohorte somit relativ klein gewesen ist, weisen die Auswertungsergebnisse häufig auf einen schwachen Zusammenhang hin, welcher nicht signifikant ist. Zu berücksichtigen ist bei diesen Ergebnissen, dass bei kleinen Kohorten die Ergebnisse recht deutlich ausfallen müssen, um signifikant zu werden. Auch schwache Zusammenhänge sollten folglich nicht ohne Relevanz bleiben.

Unter Berücksichtigung der justiziellen Reaktionen lässt sich feststellen, dass die Personen, die in die Ersatzfreiheitsstrafe gegangen sind (67,9 %), um ca. zehn Prozentpunkte häufiger rückfällig geworden sind als die Klientel der Haftvermeidungsmaßnahmen (58,1 %). Dieses Ergebnis könnte vorliegend auf eine größere Effektivität der Haftvermeidungsmaßnahmen hinweisen.[619] Statistisch gesehen müsste man, wegen der fehlenden Signifikanz jedoch sagen, dass die Personen, die eine Ersatzfreiheitsstrafe abgeleistet haben, nicht mehr rückfällig geworden sind, als die Personen die mittels einer Haftvermeidungsmaßnahme ihre Geldstrafe getilgt haben. Zumindest muss davon ausgegangen werden, dass in diesem Bereich ein Zufallsergebnis, vermutlich bedingt durch die geringe Datenmasse (s. o.), nicht auszuschließen ist. Dennoch wird durch die Ergebnisse deutlich, dass die Klientel der Haftvermeidungsmaßnahmen zumindest nicht häufiger rückfällig werden als die Klientel der Ersatzfreiheitsstrafen. Bereits unter Kostengesichtspunkten müssten aufgrund des Ergebnisses der Rückfallstudie die Haftvermeidungsmaßnahmen den Vorrang vor der Ersatzfreiheitsstrafe haben.

Bzgl. des Geschlechts zeigt sich, dass von den 87 männlichen Personen der Rückfälligkeitsuntersuchung 62,1 % (N= 54) rückfällig geworden sind. Von den 22 Frauen sind 63,6 % (N= 14) rückfällig geworden. Dies ist überraschend, zumal grds. die Männer eine höhere Rückfallrate aufweisen. Betrach-

---

619 Bei der Rückfälligkeitsuntersuchung von *Jehle/Albrecht/Homann-Fricke/Tetal* (2020), S. 15 konnte trotz der höheren Rückfallbelastung bei den aus dem Strafvollzug Entlassenen im Verhältnis zu den ambulanten Sanktionen nicht auf die Effizienz geschlossen werden, da die Sanktionsgruppen nicht vergleichbar waren. *Dünkel/Cornel/Pruin/Sonnen/Weber* (2018), S. 45; dies ist gegenwärtig jedoch nicht der Fall, da die Sanktionsgruppen der Ersatzfreiheitsstrafe und der Haftvermeidungsmaßnahmen aus problembelasteten Geldstrafenschuldnern bestanden.

tet man die justiziellen Reaktionen der Ersatzfreiheitsstrafe und der Haftvermeidungsmaßnahmen, so zeigt sich eine höhere Rückfälligkeit bei den Frauen. Hervorzuheben ist allerdings, dass alle weiblichen Personen, die eine Haftvermeidungsmaßnahme abgeleistet haben, auch rückfällig geworden sind. Ein signifikanter Zusammenhang zwischen dem Rückfall, dem Geschlecht und der justiziellen Reaktion liegt nicht vor.

Bei der Auswertung der Rückfälligkeit nach Alter der Person konnte festgestellt werden, dass vorwiegend die 18- bis 30-jährigen Personen rückfällig geworden sind. Bei der Altersgruppe der über 41-Jährigen nimmt die Rückfälligkeit ab. Gleiches gilt unter Berücksichtigung der justiziellen Reaktionen, wobei der Zusammenhang bezogen auf die Haftvermeidungsmaßnahmen signifikant ist.

Hinsichtlich der Einkommenssituation der Personen zeigt sich, dass von den Personen, die über ein geringes Einkommen verfügen (N= 52), 69,2 % rückfällig geworden sind. Bei Personen mit einem guten Einkommen gleicht sich die Rückfälligkeit hälftig aus. Unter Berücksichtigung der justiziellen Reaktionen zeigen die Ergebnisse, dass die Einkommenssituation die Rückfälligkeit bestimmt. Betrachtet man die justizielle Reaktion der Ersatzfreiheitsstrafe, so ist festzustellen, dass die 18 Personen, die über ein geringes Einkommen verfügten mit 88,9 % (N= 16), eher rückfällig geworden sind als Absolventen der Haftvermeidungsmaßnahmen mit ebenfalls geringem Einkommen (Gesamt-N = 38, Rückfall 60,5 %, N= 23). Es kann somit gesagt werden, dass die Personen, die eine Ersatzfreiheitsstrafe abgeleistet haben und über ein geringes Einkommen verfügten, zu knapp 30 Prozentpunkten häufiger rückfällig geworden sind als die Ableister einer Haftvermeidungsmaßnahme bei ebenfalls geringem Einkommen. Es besteht ein schwacher Zusammenhang, der signifikant ist (phi= 0.28, p= 0.03).

Die Untersuchung der Rückfälligkeit nach Staatsangehörigkeit hat ergeben, dass die Personen mit deutscher Staatsangehörigkeit nicht häufiger rückfällig werden als die Nichtdeutschen. Dieses Ergebnis verändert sich, sobald auch die justiziellen Reaktionen berücksichtigt werden. So zeigt sich, dass die Nichtdeutschen in der Ersatzfreiheitsstrafe um 15 Prozentpunkte häufiger rückfällig geworden sind als die deutschen Staatsangehörigkeiten nach Ableistung einer Ersatzfreiheitsstrafe. Allerdings gibt es zwischen den justiziellen Reaktionen und der Rückfälligkeit keinen signifikanten Zusammenhang.

Hinsichtlich der Einbindung der Straffälligen in ihr familiäres soziales Umfeld, ist festzustellen, dass am häufigsten die ledigen Personen rückfällig werden. So werden von den 69 ledigen Personen 71 % (N= 49) rückfällig. Die Personen, die verheiratet waren und mit ihrem Lebenspartner zusammenlebten, wurden zu 57,1 % (N= 8) rückfällig. Ein signifikanter Zusammenhang konnte nicht festgestellt werden (phi= 0.22, p= 0.19). Ein ähnliches Ergebnis zeigt sich auch unter Berücksichtigung der justiziellen Reaktionen. So werden die ledigen Absolventen einer Haftvermeidungsmaßnahme mit 65,8 % (N= 25) rückfällig, die verheirateten, die mit ihrem Ehepartner zusammenleben, zu 55,6 % (N= 5). Von den 34 ledigen Personen, die eine Ersatzfreiheitsstrafe absolviert haben, sind 76,5 % rückfällig geworden (N= 26). Die Verheirateten, und mit einem Ehepartner zusammenlebenden, mit 60 % (N= 3). Bei beiden justiziellen Reaktionen weisen die Geschiedenen die geringste Rückfälligkeit auf. Trotz des Fehlens eines signifikanten Zusammenhanges zwischen dem Familienstand und der Rückfälligkeit geben die Zahlen Anlass zur Annahme, dass die Einbindung in ein soziales familiäres Gefüge auch im Rahmen der („Nicht")-Rückfälligkeit eine entscheidende Rolle spielt.[620]

Bei 68 Personen konnten Angaben zum Folgedelikt erhoben werden. Die Auswertung zeigt, dass das Delikt des Erschleichens von Leistungen mit 14,7 % (N= 10) am häufigsten verwirklicht worden ist. Unter Berücksichtigung der justiziellen Reaktionen zeigt sich, dass bei den Ersatzfreiheitsstrafgefangenen der besonders schwere und qualifizierte Diebstahl mit 22,2 % (N= 8) am häufigsten verwirklicht wurde. Bei den Absolventen der Haftvermeidungsmaßnahme war es das Delikt des Erschleichens von Leistungen mit 22,2 % (N= 8).

Die Untersuchung, ob die Personen der Ersatzfreiheitsstrafe und der Haftvermeidungsmaßnahmen in einem ähnlichen Umfang erneut ein Bagatelldelikt als Folgedelikt begangen haben, hat folgendes ergeben: Drei von sechs Personen (50 %), die wegen der Bezugsentscheidung Erschleichen von Leistungen eine Ersatzfreiheitsstrafe absolviert haben, sind mit dem gleichen Delikt erneut rückfällig geworden. Bei den Absolventen der Haftvermeidungsmaßnahmen waren es alle sechs Personen (100 %), so dass eine schwerere Straftat nicht festgestellt wurde. Anders war dies bei den übrigen rückfällig gewordenen Ersatzfreiheitsstrafgefangenen. Von diesen haben weitere zwei Personen

---

620 Auszuschließen ist nicht, dass im Falle einer Befragung der Klientel herausgekommen wäre, dass trotz deren Ledigkeit eine soziale Einbindung in einen Freundeskreis oder ähnliches bestanden hatte. Dies wurde gegenwärtig jedoch nicht geprüft. Diese Überlegungen geben Anlass, die empirischen Befunde bzgl. der Auswirkungen des Familienstandes auf die Rückfälligkeit vorsichtiger zu bewerten.

einen Betrug oder eine Unterschlagung begangen und eine Person eine sonstige Tat. Die Ersatzfreiheitsstrafgefangenen, welche wegen eines Diebstahls geringwertiger Sachen verurteilt worden sind (N= 4) sind auch wegen dieses Delikts erneut rückfällig geworden. Eine Person hat ein Raub- und Erpressungsdelikt begangen, eine Person ein Diebstahlsdelikt und eine Person das Delikt Erschleichen von Leistungen verwirklicht. Bei den Haftvermeidungsmaßnahmen sind die Personen nicht erneut wegen des Diebstahls geringwertiger Sachen rückfällig geworden. Allerdings zeigt sich auch hier, dass von den drei Personen, die mit der Bagatelle des Diebstahls geringwertiger Sachen rückfällig geworden sind, eine weitere Person (33,3 %) ein schwerwiegenderes Diebstahlsdelikt und in zwei weiteren Fällen (66,7 %) ein Raub- oder Erpressungsdelikt verwirklicht haben.

Der Einsatz von Haftvermeidungsmaßnahmen kann also nur begrenzt zur Verringerung des Rückfalls, insbesondere hinsichtlich des Bagatelldelikts des Erschleichens von Leistungen, beitragen. Dies gilt aber für die Sanktion der Ersatzfreiheitsstrafe in stärkerem Maße, zumal bei der Deliktsverwirklichung des Erschleichens von Leistungen das Folgedelikt gleich oder sogar schwerwiegender ausfällt. Folglich kann unter Verhältnismäßigkeitsgesichtspunkten bei der Ersatzfreiheitsstrafe nicht von einem gleich geeigneten Mittel zur Erreichung des Ziels der Resozialisierung gesprochen werden.[621]

---

621 Diese Schlussfolgerung ist unter Berücksichtigung der geringen Fallzahlen mit Zurückhaltung anzuführen.

Kapitel 9: Dringender Reformbedarf und kriminalpolitischer Ausblick

Bevor im Weiteren auf den dringenden Reformbedarf hinsichtlich der Frage nach dem „wie" der Strafe, also der Durchsetzung des Rechts, eingegangen wird, beschäftigt sich dieses Kapitel zunächst mit dem „Ob" der Bestrafung im Bereich der Klein- und Bagatellkriminalität. Dies könnte eine erste Stellschraube hinsichtlich der Vermeidung von Ersatzfreiheitsstrafen sein.

1. Bestrafung im Bereich der Bagatellkriminalität

Die Bestrafung im Bereich der Klein- und Bagatellkriminalität[622] bringt enorme Kosten mit sich. Als Bagatelltat kann man eine solche ansehen, die „im unteren Grenzbereich des strafrechtlich Relevanten im Übergang zum lediglich Sozialschädlichen angesiedelt ist."[623] Als absolute Bagatellen sind dabei diejenigen Verhaltensweisen zu verstehen, welche in keinem denkbaren Fall Strafe verdienen („außerstrafrechtlich anzusiedelnde Bagatellen").[624] Innerstrafrechtliche Folgen treten bei den relativen Bagatellen ein, wobei die Sanktionen milde sein können oder auf diese ganz verzichtet werden kann.[625] Mit der Geringfügigkeit eines Verhaltensnormverstoßes dürfte die „Geringfügigkeit der Strafzumessungsschuld" gemeint sein,[626] „also das (geringe) Ausmaß des verschuldeten Unrechts".[627] Folglich kommt es bei der Bewertung der Geringfügigkeit, neben dem Ausmaß der verwirklichten Tatbestandsmerkmale auch auf das Ausmaß der Unrechtselemente, die außerhalb des Tatbestandes liegen, an.[628]

---

622 Vgl. die Diskussion der grundsätzlichen Entkriminalisierung von „Bagatellkriminalität" und der damit einhergehenden Frage, welche Delikte als „Bagatellkriminalität" anzusehen sind, bei *Harrendorf*, NK 2018; (2020) m. w. N. Vorliegend werden die (unstreitig dazu gehörenden) Tatbestände der Beförderungserschleichung und des Diebstahls geringwertiger Sachen als bei Ersatzfreiheitsstrafen besonders häufig vorkommende Delikte (vgl. hierzu oben *Kapitel 7.2.2*) in den Fokus gerückt.
623 Vgl. *Harrendorf* (2020), S. 354.
624 Vgl. *Harrendorf* (2018a), S. 100.
625 Vgl. *Harrendorf* (2018a), S. 100; *Harrendorf* (2020), S. 354.
626 Vgl. *Dreher* (2017), S. 917, „[Der Begriff des Bagatelldelikts wird] sich dahingehend bestimmen lassen, daß Handlungs- und Erfolgsunwert sowie die dem Unrecht regelmäßig korrespondierende Schuld nur geringfügig sind."; *Nugel* (2004), S. 165; *Harrendorf* (2018a), S. 101.
627 Vgl. *Harrendorf*, NK 2018, 253.
628 Vgl. *Harrendorf*, NK 2018, 253.

Als häufig bei den Ersatzfreiheitsstrafgefangenen und den Absolventen einer Haftvermeidungsmaßnahme vorkommende Delikte sind das Erschleichen von Leistungen, genauer die Beförderungserschleichung gem. § 265a Abs. 1 Var. 3 StGB, das sog. Schwarzfahren, der Diebstahl geringwertiger Sachen, sowie weitere Delikte mit einer geringen Tagessatzhöhe, u. a. im Bereich des Betäubungsmittelstrafrechts, hervorzuheben.

Eine Untersuchung zum Vollzug der Ersatzfreiheitsstrafe in Nordrhein-Westfalen zeigte, dass 23,5 % aller zum Stichtag 31. März 2017 in Nordrhein-Westfalen eine Ersatzfreiheitsstrafe verbüßenden Gefangenen wegen einer Tat nach § 265a StGB verurteilt waren und in „drei von zehn Fällen (mindestens) ein Eigentumsdelikt (Diebstahl oder Unterschlagung)" vorlag.[629] Auch wenn die gegenwärtige Forschung keinen signifikanten Zusammenhang zwischen der justiziellen Reaktion und der Deliktsverteilung aufzeigte, fällt auf, dass die Delikte, die in der Zufallsstichprobe unter Berücksichtigung der Bezugsentscheidung nur eine untergeordnete Rolle gespielt haben (Diebstahl geringwertiger Sachen und das Erschleichen von Leistungen), bei den Verbüßern einer Ersatzfreiheitsstrafe jedoch überrepräsentiert waren. Folglich beziehen sich die nachfolgenden Überlegungen auf diese Delikte, wobei auch die Entkriminalisierung des Besitzes und des Erwerbs von Cannabis zum Eigenkonsum, wie sie u. a. *Harrendorf*[630] beschreibt, ebenfalls zu einer Reduzierung der Ersatzfreiheitsstrafen führen könnte und folglich in *Kapitel 9.1.3*, samt des Gesetzesentwurfs der *Bundesregierung* vom 16.08.2023[631] zum kontrollierten Umgang mit Cannabis und zur Änderung weiterer Vorschriften aufgegriffen werden.

---

629 Vgl. *Lobitz/Wirth* (2018a), S. 17; *Harrendorf*, NK 2018, 252; *Cornel* fand in seiner Untersuchung heraus, dass die Beförderungserschleichung einen großen Anteil der Bezugsentscheidungen der Ersatzfreiheitsstrafgefangenen ausmachten, vgl. *Cornel* (2010), S. 25; hierzu auch *Matt*, MSchrKrim 2005, 342; BT-Drs. 18/7374, S. 3.

630 Vgl. *Harrendorf* (2020), S. 351, 375. *Harrendorf* schlägt vor, „bei einer partiellen Entkriminalisierung von Drogenerwerb und -besitz insbesondere Beratungs- und Therapieangebote […] zu implementieren und in weitem Umfang auf Geldbußen zu verzichten."; *Harrendorf*, NK 2018, 250, 252 ff.; zur Entkriminalisierung auch https://schildower-kreis.de/resolution-deutscher-strafrechtsprofessorinnen-und-professoren-an-die-abgeordneten-des-deutschen-bundestages/ [letzter Aufruf: 21.01.2022].

631 Hierzu ausführlich unter: https://www.bundesgesundheitsministerium.de/themen/cannabis/faq-cannabisgesetz-entwurf.html [letzter Aufruf: 14.09.2023].

1.1 Beförderungserschleichung

Die Frage der Bestrafung einer Beförderungserschleichung ist seit längerem Thema in der rechtspolitischen Praxis.[632] Es „spricht viel dafür, dass etwa die Verhängung einer mehrmonatigen Freiheitsstrafe bei einer Beförderungserschleichung mit einem Schaden um 1 Euro nicht mehr als gerechter Schuldausgleich angesehen werden kann."[633] Nicht jedes unerwünschte oder unangenehme Verhalten sollte gleich mit Strafe bedroht sein.[634] Doch nicht nur die Frage des angemessenen Schuldausgleichs bringt Zweifel an der Sanktionierung der Beförderungserschleichung mit sich. Bereits die Voraussetzungen zur Erfüllung des Tatbestands des Erschleichens von Leistungen ist aus Sicht der rechtswissenschaftlichen Literatur umstritten. So wird vertreten, dass dem Wortlaut zufolge, der Begriff des „Erschleichens" eine tatbestandsmäßige Handlung voraussetzen müsste, die über die bloße Nutzung des Beförderungsmittels hinausgehe.[635] Allein die unbefugte Benutzung eines öffentlichen Verkehrsmittels würde dieser Ansicht zufolge, kein Element der Täuschung oder Manipulation enthalten, so dass von einem „Erschleichen" nicht gesprochen werden könne. Die Rechtsprechung lässt für ein „Erschleichen" jedoch den „Anschein der Ordnungsgemäßheit"[636] ausreichen, ohne dass dazu vorhandene Sicherungsmechanismen umgangen werden müssen. Dieser Anschein liegt nach Ansicht der Rechtsprechung vor, wenn der Täter vorgibt, er würde das Verkehrsmittel mit der notwendigen Berechtigung, also mit einem gültigen Fahrschein, betreten.[637] Die Literatur lehnt das Ausreichendsein des „Anscheins der Ordnungsgemäßheit" ab und fordert das Ausschalten oder

---

632 Vgl. Gesetzesantrag des Landes Rheinland-Pfalz, BR-Drs. 676/92 mit der Beschränkung der Beförderungserschleichung auf „gröbliche und wiederholte Fälle"; Gesetzentwurf des *Bundesrates*, BT-Drs. 13/374 mit der Beschränkung auf Fälle „unter Umgehung von Kontrollmaßnahmen"; zur gänzlichen Streichung der Beförderungserschleichung Gesetzesantrag der Freien und Hansestadt Hamburg, BR-Drs. 784/94; Antrag des Abgeordneten *Volker Beck* (Köln) und der *Fraktion Bündnis 90/Die Grünen* im *Deutschen Bundestag*, BT-Drs. 13/2005; auch neuerlich in der Diskussion, *Friedrich-Ebert-Stiftung* (2022), S. 3; *Dünkel*, NK 2022, 259.

633 Vgl. *OLG Hamm*, NStR-ZZ 2009, S. 73; *Mosbacher*, NJW 2018, 107.

634 Vgl. *Frisch*, NStZ 2016, 19; *Kunz* (1984), S. 22, „Die hochdifferenzierten Rechtsordnungen unserer Zeit haben ein subtiles Instrumentarium entwickelt, um anstandswidrigen, belästigenden, unerfreulichen, anrüchigen oder störenden Vorgängen auf andere Weise als mit Strafe zu begegnen.".

635 Vgl. *Fischer*, NJW 1988, 1828; *Hinrichs*, NJW 2001, 932.

636 Vgl. *BVerfG* 1998, S. 1136; *BGHSt* 53, S. 125; *BayObLG StV* 2002, S. 418 f.; *Lattka* (2010), S. 179.

637 Vgl. *OLG Frankfurt/Main*, Beschluss vom 23.12.2006 - 1 Ss 253/16.

Umgehen von Kontroll- oder Sicherungsmaßnahmen.[638] Vermittelnd wird teilweise ein äußeres Verhalten als ausreichend angesehen, aus welchem sich ergebe, dass jemand etwas zu verbergen habe.[639] *Harrendorf* betont, dass „die Lösung über den „Anschein ordnungsgemäßen Verhaltens [...] jedenfalls in denjenigen Fällen bedenklich [ist], in denen der Erwerb von Fahrscheinen auch noch im Verkehrsmittel möglich ist."[640] In diesen Fällen „könnte man [...] nur an die beim Betreten des Fahrzeugs bestehende Absicht, kein Ticket zu kaufen bzw. dieses nicht zu entwerten, anknüpfen. Erschleichen aber ist ein objektives Merkmal; es kann nicht rein subjektiv gedeutet werden."[641] Ähnlich problematisch bewertet *Harrendorf* das Vorliegen eines Anscheins in Situationen, bei denen der Fahrschein am Bahnsteig vor Betreten des Verkehrsmittels erworben werden müsse. Die Personen, welche ohne gültigen Fahrschein einsteigen, umgeben sich mit dem gleichen „Schein" wie die Personen, die einen Fahrschein gekauft haben. Hinzu komme, dass ein Anschein erfordere, dass eine dritte kontrollierende Person, die Person wahrnehme. Ohne Wahrnehmung könne auch kein Anschein entstehen.[642]

Unter Zugrundelegung der „Anscheinsrechtsprechung" ist bereits aufgrund der fehlenden Überwindung von Zugangsbarrieren in der Verwirklichung der Beförderungserschleichung von einem nur geringfügigen Unrecht auszugehen[643], was dazu führt, dass die Hemmschwelle für die Täter gering zu sein scheint. Dies spiegeln auch die Daten der Strafverfolgungsstatistik wider. So zeigt sich, dass im Jahr 2021 35.286 Verurteilungen nach Erwachsenenstrafrecht auf ein Vergehen nach § 265a StGB zurückzuführen waren.[644]

---

638 Vgl. *Lattka* (2010), S. 174, „[...] die strafrechtliche Sanktionierung eines Verhaltens, das sich – von außen betrachtet – als bloße Nichterfüllung einer Zahlungsverpflichtung darstellt, ist dann nicht gerechtfertigt, wenn auf Seiten des Täters, Keine weiteren Unrechtsfaktoren subjektiver oder objektiver Art (z. B. Täuschung, Drohung, Gewalt) Hinzutreten."; *Eyers* (1999), S. 45.

639 Vgl. *Falkenbach* (1983), S. 89 f.

640 Vgl. *Harrendorf* (2018a), S. 107.

641 Vgl. *Harrendorf* (2018a), S. 107.

642 Vgl. *Harrendorf* (2018a), S. 107; *Eyers* (1999), S. 47.

643 Vgl. *Harrendorf*, NK 2018, 256.

644 Vgl. *Statistisches Bundesamt*, Strafverfolgungsstatistik (2021), Fachserie 10 Reihe 3. Im Jahr 2013 waren es 52.316 Verurteilungen, im Jahr 2015 62.348 und im Jahr 2017 48.090 Verurteilungen, *Statistisches Bundesamt*, Strafverfolgungsstatistik (2013-2017), Fachserie 10 Reihe 3. Neben der Annahme, dass die Zahlen aufgrund des Dunkelfelds höher liegen, beziehen sich diese auf den Gesamttatbestand des § 265a StGB, da keine Erfassung allein für die Beförderungserschleichung besteht. Allerdings ist davon auszugehen, dass ein Großteil der Fälle auf die Beförderungserschleichung entfällt.

Auch unter Berücksichtigung der teleologischen Auslegung des Gesetzes, nach welcher § 265a StGB für die Fälle der Umgehung maschineller Sicherungssysteme im Jahr 1935 eingeführt wurde, ist die Sanktionierung der Beförderungserschleichung unter Berücksichtigung der heutigen Praxis des öffentlichen Nahverkehrs in Deutschland fragwürdig. In Bus und Bahn wird die Androhung eines erhöhten Beförderungsentgeltes auf Infotafeln oder Aushängen im Beförderungsmittel angezeigt. Wird bei einer Kontrolle ein Fahrgast ohne Fahrschein angetroffen und kann dieser das erhöhte Beförderungsentgelt nicht zahlen und ist unter Umständen wiederholt auffällig geworden,[645] wird ein Strafverfahren eingeleitet. Das Strafrecht als Durchsetzungshilfe eines zivilrechtlichen Anspruchs in Form eines „Instruments betriebswirtschaftlich rationeller Kundenkontrolle"[646] zu nutzen, insbesondere wenn man bedenkt, dass die Beförderungsunternehmen selbst den Zugang kontrollieren könnten, kann nicht zu Lasten des Fahrgastes und insbesondere der Gesellschaft, die die Kosten des Vollzugs infolge einer möglichen Ersatzfreiheitsstrafe mitträgt, gehen. Die Schutzwürdigkeit der Beförderungsunternehmen ist gering.[647] Dass als Grund für die Nichteinführung dieser Kontrollen erhebliche Kosten angeführt werden,[648] ist im Hinblick auf die Ersatzfreiheitsstrafen, die ihrerseits mit erheblichen Kosten einhergehen, nicht überzeugend. In anderen Ländern sind Zugangskontrollsysteme im Übrigen verbreiteter als in Deutschland.[649] Deren Ausbau würde Ersatzfreiheitsstrafen in vielen Fällen auch hierzulande verhindern, zumal die Überwindung dieser Kontrollsysteme notwendig wäre.[650] Ein Beispiel veranschaulicht die absolute Geringfügigkeit des Delikts der Beförderungserschleichung und vergleicht das Schwarzfahren ohne Zugangskontrollen mit dem Parken eines PKWs ohne Parkschein auf einem

---

645 Vgl. *Harrendorf* (2018a), S. 99.

646 Vgl. *Albrecht/Schädler* (1988), S. 223.

647 Gegen die alleinige viktimodogmatische Begrenzung des Tatbestandes führt *Harrendorf* an, dass „Recht immer auch auf kontrafaktische Erwartungssicherung gerichtet ist", sodass grds. auch die geschützt sind, welche eine Risikobewertung vornehmen und sich bewusst für ein bestimmtes gesetzmäßiges Handeln entscheiden, weil sie vertrauen. „Daher kann Strafrecht auch eingesetzt werden, um andernfalls nötige Präventivkontrollen zu vermeiden." Einhergehend mit dem Verzicht auf Präventivkontrollen ginge ein Freiheitsgewinn im Öffentlichen Nahverkehr, vgl. *Harrendorf* (2018a), S. 106.

648 Vgl. *Mosbacher*, NJW 2018, 1069.

649 Vgl. *Lattka* (2010), S. 176; *Eyers* (1999), S. 42; *Harrendorf*, NK 2018, 257.

650 Für die Notwendigkeit der Überwindung von Zugangsbarrieren zur Strafbarkeit der Beförderungserschleichung sprach sich der Bundesverband des Deutschen Richterbundes 2018 aus; https://rsw.beck.de/aktuell/daily/meldung/detail/drb-fuer-kompromiss-beim-schwarzfahren [letzter Aufruf: 24.02.22].

gebührenpflichtigen Parkplatz.[651] Diese spiegelt sich als im Ordnungswidrig-keitenrecht angesiedelte Tat wider. Folglich liegt der Gedanke nahe, dass die Entkriminalisierung der Beförderungserschleichung gemäß § 265a StGB so aussehen könnte, dass das Fahren ohne Fahrschein nicht mehr als Straftatbe-stand, sondern vielmehr als Ordnungswidrigkeit gewertet werden würde.[652] Zwar besteht gemäß § 96 Ordnungswidrigkeitengesetz (OWiG) die Möglich-keit der Erzwingungshaft, jedoch kommt deren Verhängung bei Personen, die nachweislich zahlungsunfähig sind, nicht in Betracht (§ 96 Abs. 1 Nr. 2 und 4 OWiG).[653] Durch die Umwandlung in eine Ordnungswidrigkeit würde es zu einer erheblichen Verringerung der Ersatzfreiheitsstrafen kommen. Wenn von Gegnern der Entkriminalisierungsdebatte vorgebracht wird, dass es gleichsam zu einem Anstieg der Fälle der Beförderungserschleichung kommen könnte,[654] so ist an die Verantwortungsübernahme des ÖPNV und dessen Kontrollme-chanismen zu appellieren. Zudem stellt sich diesbezüglich die Frage, ob Per-sonen die den öffentlichen Nahverkehr ohne Ticket nutzen, dieses vor dem Hintergedanken der fehlenden Strafbarkeit tun, oder sich aufgrund des gerin-gen Entdeckungsrisikos, infolge der fehlenden Zugangsbarrieren und Kon-trollmechanismen durch den ÖPNV, dazu entscheiden.[655] Argumente, die die Sanktionierung durch Beibehaltung des § 265a StGB mit der generalpräven-tiven Notwendigkeit rechtfertigen wollen, überzeugen zudem nicht. Mit dem Ordnungswidrigkeitenrecht wird das Unrecht der entgeltlosen Nutzung des öffentlichen Nahverkehrs für die Allgemeinheit deutlich.[656] In Anlehnung an den Vorschlag von *Mosbacher*,[657] welcher wiederum nach dem Vorbild des § 118a OWiG-E gemäß BT-Drucksache 19/1690[658] vorgegangen ist, könnte ein Bußgeldtatbestand wie folgt lauten:

„§ 118a Unbefugte Benutzung eines öffentlichen Verkehrsmittels

Wer ein öffentliches Verkehrsmittel benutzt, ohne das hierfür erforderliche Entgelt zu entrichten, handelt ordnungswidrig.

---

651 Vgl. BT-Drs. 19/1115, S. 5; *Harrendorf* (2018a), S. 112.
652 Vgl. nach dem Vorbild in Österreich, hierzu *Lemke/Mosbacher* 2005, § 96 Rn. 1 ff.; *Har-rendorf* verdeutlicht in diesem Zusammenhang die geringere Eingriffsintensität des Ord-nungswidrigkeitenrechts im Verhältnis zur Strafsanktion, *Harrendorf* (2018a), S. 113 f.
653 Vgl. *Lemke/Mosbacher* (2005), § 96 Rn. 1 ff.; im Übrigen ist nicht davon auszugehen, dass die Erzwingungshaft die verringerten Zahlen der Ersatzfreiheitsstrafen ausgleichen würde.
654 Vgl. *Zschieschack/Rau*, JR 2009, 245.
655 Vgl. *Mohr* (2020), S. 227.
656 Vgl. Gesetzesantrag des Freistaats Thüringen BT-Drs. 424/19, S. 4 f.
657 Vgl. *Mosbacher* (2018a), S. 7.
658 Vgl. http://dip21.bundestag.de/dip21/btd/19/016/1901690.pdf, S. 3 [letzter Aufruf: 13.02.2021].

Eine Ordnungswidrigkeit liegt nicht vor, sofern der Fahrgast seine Berechtigung (Sozialticket) zur kostenlosen Beförderung vorlegt.

In allen übrigen Fällen kann die Ordnungswidrigkeit mit einer Geldbuße geahndet werden."

An dieser Stelle stellt sich die Frage, ob nicht auch die vollständige Entkriminalisierung der Beförderungserschleichung und eine lediglich zivilrechtliche Geltendmachung des Schadens durch die Beförderungsunternehmen bei fehlendem aktiven Erschleichen bzw. Umgehen von Zugangsbarrieren denkbar wäre. Schaut man genauer hin, handelt es sich bei dem Fahren ohne Fahrschein um einen Vertragsbruch, aus dem ein zivilrechtlicher Schaden entstanden ist, indem der Mitfahrende seinen Fahrpreis trotz Leistung nicht erbracht hat.[659] Dieser zivilrechtliche Schaden sollte jedoch auch in diesem Vertragsverhältnis geltend gemacht werden, zumal die Beförderungsunternehmen aufgrund fehlender Zugangsbarrieren und Kontrollmechanismen selbst für die Einhaltung bzw. Durchsetzung ihrer Beförderungsverträge Sorge tragen sollten. Die Geltendmachung des Schadens auf zivilrechtlicher Ebene hätte den Vorteil, dass zu dem eigentlichen Bußgeld nicht zusätzlich das erhöhte Entgelt der Beförderungsunternehmen hinzukommen würde und damit eine unverhältnismäßige Sanktionierung ausgeschlossen wäre. Diese Herangehensweise würde die Beförderungsunternehmen in die Verpflichtung nehmen und ihnen die Durchsetzung ihrer Ansprüche selbst auferlegen. Eine strafrechtliche Sanktionierung wäre nicht mehr vorgesehen, was sowohl dem Charakter des Bagatelldelikts der Beförderungserschleichung entsprechen würde als auch dem Adressatenkreis, der vor der Verbüßung einer bei Zahlungsunfähigkeit drohenden Ersatzfreiheitsstrafe bewahrt würde. Diese Herangehensweise scheint eine „gerechtere Lösung" zu sein, um mit der Beförderungserschleichung umzugehen.[660] Dies gilt insbesondere, wenn man bedenkt, dass durch die Verlagerung ins Ordnungswidrigkeitenrecht nicht immer das für den Betroffenen bestmögliche Ergebnis eintreten muss. So zeigt die Praxis der Strafverfolgungsbehörden bei Ersttätern, dass Taten mit einem geringen Vermögensschaden gem. § 153 StPO oder § 153a StPO häufig eingestellt werden und damit für den Täter folgenlos bleiben. Bei der Anwendung des Ordnungswidrigkeitenrecht würde diesem zusätzlich zum erhöhten Beförderungsentgelt ein Bußgeld auferlegt werden, so dass die Täter insgesamt schlechter gestellt

---

659 Vgl. *Hefendehl*, NJ 2004, 494; *Ingelfinger*, StV 2002, 430.
660 Eine Kombinationslösung aus Strafe/Buße und einem erhöhten Beförderungsentgelt wird als für den Rechtsgüterschutz besser geeignet angesehen, vgl. *Harrendorf* (2018a), S. 114; *Kaspar* (2014), S. 415.

werden würden, als wenn die Möglichkeit einer strafrechtlichen Sanktionierung bestehen bleiben würde. Aus diesem Grund ist, anstatt der Verlagerung des Delikts der Beförderungserschleichung ins Ordnungswidrigkeitenrecht, an eine zivilrechtliche Durchsetzung des Schadens zu denken, indem bei einer Beförderungserschleichung das erhöhte Beförderungsentgelt zivilrechtlich geltend gemacht werden müsste.

Mohr[661] schlägt vor, lediglich diejenigen Täter strafrechtlich zu sanktionieren, die aktiv die Beförderung erschleichen, indem sie „offenkundig" ohne Ticket die Beförderung nutzen (indem sie z. B. ein Schild bei sich führen mit den Worten „ich fahre ohne Ticket"), oder Kontrollen aktiv umgehen. Bei diesen Tätern, bei denen zu dem zivilrechtlichen Vertragsbruch ein Unrechtselement hinzukommt, besteht die Möglichkeit diese durch einen veränderten § 265a Abs. 2 StGB[662] zu sanktionieren. Folglich wäre auch dem Argument der generalpräventiven Wirkung durch Strafbewehrung Genüge getan. In allen übrigen Fällen wären die Beförderungsunternehmen, aufgrund des geringen Unrechtsgehalts der Taten, das Vorhandensein des erhöhten Beförderungsentgelts, welches zivilrechtlich geltend gemacht werden könnte und der Möglichkeit der Verkehrsbetriebe Zugangskontrollen und Kontrollmechanismen einzurichten, umfassend geschützt.

Alternativ könnte die Einführung eines Sozialtickets im Rahmen der Grundversorgung[663] die Problemlage entschärfen. Denn was beim ersten Hinsehen Kosten verursacht, wird sich angesichts der erheblichen Aufwendungen für die Kriminalisierung des „Schwarzfahrens" bei einer zweiten Inaugenscheinnahme als gut kalkuliert erweisen.[664] Entscheidend wäre bei der Einführung jedoch, dass die Notwendigkeit des Beisichführens des Sozialtickets nicht zu einer Anzeige, sondern zu einer nachträglichen Nachweispflicht führen würde. Dabei ist zum Beispiel an die Menschen zu denken, die kein „Dach

661 Vgl. *Mohr* (2020), S. 230, 231.
662 So müsste § 265a Abs. 1 StGB dahingehend geändert werden, dass die Beförderungserschleichung gestrichen und in § 265a Abs. 2 StGB die „Umgehung von Zugangskontrollen" mit aufgenommen wird, vgl. *Mohr* (2020), S. 231.
663 Vgl. *Mosbacher*, NJW 2018, 1072; also kostenlose Nutzung des öffentlichen Nahverkehrs für Bezieher von Transferleistungen.
664 Vgl. *Mosbacher*, NJW 2018, 1072.

über dem Kopf" haben und auf der Straße leben. Das Beisichführen eines Tickets könnte hier von vornherein Probleme mit sich bringen, die es zu vermeiden gilt.[665]

Eine wesentlich einfacher umsetzbare Lösung wäre, da über einen Nachweis der Berechtigung zur Fahrt und eine zivilrechtliche Vollstreckung nicht nachgedacht werden müsste, die für die ganze Bevölkerung kostenlose Nutzbarkeit des Öffentlichen Nahverkehrs. Es ist anzunehmen, dass der Bürger bei der Möglichkeit des kostenlosen Nahverkehrs und unter Berücksichtigung der hohen Kosten für Kraftstoff sein Kraftfahrzeug stehen lässt und auf Bus und Bahn umsteigt.

1.2 Ladendiebstahl/Diebstahl geringwertiger Sachen

Auch beim Diebstahl geringwertiger Sachen[666] nach § 248a StGB und insbesondere beim Ladendiebstahl ist fraglich, ob der Unrechtsgehalt der Tat auf die Notwendigkeit einer Strafbarkeit schließen lässt. Auf einen geringen Unrechtsgehalt der Tat weist bereits der Ladendiebstahl als Antragsdelikt hin. Für die Gesellschaft selbst ist der Unwert der Tat, aufgrund der Möglichkeit selbst zu entscheiden, ob ein Antrag auf Strafverfolgung gestellt werden soll oder nicht, als gering zu bewerten.[667] Wie bei der Bagatelle der Beförderungserschleichung spielt somit das Ausmaß der Unrechtselemente eine entscheidende Rolle. Beim Ladendiebstahl kann der Unrechtsgehalt bereits durch die ungesicherte Darbietung der Waren und der damit einhergehenden Bereitschaft des Ladeninhabers den Gewahrsam übertragen zu wollen,[668] als verhältnismäßig gering angesehen werden. Folglich reduziert sich der Unrechtsgehalt auf den Vorwurf der unentgeltlichen Gewahrsamnahme.[669] Dies wiederum würde ein „Vermögensdelikt" abbilden, welches die „Persönlichkeitssphäre

---

665 Dies könnte im Übrigen auch zu Problemen bei Umsetzung des Vorschlags von *Mosbacher,* hinsichtlich der Verlagerung ins Ordnungswidrigkeitenrecht, führen, nämlich dann, wenn die Klientel ihre Zahlungsunfähigkeit nicht nachweisen kann.

666 Auch wenn sich die kriminalpolitische Diskussion häufig auf den Ladendiebstahl bezieht, nimmt die gegenwärtige Untersuchung den Diebstahl geringwertiger Sachen besonders in den Fokus. Grund hierfür ist, dass dieser z. B. in Litauen bereits bei Diebstählen bis 150 € eine Entkriminalisierung erfahren hat.

667 Vgl. Schönke/Schröder/StGB/*Eser*, § 248a Rn. 25 f.; kritisch zu den Regelungen der Strafantragsdelikte *Feltes* (1991), S. 49; *Kröpil*, ZRP 2010, 180. Wird kein Strafantrag gestellt, kommen Einleitungen von Ermittlungen nur bei einem besonderen öffentlichen Interesse in Betracht.

668 Vgl. *Harrendorf*, NK 2018, 259.

669 Vgl. *Vogler*, ZStW 1978, 132, 160; *Harrendorf*, NK 2018, 259.

des Opfers" nicht betrifft.[670] Bereits aus diesen Gründen scheint es vertretbar, den Diebstahl geringwertiger Sachen in Form des Ladendiebstahls[671] im Ordnungswidrigkeitenrecht ansässig zu machen.[672]

Das Ordnungswidrigkeitenrecht könnte anders als das Strafrecht aufgrund seiner Eingriffsintensität gerade für „Bagatelldelikte" das unter Berücksichtigung des Verhältnismäßigkeitsgrundsatzes mildere Mittel zur Zweckerreichung sein.[673] Folglich würde durch die Entkriminalisierung durch Verlagerung ins Ordnungswidrigkeitenrecht keine freiheitsentziehende (Ersatz-)Sanktion wie die Ersatzfreiheitsstrafe eingreifen.[674] Durch die Möglichkeit der Erzwingungshaft bei Zahlungsunwilligkeit kann ein Unterschied zu den Personen gemacht werden, welches aufgrund der finanziellen Stellung nicht in der Lage sind, die Geldstrafe zu zahlen. Mit der Verlagerung des Diebstahls geringwertiger Sachen in das Ordnungswidrigkeitenrecht würde folglich die Zahl der Ersatzfreiheitsstrafgefangenen sinken, zumal die Erzwingungshaft bei Zahlungsunfähigkeit nicht eingreift. Allerdings ist auch hier an die zivilrechtliche Lösung zur Durchsetzung des Schadens, welcher durch den Diebstahl geringwertiger Sachen entstanden ist, zu denken. Somit könnte alternativ zur Verlagerung ins Ordnungswidrigkeitenrecht z. B. der dreifache Wert der gestohlenen Sache zivilrechtlich durchgesetzt werden.

1.3 Sonstige Delikte mit niedrigen Tagessatzhöhen

Als sonstiges Delikt mit niedrigen Tagessatzhöhen sind hier die Bagatelldelikte im Bereich des Betäubungsmittelstrafrechts, insbesondere im Hinblick auf die Droge Cannabis, hervorzuheben. Nachdem in diesem Deliktsbereich „in jüngster Zeit wieder zunehmend Forderungen nach Entkriminalisierung" lautwurden,[675] beabsichtigt die *Bundesregierung* mit dem Entwurf zum Can-

---

670 Vgl. *Vogler*, ZStW 1978, 132, 160; *Harrendorf*, NK 2018, 259.
671 Vgl. hierzu auch Gesetzentwurf des Faktion *Bündnis 90/Die Grünen* BT-Drs., 13/2005.
672 Vgl. hierzu bezogen auf das „Schwarzfahren" auch *Baumann*, JZ 1972, 3; *Kramer*, ZRP 1974, 66.
673 Vgl. *Harrendorf*, NK 2018, 253; *Harrendorf* (2018a), S. 114.
674 Es ist eine Erzwingungshaft für Zahlungsunwillige für maximal sechs Woche möglich, § 96 OWiG.
675 Vgl. *Harrendorf* (2018a), S. 97; siehe hierzu „Resolution deutscher Strafrechtsprofessorinnen und -professoren an die Abgeordneten des *Deutschen Bundestages*", November 2013, https://schildower-kreis.de/resolution-deutscher-strafrechtsprofessorinnen-und-professoren-an-die-abgeordneten-des-deutschen-bundestages/ [letzter Aufruf: 01.03.2023].

nabisgesetz (CanG) „den privaten Eigenanbau durch Erwachsene zum Eigenkonsum sowie den gemeinschaftlichen, nicht-gewerblichen Eigenanbau von Cannabis in Anbauvereinigungen zu legalisieren.[676] Der Fachverband Drogen- und Suchthilfe e. V. vertritt die Auffassung, dass „durch die Entstigmatisierung der Konsumenten suchtpräventive Maßnahmen und Angebote der Suchthilfe und Suchtselbsthilfe frühzeitiger und gezielter in Anspruch genommen werden, der Justizapparat entlastet und durch eingesparte Geldmittel suchtbezogene Präventions- und Hilfsangebote umfassender und bedarfsgerechter finanziert werden können".[677] Die derzeit noch in Deutschland vorherrschende „Prohibitionsstrategie"[678] zieht negative Auswirkungen für die Drogenkonsumenten von Cannabis nach sich. Diese müssen ihre Nachfrage auf dem Schwarzmarkt und damit im Bereich der organisierten Kriminalität platzieren. Wie auf dem Schwarzmarkt üblich, wird der Jugendschutz und die Gesundheitsvorsorge klein geschrieben. So führt die Prohibition zu „unkontrollierten Produktqualitäten"[679], zumal eine mögliche Zugabe von Streckmitteln nicht offenkundig wird. Hinzutreten „rechtliche und soziale Folgen der Kriminalisierung" auf,[680] zumal infolge möglicher Strafverfolgung Arbeitsplatzverlust und der Verlust der Einbindung in ein gefestigtes soziales Gefüge drohen.

Dem derzeitigen Gesetzesentwurf der *Bundesregierung* zum kontrollierten Umgang mit Cannabis und zur Änderung weiterer Vorschriften ging ein Gesetzesentwurf zur Änderung des Betäubungsmittelgesetzes in der 20. Wahlperiode (Drs. 20/2579) durch die Fraktion *DIE LINKE* voraus, mit welchem die Entkriminalisierung von Cannabis erreicht werden sollte. Der Gesetzesentwurf sah vor, dass der Erwerb und Besitz einer maximalen Menge von 30 Gramm Cannabis die Strafbarkeit entfallen lassen sollte. Auch der Anbau wird in diesem Gesetzesentwurf entkriminalisiert, wobei auch hier die Gesamtmenge der Ernte von 30 Gramm Cannabis nicht übersteigen dürfe. Der gewerbliche Anbau oder Verkauf wird weiterhin untersagt. Der Jugendschutz soll dadurch gewahrt werden, dass Cannabis und Cannabispflanzen weiterhin nicht an Minderjährige herausgegeben werden dürfen. Bzgl. des Besitzes wird

---

676 https://www.bundesgesundheitsministerium.de/themen/cannabis/faq-cannabisgesetz-ent-wurf.html [letzter Aufruf: 14.09.2023].

677 Vgl. hierzu Sachstandsmitteilung des *Wissenschaftlichen Dienstes* des *Deutschen Bundestages* „Legalisierung von Cannabis – Auswirkungen auf die Zahl der Konsumenten in ausgewählten Ländern", abrufbar unter: https://www.bundestag.de/re-source/blob/675688/4ba9aed6de8e9633685a1cdc2d823525/WD-9-072-19-pdf-data.pdf [letzter Aufruf: 16.06.2023].

678 Vgl. BT-Drs. 20/2579, S. 5.

679 Vgl. BT-Drs. 20/2579, S. 5.

680 Vgl. BT-Drs. 20/2579, S. 5.

weiterhin ausgeführt, dass eine Menge ab 180 Gramm bzw. der Anbau oder die Aufbewahrung von 18 Pflanzen eine Ordnungswidrigkeit nach sich ziehen sollten. Grund hierfür ist, dass die Drogenbeschaffung unregelmäßig bei dem Erwerb auf dem Schwarzmarkt oder im Ausland erfolge. Die genannte Menge entspräche jedoch einer Konsummenge pro Halbjahr.[681] Dieser Gesetzesentwurf wurde von den übrigen Fraktionen abgelehnt.

Gleiches gilt für den Antrag der Fraktion CDU/CSU (BT-Drs. 20/5561), bei welchem die Patientenversorgung mit Cannabisarzneimitteln im Vordergrund stand. Seit Einführung des Gesetzes zur Änderung betäubungsmittelrechtlicher und anderer Vorschriften am 10.03.2017 kann Medizinalcannabis in Deutschland verschrieben werden.[682] Der Antrag befasst sich u. a. mit der Sicherstellung der Patientenversorgung im Falle der Freigabe von Cannabis für den Genussmittelmarkt, welchen die derzeitige *Bundesregierung* in Form der kontrollierten Abgabe der Droge plant.[683] „Zudem beschäftigt sich der Antrag mit den Hürden des Genehmigungsverfahrens in den gesetzlichen Krankenkassen in Verbindung mit den Begutachtungsverfahren durch den Medizinischen Dienst.“[684]

Hinsichtlich der Festlegung von Grenzwerten mahnt *Harrendorf* an, dass diese die unterschiedlichen Gruppen von Konsumenten berücksichtigen müssten (Gelegenheitskonsumenten, „Drogengewöhnte und Abhängige"). Für jede Gruppe müsste je Gruppe ein unterschiedlicher Wert festgelegt werden.[685] Diese Forderung setzt das CanG, welches 2024 in Kraft treten soll, nicht um. Die wesentlichen Regelungen erlauben Erwachsenen den „privaten Eigenanbau von bis zu drei Cannabis-Pflanzen zum Eigenkonsum sowie den gemeinschaftlichen, nicht-gewerblichen Eigenanbau zum Eigenkonsum in

681 Vgl. BT-Drs. 20/2579, S. 6.
682 Vgl. BT-Drs. 20/5561, S. 1.
683 Vgl. BT-Drs. 20/5561, S. 2.
684 Vgl. Mitteilung des *Deutschen Bundestages* vom 26.04.2023 „Gesundheitsausschuss befasst sich mit Cannabis", abrufbar unter: https://www.bundestag.de/presse/hib/kurzmeldungen-945062 [letzter Aufruf: 04.05.2023].
685 Vgl. *Harrendorf* (2020), S. 371.

Anbauvereinigungen bzw. Genossenschaften"[686]. Zudem soll u. a. „der Besitz von bis zu 25 Gramm Cannabis [...] künftig straffrei sein"[687].

Das Gesetz zum kontrollierten Umgang mit Cannabis und zur Änderung weiterer Vorschriften befindet sich im laufenden Gesetzgebungsverfahren.[688] Es bleibt abzuwarten, wie sich das Sanktionssystem im Betäubungsmittelrecht entwickeln wird.

2. Änderungen zur Geldstrafenbemessung in § 40 Abs. 2 StGB

Wie bereits in *Kapitel 3.2* veranschaulicht, führt die Anwendung des Nettoeinkommensprinzips bei der Ermittlung der Geldstrafe bei armen Tätern zum Entzug des staatlich garantierten menschenwürdigen Grundeigentums. Dies ist die Folge der Abschaffung des Einbußeprinzips, nach dem zuvor als Tagessatz derjenige Geldbetrag aufgefasst werden sollte, „dessen Einbuße dem Täter [...] im Durchschnitt täglich zuzumuten"[689] gewesen ist. Die Einführung des Nettoeinkommensprinzip bereitet der Praxis seither große Probleme, da ein Großteil der Geldstrafenschuldner die Geldstrafe ohne Unterschreitung des Existenzminimums wird nicht zahlen können. Aus diesem Grund ist eine Änderung des § 40 Abs. 2 S. 3 StGB notwendig, welcher das Existenzminimum bei der Berechnung der Höhe eines Tagessatzes der Geldstrafe unberücksichtigt lassen muss.[690] *Dünkel* berichtet von der Änderung der Geldstrafenbemessung im Land Berlin. Dort hat „die Generalstaatsanwaltschaft [...] die bisher übliche Praxis, auch bei Sozialleistungsempfängern eine Tagessatzhöhe von 15,- € vorzusehen, aufgehoben und die Weisung an die

---

686 Vgl. Mitteilung des *Bundesministeriums für Gesundheit* „Bundeskabinett beschließt Cannabisgesetz", abrufbar unter: https://www.bundesgesundheitsministerium.de/presse/pressemitteilungen/bundeskabinett-beschliesst-cannabisgesetz-pm-16-08-23.html [letzter Aufruf: 14.09.2023].

687 Vgl. Mitteilung des *Bundesministeriums für Gesundheit* „Bundeskabinett beschließt Cannabisgesetz", abrufbar unter: https://www.bundesgesundheitsministerium.de/presse/pressemitteilungen/bundeskabinett-beschliesst-cannabisgesetz-pm-16-08-23.html [letzter Aufruf: 14.09.2023].

688 Genaue Informationen abrufbar unter: https://www.bundesgesundheitsministerium.de/service/gesetze-und-verordnungen/detail/cannabisgesetz.html [letzter Aufruf: 15.12.2023].

689 Vgl. BT-Drs. V/4095, S. 20; *Meier*, StV 2022.

690 Vgl. *Kapitel 3.2.*

Staatsanwaltschaften erteilt bei Einkommensverhältnissen am Existenzminimum nur noch 5,- € pro Tagessatz anzusetzen."[691]

„Der Entwurf der *Bundesregierung* (vgl. BT-Drs. 20/5913 v. 6.3.2023) hatte eine entsprechende Änderung noch nicht vorgesehen. Im weiteren Gesetzgebungsverfahren und abschließend im Gesetz zur Überarbeitung des Sanktionenrechts – Ersatzfreiheitsstrafe, Strafzumessung, Auflagen und Weisungen sowie Unterbringung in einer Entziehungsanstalt wurde die verschiedentlich geforderte stärkere Berücksichtigung des Existenzminimums bei der Geldstrafenbemessung[692] in § 40 Abs. 2 StGB wie folgt berücksichtigt: Nach § 40 Absatz 2 Satz 2 wird folgender Satz eingefügt: „Es achtet dabei ferner darauf, dass dem Täter mindestens das zum Leben unerlässliche Minimum seines Einkommens verbleibt."[693] Damit wird die obergerichtliche Rechtsprechung[694]

---

691 Vgl. *Dünkel*, Zeitschrift für soziale Strafrechtpflege 2023, 16; „Zur Begründung wurde auf eine Entscheidung des KG Berlin verwiesen, wonach ein rein auf das Nettoprinzip aufbauendes Tagessatzsystem zu einem Einwirkungsübermaß und desozialisierenden Folgen führen kann. Es ist daher zum Ergebnis gekommen, dass soweit diese Folgen nicht mit einer Zahlungserleichterung insbesondere in der Form der Ratenzahlung (§ 42 StGB) verhindert werden können, eine Verringerung der Tagessatzhöhe erforderlich wird (KG Beschluss vom 02.11.2012 - (4) 121 Ss 146/12 (265/12)). Dabei bezieht sich das KG auf eine Entscheidung des OLG Frankfurt/M., in der das OLG die Belastungsgrenzen der Ratenzahlung dort ansetzte, wo sie sich unverhältnismäßig lang über das Mehrfache des sich aus der Tagessatzanzahl ergebenden Zeitraums hinweg erstreckt (OLG Frankfurt a.M., Urteil vom 21. 3. 2006 - 2 Ss 30/06). Das OLG Frankfurt führt in Anlehnung an eine Entscheidung des OLG Stuttgart (NJW 1994, 747) ferner aus, dass ein Bemessungsmaßstab sein könnte, die Tagessatzhöhe durch das Drei- bis Vierfache des Differenzbetrages zwischen erhaltenem ALG-II und dem unerlässlichen Lebensunterhalt pro Tag zu begrenzen. Der so zu errechnende Differenzbetrag würde jene Leistungen umfassen, die nicht der Existenzsicherung dienen und könnte somit mit den oben aufgeführten Leistungen für Teilhabe am sozialen und kulturellen Leben in der Gemeinschaft sowie für Beherbergungs- und Gaststättendienstleistungen in Höhe von ca. 54 Euro (§ 5 Regelbedarfsermittlungsgesetz) gleichgesetzt werden. Der dreifache Differenzbetrag pro Tag würde sich in diesem Fall auf 5,40 Euro belaufen."

692 Vgl. *Bals/Cornel/Dünkel/Flügge/Freise/Lösch/Meinen/Pruin/Sonnen/Weber*, NK 2021, 386. f.; *Dünkel*, NK 2022, 260; *Dünkel*, Zeitschrift für soziale Strafrechtpflege 2023, 16; *Friedrich-Ebert-Stiftung* (2022), S. 1ff.

693 Vgl. BT-Drs. 20/7026, S. 4, hierzu auch *Dünkel*, Zeitschrift für soziale Strafrechtpflege 2023, 16.

694 Vgl. BT-Drs. 20/7026, S. 17. „Das OLG Jena hat daher z. B. in dem konkreten Sachverhalt eine Halbierung der im Strafbefehl vorgesehenen Tagessatzhöhe von 25 € auf 13 € für angemessen erachtet und zusätzlich die Gewährung einer monatlichen Ratenzahlung von 40 € für erforderlich gehalten (bei juris Rn. 1, 3, 29 ff.). Ähnlich hat das OLG Frankfurt/M. es für sachgemäß angesehen, dass das Landgericht eine vom Amtsgericht ermittelte Tagessatzhöhe von 20 €, die dem Nettoeinkommensprinzip entsprochen hätte, auf 7 € mehr als halbiert hat (OLG Frankfurt, Urteil vom 21. März 2006, 2 Ss 30/06, bei juris Rn. 12).

„wonach es geboten ist, bei der Berechnung der Tagessatzhöhe für Personen, deren Einkommen sich nahe am Existenzminium bewegt, vom Nettoeinkommensprinzip abzuweichen"[695] gewürdigt und als richtig anerkannt.

3. Haftvermeidungsmaßnahmen als primäre Regelersatzsanktion versus Abschaffung der Ersatzfreiheitsstrafe

Auch wenn die Abwendung der Ersatzfreiheitsstrafe durch den Einsatz von Haftvermeidungsmaßnahmen im Sinne des Art. 293 EGStGB bereits ihre gesetzliche Beachtung gefunden hat, ist der Anteil der im Strafvollzug inhaftierten Ersatzfreiheitsstrafgefangenen nach wie vor zu hoch. Dies führt immer wieder zu der Forderung, die Ersatzfreiheitsstrafe gänzlich abzuschaffen.[696]

In einem Fall des OLG Stuttgart wurde der Tagessatz von 7 € auf 5 € reduziert und eine monatliche Ratenzahlung von 40 € gewährt (Beschluss vom 21. Juli 2008, 2 Ss 346/08, bei juris Rn. 15 ff.). Einen Tagessatz von 5 € hat auch das OLG Oldenburg als angemessen angesehen (Beschluss vom 30. Juli 2007, Ss 205/07 (I 61), bei juris Rn. 8). Das OLG Dresden hatte bei einem Asylbewerber im konkreten Fall sogar gegen einen Tagessatz von 5 € Bedenken und die Festsetzung des Landgerichts auf 1 € nicht moniert (Urteil vom 3. Juli 2009, 2 Ss 163/09, bei juris Rn. 2 und 16)."

695 Vgl. BT-Drs. 20/7026, S. 2; Der Einwand der Fraktion der CDU/CSU, welcher eine Modifizierung des § 40 Abs. 2 S. 3 StGB als überflüssig erachtet, „weil derartige Umstände bereits nach geltender Rechtslage gewürdigt werden könnten und, ausweichlich der im Änderungsantrag referierten obergerichtlichen Rechtsprechung, in der Praxis auch tatsächlich gewürdigt würden", kann nicht überzeugen. Die gegenwärtige Forschung zeigt, dass in den überwiegenden Fällen Entscheidungen vor allem im Strafbefehlswege getroffen wurden, bei denen das Nettoeinkommen unbekannt war, vgl. *Kapitel 8.1*, oder die Auffassung in den Untergerichten weit verbreitet ist, dass Tagessätze unter 15,- € auch bei Sozialhilfeempfänger*innen nicht vertretbar seien.

696 Vgl. für die Wissenschaft und Praxis *Köhne*, JR 2004, 453 ff.; *Guthke/Kitlikoglu* (2015), S. 12, 13; *Feest (*2016a), abrufbar unter: https://epetitionen.bundestag.de/petitionen/_2016/_01/_09/Petition_63094.nc.html. [letzter Aufruf: 21.05.21]; Für die Politik unter anderem der Gesetzentwurf der Fraktion der LINKE (BT-Drs. 19/1689), Antrag des Landes Brandenburg zur Frühjahrsjustizministerkonferenz 2016; *Dünkel*, NK 2022, 253, 260 ff; *Friedrich-Ebert-Stiftung* 2022, S. 1 ff.; anders *Meier*, StV 2022, der anstatt der Abschaffung der Ersatzfreiheitsstrafe die Hervorhebung des Ultima-ratio-Charakters der Ersatzfreiheitsstrafe mit Hilfe eines dreistufigen Vollstreckungsverfahrens für richtig erachtet. Danach soll zunächst die Beitreibung i. S. d. § 459 StPO versucht werden. In einem zweiten Schritt sollten ambulante Ersatzsanktionen (wie die Schadenswiedergutmachung, die Erbringung gemeinnütziger Leistungen und der Hausarrest) folgen, und – bei deren erfolgloser Vollstreckung – die Ersatzfreiheitsstrafe eingesetzt werden. Anders als bisher, soll es keinen starren Umrechnungsschlüssel (derzeit 1:1) geben, vielmehr soll die Länge der Ersatzfreiheitsstrafe einer Verhältnismäßigkeitsprüfung unterliegen, wobei die „Art

Auch die Verfasserin hält die Ersatzfreiheitsstrafe für nicht geeignet, den Täter auf den Weg der Legalität zurückzuführen. Gleichzeitig ist die Vollstreckung der Geldstrafe durch Ersatzfreiheitsstrafen teuer[697] und es gibt andere Mittel,[698] die hinsichtlich des Rechtsgüterschutzes mindestens gleich wirksam sind.

Heute sind frühere Begründungen, die sich auf die bewusste Nichtabschaffung der kurzen Freiheitsstrafe beziehen und daraus die Daseinsberechtigung für die Ersatzfreiheitsstrafen schlussfolgern, überholt. So wurde in der Stellungnahme vom 28. März 2019 zur öffentlichen Anhörung des *Ausschusses für Recht und Verbraucherschutz des Deutschen Bundestages* am 03. April 2019 angeführt: „Mit bereits damals angestellten Überlegungen, die kurze Freiheitsstrafe ersatzlos zu streichen, hat sich der Gesetzgeber eingehend auseinandergesetzt und diese mangels anderer wirksamer Reaktionsmittel abgelehnt."[699] „Diese Erwägungen gelten in gleicher Weise für die Ersatzfreiheitsstrafe".[700] Zu dem Zeitpunkt, als der *Deutsche Bundestag* sich mit der Abschaffung der kurzen Freiheitsstrafe beschäftigt hat, mag es noch kein „wirksames strafrechtliches Reaktionsmittel"[701] zur Abschaffung der kurzen Freiheitsstrafen gegeben haben. Jedoch ist dies nicht auf die derzeitige Diskussion zur Abschaffung der Ersatzfreiheitsstrafen – insbesondere unter Berücksichtigung der Ausweitung der Haftvermeidungsmaßnahmen – anzuwenden. Denn in § 47 StGB heißt es, dass „eine kurze Freiheitsstrafe dann in Erwägung gezogen werden kann, wenn dies zur Einwirkung auf den Täter oder zur Verteidigung der Rechtsordnung unerlässlich ist". Die gegenwärtigen Untersuchungsergebnisse zeigen, dass die Einwirkung auf den Täter aus spezialpräventiver Sicht nur bedingt durch die Vollstreckung der Geldstrafe in Form der Ersatzfreiheitsstrafe gewährleistet werden kann. So zeigt sich, dass die

---

und Schwere der Belastung [...] zur Schwere der verhängten Geldstrafe nicht außer Verhältnis stehen" dürfen.

697 Vgl. *Kapitel 8*; *Dünkel/Flügge/Lösch/Pörksen* (2010), S. 175.

698 Hierzu auch *Guthke*, ZRP 2018, 58, der „Zwangsmittel wie Pfändung etc." als ausreichend ansieht. So auch *Wilde*, KriPoZ 2022, 319 „Auch die Androhung der Einschaltung von Gerichtsvollzieher*innen oder Lohnpfändungen erzeugen einen Tilgungsdruck und würde viele Menschen zur Zahlung bewegen (sofern sie zahlen können).

699 Vgl. Stellungnahme *Rebmann* (2019), S. 4, abrufbar unter https://kripoz.de/wp-content/uploads/2019/04/stellungnahme-rebmann-ersatzfreiheitsstrafe.pdf [letzter Aufruf: 04.07.2023]; *Deutscher Bundestag, Sonderausschuss für die Strafrechtsreform*, BT-Drs. V/4094, S. 6; dies erfolgte im Jahr 1969.

700 Vgl. Stellungnahme *Rebmann* (2019), S. 4, abrufbar unter https://kripoz.de/wp-content/uploads/2019/04/stellungnahme-rebmann-ersatzfreiheitsstrafe.pdf [letzter Aufruf: 04.07.2023].

701 Vgl. *Deutscher Bundestag, Sonderausschuss für die Strafrechtsreform*, BT-Drs. V/4094.

Gruppe der Ersatzfreiheitsstrafgefangenen eben nicht weniger rückfällig wird, als die Gruppe derjenigen, die eine Haftvermeidungsmaßnahme in Anspruch genommen haben. Dieses Ergebnis bestätigt somit frühere Forschungsergebnisse, die ergeben haben, dass „eine spezifische Rückfallverhinderung oder aber Rückfallbegünstigung durch harte Sanktionen – zumindest derzeit – nicht beweisbar erscheint". Vielmehr spricht, so *Streng*, „auf der Ebene einer generalisierenden Betrachtung alles für eine „Gleichwirkungsthese", nämlich dafür, dass harte Sanktionen in spezialpräventiver Hinsicht zumindest nicht erfolgsversprechender sind als alternativ in Frage kommende weniger harte Sanktionen."[702] Die Wahl des weniger einschneidenden Mittels kann somit grundsätzlich befürwortet werden.[703]

Auch kann der Einsatz einer Ersatzfreiheitsstrafe nicht auf den Aspekt der Generalprävention beschränkt werden. Positiver Aspekt der Generalprävention ist die Erhaltung und Stärkung des Vertrauens der Gesellschaft in die Bestands- und Durchsetzungskraft der Rechtsordnung.[704] Die geforderte wirksame Durchsetzung des Strafanspruchs[705] kann, nach Ansicht der Verfasserin, jedoch auch durch die Haftvermeidungsmaßnahmen gewährleistet werden. Wie in *Kapitel 4.1* beschrieben, ist die Arbeit der *Freien Straffälligenhilfe* nicht nur von einem Hilfemoment, sondern auch von einem Kontrollmoment gekennzeichnet. So sind die Mitarbeiter der Projekte veranlasst, Mitteilung an die Staatsanwaltschaft zu machen, sollten Arbeitsstunden nicht abgeleistet oder Raten im Rahmen der Geldverwaltung nicht gezahlt werden. Ganz unabhängig von der Tilgung der Geldstrafe ist jedoch zu berücksichtigen, dass die Bearbeitung der eigenen multiplen Problemlagen bereits für die Betroffenen eine große Herausforderung und Belastung darstellt, die das Strafübel einer Strafe übersteigt. Das Leben mit besonderen Problemlagen, wie Schulden und Sucht, ist schwer, die Bewältigung dieser setzt jedoch eine gleichsam größere Anstrengung voraus. Wie *Hüsler* und *Locher* zudem klarstellen, „spielt die Sanktionswahl bei der Rechtsbewährung nur eine untergeordnete Rolle".[706] Fraglich ist, ob die negative Generalprävention und damit ein effektiver Rechtsschutz[707] den Einsatz einer Ersatzfreiheitsstrafe zur Durchsetzung der Geldstrafe legitimieren kann. Rechtsgüterschutz wird u. a. dadurch definiert,

---

702 Vgl. *Streng* (2012), Rn. 331; *Heinz* (2019), S. 1676.
703 Vgl. *Streng* (2012), Rn. 331.
704 Vgl. *BVerfG* 1977, S. 1525.
705 Vgl. Stellungnahme *Rebmann* (2019), S. 5, abrufbar unter: https://kripoz.de/wp-content/uploads /2019/04/stellungnahme-rebmann-ersatzfreiheitsstrafe.pdf [letzter Aufruf: 04.07.2023].
706 Vgl. *Hüsler/Locher* (1991), S.34; *Knüsel* (1995), S. 118.
707 Vgl. *Radtke*, ZRP 2018, 58.

dass durch strafrechtliche Normen und, bei einem Verstoß, deren Durchsetzung die Bevölkerung davon abgehalten werden soll (Abschreckung), die Rechtsgüter von anderen oder der Allgemeinheit zu verletzen. So wird bei einer Abschaffung der Ersatzfreiheitsstrafe befürchtet, dass die Klientel eine Art „Freibrief" für die Begehung von Delikten erhält[708], das Strafrecht ein „zahnloser Tiger" bliebe[709], „welches seinen Zweck, Rechtsgüterschutz effektiv, auch in den Fällen der Uneinbringlichkeit der Geldstrafe zu gewährleisten, nicht erreichen könnte."[710] Die Ersatzfreiheitsstrafe sei das „Rückgrat der Geldstrafe",[711] auf welches das „strafrechtliche Sanktionssystem, dessen Hauptstrafe in rechtstatsächlicher Sicht die Geldstrafe ist"[712], nicht verzichtet werden könne. Es kann nicht ausgeschlossen werden, dass die Ersatzfreiheitsstrafe nicht auch eine indirekte, negative generalpräventive Wirkung hat. Dennoch muss an dieser Stelle die Frage gestellt werden, ob das Ziel des Rechtsgüterschutzes nicht auch durch ein milderes Mittel, wie das der Haftvermeidungsmaßnahmen, erreicht werden kann. Forschungen haben ergeben, dass nicht die Furcht vor Strafe, „sondern – wenn überhaupt – die tatsächliche oder angenommene Verfolgungswahrscheinlichkeit", die Einschätzung des „Entdeckungsrisikos" und die bei der Überführung zu erwartende Ächtung durch das soziale Umfeld potentielle Täter von der Tatbegehung abhalten.[713] Somit bleibt unklar, ob die Vollstreckung der Geldstrafe durch die Ersatzfreiheitsstrafe unter negativ-generalpräventiven Gesichtspunkten gerechtfertigt werden kann.[714] An dieser Stelle gilt es jedoch zu bedenken, dass die Vollstreckungsmodalitäten die gleichen Zwecke wie die Ausgangssanktion verfolgen,

---

708 Vgl. http://tp-presseagentur.de/ersatzfreiheitsstrafe-aergernis-und-loesungen-mit-einem-exkurs-ueber-drogendelikte/ [letzter Aufruf: 10.02.2021].

709 Vgl. Stellungnahme *Rebmann* (2019), abrufbar unter: https://kripoz.de/wp-content/uploads/2019/04/stellungnahme-rebmann-ersatzfrei heitsstrafe.pdf, S. 5 [letzter Aufruf: 04.07.2023]; *Schatz*, ZRP 2002, 439.

710 Vgl. *Radtke*, ZRP 2018, 58; Stellungnahme *Rebmann* (2019), S. 5, abrufbar unter https://kripoz.de/wp-content/uploads/2019/04/stellungnahme-rebmann-ersatzfreiheits-strafe.pdf [letzter Aufruf: 04.07.2023].

711 Vgl. *Maurach/Gössel/Zipf* (2014), S. 727; *Meier*, ZStW 2017, 447; *Tröndle*, MDR 1972, 466; *Radtke*, ZRP 2018, 58.

712 Vgl. *Radtke*, ZRP 2018, 58.

713 Vgl. *Dölling* (1983), S. 59 ff., 75; *Knüsel* (1995), S. 116 f.; *Laun* (2002), S. 37 f.; Hierzu grundlegend *Albrecht/Dünkel/Spieß*, MSchrKim 1981, 313 f.; siehe hierzu *Kapitel 2.1.*

714 Vgl. *Hassemer* (1990), S. 299 „Es könnte sich bei einer Aufhebung dieser Strafart herausstellen, dass die Geldstrafenregelung dennoch funktionsfähig bleibt (etwa deshalb, weil die meisten Verurteilten die Geldstrafe nicht aus Furcht vor der Ersatzfreiheitsstrafe, sondern aus anderen Gründen zahlen)"; 4. *Alternativer Drogenbericht* 2017, S. 34 f. abrufbar unter: https://alternativer-drogenbericht.de/wp-content/uploads/2017/05/adsb2017 web.pdf [letzter Aufruf: 22.01.2021].

d. h. in erster Linie die (negative) Spezialprävention. Die Ergebnisse der Rückfalluntersuchung zeigen hier deutlich, dass die Ersatzfreiheitsstrafe in diesem Bezug keine besseren Ergebnisse ausweist, als wenn die Geldstrafe durch die Haftvermeidungsmaßnahmen getilgt wird.

Für die Abschaffung der Ersatzfreiheitsstrafe sprechen zudem die Erfahrungen der ausländischen Praxis.[715] In Schweden, wo ebenfalls das Tagessatzsystem Anwendung findet, muss „beispielsweise ein eindeutiger Nachweis über die Zahlungsunwilligkeit des Verurteilten vorliegen, um eine Ersatzfreiheitsstrafe i. S. einer Erzwingungshaft anzuordnen, was zu einer sehr niedrigen Quote an Ersatzfreiheitsstrafen führt."[716] In Dänemark wird die Ersatzfreiheitsstrafe nur bei zahlungsunwilligen Geldstrafenschuldnern eingesetzt und wurde bei zahlungsunfähigen abgeschafft.[717] „In Italien wurde die Ersatzfreiheitsstrafe für verfassungswidrig erklärt[718] und durch gemeinnützige Arbeit, kontrollierte Freiheit sowie Halbgefangenschaft ersetzt.[719] Andere Länder, wie beispielsweise Georgien, beschränken sich bei der Uneinbringlichkeit der Geldstrafe auf die Möglichkeiten der Zwangsvollstreckung."[720] Unbeachtet bleibt in dieser Zusammenstellung, ob die angeführten Länder, bei der Vorhersehbarkeit der Uneinbringlichkeit schon vorab von einer Geldstrafe absehen und eine Freiheitsstrafe verhängen.[721]

---

715 *Drápal* berichtet über eine in der Tschechischen Republik durchgeführte Studie, die darauf hindeutet, dass die Festlegung der Geldstrafen nicht ohne eine klare Formel zur Berechnung funktioniert, vgl. *Drápal*, Journal of Criminology 2018, 461 ff.; *Friedrich-Ebert-Stiftung* (2022), S. 2.

716 Vgl. *Treig/Pruin*, FS 2018a, 13; *BAG-S* (2019), S. 4, abrufbar unter: https:// www.bag-s.de/fileadmin/user_upload/BAG-S_Stellungnahme_Ersatzfreiheitsstrafe_ JuMiKo_neu.pdf [letzter Aufruf: 20.02.2021]. Seit 1983 ist die Ersatzfreiheitsstrafe praktisch abgeschafft. Anwendung findet sie nur dort, wo eine Freiheitsstrafenandrohung zahlungsfördernde Funktion auszuüben könnte bzw. eine Nichtumwandlung nicht hinnehmbar erscheint; *Wissenschaftliche Dienste des Deutschen Bundestages*, Sachstand: Ersatzfreiheitsstrafe gemäß § 43 StGB, 2018, S. 6 (WD 7 - 3000 - 035/18). *Kaiser* (1993), S. 605; eine vergleichende Übersicht bei *Dünkel*, NK 2022, 255.

717 Vgl. *Dünkel*, NK 2022, 261.

718 Vgl. *Kaiser* (1993), S. 605; *Maiwald* (2009), S. 170 zu den verfassungsrechtlichen Grundlagen.

719 Vgl. *Treig/Pruin*, FS 2018a, 13; *BAG-S* (2019), S. 4, abrufbar unter: https://www.bag-s.de/fileadmin/user_upload/BAG-S_Stellungnahme_Ersatzfreiheits-strafe_JuMiKo_neu.pdf [letzter Aufruf: 04.07.2023].

720 Vgl. *Treig/Pruin*, FS 2018a, 13; *BAG-S* (2019), S. 4, abrufbar unter: https://www.bag-s.de/fileadmin/user_upload/BAG-S_Stellungnahme_Ersatzfreiheits-strafe_JuMiKo_neu.pdf [letzter Aufruf: 04.07.2023].

721 Vgl. *BAG-S* (2019), S. 4, abrufbar unter: https://www.bag-s.de/fileadmin/user_up-load/BAG-S_Stellungnahme_Ersatzfreiheitsstrafe_JuMiKo_neu.pdf [letzter Aufruf: 04.07.2023].

Bei der Ersatzfreiheitsstrafe handelt es sich um einen kontraproduktiven freiheitsentziehenden Kurzstrafenvollzug für Bagatelldelikte. Dieser Vorwurf wird auch nicht dadurch abgeschwächt, dass Kritiker hinsichtlich der Abschaffung der Ersatzfreiheitsstrafe betonen, diese Sanktionsmöglichkeit müsse lediglich als *ultima ratio* betrachtet werden.[722] Ferner könnten auch „tragfähige und überzeugende rechtsvergleichende Überlegungen" hinsichtlich der o. g. Länder „nicht isoliert" auf eben diese Sanktionsmöglichkeit beschränkt betrachtet werden.[723]

Fraglich ist bei dieser Aussage bereits, ob die Ersatzfreiheitsstrafe für die Klientel dieser Sanktion tatsächlich als „ultima ratio" gewertet werden kann. Eine Ultima-Ratio-Entscheidung würde beinhalten, dass die Personen von der Entscheidung, die die Geldstrafe ausweist, der Mahnung, der Androhung der Ersatzfreiheitsstrafe und den Alternativen hierzu wissen müssten (auch von der Geldverwaltung, sofern die „freie, gemeinnützige Arbeit" nicht geleistet werden kann). Dies würde indizieren, dass sich die Personen bewusst gegen die Tilgung entschieden und somit sehenden Auges in die Ersatzfreiheitsstrafe gehen würden. Bisherige Forschungsergebnisse zeigen aber, dass dies gerade nicht der Fall ist.[724] *Villmow* berichtet von Befragungen, welche ergeben haben, dass „ein nicht geringer Teil der Verurteilten angab, über mögliche Zahlungserleichterungen, freie, gemeinnützige Arbeit und andere Alternativen zur Ersatzfreiheitsstrafe nicht ausreichend informiert gewesen zu sein."[725] Andere Forschungen[726] stellten fest, dass es sich bei den Ersatzfreiheitsstrafgefangenen um eine Gruppe von Personen handelt, die häufig nicht mehr willens oder in der Lage sind, ihre Post zu öffnen und auf entsprechende behördliche Schreiben zu reagieren.[727] Auch die hiesige Forschung zeigt, dass es sich bei

---

722 Vgl. *Radtke,* ZRP 2018, 58, *Radtke* geht davon aus, dass nach Nichtableistung der gemeinnützigen Arbeit die Ersatzfreiheitsstrafe als unverzichtbares Element des strafrechtlichen Sanktionssystems bestehen bleiben müsse; hierzu auch *Deutscher Bundestag, Bundesministerium der Justiz und für Verbraucherschutz,* BT-Drs. 19/803 vom 20.02.2018, S. 4.

723 Vgl. Stellungnahme *Rebmann* (2019), S. 19, abrufbar unter: https://kripoz.de/wp-content/uploads/2019/04/stellungnahme-rebmann-ersatzfreiheitsstrafe.pdf [letzter Aufruf: 04.07.2023].

724 Vgl. hierzu auch *Dolde,* ZfStrVO 1999b, 333, die annimmt, dass 20 % über die Möglichkeit der Haftvermeidungsmaßnahmen gar nicht informiert gewesen seien; dies bestätigt die Forschung von *Janssen* (1994), nach welcher 43,3 % der Ersatzfreiheitsstrafenverbüßer nichts von der Möglichkeit der Vermeidung wussten.

725 Vgl. *Villmow* (2020), S. 536.

726 Vgl. *Bögelein/Ernst/Neubacher,* BewHi 2014b, 58 f.

727 Vgl. *Cornel,* FS 2018, 27.

der Bezugsentscheidung um eine Klientel handelt, welche ein geringes Einkommen hat, multiple Problemlagen aufweist und im Bagatellbereich straffällig wird. Immer mehr Menschen hierzulande sind arm. Das *Statistische Bundesamt* teilte in seiner Pressemitteilung vom 13. August 2020 (Nr. 308) mit, dass „die Armutsgefährdung – gemessen an der Armutsgefährdungsquote – [...] im Zeitraum von 2009 bis 2019 in allen westlichen Bundesländern und in Berlin gestiegen ist"[728]. Menschen, die arm sind, leiden häufig auch unter einem Ausschluss aus dem Arbeitsleben. Die Teilhabe an der kommerzialisierten Welt ist für diese Klientel undenkbar. Gleichzeitig geht dies mit einer Abschottung im Alltag einher. Der Halt in Vereinen, der Wohngemeinschaft, der Familie oder den Kirchen tritt immer mehr in den Hintergrund.[729] Die Menschen sind isoliert. Haben sie zudem eine unzureichende Sozialisation im Kindesalter erlebt, benötigen sie Hilfe, den aus den Werten und Normen unserer Gesellschaft resultierenden Forderungen und Handlungsanweisungen nachkommen zu können. *Stehle* thematisierte bereits 1970 die wirtschaftliche Notlage vieler Strafgefangener und zeigte auf, dass „ein Berg von Schulden die soziale Eingliederung erschwert und erneute Straffälligkeit begünstigt"[730]. Im gleichen Jahr wiesen wissenschaftliche Erhebungen die gravierende Schuldenlast Straffälliger nach.[731] Bei Betrachtung der Schuldenspirale von *Zimmermann*[732] wird deutlich, dass auch Kosten für die Strafverfolgung und Haft eine entscheidende Rolle spielen. Diese Gruppe, mit multiplen Problemlagen infolge einer uneinbringlichen Geldstrafe, wegzusperren, scheint unter Berücksichtigung der anvisierten Wiedereingliederung in die Gesellschaft nicht zielführend. Sinnvoller scheint es, mit den problematischen Geldstrafenschuldnern an deren Problemlagen zu arbeiten. *Dünkel*[733] beschreibt in diesem Zusammenhang die „Abschaffung der Ersatzfreiheitsstrafen zugunsten einer rein zivilrechtlichen Beitreibungs- bzw. Zwangsvollstreckungslösung". Er verweist diesbezüglich ebenfalls auf die Erfolge im europäischen Ausland und stellt klar, dass die Vollstreckung der Geldstrafe bei der Abschaffung der Er-

---

728 Vgl. *Statistisches Bundesamt*, Pressemitteilung Nr. 308 vom 13.08.2020, abrufbar unter: https://www.destatis.de/DE/Presse/Pressemitteilungen/2020/08/PD20_308_634.   html [letzter Aufruf: 28.01.2021]; „Die Armutsgefährdungsquote ist ein Indikator zur Messung relativer Einkommensarmut."
729 Vgl. *Tittle* (2000), S. 334.
730 Vgl. *Stehle,* ZfStrVO 1970, 292 ff.; zu den persönlichen Merkmalen der Klientel auch *Matt*, MSchrKrim 2005, 348; *Dolde*, ZfStrVO 1999b, 330 ff.; *Villmow* (1998), S. 1291 ff.
731 Vgl. *Zimmermann* (2014), S. 34.
732 Vgl. *Zimmermann* (2014), S. 36; siehe Anhang.
733 Vgl. *Dünkel*, NK 2022, 260.

satzfreiheitssstrafe durch die Ableistung freier Arbeit oder anderen Alternativen abgewendet werden kann. Durch wiederholte Beitreibungsversuche könnte der „Vollstreckungsdruck" aufrechterhalten werden.[734]

4. Teilabschaffung der Ersatzfreiheitsstrafe

Sollte eine vollständige Abschaffung der Ersatzfreiheitsstrafe nicht durchdringen, so könnte bei vom „Schuldgehalt geringfügigen Geldstrafen" an eine Teilabschaffung der Ersatzfreiheitsstrafe gedacht werden.[735] Finnland macht diese Möglichkeit vor und fasst in Kap. 2(a), § 4 Abs. 2 des finnischen StGB („Bagatellklausel") hierunter Geldstrafen von bis zu 20 Tagessätzen.[736] Bei diesen Fällen ist die Vollstreckung der Geldstrafe durch die Ersatzfreiheitsstrafe gesetzlich ausgeschlossen. Die Geldstrafe selbst bleibt bestehen und kann vom Staat gegenüber dem Geldstrafenschuldner bei Zahlungsunfähigkeit durch z. B. die freie Arbeit oder die Geldverwaltung vollstreckt werden.

Sollte die (Teil)Abschaffung der Ersatzfreiheitsstrafe nicht durchdringen, könnte die Vermeidung von Ersatzfreiheitsstrafe durch eine Änderung des Vollstreckungsablaufs umgesetzt werden. In diesem Fall würden die Haftvermeidungsmaßnahmen als primäre Ersatzsanktion[737] und damit als weitere Säule der Strafrechtspflege nach der Geldstrafe anerkannt werden. Hierfür müsste im Rahmen einer Änderung des Ablaufs der Geldstrafenvollstreckung bei Uneinbringlichkeit der Geldstrafe automatisch vor der Androhung der Ersatzfreiheitsstrafe die Vermittlung der Klientel in die „Geldverwaltung statt Vollstreckung von Ersatzfreiheitsstrafe" oder die „freie, gemeinnützige Arbeit" erfolgen. Dieses hätte den Vorteil, dass am Resozialisierungsgedanken orientiert, mit der Klientel und deren intrinsischer Motivation gearbeitet werden kann. So würde die spezialpräventive Ausrichtung des deutschen Strafrechtssystems weiterentwickelt.[738] Bereits die *Kommission zur Reform des*

---

734 Gem. § 79 Abs. 3 Nr. 4, 5 StGB tritt „bei Geldstrafen von bis zu 30 Tagessätzen" eine Verjährung „erst nach drei, bei höheren Geldstrafen nach fünf Jahren ein", vgl. hierzu *Dünkel*, NK 2022, 261.
735 Vgl. *Dünkel*, NK 2022, 262.
736 Vgl. *Dünkel*, NK 2022, 262.
737 Vgl. hierzu *Dünkel/Scheel* (2006), S. 175, 176; *Radtke*, ZRP 2018, 58 „[…], gemeinnützige Arbeit als erstrangigen Ersatz für uneinbringliche Geldstrafe vorzusehen."; BT-Drs. 15/2725, S. 19, wo die Verknüpfung von gemeinnütziger Arbeit als primäre Ersatzsanktion mit einem „verbesserten" Umrechnungsmaßstab als sinnvoll erachtet wurden.
738 Siehe hierzu *Kapitel 4.2, 4.3.*

strafrechtlichen Sanktionssystems hat im Jahr 2000 betont, dass die „freie, ge-meinnützige Arbeit" zusätzlich zur Vermeidung eines Freiheitsentzug „auch selbst einen resozialisierenden Effekt haben" solle.[739] *Radtke* sah aufgrund der „knappen Zeit" des Vollzugs der Ersatzfreiheitsstrafe und der durch die kurze Zeit verringerten Erreichbarkeit der Klientel von Behandlungsangeboten „An-lass für ein Nachdenken darüber […], ob es bei der bisherigen Abfolge, Ver-urteilung zu Geldstrafe – bei Uneinbringlichkeit dieser – Vollzug der Ersatz-freiheitsstrafe, soweit diese nicht ihrerseits durch gemeinnützige Arbeit (vgl. Art. 293 EGStGB) abgewendet werden kann, bleiben muss"[740]. Wie sich aus der Gesetzgebungsgeschichte zu den Ersatzfreiheitsstrafen ergibt,[741] hatte sich der Gesetzgeber hierzu schon im Jahre 2002[742] Gedanken gemacht. Bereits vier Jahre später wurden die Pläne mit der nachfolgenden konservativen Re-gierung begraben. Somit fristet die *Freie Straffälligenhilfe* trotz guter Erfolge, wie neben Niedersachsen beispielhaft u. a. anhand der Bundesländer Hessen, Sachsen und NRW beschrieben, eine untergeordnete Rolle in der Strafrechts-pflege. Fest steht: „Ambulante Sanktionsformen sind angesichts der in der Re-gel geringen Sozialgefährlichkeit der Täter eine sinnvolle Alternative."[743]

Auch aus Kostengesichtspunkten ist der Einsatz der Haftvermeidungsmaß-nahmen als primäre Ersatzsanktion vor den Ersatzfreiheitsstrafen sinnvoll. *Dünkel, Flügge, Lösch und Pörksen* wiesen im Plädoyer für verantwortungs-bewusste und rationale Reformen des strafrechtlichen Sanktionssystems und des Strafvollzugs auf die Notwendigkeit der Verbesserung der strafrechtlichen Sanktionspraxis hin und riefen für den nachhaltigen Einsatz finanzieller Mittel zur Resozialisierung auf.[744] Unter Berücksichtigung der meist im Bagatellbe-reich liegenden Delikte, stellt *Fiebig* 2018 fest: „Die Verfolgung dieses Baga-tellunrechts verursacht erhebliche Kosten, die auf jährlich 15 Millionen Euro geschätzt werden."[745] „Anstatt Einnahmen aus Geldstrafen zu erzielen, entste-

---

739 Vgl. *Mohr* (2020), S. 147; *Kommission zur Reform des strafrechtlichen Sanktionssystems* (2000), S. 101.
740 Vgl. *Radtke*, ZRP 2018, 58.
741 Siehe *Kapitel 3.7.*
742 Vgl. BT-Drs. 14/9358.
743 Vgl. *Dünkel/Flügge/Lösch/Pörksen* (2010), S. 175.
744 Vgl. *Dünkel/Flügge/Lösch/Pörksen* (2010), S. 175 ff. In der derzeitigen strafrechtlichen Sanktionspraxis „sind Verbesserungen möglich und nötig, die Resozialisierung wahr-scheinlicher macht, Sicherheit erhöhen und einen nachhaltigen Einsatz finanzieller Mittel ermöglichen".
745 Vgl. *Fiebig*, „Zwischen Strafrecht und Sozialrecht" in LTO vom 06.02.2018, abrufbar unter: https://www.lto.de/recht/hintergruende/h/schwarzfahren-entkriminalisierung-kos-ten-justiz-ersatzfreiheitsstrafe-personal/ [letzter Aufruf: 26.09.2023].

hen durch die Ersatzfreiheitsstrafe erhebliche Belastungen für die Bundesländer. Damit werden Ressourcen, die der Strafvollzug dringend anderweitig benötigt, ineffektiv gebunden. Die Kosten [die mit der Vollstreckung von Ersatzfreiheitsstrafen einhergehen,] belaufen sich bundesweit rechnerisch auf mehr als neun Millionen Euro pro Jahr".[746] Die statistische Auswertung von *Aebi, Tiago* und *Burkhardt* aus dem Jahr 2015 veranschaulicht, dass Deutschland im europäischen Vergleich zum Stichtag 01.09.2014 prozentual die meisten Kurzzeit-Strafgefangenen (Freiheitsstrafe bis unter einem Jahr) verzeichnete.[747] Gleiches gilt für die Gefangenen, die eine Freiheitsstrafe unter sechs Monaten verbüßten. Der Anteil der Ersatzfreiheitsstrafen an den Kurzstrafen ist unbekannt, aber vermutlich hoch. Dies lässt zumindest die *Tabelle 1* Belegungsentwicklung in Strafvollzug und Anteile von EFS Verbüßenden, 2004-2021 in Deutschland stichtagsbezogen (Auswirkungen der Corona-Pandemie nach dem 28.2.2020) (vgl. *Kapitel 2*) annehmen.

Es ist sicherlich nicht von der Hand zu weisen, dass die stetige Zunahme der Ersatzfreiheitsstrafenverbüßenden im Strafvollzug vor 2017 „nicht zufällig im Einklang mit dem massiven Anstieg der Zahl der Sozialhilfeempfänger und der Arbeitslosen"[748] steht. „Im Rahmen der Grundsicherung für Arbeitsuchende nach dem SGB II ging die Zahl der Empfänger von Arbeitslosengeld II – mit Ausnahme der Jahre 2009 und 2016 – gegenüber dem jeweiligen Vorjahr seit dem Jahr 2006 kontinuierlich zurück. Die Anzahl der Empfängerinnen und Empfänger von Sozialgeld dagegen steigt seit 2012 kontinuierlich an."[749]

5. Einbeziehung der Gerichtshilfe und Aufklärung von GS-Schuldnern über den Vollstreckungsablauf in verständlicher Sprache

Wie bereits verdeutlicht, ist die Einbeziehung der Sozialen Arbeit ein zentrales Anliegen, um die Vermeidung der Ersatzfreiheitsstrafen voranzubringen.

746 Vgl. *Dünkel/Flügge/Lösch/Pörksen* (2010), S. 175, siehe *Tabelle 1*.
747 Vgl. *Aebi/Tiago/Burkhardt* (2017), S. 95, abrufbar unter: https://wp.unil.ch/space/files/2017/04/SPACE_I_2015_FinalReport_161215_REV170425.pdf [letzter Aufruf: 06.07.2023].
748 Vgl. *Schatz*, ZRP 2002, 440.
749 Vgl. *Statistische Ämter des Bundes und der Länder* (2019), S. 10 „Soziale Mindestsicherung in Deutschland 2017", abrufbar unter: https://www.statistikportal.de/sites/ default/files/2019-11/Soziale_Mindestsicherung_2017.pdf [letzter Aufruf: 13.02.2021].

Dünkel[750] bezeichnet den Ausbau von Alternativen zur Freiheitsstrafe als ein dringendes kriminalpolitisches Anliegen. Hierbei betont er die Ausrichtung der Sozialen Arbeit am Bedarf der Klientel und spricht damit die aufsuchende Soziale Arbeit an.[751] Wie bereits in *Kapitel 8.2* verdeutlicht, macht die bedarfsbezogene Ausrichtung von Sanktionsalternativen zur Ersatzfreiheitsstrafen auch aufgrund der gezeigten unterschiedlichen Problemlagen der Klientel der Ersatzfreiheitsstrafen und Haftvermeidungsmaßnahmen Sinn. In diesem Zusammenhang sei auf den Vorschlag des Referentenentwurfes des *Bundesministeriums der Justiz* vom Juli 2022 hingewiesen, welcher die Einführung des § 463d Nr. 2 StPO und damit die Einbeziehung der Gerichtshilfe vor einer Entscheidung über die Anordnung der Vollstreckung der Ersatzfreiheitsstrafe als „Soll-Vorschrift" vorsieht.[752] Der Vorschlag des Referentenentwurfs wurde im Gesetzesentwurf der *Bundesregierung*[753] aufgegriffen und findet durch eine Ergänzung des § 463d StPO Beachtung. Allerdings wurde der Forderung nach einer „Soll-Vorschrift" zunächst nicht nachgekommen, vielmehr sah der Gesetzesentwurf weiterhin eine „Kann-Vorschrift" vor.[754] Die darauffolgende Beschlussempfehlung des 6. Ausschusses des *Deutschen Bundestages* (BT-Drs. 20/7026) greift die „Soll-Regelung" jedoch erneut auf und beschließt folgende Regelung: „Zur Vorbereitung der nach den § 453 bis 461 zu treffenden Entscheidungen kann sich das Gericht oder die Vollstreckungsbehörde der Gerichtshilfe bedienen. Die Gerichtshilfe soll einbezogen werden vor einer Entscheidung." Betont wird, dass die neue Formulierung klarstellen solle, „dass in den in § 463d Satz 2 Nummer 1 und 2 StPO-E genannten Fällen eine Einbindung der Gerichtshilfe im Regelfall zu erfolgen hat."[755] „Bereits die Begründung des Regierungsentwurfs betont, dass die Einschaltung der Gerichtshilfe zwar im Ermessen des Gerichts und der Vollstreckungsbehörde steht (Drucksache 20/5913, S. 76), dies ist aber kein völlig freies Ermessen. Die Gerichtshilfe ist vielmehr grundsätzlich einzuschalten, wenn hierdurch

---

750 Vgl. *Dünkel*, NK 2022, 207, 264.
751 Vgl. *Dünkel*, NK 2022, 266. „Ebenfalls den Problemen besonders schwieriger Klient*innen geschuldet ist die Notwendigkeit aufsuchender Sozialarbeit, die proaktiv Verurteilte zu kontaktieren und motivieren sucht."
752 Vgl. *Bundesministerium der Justiz* (2022), S. 37, 38, abrufbar unter: https://www.bmj.de/SharedDocs/Downloads/DE/Gesetzgebung/RefE/RefE_Ueberarbeitung_Sanktionsrecht.pdf?__blob=publicationFile&v=4 [letzter Aufruf 11.08.2022].
753 Vgl. *Deutscher Bundestag*, BT-Drs. 20/5913, S. 9, 35. Im *Deutschen Bundestag* beschlossen mit der 2./3. Lesung des Gesetzesentwurfs zur Überarbeitung des Sanktionenrechts, abrufbar unter: https://www.bmj.de/SharedDocs/Zitate/DE/2023/0622_Sanktionenrecht.html [letzter Aufruf: 28.06.2023].
754 Vgl. BT-Drs. 20/5913, S. 76.
755 Vgl. BT-Drs. 20/7026, S. 19.

Erkenntnisse und Maßnahmen zu erwarten sind, auf Grund derer […] die Anordnung der Vollstreckung der Ersatzfreiheitsstrafe oder deren Vollstreckung selbst möglicherweise vermieden werden kann. Letzteres kommt namentlich in Betracht, wenn die Kontaktaufnahme zu einer Ratenzahlungsvereinbarung oder der Ableistung freier Arbeit führen kann. Von der Einschaltung der Gerichtshilfe kann aber abgesehen werden, wenn zusätzliche Erkenntnisse nicht zu erwarten sind, etwa weil die verurteilte Person das Angebot von Zahlungserleichterungen oder der Ableistung freier Arbeit bereits endgültig abgelehnt hat oder wenn anstelle der Gerichtshilfe ein freier Träger die Beratung der verurteilten Person im Rahmen der aufsuchenden Sozialarbeit übernommen hat (dann kann sich die Einschaltung der Gerichtshilfe alternativ auch darauf beschränken, die dafür notwendigen personenbezogenen Daten an den freien Träger zu übermitteln, vgl. erneut Drucksache 20/5913, S. 76). Die Formulierung „soll" verdeutlicht im Hinblick auf § 463d Satz 2 Nummer 2 StPO-E zugleich, dass die Gerichtshilfe im Einzelfall abweichend von dieser Regelvorgabe auch erst nach der Vollstreckungsanordnung erstmalig eingesetzt werden kann, wenn dies effektiver und zielführender erscheint (vgl. Drucksache 20/5913, S. 91)."[756]

Dienlich ist auch die bereits im Referentenwurf[757] vorgesehene Änderung des § 459d Nr. 2 StPO, nach welcher der Verurteilte vor der Anordnung der Ersatzfreiheitsstrafe in verständlicher Sprache auf die Möglichkeiten der Zahlungserleichterungen und deren Abwendung durch die „freie, gemeinnützige Arbeit" hingewiesen wird. Mit dem Gesetzesentwurf wurde dieser Änderungsvorschlag ebenfalls aufgenommen, indem dieser in § 459e Abs. 2a) StPO eingefügt wurde.[758] Dort heißt es: „§ 459e wird wie folgt geändert: a) Dem Absatz 2 wird folgender Satz angefügt: „Vor der Anordnung ist der Verurteilte darauf hinzuweisen, dass ihm gemäß § 459a Zahlungserleichterungen bewilligt werden können und ihm gemäß Rechtsverordnung nach Artikel 293

---

756 Vgl. BT-Drs. 20/7026, S. 19, 20; Das Gegenargument der Fraktion *CDU/CSU*, der richterliche Entscheidungsspielraum, ob die Gerichtshilfe eingeschaltet würde oder nicht, sei eingeschränkt, überzeugt nicht. Auch die Anmerkung, mit der vorgeschlagenen „Änderung des § 463d StPO komme ein gewisses Misstrauen gegenüber den Gerichten zum Ausdruck" kann nicht überzeugen. Die Zusammenarbeit unterschiedlicher Professionen, ist unter Berücksichtigung des Bedarfs der Klientel, welches unter multiplen Problemlagen leidet, ein am Sozialstaat ausgerichtetes Vorgehen.

757 Vgl. *Bundesministerium der Justiz* (2022), S. 7, abrufbar unter: https://www.bmj.de/SharedDocs/Downloads/DE/Gesetzgebung/RefE/RefE_Ueberarbeitung_Sanktionsrecht.pdf?__blob=publicationFile&v=4 [letzter Aufruf 11.08.2022].

758 Vgl. BT-Drs. 20/5913, S. 8, 9, 35.

des Einführungsgesetzes zum Strafgesetzbuch oder sonst landesrechtlich gestattet werden kann, die Vollstreckung der Ersatzfreiheitsstrafe durch freie Arbeit abzuwenden; besteht Anlass zu der Annahme, dass der Verurteilte der deutschen Sprache nicht hinreichend mächtig ist, hat der Hinweis in einer ihm verständlichen Sprache zu erfolgen." Positiv hervorzuheben ist, dass mit der Einführung des § 459e Abs. 2a StPO die Möglichkeit der aufsuchenden Sozialen Arbeit durch die *Freien Straffälligenhilfen* ausdrücklich benannt wurde. Dort heißt es: „Nach Absatz 2 wird folgender Absatz 2a eingefügt: „(2a) Die Vollstreckungsbehörde und die gemäß § 463d Satz 2 Nummer 2 eingebundene Gerichtshilfe können zu dem Zweck, dem Verurteilten Möglichkeiten aufzuzeigen, die Geldstrafe mittels Zahlungserleichterungen zu tilgen oder die Vollstreckung einer Ersatzfreiheitsstrafe durch freie Arbeit abzuwenden, einer von der Vollstreckungsbehörde beauftragten nichtöffentlichen Stelle die hierfür erforderlichen personenbezogenen Daten übermitteln. Die beauftragte Stelle ist darauf hinzuweisen, dass sie die übermittelten Daten nur für die in Satz 1 genannten Zwecke verwenden und verarbeiten darf. Sie darf personenbezogene Daten nur erheben sowie die erhobenen Daten verarbeiten und nutzen, soweit der Verurteilte eingewilligt hat und dies für die in Satz 1 genannten Zwecke erforderlich ist. Die Vorschriften der Verordnung (EU) 2016/679 und des Bundesdatenschutzgesetzes finden auch dann Anwendung, wenn die personenbezogenen Daten nicht automatisiert verarbeitet werden und nicht in einem Dateisystem gespeichert sind oder gespeichert werden. Die personenbezogenen Daten sind von der beauftragten Stelle nach Ablauf eines Jahres nach Beendigung der beauftragten Tätigkeit zu vernichten." Hierdurch wird vor allem der Klientel die Möglichkeit des Zugangs zu Haftvermeidungsmaßnahmen eröffnet, welche aufgrund ihrer multiplen Problemlagen nicht selbstständig in der Lage sind, die für den Antrag auf Umwandlung der Geldstrafe in Haftvermeidungsmaßnahmen erforderlichen Schritte in die Wege zu leiten. Hinzu kommt, dass durch die namentliche Benennung der *Freien Straffälligenhilfen* der Klientel eine Alternative zu staatlichen Stellen offenkundig gemacht wird. Dies kann bei dem Aufbau des Vertrauensverhältnisses zu Klientel, welches den staatlichen Stellen mit Zurückhaltung begegnet, dienlich sein.

Aus Sicht der Verfasserin wäre es wünschenswert, wenn an dieser Stelle auch die „Geldverwaltung statt Vollstreckung von Ersatzfreiheitssstrafe" als Sanktionsalternative mit benannt werden würde. Hierdurch kann vor allem der nicht arbeitsfähigen Klientel die Möglichkeit der Abwendung einer Ersatzfreiheitssstrafe deutlich gemacht werden. Mit dem Begriff der Zahlungserleichterungen wird dies nicht deutlich.

6. Klarstellung der Härtefallklausel gem. § 459f StPO

Wie bereits in *Kapitel 2.4* dargestellt, sieht § 459f StPO die Möglichkeit vor, dass die Vollstreckung der Ersatzfreiheitsstrafe unterbleibt, wenn diese für den Verurteilten eine unbillige Härte darstellen würde.[759] In der richterlichen Praxis wird diese Möglichkeit jedoch nur mit Zurückhaltung angewendet.[760] Nach dem Vorschlag von *Dünkel*[761] wäre die Annahme eines Härtefalls bei Fällen in denen sich die „Lebenslagen" der Klientel „z. B. durch den Verlust der Arbeit oder eine soziale Entwurzelung" verändert haben, zielführend. „Fallkonstellationen eines längerfristigen Vollstreckungshindernisses bzw. -aufschubs sollten als unbillige Härtefallsituation" angesehen wird. In Situationen, in denen der Verurteilte die Geldstrafe unverschuldet nicht tilgen konnte oder von Seiten des Staates auf deren Vollstreckung verzichtet wurde, sollte ebenfalls an die Anwendbarkeit des § 459f StPO gedacht werden mit der Folge, dass „eine Wiederaufnahme der Vollstreckung als unbillig" angesehen wird. In diesem Zusammenhang „hat das Land Berlin in drei Sammelgnaden-erweisen Mitte 2020, 2021 und […] erneut im April 2022 die während der verschiedenen Lockdowns zur Vollstreckung im Wege der Ersatzfreiheitsstrafen anstehenden Geldstrafen erlassen.[762] Im Übrigen „ohne negative Auswirkungen auf die Kriminalitätsentwicklung und die Akzeptanz in der Bevölkerung."[763]

7. Anpassung des Umrechnungsschlüssels

Die Vermeidung von Ersatzfreiheitsstrafe könnte im Falle der Nichtabschaffung der Ersatzfreiheitsstrafe mit einer Änderung des Umrechnungsmaßstabs erreicht werden, was mit dem Gesetz zur Überarbeitung des Sanktionenrechts – Ersatzfreiheitsstrafe, Strafzumessung, Auflagen und Weisungen sowie Unterbringung in einer Entziehungsanstalt am 02.08.2023 im Bundesgesetzblatt verkündet worden ist.[764] Dort heißt es: „§ 43 wird wie folgt geändert: b) In

---

759 Vgl. *BVerfGE* 2006, S. 3626.
760 Vgl. *Dünkel*, NK 2022, 264.
761 Vgl. *Dünkel*, NK 2022, 264; *Friedrich-Ebert-Stiftung* (2022), S. 3.
762 Vgl. *Bögelein*, NK 2022, 220 f.; ferner *Dünkel/Morgenstern* (2022), S. 238; *Dünkel*, NK 2022, 257, 263.
763 Vgl. *Dünkel*, NK 2022, 258.
764 Vgl. https://www.bmj.de/SharedDocs/Downloads/DE/Gesetzgebung/BGBl/Bgbl_ Sanktionsrecht.pdf?__blob=publicationFile&v=3 [letzter Aufruf: 15.12.2023].

Satz 2 werden die Wörter „Einem Tagessatz" durch die Wörter „Zwei Tagessätzen" und wird das Wort „Freiheitsstrafe" durch das Wort „Ersatzfreiheitsstrafe" ersetzt."

Bisher entspricht nach § 43 S. 2 StGB ein Tagessatz Geldstrafe einem Tag
Ersatzfreiheitsstrafe. „Dass dieser Maßstab – angesichts des Wertes der persönlichen Freiheit – problematisch ist, wird sich kaum bezweifeln lassen."[765]
Im Sinne einer Strafgerechtigkeit wurde bereits in der 12. und 13. Legislaturperiode im Jahr 1993 und 1996 von *Mitgliedern des Deutschen Bundestages*
und der *SPD-Fraktion* mit dem Entwurf eines „Gesetzes zur Reform des strafrechtlichen Sanktionssystems" ein Vorschlag zur Änderung des Umrechnungsmaßstabs zwischen der Tagessatzanzahl der Geldstrafe und den Tagen
der Ersatzfreiheitsstrafe auf ein Verhältnis von 2 : 1 in den *Deutschen Bundestag* eingebracht.[766] Folglich ist die anvisierte Änderung der *Bundesregierung*, dass „fortan zwei Tagessätze zu einem Tag Ersatz-Freiheitsstrafe umgewandelt werden"[767] nichts Neues.

Dünkel und *Morgenstern* favorisieren einen Umrechnungsschlüssel von 3 : 1,
somit würden mit einem Tag Ersatzfreiheitsstrafe (wie in Finnland und Estland) drei Tagessätze der Geldstrafe getilgt werden.[768] Hierdurch würde sich,
so *Dünkel* und *Morgenstern*, die Ersatzfreiheitsstrafen-Population mit einem
Schlag auf ein Drittel reduzieren.[769] Bedauerlicherweise wurde diesem Vorschlag nicht gefolgt.

An eine Änderung des Umrechnungsschlüssel wäre auch hinsichtlich der Absenkung der Zahl der zu leistenden Arbeitsstunden zur Tilgung eines Tagessatzes Geldstrafe zu denken. In dem vorgelegten Gesetzesentwurf im Jahr

---

765 Vgl. *Dölling*, ZStW 1992, 276; NK/StGB/*Albrecht* (2017), § 43 Rn. 4, 5; so auch *Schatz*,
   ZRP 2002, 440.
766 Vgl. siehe *Kapitel 3.7.*
767Vgl. BT-Drs. 20/7026, S. 13.
768 Vgl. *Dünkel/Morgenstern*, NK 2020,. 452; *Dünkel/Morgenstern* (2022), S. 4. „Zwei Erwägungen sprechen für eine Umrechnung im Verhältnis 3:1. Das Tagessatzsystem der
   Geldstrafe will den Mehrbetrag pro Arbeitstag abschöpfen, der dem bzw. der Verurteilten
   in einem regulären Arbeitsverhältnis nach Abzug von Unterhaltspflichten etc. zur Verfügung stünde. Geht man davon aus, dass dieser Nettobetrag in zwei bis drei Stunden erarbeitet wird, könnten hypothetisch pro Hafttag (mit einer gesetzlichen Regelarbeitszeit von
   acht Stunden) also circa drei Tagessätze ausgeglichen werden. 2. Für die Umrechnung 3:1
   spricht ferner, dass der bzw. die Verurteilte einen Tagessatz im Rahmen eines Arbeitstags
   erwirtschaftet. Da die gesetzliche Arbeitszeit in Deutschland regulär acht Stunden umfasst, sollten mit einem Hafttag, der einen Freiheitsentzug von 24 Stunden bedeutet, drei
   Tagessätze einer Geldstrafe abgeleistet werden."
769 Vgl. *Dünkel/Morgenstern*, NK 2020, 452.

1993[770] wurde dies mit der Festlegung eines exakten Maßstabes für die Umrechnung von Geld- bzw. Ersatzfreiheitsstrafe in gemeinnützige Arbeit berücksichtigt.[771] Eine Umsetzung erfolgte auch nach mehreren Anläufen durch das Einbringen von Gesetzentwürfen in den *Deutschen Bundestag*[772] nicht. Auch der aktuelle Gesetzesentwurf überlässt die Entscheidung dahingehend den Bundesländern.[773] Folglich ist noch heute die Zahl der benötigten Arbeitsstunden pro zu tilgendem Tagessatz in den Bundesländern unterschiedlich hoch. Dies bringt verfassungsrechtliche Fragestellungen mit sich, zumal das Bestimmtheitsgebot gem. Art. 103 Abs. 2 GG nicht beachtet sein dürfte.[774] Grund hierfür ist nach *Redlich*, dass für den Täter vorhersehbar sein müsse, welche Sanktion ihn erwarten werde. Dies betrifft Art und Höhe der Sanktion. Aus Art. 293 EGStGB ergibt sich jedoch nicht, wie viele Stunden die Person ableisten muss, um ihre Tagessätze Geldstrafe zu tilgen. Der Umfang wird vielmehr vom Verordnungsgeber festgelegt.[775] In Niedersachen liegt dieser bei sechs Stunden gemeinnütziger Arbeit. *Dünkel/Scheel u. a.* schlagen vor, die abzuleistenden Arbeitsstunden für die Tilgung eines Tagessatzes Geldstrafe von sechs Stunden auf drei Stunden zu halbieren.[776] *Mohr* beschäftigt

---

770 Vgl. BT-Drs. 12/6141.

771 Vgl. BT-Drs. 12/6141, S. 3, 11. Grundsätzlich ist die Festlegung der Stundenzahl pro Tagessatz Ländersache und kann somit auch nicht in einem Bundesgesetz geregelt werden. Allerdings ging es in diesem Gesetzesentwurf um die Änderung des Art. 293 EGStGB, welcher den Ländern eine Vorgabe auf Bundesebene machen könnte.

772 So auch im Jahr 2003, BT-Drs. 15/2725, S. 3, 11.

773 Vgl. BT-Drs. 20/5913, S 40.

774 Vgl. *Redlich* (2005), S. 153 f.; *Dünkel/Scheel* (2006), S. 173; *Schall*, NStZ 1985, 109 f.

775 Vgl. *Redlich* (2005), S. 153 ff.; *Dünkel/Scheel* (2006), S. 173; Der Umrechnungsschlüssel eines Tagessatzes Geldstrafe in Arbeitsstunden beläuft sich „in Baden-Württemberg und Bremen […] auf vier Stunden, im Übrigen zumeist auf sechs Stunden gemeinnützige Arbeit pro Tagessatz"., *Redlich* (2005), S. 150 f; genauere Vergleichszahlen zu den Bundesländern in *Dünkel*, FS 2011, 145 ff.

776 Vgl. *Dünkel/Scheel* (2006), S. 176; diese Forderung liegt der Höhe nach unter dem rechnerischen Ergebnis von *Schöch* aus dem Jahre 1992, nach welchem das nach dem Nettoprinzip der Geldstrafe abzuschöpfende Nettoeinkommen (unter Einbeziehung der abzuziehenden Steuern, Sozialversicherungsbeiträge und Unterhaltsverpflichtungen) in drei bis vier Stunden erarbeitet werde, *Schöch* (1992), § 86 ff.; *Böhm* (1998), S. 363; *Heghmanns*, ZRP 1999, 301; *Wolters* (2002), S. 84; *Redlich* (2005), S. 159 ff. m.. w. N.; *Redlich* plädierte für vier Stunden u. a. deshalb, „weil die gemeinnützige Arbeit nicht mit einem Beschäftigungsverhältnis vergleichbar ist […]", *Redlich* (2005), S. 164. Der Gesetzesentwurf gelangte zu 4,5-5 Stunden. Die Forderung von *Dünkel*, NK 2022, 266 mit zwei Stunden berücksichtigte den in der BT-Drs. 15/2725, S. 21 genannten Umstand, „dass die Leistung gemeinnütziger Arbeit gegenüber der Zahlung der Geldstrafe mit einer erheblich stärkeren Freiheitseinschränkung verbunden ist". *Dünkel/Morgenstern* (2010), S. 162. Er gelangt ebenso wie *Mohr* (2020), S. 152 f. zum Schluss, dass das von der Geldstrafe ab-

sich mit der Berechnung und kommt zu dem Ergebnis, dass bei unbedingten Freiheitsstrafen zwei Stunden gemeinnützige Arbeit einem Tag Freiheitsstrafe entsprechen müssten.[777] Bezogen auf das Nettoeinkommensprinzip wird die 38-Stunden-Woche als Berechnungsbasis angenommen. In Niedersachsen beläuft sich die Arbeitszeit unter Abzug von Wochenenden, gesetzlichen Feiertagen (im Jahr 2022= 7) und Urlaubszeiten (Mindesturlaubszeit 20 Tage) auf 233 Tage pro Jahr (bei einer in Vollzeit tätigen Person). Auf das Kalenderjahr umrechnet würde man somit etwas weniger als fünf Stunden pro Tag arbeiten. Weiterhin wäre zu beachten, wie *Mohr* betont[778], dass nicht das Bruttoeinkommen, sondern das Nettoeinkommen berücksichtigt werden müsse. Hierbei ist eine Steuerbelastung von ca. 40 %[779] zu beachten, so dass am Ende ca. 2,9 Stunden pro Tag an Arbeitszeit anzusetzen sind. Folglich müssten statt den sechs Stunden gemeinnütziger Arbeit diese um die Hälfte, somit auf drei Stunden, reduziert werden.

Ungeachtet der Rechenwege muss an dieser Stelle darauf hingewiesen werden, dass die Umrechnung von Tagessätzen zu Hafttagen fragwürdig ist, zumal die betroffenen Rechtsgüter Vermögen und Freiheit nicht miteinander verglichen werden können.[780] Allein aus diesem Grund scheint die Abschaffung der Ersatzfreiheitsstrafe der richtige Weg im Rahmen der Reform des Sanktionenrechts.

8. Schlussfazit

Durch die Änderung des Umrechnungsschlüssel von 1 : 1 zu 1 : 2 wirkt die *Bundesregierung* zwar an der Eindämmung der Ersatzfreiheitsstrafen mit, verpasst jedoch den „großen Wurf" zur Änderung des Sanktionenrechts des Strafgesetzbuches mit Blick auf die Ersatzfreiheitsstrafen.

Aus dem aktuellen Gesetz zur Überarbeitung des Sanktionenrechts – Ersatzfreiheitsstrafe, Strafzumessung, Auflagen und Weisungen sowie Unterbringung in einer Entziehungsanstalt, welches im Bundesgesetzblatt Jahrgang

---

zuschöpfende Einkommen bereits in 2-3 Std. erarbeitet werde und deshalb bei einem Arbeitstag von 7-8 Std. ein Umrechnungsschlüssel von 3 Tagessätzen pro verbüßtem Tag der Ersatzfreiheitsstrafe geboten bzw. gerechtfertigt erscheint.

777 Vgl. *Mohr* (2020), S. 153 f.
778 Vgl. *Mohr* (2020), S. 152.
779 *Mohr* ist von 50 % ausgegangen, vgl. *Mohr* (2020) S. 152.
780 Vgl. *Dünkel/Morgenstern* (2022), S. 4.

2023 Teil I Nr. 203 ausgegeben zu Bonn am 2.8.2023 veröffentlicht wurde,[781] ergibt sich, dass die hier favorisierte (Teil-)Abschaffung der Ersatzfreiheitsstrafe nicht durchdringt. Gleiches gilt für die Überlegung, die Haftvermeidungsmaßnahmen zur primären Ersatzsanktion nach der Geldstrafe zu machen. Der Vorschlag zur Änderung des Vollstreckungsablaufs würde eine Entscheidung im Streit um die Abschaffung der Ersatzfreiheitsstrafe auch in Zukunft in weiten Teilen obsolet machen. Im Falle uneinbringlicher Geldstrafen würden die Haftvermeidungsmaßnahmen als primäre Ersatzstrafen eine Aufwertung erfahren. Durch dieses Vorgehen würde die Ersatzfreiheitsstrafe hinter den Haftvermeidungsmaßnahmen zurücktreten und damit die negativen Folgen des Kurzstrafenvollzugs abmildern. Die Ersatzfreiheitsstrafe würde tatsächlich erst als *ultima ratio*, im Falle des Scheiterns von Haftvermeidungsmaßnahmen, eingesetzt werden und damit auch gegenüber „geldstrafenimmunen Tätern" ihre Wirkung zeigen. Mit dieser Lösung würde den Sorgen von Kritikern[782] zur Abschaffung der Ersatzfreiheitsstrafe begegnet werden, die befürchten, dass der Rechtsgüterschutz effektiv, auch in den Fällen der Uneinbringlichkeit der Geldstrafe zu gewährleisten, nicht erreicht werden könne. Zudem würde diese Vorgehensweise dem Wortlaut des § 47 StGB entsprechen, nach dem „eine kurze Freiheitsstrafe dann in Erwägung gezogen werden kann, wenn dies zur Einwirkung auf den Täter oder zur Verteidigung der Rechtsordnung unerlässlich ist".

Unter der Prämisse eines spezialpräventiv ausgerichteten Strafrechts bleibt zu hoffen, dass die Kriminalpolitik entsprechend den kriminologischen Erkenntnissen noch innerhalb der jetzigen Legislaturperiode die notwendigen Maßnahmen ergreift und ergänzend zum jetzigen Gesetzesentwurf zumindest kurzfristig die Entkriminalisierung von Klein- und Bagatellkriminalität vorantreibt, um freiheitsentziehende Vollstreckungsmodalitäten der Geldstrafe in Form der Ersatzfreiheitsstrafe[783] zu vermeiden. Dies verspricht auch die Beschlussvorlage des 6. Ausschusses des *Deutschen Bundestages*, indem er die Überprüfung zumindest der Entkriminalisierung der Beförderungserschleichung gem. § 265a StGB ankündigt.[784] An dieser Stelle wäre es wünschens-

---

781 Vgl. https://www.bmj.de/SharedDocs/Downloads/DE/Gesetzgebung/BGBl/Bgbl_ Sanktionsrecht.pdf?__blob=publicationFile&v=3 [letzter Aufruf: 15.12.2023].
782 Vgl. Stellungnahme *Rebmann* (2019), abrufbar unter https://kripoz.de/wp-content/uploads/2019/04/stellungnahme-rebmann-ersatzfreiheitsstrafe.pdf   [letzter   Aufruf: 04.07.2023].
783 Deren Strafcharakter sollte nicht über den der Geldstrafe hinausgehen. Faktisch wird dies jedoch nicht eingehalten.
784 Vgl. BT-Drs. 20/7026, S. 19.

wert, auch den Ladendiebstahl und die sonstigen Delikte mit niedrigen Tagessätzen bei der Diskussion um die Entkriminalisierung zu berücksichtigen.[785]

Bis dahin wird der Vermeidung von Ersatzfreiheitsstrafen durch die Hilfestellung bei der Zugänglichmachung zu Haftvermeidungsmaßnahmen für die Klientel, infolge der Ergänzung des § 459e Abs. 2 StPO, und die Stärkung der Sozialen Arbeit, durch die Einführung des § 463d Nr. 2 StPO und des § 459e Abs. 2a StPO, erwartungsvoll entgegengesehen. Für die Ausweitung der Haftvermeidungsmaßnahmen sprechen auch die mit der Forschung erzielten Untersuchungsergebnisse. Zwar zeigen die Ergebnisse der Rückfalluntersuchung nicht, dass die Klientel der Haftvermeidungsmaßnahmen signifikant weniger häufig rückfällig werden als die Klientel der Ersatzfreiheitsstrafern. Allerdings, und dies ist hervorzuheben, scheint durch die Absolvierung der Haftvermeidungsmaßnahmen auch kein größeres Rückfallrisiko für die Gesellschaft zu bestehen. Bereits dieses Ergebnis sollte für die flächendeckende Etablierung von Haftvermeidungsmaßnahmen in den Bundesländern der BRD sprechen. An dieser Stelle sei betont, dass die Ausweitung von Haftvermeidungsmaßnahmen aber nur mit einer nachhaltigen und auskömmlichen Finanzierung der *Freien Straffälligenhilfe* einhergehen kann.[786]

Die Beschlussvorlage BT- Drs. 20/7026 benennt auf Seite 7, 8 und 20 neben der Gerichtshilfe die nichtöffentlichen Stellen bzw. freien Träger (womit in Niedersachsen die *Freie Straffälligenhilfe* gemeint sein dürfte). Unter Berücksichtigung des Bedarfs der Klientel der Ersatzfreiheitsstrafen und dem bisherigen Erfolg dieser freien Träger zur Vermeidung der Ersatzfreiheitsstrafen durch die Haftvermeidungsmaßnahme der „Geldverwaltung statt Vollstreckung von Ersatzfreiheitsstrafen" wäre die Benennung dieser Möglichkeit in § 459e Abs. 2 StPO sinnvoll gewesen. Durch die „Geldverwaltung" fühlen sich vor allem die Menschen angesprochen, die u. a. aufgrund ihres Gesundheitszustands die „freie, gemeinnützige Arbeit" nicht leisten können. Zudem bringt die Auswahl der hilfeleistenden Stelle der Sozialen Arbeit die Möglichkeit des erleichterten Vertrauensaufbaus mit sich. Es wird sicherlich einige Menschen geben, die sich den behördlichen Stellen der Gerichtshilfe nicht anvertrauen würden, *Freien Straffälligenhilfen* hingegen schon.[787]

---

785 Vgl. *Kapitel 9.1.2* und *9.1.3.*

786 Derzeit werden *u. a.* in Niedersachsen („Geldverwaltung statt Vollstreckung von Ersatzfreiheitsstrafen" und Hessen („Auftrag ohne Antrag") die Projekte zwar durch den Justizhaushalt gefördert, allerdings bleibt ein Fehlbetrag, welcher durch Eigenmittel (Geldbußen, Spenden oder Betriebsmittelrücklagen) kompensiert werden muss.

787 Zum notwendigen Aufbau der intrinsischen Motivation der Klientel, vgl. *Kapitel 4.2.*

Auch wenn das Gesetz zur Überarbeitung des Sanktionenrechts – Ersatzfreiheitsstrafe, Strafzumessung, Auflagen und Weisungen sowie Unterbringung in einer Entziehungsanstalt auf die Verringerung der Ersatzfreiheitsstrafen ausgerichtet ist, so zeigen die Ergebnisse der Forschung, dass es gute Gründe für die Abschaffung der Ersatzfreiheitsstrafe oder zumindest die Änderung des Vollstreckungsablaufs gibt. Auch bleibt die *Bundesregierung* mit ihrem Gesetzesentwurf nach hiesiger Sicht hinter den Möglichkeiten eines gerechten Umrechnungsmaßstabs, welcher bei drei Tagessätzen Geldstrafe zu einem Tag Freiheitsstrafe liegt, zurück. Wünschenswert ist, dass die aktuelle Änderung des Umrechnungsschlüssels zum Anlass genommen wird, dass die Vorgaben zur Umrechnung von Arbeitsstunden in Hafttage ebenfalls durch die Bundesländer angepasst wird. Durch die Veranschaulichung der persönlichen und wirtschaftlichen Verhältnisse der Klientel der Ersatzfreiheitsstrafen dürfte mithilfe der Untersuchungsergebnisse klar geworden sein, dass wir es mit Tätern zu tun haben, die nicht in den Vollzug gehören. Vielmehr müssen finanzielle und personelle Kapazitäten dahingehend eingesetzt werden, die multiplen Problemlagen dieser Klientel zu reduzieren. Mit der vorgeschlagenen Änderung des § 40 Abs. 2 S. 3 StGB bleibt zu hoffen, dass auch die richterliche Praxis diesen Gedanken in ihre tägliche Arbeit einfließen lässt und bei armen Tätern Tagessatzhöhen im Bereich von 1 bis 5 € verhängt und damit das nicht anzutastende Existenzminimum bei der Berechnung der Geldstrafe angemessen berücksichtigt!

Literatur

Albrecht, H.-J. (1980): Strafzumessung und Vollstreckung bei Geldstrafen. Unter Berücksichtigung des Tagessatzsystems – die Geldstrafe im System strafrechtlicher Sanktionen. Berlin: Duncker & Humblot.

Albrecht, H.-J. (1981): Empirische Sanktionen und die Begründung von Kriminalpolitik. MschKrim 64, S. 310-326.

Albrecht, H.-J. (1982): Legalbewährung bei zu Geldstrafe und Freiheitsstrafe Verurteilten. Freiburg: Kriminologische Forschungsberichte aus dem Max-Planck-Institut für ausländisches und internationales Strafrecht.

Albrecht, H.-J./Dünkel, F./Spieß, G. (1981): Alternativen zur Freiheitsstrafe: Das Beispiel der Geldstrafe. MSchrKrim, 64 (5), S. 265-278.

Albrecht, H.-J. (2004): Registrierten-/Bestraftenkohorten und Rückfallforschung. In: Heinz, W./Jehle, J.-M. (Hg.), Rückfallforschung. Wiesbaden: Kriminologische Zentralstelle, S. 55-70.

Albrecht, H.-J./Schädler, W. (1988): Die gemeinnützige Arbeit auf dem Weg zur eigenständigen Sanktion. ZRP, 21 (8), S. 178-283.

Backes, O. (1986): Kriminalpolitik ohne Legitimität. KritV, 1 (4), S. 315-342.

BAG-S (2019): Ersetzt die Ersatzfreiheitsstrafen durch Alternativen! Die BAG-S fordert eine Überprüfung der Ersatzfreiheitsstrafe. Abrufbar unter https://www.bag-s.de/fileadmin/user_upload/BAG-S_Stellungnahme_Ersatzfreiheitsstrafe_JuMiKo_neu.pdf [letzter Aufruf: 04.07.2023].

Bals, N./Cornel, H./Dünkel, F./Flügge, C./Freise, U./Lösch, M./Meinen G./ Pruin, I./Sonnen, B.-R./Weber, J. (2021): Für eine rationale Kriminalpolitik – Vorschläge des Ziethener Kreises für die Legislaturperiode 2021-2025. NK, 33 (4), S. 383-391.

Bals, N./Cornel, H./Dünkel, F./Flügge, C./Freise, U./Lösch, M./Meinen G./ Pruin, I./Sonnen, B.-R./Weber, J. (2021a): Für eine rationale Kriminalpolitik – Vorschläge des Ziethener Kreises 1 für die Legislaturperiode 2021-2025. https://rsf.uni-greifswald.de/storages/uni-greifswald/fakultaet/rsf/lehrstuehle/ls-duenkel/Veroeffentlichungen/Eckpunkte_fuer_einen_Koalitionsvertrag_Prof._Duenkel_et_al._2021__24.10.2021_Endf.pdf (31.08.2023).

Barkemeyer, K. (2011): „Das kostet doch alles viel mehr als das, was ich zahlen muss!" FS, 60 (3), S. 139-142.

Baumann, J. (1972): Über notwendige Veränderungen im Bereich des Vermögensschutzes. JZ, 27 (1), S. 1-6.

Bihs, A./Schneider, L./Tölle, J./Zimmermann, R. (2015): Kurzzeitpädagogische Bildungsarbeit mit marginalisierten jungen Menschen – ein Pilotprojekt im Jugendarrest. In: RPsych, 3 (1), S. 303-327.

Bittmann, F. (2001): Der Gesetzesentwurf zur Reform des Sanktionsrechts. NJ, 55, S. 509-513.

Blankenburg, E. (1975): Empirische Rechtssoziologie. München: Piper.

Blankenburg, E./Sessar, K./Steffen, W. (1978): Die Staatsanwaltschaft im Prozeß sozialer Kontrolle. Berlin: Duncker & Humblot GmbH.

Blath, R. (2004): Die Bedeutung einer Rückfallstatistik für die Strafrechtspolitik. In: Heinz, W./Jehle, J.-M. (Hg.): Rückfallforschung. Wiesbaden: Kriminologische Zentralstelle, (45), S. 133-144.

Bockelmann, P. (1951): Zur Reform des Strafensystems. JZ, 6 (15/16), S. 494-498.

Bögelein, N./Ernst, A./Neubacher, F. (2014a): Vermeidung von Ersatzfreiheitsstrafen. Evaluierung justizieller Haftvermeidungsmaßnahmen in Nordrhein-Westfalen. Baden-Baden: Nomos-Verlagsgesellschaft.

Bögelein, N./Ernst, A./Neubacher, F. (2014b): Wie kann die Vermeidung von Ersatzfreiheitsstrafen gelingen? Zur Lebenssituation der Verurteilten und zur Zusammenarbeit staatlicher und nichtstaatlicher Organisationen. BewHi, 61 (3), S. 282-294.

Bögelein, N. (2022): Vollstreckung der Ersatzfreiheitsstrafe im COVID-19-Pandemieverlauf. NK, 34 (2), S. 205-227.

Bortz, J./Döring, N. (2002): Qualitative Methoden. Forschungsmethoden und Evaluation. Berlin: Springer.

Brughelli, R. (1989): Alternativen zur Freiheitsstrafe: Gemeinnützige Arbeit und Wiedergutmachung. In: Kunz, K.-L. (Hg.): Die Zukunft der Freiheitsstrafe. Bern, Stuttgart: Haupt Verlag, S. 1-42.

Bruns, H.-J. (1974): Strafzumessungsrecht: Gesamtdarstellung. Köln, Berlin: Heymann.

Bruns, H.-J./Güntge, G.-F. (2019): Strafzumessung. 3. Aufl., Hürth: Heymanns.

Bublies, W. (1989): Die Aussetzung des Restes der Ersatzfreiheitsstrafe. Berlin: Duncker & Humblot GmbH.

Bundesministerium der Justiz (2022): Referentenentwurf des Bundesministeriums der Justiz Entwurf eines Gesetzes zur Überarbeitung des Sanktionenrechts – Ersatzfreiheitsstrafe, Strafzumessung, Auflagen und Weisungen sowie Unterbringung in einer Entziehungsanstalt. https://www.bmj.de/SharedDocs/Downloads/DE/Gesetzgebung/RefE/RefE_Ueberarbeitung_Sanktionsrecht.pdf?__blob=publicationFile&v=4 [letzter Aufruf 11.08.2022].

Bundeskriminalamt (2013): Polizeiliche Kriminalstatistik 2012. Jahrbuch. Wiesbaden: Bundeskriminalamt.

Carranza, E. (1996): Alternativen zur Freiheits- und Geldstrafe unter besonderer Berücksichtigung der Wiedergutmachung – ein Rechtsvergleich mit Südamerika und Vorschläge zum Ausbau des südamerikanischen Sanktionssystems. Aachen: Shaker Verlag.

Cornel, H. (2003): Gemeinnützige Arbeit zur Vermeidung von Ersatzfreiheitsstrafen. In: Cornel, H.; Kawamura-Reindl, G.; Maelicke, B.; Sonnen, B.-R. (Hg.): Handbuch der Resozialisierung. 2. Aufl. Baden-Baden: Nomos-Verlagsgesellschaft, S. 13-54; 231-290.

Cornel, H. (2010): Abschlussbericht zur wissenschaftlichen Begleitung des Projekts ISI – Integration statt Inhaftierung der Straffälligen- und Bewährungshilfe. Berlin: Alice-Salomon-Hochschule Berlin.

Cornel, H. (2018): Vermeidung der Vollstreckung von Ersatzfreiheitsstrafen durch lebensweltbezogene Soziale Arbeit – Erfahrungen, Ideen und Vorschläge aus Projektbegleitungen. FS, 67 (1), S. 26-30.

Cornel, H./Grosser, R./Lindenberg, M. (2018): Wissen, was wir tun. Überlegungen zur Rückbesinnung auf sozialarbeiterisches Handeln in der Arbeit mit straffällig gewordenen Menschen. BewHi, 65 (1), S. 78-91.

Cremer, G. (2015): Deutscher Caritasverband e.V. Position zur Höhe von Tagessätzen bei Geldstrafen für Menschen im Bezug von Transferleistungen. https://docplayer.org/32149178-Position-zur-hoehe-von-tagessaetzen-bei-geldstrafen-fuer-menschen-im-bezug-von-transferleistungen.html [letzter Aufruf: 26.09.2023].

Deimel, D./Köhler, T. (2020): Delinquenz und Soziale Arbeit. Lehrbuch für Studium und Praxis. Lengerich: Pabst Publishers.

Dolde, G. (1999a): Der Vollzug von Ersatzfreiheitsstrafen. Eindrücke aus einer empirischen Erhebung. In: Feuerhelm, W./Schwind, H.-D. Bock, M. (Hg.): Festschrift für Alexander Böhm zum 70. Geburtstag. Berlin: De Gruyter, S. 581-596.

Dolde, G. (1999b): Vollzug von Ersatzfreiheitsstrafen – ein wesentlicher Anteil im Kurzstrafenvollzug. ZfStrVO, 48 (6), S. 330-335.

Dolde, G./Jehle, J.-M. (1986): Wirklichkeit und Möglichkeiten des Kurzstrafenvollzugs. ZfStrVO, 35 (4), S. 195-202.

Dolde, G./Rössner, D. (1987): Auf dem Weg zu einer neuen Sanktion: Vollzug der Freiheitsstrafe als Freizeitstrafe. ZStW, 99 (3), S. 424-451.

Dölling, D. (1983): Strafeinschätzungen und Delinquenz bei Jugendlichen und Heranwachsenden. In: Kerner, H.-J./Sessar, K. (Hg.): Deutsche Forschungen zur Kriminalitätsentstehung und Kriminalitätskontrolle. Band 6/1. Köln: Heymanns, S. 51-85.

Dölling, D. (1987): Das Dreiundzwanzigste Strafrechtsänderungsgesetz — Strafaussetzung zur Bewährung. NJW, 40 (18), S. 1041-1049.

Dölling, D. (1990): Die gemeinnützige Arbeit als eigenständige strafrechtliche Sanktion. Dokumentation der 13. Bundestagung. BewHi, 37 (13), S. 363-379.

Dölling, D. (1992): Die Weiterentwicklung der Sanktionen ohne Freiheitsentzug im deutschen Strafrecht. ZStW, 104 (2), S. 259-290.

Drápal, J. (2018): Day fines: A European comparison and Czech malpractice. European Journal of Criminology, 15 (4), S. 461-480.

Dreher, E. (2017): Die Behandlung der Bagatellkriminalität. In: Strathmann, G./Kaufmann, A./ Geilen, G./ Hirsch, H./ Schreiber, H.-L./Jakobs, G./Loos, F. (Hg.): Festschrift für Hans Welzel zum 70. Geburtstag am 25. März 1974. Berlin, Boston: De Gruyter, S. 917-940.

Dubielczyk, R. (2002): Prävalenz psychischer Störungen bei Ersatzfreiheitsstrafen. Dissertation. Berlin: Freie Universität Berlin.

Duttge, G. (2019): Zur überfälligen Reform des strafrechtlichen Sanktionenrechts für erwachsene Straftäter. In: Dessecker, A./Harrendorf, S./Höffler, K. (Hg.): Angewandte Kriminologie – Justizbezogene Forschung. Göttingen: Universitätsverlag Göttingen, S. 259-271.

Dünkel, F. (1987): Vom schuldvergeltenden Strafvollzug zum resozialisierendem Justizvollzug — Zwischen Anspruch und Wirklichkeit. In: Sievering, U. O. (Hg.): Behandlungsvollzug — Evolutionäre Zwischenstufe oder historische Sackgasse? Frankfurt am Main: Haag + Herchen, S. 158-223.

Dünkel, F. (2000): Resozialisierungsvollzug erneut auf dem Prüfstand. In: Jehle, J.-M. (Hg.): Täterbehandlung und neue Sanktionsformen. Band 106. Mönchengladbach: Forum Verlag Godesberg, S. 379-414.

Dünkel, F. (2011): Ersatzfreiheitsstrafen und ihre Vermeidung. Aktuelle statistische Entwicklung, gute Praxismodelle und rechtspolitische Überlegungen. FS, 60 (3), S. 143-153.

Dünkel, F. (2013): Gemeinnützige Arbeit – what works. In: Kuhn, A./Margot, M./Aebi, M. F./Schwarzenegger, Ch./Donatsch, A./Jositsch, D. (Hg.): Festschrift für Martin Killias. Bern. S. 839-860.

Dünkel, F. (2018a): Wege und Irrwege der Reform des strafrechtlichen Sanktionensystems in Deutschland. In: Dünkel, F./Fahl, C./ Hardtke, F./Harrendorf, S./ Regge, J./Sowada, C. (Hg.): Strafrecht, Wirtschaftsstrafrecht, Steuerrecht. Gedächtnisschrift für Wolfgang Joecks. München: Beck, S. 51-65.

Dünkel, F. (2018b). Freiheitsstrafe – für wen?: Aktuelle Daten zur Entwicklung des Strafvollzugs, der Rückfallforschung, Straftäterbehandlung und zu Perspektiven einer "reduktionistischen" Kriminalpolitik. Räume der Unfreiheit, S. 77-122.

Dünkel, F. (2021): Ehe- und familienfreundliche Gestaltung des Strafvollzugs. Rechtliche und rechtstatsächliche Entwicklungen in Deutschland. In: Ruch, A./Singelnstein, T. (Hg.): Auf neuen Wegen – Kriminologie, Kriminalpolitik und Polizeiwissenschaft aus interdisziplinärer Perspektive. Festschrift für Thomas Feltes zum 70. Geburtstag. Berlin: Duncker und Humblot, S. 545-559.

Dünkel, F. (2022): Abschaffung oder Reform der Ersatzfreiheitsstrafe? NK, 34 (3), S. 253-269.

Dünkel, F. (2023): Abschaffung oder Reform der Ersatzfreiheitsstrafe? Zeitschrift für soziale Strafrechtspflege 55, S. 9-21.

Dünkel, F./Cornel, H./Pruin, I./Sonnen, B.-R./Weber, J. (2018): Brauchen wir ein Resozialisierungsgesetz? Verfassungsrechtliche und kriminologische Grundlagen, mögliche Ausgestaltungen und kriminalpolitische Perspektiven. In: Reichenbach, M.-T./Bruns, S. (Hg.): Resozialisierung neu denken. Freiburg im Breisgau: Lambertus Verlag, S. 42-77.

Dünkel, F./Flügge, C./Lösch, M./Pörksen, A. (2010): Plädoyer für verantwortungsbewusste und rationale Reformen des strafrechtlichen Sanktionssystems und des Strafvollzugs Thesen des Ziethener Kreises. ZRP, 43 (6), S. 175-178.

Dünkel, F./Geng, B. (1988): Aspects of the Recidivism of Career Offenders According to Different Forms of Correction and Release from Prison. In: Kaiser, G./Geissler, I. (Hg.): Crime and Criminal Justice. Criminological Research in the 2nd Decade of the Max Planck Institute in Freiburg. Freiburg, S. 137-185.

Dünkel, F./Grosser, R. (1999): Vermeidung von Ersatzfreiheitsstrafen durch gemeinnützige Arbeit. NK, 11 (1), S. 28-33.

Dünkel, F./Horsfield, P./Pǎroşanu, A. (2015): European Research on Restorative Juvenile Justice. Volume 1: Research and selection of the most effective Juvenile Restorative Justice practices in Europe: 28 National Snapshots. Brussels: International Juvenile Justice Observatory, S. 252.

Dünkel, F./Morgenstern, C. (2003): Aktuelle Probleme und Reformfragen des Sanktionenrechts in Deutschland. Juridica International (Estland) VIII, S. 24-35.

Dünkel, F./Morgenstern, C. (2010): Deutschland. In: Dünkel, F./Lappi-Seppälä, T./van Zyl Smit, D./Morgenstern, C. (Hg.): Kriminalität, Kriminalpolitik, strafrechtliche Sanktionspraxis und Gefangenenraten im europäischen Vergleich. Mönchengladbach: Forum Verlag Godesberg, S. 97-230.

Dünkel, F./Morgenstern, C. (2020): Der Einfluss von Covid-19 auf den Strafvollzug und die Strafvollzugspolitik in Deutschland. NK, 32 (4), S. 432-458.

Dünkel, F./Morgenstern, C. (2022): Germany. In: Dünkel, F./Harrendorf, S./van Zyl Smit, D. (Hg.): The Impact of COCID-19 on Prison Conditions and Penal Policy. London. New York: Routledge, S. 224-242.

Dünkel, F./Pǎroşanu, A. (2020): Restorative Justice – Entwicklungen wiedergutmachender Verfahren und Maßnahmen in der Strafrechtspflege in Europa. BewHi, 67 (4), S. 309-330.

Dünkel, F./Scheel, J./Grosser, R. (2002): Vermeidung von Ersatzfreiheitsstrafen durch gemeinnützige Arbeit durch das Projekt „Ausweg" in Mecklenburg-Vorpommern. Erste Ergebnisse der empirischen Untersuchung. BewHi, 49 (1), S. 56-72.

Dünkel, F./Scheel, J. (2006): Vermeidung von Ersatzfreiheitsstrafen durch gemeinnützige Arbeit: das Projekt „Ausweg" in Mecklenburg-Vorpommern. Mönchengladbach: Forum Verlag Godesberg.

Dünkel, F./Spieß, G. (1983): Strafaussetzung zur Bewährung und Bewährungshilfe im internationalen Vergleich – ein Überblick. In: Dünkel, F./Spieß, G. (Hg.): Alternativen zur Freiheitsstrafe. Strafaussetzung zur Bewährung und Bewährungshilfe im internationalen Vergleich. Freiburg: Max-Plank-Institut für Ausländisches und Internationales Strafrecht, S. 399-501.

Dünkel, F./Spieß, G. (1992): Perspektiven der Strafaussetzung zur Bewährung und Bewährungshilfe im zukünftigen deutschen Strafrecht. BewHi, 39 (2), S. 117-138.

Eyers, A. (1999): Die Entkriminalisierung des Schwarzfahrens in den sog. „Einmalfällen". Gießen: Hochschulschrift.

Falkenbach, T. (1983): Die Leistungserschleichung, [Paragraph] 265a StGB. Lübeck: Schmidt-Römhild.

Feest, J. (2016a): Petition 63094 Abschaffung des § 43 Strafgesetzbuch. https://epetitionen.bundestag.de/petitionen/_2016/_01/_09/Petition_63094.nc.html. [letzter Aufruf 21.05.21].

Feest, J. (2016b): Strafvollzug und Resozialisierung – ein Paradoxon?! – Konferenz der Fraktion DIE LINKE im Bundestag und der Fraktion DIE LINKE im Landtag Brandenburg. http://www.wawzyniak.de/fileadmin/lcmswawzyniak/Dateien/Johannes_Feest_Ersatzfreiheitstrafe_AErgernis_und_Loesungen.pdf [letzter Aufruf 06.05.2021].

Feest, J. (2016c): Weg mit der Ersatzfreiheitsstrafe (§ 43 StGB) – Eine Petition mit Fußnoten. In: Herzog, F./Schlothauer, R./Wohlers, W. (Hg.): Rechtsstaatlicher Strafprozess und Bürgerrechte – Gedächnisschrift für Edda Weßlau. Berlin: Duncker & Humblot, S. 491-494.

Fehl, E. (2001): Monetäre Sanktionen im deutschen Rechtssystem. Frankfurt am Main u. a.: Lang.

Feltes, T. (1991): Der staatliche Strafanspruch – Überlegungen zur Struktur, Begründung und Realisierung staatlichen Strafens. Holzkirchen: Felix.

Feltes, T. (2016): Die Darstellung der „Ausländerkriminalität" in der Polizeilichen Kriminalstatistik 2015 – Anlass für Kritik. Kriminalistik, 70 (11), S. 694-700.

Feltes, T./Schnepper, A. (2014): Die Gestaltungsprinzipien im Strafvollzug und ihre praktische Bedeutung für Inhaftierte in einer festen Partnerschaft. In: Neubacher, F./Kubink, M. (Hg.): Kriminologie – Jugendkriminalrecht – Strafvollzug. Gedächtnisschrift für Michael Walter. Berlin: Duncker und Humblot, S. 543-558.

Fischer, T. (1988): „Erschleichen" der Beförderung bei freiem Zugang? NJW, 41 (30), S. 1828-1829.

230 *Literatur*

Franke, K. (2000): Frauen und Kriminalität. Eine kritische Analyse kriminologischer und soziologischer Theorien. Konstanz: Universitätsverlag Konstanz.

Franke, U. (2002): Das Fahrverbot als Hauptstrafe bei allgemeiner Kriminalität. ZRP, 35 (1), S. 20-23.

Friedrich-Ebert-Stiftung (2022): Arbeitsgruppe Sanktionsrecht der EFS: Die Ersatzfreiheitsstrafe – Reform oder Abschaffung? (§ 43 StGB). https://library.fes.de/pdf-files/a-p-b/19368-20220727.pdf [letzter Aufruf:12.08.2022].

Frisch, W. (2003): Hintergrund, Grundlinien und Probleme der Lehre von der tatproportionalen Strafe. In: Albrecht, H.-J./Frisch W./von Hirsch, A. (Hg.): Tatproportionalität. Normative und empirische Aspekte einer tatproportionalen Strafzumessung. Heidelberg: Hüthig-Jehle-Rehm, S. 1-21.

Frisch, W. (2016): Voraussetzungen und Grenzen staatlichen Strafens. NStZ, 36 (1), S. 16-25.

Gerken, U./Henningsen, J. (1987): Ersetzung der Ersatzfreiheitsstrafe durch freie Arbeit. ZRP, 20 (11), S. 396-390.

Grauer, P. (2009): Die gemeinnützige Arbeit: Ein Beitrag zur Änderung des Sanktionssystems. Frankfurt a. M.: Köhler Verlag.

Grebing, G. (1976): Probleme der Tagessatz-Geldstrafe. ZStW, 88 (4), S. 1049-1115.

Grube, C./Wahrendorf, V./Flint, T. (2020): SGB XII – Sozialhilfe mit Eingliederungshilfe (SGB IX Teil 2) und Asylbewerberleistungsgesetz. München: C. H. Beck.

Guthke, K. (2018): Ersatzfreiheitsstrafe abschaffen? ZRP, 51 (2), S. 58.

Guthke, K./Kitlikoglu, L. (2015): Die Ersatzfreiheitsstrafe muss weg! Freispruch (6), S. 12-13.

Hacker, W./Hoffmann, P. (2007): Zur Frage der strafschärfenden Berücksichtigung eines Freispruchs aus einem früheren Strafverfahren. JR, 82 (11), S. 452-456.

Hahn, G. (2012): BAG-S Informationsdienst Straffälligenhilfe, 20 (3), S. 6-8.

Hall, K.-A. (1954): Die Freiheitsstrafe als kriminalpolitisches Problem. ZStW, 66 (1), S. 77-110.

Harrendorf, S. (2007): Rückfälligkeit und kriminelle Karrieren von Gewalttätern. Ergebnisse einer bundesweiten Rückfalluntersuchung. Göttingen: Universitätsverlag Göttingen.

Harrendorf, S. (2018): Überlegungen zur materiellen Entkriminalisierung absoluter Bagatelldelikte am Beispiel der Beförderungserschleichung und des Ladendiebstahls. NK, 30 (3), S. 239-255.

Harrendorf, S. (2018a): Zur Adäquität von Strafe bei der Beförderungserschleichung. In: Dünkel, F./Fahl, Ch./Hardtke, F./Harrendorf, S.; Regge, J./Sowada, Ch. (Hg.): Strafrecht, Wirtschaftsstrafrecht, Steuerstrafrecht - Gedächnisschrift für Wolfgang Joecks. München: C. H. Beck, S. 97-116.

Harrendorf, S. (2020): Plädoyer für eine umfassende Entkriminalisierung des Umgangs mit Betäubungsmitteln zum Eigenkonsum. In: Drenkhahn, K./Geng, B./Grzywa-Holten, J./Harrendorf, S./Morgenstern, C./Pruin, I. (Hg.): Kriminologie und Kriminalpolitik im Dienste der Menschenwürde: Festschrift für Frieder Dünkel zum 70. Geburtstag, Mönchengladbach: Forum Verlag Godesberg, S. 351-379.

Hassemer, W. (1990): Einführung in die Grundlagen des Strafrechts, 2. Aufl., München: C. H. Beck.

Hefendehl, R. (2004): Vorne einsteigen, bitte! – Zum für und Wider technischer Prävention. NJ, 58, S. 494-496.

Hegel, G. (1986): Grundlinien der Philosophie des Rechts. Bd. 7. Frankfurt a. M. (Erstausgabe 1821).

Heghmanns, M. (1994): Abweichungen vom Nettoeinkommensprinzip bei der Bemessung von Geldstrafen. NStZ, 14 (11), S. 519-523.

Heghmanns, M. (1999): Fahrverbot, Arbeitsstrafe und Hausarrest als taugliche Instrumente zur Vermeidung von unnötigem Strafvollzug? ZRP, 32 (7), S. 297-302.

Heinz, W. (2004): Rückfall als kriminologischer Forschungsgegenstand – Rückfallstatistik als kriminologisches Erkenntnismittel. In: Heinz, W./Jehle, J.-M. (Hg.): Rückfallforschung. Wiesbaden: Kriminologische Zentralstelle, S. 11-52.

Heinz, W. (2007): Rückfall- und Wirkungsforschung – Ergebnisse aus Deutschland: http://www.uni-konstanz.de/rtf/kis/Heinz_Rueckfall-und_Wirkungsforschung_he308.pdf [letzter Aufruf 06.05.2021].

Heinz, W. (2014): Das strafrechtliche Sanktionensystem und die Sanktionierungspraxis in Deutschland, 1982-2012. http://www.uni-konstanz.de/rtf/kis/Sanktionierungspraxis-in-Deutschland-Stand-2012.pdf [letzter Aufruf: 26.09.2023].

Heinz, W. (2017): Kriminalität und Kriminalitätskontrolle in Deutschland – Berichtsstand 2015 im Überblick. Konstanzer Inventar Sanktionsforschung: https://www.uni-konstanz.de/rtf/kis/Kriminalitaet_und_Kriminalitaetskontrolle_in_Deutschland_Stand_2015.pdf. [letzter Aufruf: 20.05.21].

Heinz, W. (2019): Sekundäranalyse empirischer Untersuchungen zu jugendkriminalrechtlichen Maßnahmen, deren Anwendungspraxis, Ausgestaltung und Erfolg. Gutachten im Auftrag des Bundesministeriums für Justiz und Verbraucherschutz: https://www.jura.uni-konstanz.de/typo3temp/secure_downloads/109923/0/ebd8a9f3f3260387bb308a49fb2b691acf59e5e2/Gutachten_JGG_Heinz_insg_01.pdf [letzter Aufruf: 31.03.2022].

Heinz, W. (2022): 58 Jahre Bewährungshilfe im Spiegel der Bewährungshilfestatistik. Ein Überblick über die Entwicklung von 1963 bis 2020 im früheren Bundesgebiet. BewHi, 69 (1), S. 5-106.

Helgerth, R./Krauß, F. (2001): Der Gesetzesentwurf zur Reform des Sanktionsrechts. ZRP, 34 (7), S. 281-283.

Hennig, D. (1986): Hart unter der Menschenwürde bei Geldstrafen und Ersatzfreiheitsstrafen. BewHi, 46 (1), S. 298-305.

Henning, D. (1990): Vollstrecker ohne Macht. ZRP, 23 (3), S. 99-103.

Hentig, H. (1932): Die Strafe. Ursprung, Zweck, Psychologie. Berlin: Deutsche Verlagsanstalt.

Hermann, D. (2004): Geschlechtsspezifische Unterschiede hinsichtlich Gewaltkriminalität. In: Schöch, H./Jehle, J.-H.: Angewandte Kriminologie zwischen Freiheit und Sicherheit. Mönchengladbach: Forum-Verlag Godesberg, S.567-581.

Hinrichs, U. (2001): Die verfassungsrechtlichen Grenzen der Auslegung des Tatbestandsmerkmals „Erschleichen" in § 265a I Alt. 3 StGB („Schwarzfahren"). NJW, 54 (13), S. 932-935.

Hirsch, H. J. (1986): Bilanz der Strafrechtsreform. In: Hirsch, H. J./Kaiser, G./Marquard, H. (Hg.): Gedächtnisschrift für Hilde Kaufmann. Berlin: De Gruyter, S. 133-165.

Höfer, S. (2003): Sanktionskarrieren: eine Analyse der Sanktionshärteentwicklung bei mehrfach registrierten Personen anhand von Daten der Freiburger Kohortenstudie. Freiburg i. Br.: Max-Planck-Institut für ausländisches und internationales Strafrecht.

Horn, E. (1977): Zwei Jahre neues Geldstrafensystem – eine Zwischenbilanz. JR, 52 (3), S. 95-100.

Hörnle, T. (1999): Tatproportionale Strafzumessung. Berlin: Duncker & Humblot.

Horstkotte, H. (1970): Die Vorschriften des Ersten Gesetzes zur Reform des Strafrechts über die Strafbemessung (§ 13- 16, 60 StGB). JZ, 25 (4), S. 122-128.

Huber, B. (1980): Community Service Order als Alternative zur Freiheitsstrafe. JZ, 35 (19), S. 638-643.

Hüttenrauch, K. (2015): Die Arbeit als Resozialisierungsfaktor: eine empirische Studie zur Bedeutung der Arbeit während der Inhaftierungszeit. Baden-Baden: Nomos.

Hüsler, G./Locher, J. (1991): Kurze Freiheitsstrafe und Alternativen: Analyse der Sanktionspraxis und Rückfall-Vergleichsuntersuchung. Bern u. a.: P. Haupt.

Ingelfinger, R. (2002): Anmerkungen zu: BayObLG Beschluss vom 04.07.2001 – 5 StR RR 169/01. StV, 21 (7), S. 429-430.

Janssen, H. (1994): Die Praxis der Geldstrafenvollstreckung: Eine empirische Studie zur Implementation kriminalpolitischer Programme. Frankfurt am Main: Lang.

Jehle, J.-M. (2004): Die deutsche Rückfallstatistik – Konzeption und Ertrag. In: Heinz, W./Jehle, J.-M. (Hg.): Rückfallforschung. Wiesbaden: Kriminologische Zentralstelle, S. 145-171.

Jehle, J.-M. (2020): § 4 Stellung des Gefangenen. In: Schwind, H.-D./Böhm, A./Jehle, J.-M./Laubenthal, K. (Hg.): Strafvollzugsgesetze. Bund und Länder. Berlin: De Gruyter, S. 53-74.

Jehle, J.-M./Albrecht, H.-J./Homann-Fricke, S./Tetal, C. (2010): Legalbewährung nach strafrechtlichen Sanktionen – Eine bundesweite Rückfalluntersuchung 2004 bis 2007. Mönchengladbach: Bundesministerium der Justiz.

Jehle, J.-M./Albrecht, H.-J./Homann-Fricke, S./Tetal, C. (2016): Legalbewährung nach strafrechtlichen Sanktionen – Eine bundesweite Rückfalluntersuchung 2010 bis 2013 und 2004 bis 2013. Mönchengladbach: Bundesministerium der Justiz.

Jehle, J.-M./Albrecht, H.-J./Homann-Fricke, S./Tetal, C. (2020): Legalbewährung nach strafrechtlichen Sanktionen – Eine bundesweite Rückfalluntersuchung 2013 bis 2016 und 2004 bis 2016. Mönchengladbach: Bundesministerium der Justiz.

Jescheck, H.-H./Weigend, T. (1996): Lehrbuch des Strafrechts — Allgemeiner Teil. 5. Aufl., Berlin: Beck.

Jescheck, H.-H. (1973): Die Kriminalpolitik der deutschen Strafrechtsreformgesetze im Vergleich mit der österreichischen Regierungsvorlage 1971. In: Lackner, K./Leferenz, H./Schmidt, E./Welp, J./Wolff, E. (Hg.): Festschrift für Wilhelm Gallas zum 70. Geburtstag. Berlin: Walter de Gruyter, S. 27-47.

Jung, H. (1992): Sanktionssysteme und Menschenrechte. Bern: Haupt.

Kaiser, G. (1993): Kriminologie – Eine Einführung in Grundlagen. 9. Aufl., Heidelberg: C. F. Müller.

Kaiser, G./Kerner, H.J./Schöch, H. (1992): Strafvollzug. Ein Lehrbuch. 4. Auflage, Heidelberg: C. F. Müller.

Kant, E. (1990): Die Metaphysik der Sitten. Ditzingen (Erstausgabe 1797).

Karstedt-Henke, S. (1982): Aktenanalyse. Ein Beitrag zur Methodenkritik der Instanzenforschung. In: Albrecht, G./Brusten, M./Albrecht, G. B. (Hg.): Soziale Probleme und soziale Kontrolle. Opladen: VS Verlag für Sozialwissenschaften, S. 195-208.

Kaspar, J. (2018): Verhandlungen des 72. Deutschen Juristentages. München: C. H. Beck.

Kawamura, G. (1998): Gemeinnützige Arbeit statt Ersatzfreiheitsstrafe. BewHi, 45 (4), S. 338-350.

Kawamura, G. (2001): Ansätze für die Straffälligenhilfe. In: Nickolai, W. R. (Hg.): Sozialer Ausschluss durch Einschluss. Strafvollzug und Straffälligenhilfe zwischen Restriktion und Resozialisierung. Freiburg, Breisgau: Lambertus-Verlag, S. 13-34.

Kawamura-Reindl, G./Sonnen, B.-R. (2003): Gemeinnützige Arbeit zur Vermeidung von Ersatzfreiheitsstrafen. In: Cornel, H.; Kawamura-Reindl, G.; Maelicke, B.; Sonnen, B.-R. (Hg.): Handbuch der Resozialisierung. 2. Aufl. Baden-Baden: Nomos-Verlagsgesellschaft, S. 291-306.

Kawamura-Reindl, G. (2020): Soziale Arbeit mit straffällig gewordenen Menschen. In: Deimel, D./Köhler, T. (Hg.): Delinquenz und Soziale Arbeit. Lehrbuch für Studium und Praxis. Lengerich: Pabst Publishers, S. 77-91.

Kerner, H.-J. (2015): Alterskriminalität in Deutschland. Befunde und Probleme zu Strafverfolgung, Aburteilung, Strafvollstreckung und Strafvollzug. In: Gebauer, M./Isomura, T./Kansaku, H./Nettesheim, M. (Hg.): Alternde Gesellschaften im Recht. Japanisch-Deutsches Symposium in Tübingen vom 03. bis 04. September 2012. Tübingen: Mohr-Siebeck, S. 199-220.

Knüsel, M. (1995): Die teilbedingte Freiheitsstrafe. Bern, Stuttgart: Haupt.

Köhne, M. (2004): Abschaffung der Ersatzfreiheitsstrafe? JR, 79 (11), S. 453-456.

Kommission zur Reform des strafrechtlichen Sanktionssystems (2000): Abschlussbericht: Bonn.

Konrad, N. (2003): Ersatzfreiheitsstrafer – Psychische Störungen, forensische und soziodemografische Aspekte. ZfStrVO, 52 (4), S. 216- 223.

Kramer, H. (1974): Ladendiebstahl und Privatjustiz. ZRP, 7 (3), S. 62-66.

Krieg, H. (1984): Weil du arm bist, musst du sitzen. MSchrKrim, 67 (1), S. 25-38.

Kröpil, K. (2010): Unterschiedliche Auswirkungen durch Begehung von Bagatelldelikten – ein bedenklicher Wertungswiderspruch? ZRP, 43 (6), S. 178-181.

Kunert, K.-H. (1978): Alternativen zum Freiheitsentzug nach deutschem Recht. BewHi, 25 (1), S. 23-26.

Kunz, K.-L. (1980): Die Einstellung wegen Geringfügigkeit durch die Staatsanwaltschaft. Königstein/Taunus: Athenäum.

Kunz, K.-L. (1984): Das strafrechtliche Bagatellprinzip. Eine strafrechtsdogmatische und kriminalpolitische Untersuchung. Berlin: Duncker & Humblot.

Kunz, K.-L. (1984a): Die Verdrängung des Richters durch den Staatsanwalt: eine zwangsläufige Entwicklung effizienzorientierter Strafrechtspflege. KJ, 16 (1), S. 39-49.

Kunz, K.-L. (1986): Die kurzfristige Freiheitsstrafe und die Möglichkeit ihres Einsatzes. Eine kriminalpolitische Bilanz. ZStrR, 103 (2), S. 182-214.

Kunz, K-L. (2003): Auswirkungen von Freiheitsentzug in einer Zeit des Umbruchs. Mönchengladbach: Forum Verlag Godesberg.

Kunz, K.-L./Singelnstein, T. (2016): Kriminologie: Eine Grundlegung. 7. Aufl., Bern: Haupt.

Lattka, C. (2010): Fahren ohne (gültigen) Fahrausweis. Marburg: Tectum.

Laule, J. (2009): Berücksichtigung von Angehörigen bei der Auswahl und Vollstreckung von Sanktionen. In: *Albrecht, H.-J./Kaiser, G.* (Hg.): Kriminologische Forschungsberichte. Berlin: Duncker & Humblot.

Laun, S. (2002): Alternative Sanktionen zum Freiheitsentzug und die Reform des Sanktionsrechts. Frankfurt a. M.: Peter Lang.

Lemke, M./Mosbacher, A. (2005): Ordnungswidrigkeitengesetz, Kommentar, 2. Aufl., Heidelberg: C. F. Müller.

Leipziger Kommentar Strafgesetzbuch: StGB (2006), herausgegeben von H. Laufhütte, K. Tiedemann, R. Rissing-van Saan, 12. Aufl., Band 2: § 32-55. Berlin: Walter de Gruyter. (zitiert: LK/StGB/*Bearbeiter*).

Lobitz, R./Wirth, W. (2018a): Der Vollzug der Ersatzfreiheitsstrafen in Nordrhein-Westfalen. Nordrhein-Westfalen.: KrimD.

Lobitz, R./Wirth, W. (2018b): Wer ist inhaftiert und warum? FS, 67 (1), S. 16-18.

Lombroso, C./Ferrero, G. (1894): Das Weib als Verbrecherin und Prostituierte – anthropologische Studien, gegruendet auf einer Darstellung der Biologie und Psychologie des normalen Weibes. Hamburg: Verlagsanstalt und Druckerei A.-G.

Lorenz, H./Sebastian, S. (2017): Drei Überlegungen zur Entkriminalisierung des Schwarzfahrens. KriPoZ, 6, S. 352-357.

Lüderssen, K. (1999): Gnadenweiser Erlaß von Ersatzfreiheitsstrafen? In: Feuerhelm, W./Schwind, H.-D./Bock, M. (Hg.): Festschrift für Alexander Böhm zum 70. Geburtstag. Berlin u. a.: De Gruyter, S. 553-580.

Lürßen, G. (2011): Praxisbericht Bremen zur Vermeidung und Reduzierung von Ersatzfreiheitsstrafen. FS, 60 (3) S. 160-163.

Maiwald, M. (2009): Einführung in das italienische Strafrecht. Frankfurt am Main: Peter Lang.

Marks, E./Steffen, W. (2015): Prävention rechnet sich. Zur Ökonomie der Kriminalprävention. Mönchengladbach: Forum Verlag Godesberg.

Maurach, R. (1960): Vom Wesen und Zweck der Strafe. In: Freudenfeld, B. (Hg.): Schuld und Sühne. Dreizehn Vorträge über den deutschen Strafprozeß. München: Beck. S. 26-36.

Maurach, R./Gössel, K.H./Zipf, H. (2014): Strafrecht Allgemeiner Teil. Heidelberg: C. F. Müller.

Matt, E. (2005): Haft und keine Alternative? Zur Situation von Ersatzfreiheitsstrafen. MSchrKrim, 88 (5), S. 339-350.

Meier, B.-D. (2008): Kriminalpolitik in kleinen Schritten – Entwicklungen im strafrechtlichen Rechtsfolgensystem. StV, 28 (5), S. 263-271.

Meier, B.-D. (2019): Strafrechtliche Sanktionen. 5. Aufl., Heidelberg u. a.: Springer.

Meier, B.-D. (2017): Bagatellarische Tatbestände. ZStW, 129 (2), S. 433-447.

Meier, B.-D. (2021): Kriminologie. 6. Aufl., München: Beck.

Meier, B.-D. (2022): Reform der Ersatzfreiheitsstrafe. Ein Beitrag zur aktuellen Diskussion. StV, 41 (11), S. 759-764.

Mischkowitz, R. (1993): Kriminelle Karrieren und ihr Abbruch: Empirische Ergebnisse einer kriminologischen Langzeituntersuchung als Beitrag zur "Age-Crime Debate". Mönchengladbach: Forum Verlag Godesberg.

Mohr, N. (2020): Die Entwicklung des Sanktionenrechts im deutschen Strafrecht – Bestandsaufnahme und Reformvorschläge. Mönchengladbach: Forum Verlag Godesberg.

Mosbacher, A. (2018): Sitzen fürs Schwarzfahren – Gerechte Strafe für strafwürdiges Unrecht oder sozial kontraproduktiver Freiheitsentzug für Bagatellen? NJW, 61 (15), S. 1069-1072.

Mosbacher, A. (2018a): Stellungnahme zu den Gesetzesentwürfen BT-Drs. 19/1690 und BT-Drs. 19/1115 (Entkriminalisierung des „Schwarzfahrens"). https://kripoz.de/wp-content/uploads/2018/11/stellungnahme-mosbacher.pdf, S. 7 (zuletzt aufgerufen am: 13.06.2022).

Mühl, J. (2015): Strafrecht ohne Freiheitsstrafen – absurde Utopie oder logische Konsequenz. Die Laufzeitleistungsstrafe als alternative Sanktion. Tübingen: Mohr Siebeck.

Müller, S./Müller, H. (1984): Akten/Aktenanalyse. In: Eyferth, H./Otto, H.-U./Thiersch, H./Eyferth, H. O. (Hg.): Handbuch der Sozialarbeit/Sozialpädagogik. Neuwied/Darmstadt: Luchterhand, S. 23-42.

Müller-Foti, G./Robertz, F./Schildbach, S./Wickenhäuser, R. (2007): Punishing the disoriented? Medical and criminological implications of incarcerating patients with mental disorders for failing to pay a fine. International Journal of Prisoner Health, 3 (2), S. 87-97.

Münchener Kommentar zum StGB (2020), herausgegeben von V. Erb, J Schäfer. Band 2: § 38-79b StGB, 4. Aufl. München: C. H. Beck. (zitiert: MüKo/StGB/Bearbeiter).

Nomos Kommentar zum StGB (2017), herausgegeben von U. Kindhäuser, U. Neumann, H.-U. Paeffgen. 5. Aufl., Baden-Baden: Nomos-Verlagsgesellschaft. (zitiert: NK/StGB/Bearbeiter).

Nickolai, W. (2020): Versöhnen statt strafen – integrieren statt ausgrenzen. Zum Selbstverständnis der Sozialen Arbeit in der Straffälligenhilfe. Freiburg im Breisgau: Lambertus-Verlag.

Nugel, M. (2004): Ladendiebstahl und Bagatellprinzip. Eine materiell-rechtliche Abgrenzung. Heft 151. Berlin: Duncker & Humblot.

Oberwittler, D. (2018): Jugendkriminalität in sozialen Kontexten – Zur Rolle von Wohngebieten und Schulen bei der Verstärkung von abweichendem Verhalten Jugendlicher. In: Dollinger, B./Schmidt-Semisch, H. (Hg.): Handbuch Jugendkriminalität. Interdisziplinäre Perspektiven. 3. Aufl., Wiesbaden: Springer, S. 297-316.

Ostendorf, H. (2010): Kriminalität und Strafrecht. Bonn: Bundeszentrale für politische Bildung.

Plack, A. (1987): Alternativen zur staatlichen Strafe – Strafrechtsreform in der Tradition der Aufklärung. In: Maelicke, B./Ortner, H. (Hg.): Alternative Kriminalpolitik – Zukunftsperspektiven eines anderen Umgangs mit Kriminalität. Weinheim, Basel: Beltz, S. 9-33.

Pollähne, H./Woynar, I. (2014): Verteidigung in Vollstreckung und Vollzug. Heidelberg: C. F. Müller.

Radtke, H. (2018): Ersatzfreiheitsstrafen abschaffen? ZRP, 51 (2), S. 58.

Redlich, M. (2005): Die Vermeidung von Ersatzfreiheitsstrafen – wesentliches Anliegen aktueller Strafrechtsreformbestrebungen. Frankfurt a. M.: Peter Lang.

Rolinski, K. (1981): Ersatzfreiheitsstrafe oder gemeinnützige Arbeit? MSchrKrim, 63 (1/2), S. 52-63.

Rössner, D. (1985): Eine konstruktive Alternative zu Geld- und Freiheitsstrafe. BewHi, 32 (2), S. 105-110.

Roxin, C. (1966): Sinn und Grenze staatlicher Strafe. JS, 6 (10), S. 377-387.

Roxin, C./Greco, l. (2020): Strafrecht. Allgemeiner Teil. 5. Aufl. Band 1. München: C. H. Beck.

Sampson, R.J./Laub, J.H. (1993): Crime in the Making. Pathways and Turning Points through Life. Crime & Delinquency, 39 (3), S. 396-396.

Schädler, W. (1985): Der „weiße Fleck" im Sanktionssystem. ZRP, 18 (7), S. 186-192.

Schaeferdiek, S. (1997): Die kurze Freiheitsstrafe im schwedischen und deutschen Strafrecht. Berlin: Duncker und Humblot.

Schall, H. (1985): Die Sanktionsalternative der gemeinnützigen Arbeit als Surrogat der Geldstrafe. NStZ, 5 (3), S. 104-111.

Schatz, H. (2002): Strafrestaussetzung zur Bewährung: Auch bei Ersatzfreiheitsstrafen. ZRP, 35 (10), S. 438-442.

Schildbach, S. (2015): Ersatzfreiheitsstrafe aus kriminologischer Sicht. Unterensingen: Sarturia Verlag.

Schneider, U. (2001): Gemeinnützige Arbeit als „Zwischensanktion". MSchrKrim, 84 (4), S. 273-287.

Schönke, A./Schröder, H. (2019): Strafgesetzbuch, herausgegeben von A. Schönke, H. Schröder. 30. Aufl., München: C. H. Beck. (zitiert: Schönke/Schröder/StGB/*Bearbeiter*).

Schünemann, B. (2003): Die Akzeptanz von Normen und Sanktionen aus der Perspektive der Tatproportionalität. In: Frisch, W./von Hirsch, A./Albrecht, H.-J. (Hg.): Tatproportionalität. Heidelberg: C. F. Müller, S. 185-197.

Schützwohl, M. (2012): BAG-S Informationsdienst Straffälligenhilfe, 20 (3), S.13-15.

Scutt, J.A. (1978): The Fine as a Penal Measure in the United States of America, Canada and Australia. In: Jescheck, H./Grebing, G. Die Geldstrafe im deutschen und ausländischen Recht. Baden-Baden: Nomos Verlagsgesellschaft, S. 1061-1181.

Seebode, M. (1999): Problematische Ersatzfreiheitsstrafe. In: Feuerhelm, W./Schwind, H.-D./Bock, M. (Hg.): Festschrift für Alexander Böhm zum 70. Geburtstag am 14. Juni 1999. Berlin: Walter de Gruyter, S. 519-552.

Selle, D. (1996): Gerechte Geldstrafe. Eine Konkretisierung des Grundsatzes der Opfergleichheit. Berlin: Berliner Wissenschafts-Verlag.

Statistisches Bundesamt (2020): Pressemitteilung Nr. 308. Wiesbaden. abrufbar unter: https://www.destatis.de/DE/Presse/Pressemitteilungen/2020/08/PD20_308_634.html [letzter Aufruf: 28.01.2021].

Stehle, A. (1970): Ohne Schuldenregulierung scheitert die Resozialisierung. ZfStrVO, 19 (5), S. 292-301.

Stelly, W./Thomas, J. (2001): Einmal Verbrecher – Immer Verbrecher? Wiesbaden: Westdeutscher Verlag.

Stenner, D. (1970): Die kurzfristige Freiheitsstrafe und die Möglichkeiten zu ihrem Ersatz durch andere Sanktionen. Hamburg: Kriminalistik Verlag.

Streng, F. (2012): Strafrechtliche Sanktionen. Die Strafzumessung und ihre Grundlagen, 3. Aufl. Stuttgart: Kohlhammer.

Sutterer, P. (2004): Möglichkeiten rückfallstatistischer Auswertungen anhand von Bundeszentralregisterdaten. Zur Konzeption von KOSIMA. In: Heinz, W./Jehle, J.-M. (Hg.): Rückfallforschung. Wiesbaden: Kriminologische Zentralstelle, S. 173-213.

Teschner, B. (2020): Anlaufstellen für Straffällige – Erfolgsmodell in Niedersachsen. BewHi, 67 (2), S. 159-168.

Thiele, C. (2016): Ehe- und Familienschutz im Strafvollzug. Strafvollzugsrechtliche und - praktische Maßnahmen und Rahmenbedingungen zur Aufrechterhaltung familiärer Beziehungen von Strafgefangenen. Mönchengladbach: Forum Verlag Godesberg.

Tittle, C.R. (2000): Social Deviance and Crime – An Organizational and Theoretical Approach. Los Angeles, California: Roxbury Publishing Company.

Treig, J./Pruin, I. (2018a): Ersatzfreiheitsstrafen in Deutschland. FS, 67 (1), S. 10-15.

Treig, J./Pruin, I. (2018b): Kurze Freiheitsstrafen und Ersatzfreiheitsstrafen als Herausforderung an den Strafvollzug. In: Maelicke, B./Suhling, S. (Hg.): Das Gefängnis auf dem Prüfstand. Wiesbaden: Springer Verlag, S. 313-349.

Treig, J./Pruin, I. (2020): Akteure, Verantwortlichkeiten und Kooperation bei der Wiedereingliederung nach Haftentlassung im europäischen Vergleich. In: Drenkhahn, K./Geng, B./Harrendorf, S./ Grzywa-Holten, J./ Morgenstern, Ch./Pruin, I. (Hg.): Kriminologie und Kriminalpolitik im Dienste der Menschenwürde. Festschrift für Frieder Dünkel zum 70. Geburtstag.Mönchengladbach: Forum Verlag Godesberg, S. 431-456.

Tröndle, H. (1972): Die Geldstrafe im neuen Strafensystem. MDR, 26 (6), S. 461-468.

Tröndle, H. (1974): Die Geldstrafe in der Praxis und Probleme ihrer Durchsetzung unter besonderer Berücksichtigung des Tagessatzsystems. ZStW, 86 (2), S. 545-594.

Tröndle, H. (1976): Anmerkungen zu BayOLG Beschl. v. 30.07.1975 – Rreg. 1 St 219/75. JR, 51 (4), S. 162-163.

Villmow, B. (1998): Kurze Freiheitsstrafe, Ersatzfreiheitsstrafe und gemeinnützige Arbeit. Erfahrungen und Einstellungen von Betroffenen. In: Albrecht, H.-J./Dünkel, F./Schöch, H./Kerner, H.-J./Kürzinger, J. (Hg.): Internationale Perspektiven in Kriminologie und Strafrecht: Festschrift für Günther Kaiser zum 70. Geburtstag. Berlin: Duncker & Humblot, S. 1291-1324.

Villmow, B. (2017): Geldstrafen – Gemeinnützige Arbeit – Ersatzfreiheitsstrafen. http://www.sbh-berlin.de/wp-content/uploads/2017/10/20171016Villmow_Vortrag_Folien.pdf [letzter Aufruf: 09.02.2018].

Villmow, B. (2020): Die Ersatzfreiheitsstrafe und Alternativen in der aktuellen Diskussion. In: Drenkhahn, K./Geng, B./Grzywa-Holten, J./Harrendorf, S./Morgenstern, C./Pruin, I. (Hg.): Kriminologie und Kriminalpolitik im Dienste der Menschenwürde. Festschrift für Frieder Dünkel zum 70. Geburtstag. Mönchengladbach: Forum Verlag Godesberg, S. 523-544.

Villmow, B./Sessar, K./Vonhoff, B. (1993): Kurzstrafenvollzug – einige Daten und Überlegungen. KrimJ, 25 (3), S. 205-224.

Vogler, T. (1978): Möglichkeiten und Wege einer Entkriminalisierung. ZStW, 90 (1), S. 132-172.

von Liszt, F. (1889): Strafrechtliche Aufsätze und Vorträge. Berlin (Nachdruck 1970): De Gruyter.

von Liszt, F. (1892): Der Zweckgedanke im Strafrecht. In: von Liszt, F. (Hg.): Strafrechtliche Aufsätze und Vorträge, Berlin (Nachdruck 1970): De Gruyter, S. 290-467.

Walter, M./Neubacher, F. (2011): Jugendkriminalität. Stuttgart u. a.: Boorberg.

Weigend, T. (1984): Strafzumessung durch den Staatsanwalt. KJ, 16 (1), S. 8-38.

238   *Literatur*

Weigend, T. (1986): Die kurze Freiheitsstrafe – eine Sanktion mit Zukunft? JZ, 41 (6), S. 260-269.

Wetzels, P./Brettfeld, K./Farren, D. (2018): Migration und Kriminalität: Evidenzen, offene Fragen sowie künftige Herausforderungen für die Kriminologie. MSchrKrim, 101 (2), S. 85-111.

Wilde, F. (2015): Die Geldstrafe – ein unsoziales Rechtsinstitut? MSchrKrim, 98 (4), S. 348-364.

Wilde, F. (2016): Armut statt Strafe: Zur strafschärfenden Wirkung von Armut im Deutschen Strafrecht. Wiesbaden: Springer.

Wilde, F. (2022): Der Referentenentwurf zur Reform der Ersatzfreiheitsstrafe – mehr Tradition als Fortschritt. KriPoZ, 5, S. 318-325.

Wirth, W. (2000): Ersatzfreiheitsstrafe oder „Ersatzhausarrest"? Ein empirischer Beitrag zur Diskussion um die Zielgruppen potentieller Sanktionsalternativen. ZfStrVO, 49 (6), S. 337-344.

Wirth, W. (2020): Behandlung im Strafvollzug. In: Drenkhahn, K./Geng, B./Grzywa-Holten, J./Harrendorf, S./Morgenstern, C./Pruin, I. (Hg.): Kriminologie und Kriminalpolitik im Dienste der Menschenwürde. Festschrift für Frieder Dünkel zum 70. Geburtstag. Mönchengladbach: Forum Verlag Godesberg, S. 1025-1048.

Zimmermann, D. (2014): Ohne Schuldenregulierung keine Resozialisierung. In: Schäfer, K. H. (Hg.): Ökonomische Faktoren der Straffälligenhilfe. Freiburg im Breisgau: Lambertus Verlag, S. 33-62.

Zipf, H. (1966): Die Geldstrafe in der Funktion zur Eindämmung der kurzen Freiheitsstrafe. Neuwied a. Rh.: Luchterhand.

Zschieschack, F./Rau, I. (2009): Anmerkungen zu BGH, Beschluss vom 08.01.2009 – 4 StR 117/08. JR, 84 (6), S. 244-245.

Anhang

1. Tabellenverzeichnis

Tabelle A1: Entwicklung der Sanktionierungspraxis (ohne informelle Sanktionen). Deutsches Reich bzw. früheres Bundesgebiet mit Westberlin, seit 1995 mit Gesamtberlin. Anteile bezogen auf nach allgemeinem Strafrecht und nach Jugendstrafrecht Verurteilte[788]

Jahr	Ver-ur-teilte	Todes-strafe		Freiheitsentziehende Sanktionen				Geldstrafe		Sonstige	
				unbedingt		bedingt					
	N	N	%	N	% %	N	%	N	%	N	%
1882	315849	90	0,03	242589	76,8	0	0	69974	22,2	3196	1,0
1900	456479	38	0,01	263866	57,8	0	0	181195	39,7	11380	2,5
1910	538225	43	0,01	259466	48,2	0	0	263857	49	14859	2,8
1920	608563	113	0,02	353244	58,0	0	0	231728	38,1	23478	3,9
1930	594610	43	0,01	188313	31,7	8530	1,4	392797	66,1	4924	0,8
1950	296356	0	0	115950	39,1	0	0	172575	58,2	7831	2,6
1960	548954	0	0	127851	23,3	61388	11,2	335978	61,2	23737	4,3
1970	643285	0	0	73099	11,4	53024	8,2	464818	72,3	52344	8,1
1980	732481	0	0	70203	9,6	80813	11	494114	67,5	87351	11,9
1990	692363	0	0	49921	7,2	77743	11,2	512343	74	52356	7,6
2000	732733	0	0	64441	8,8	95791	13,1	5133336	70,1	59165	8,1
2010	813266	0	0	63994	7,9	102931	12,7	575068	70,7	71273	8,8
2015	739487	0	0	47423	6,4	81695	11,0	567054	76,7	43315	5,9
2021	662100	0	0	35997	5,4	68074	10,3	524643	79,2	33386	5,0

---

788 Die Entwicklung der Strafen im Deutschen Reich seit 1882, in: Kriminalstatistik für das Jahr 1928, S. 65, 69, Statistik des Deutschen Reichs. NF. Bd. 384, Kriminalstatistik für

Tabelle A2: Bildung der Vergleichsgruppe der HVM (Gesamt-N = 73)

Art der justiziellen Reaktion	N	Prozent
freie Arbeit	67	91,8 %
Geldverwaltung	6	8,2 %
Gesamt	73	100,0 %

Tabelle A3: Verteilung EFS/HVM (Gesamt-N = 150)

Art der justiziellen Reaktion	N	Prozent
Haftvermeidungsmaßnahmen	72	48 %
Ersatzfreiheitsstrafe	78	52 %
Gesamt	150	100,0 %

Tabelle A4: Geschlechterverteilung Zufallsstichprobe (Gesamt-N = 1.013)

Geschlecht	N	Prozent
Männlich	801	79,1 %
Weiblich	212	20,9 %
Gesamt	1013	100,0 %

die Jahre 1929 bis 1939 (Statistik des Deutschen Reichs. NF. Bd. 398, 429, 433, 448, 478, 507, 577). Strafverfolgungsstatistik.

Tabelle A5: Altersverteilung Zufallsstichprobe (Gesamt-N = 1.009)

	N	Prozent
18 bis 21	58	5,7 %
22 bis 30	347	34,4 %
31 bis 40	238	23,6 %
41 bis 50	198	19,6 %
51 bis 60	105	10,4 %
älter als 60	63	6,2 %
Gesamt	1009	100,0 %

Tabelle A6: Geschlechterverteilung nach justizieller Reaktion (Gesamt-N = 150, EFS N= 78, HVM N= 72)

	HVM		EFS		Gesamt	
	N	Prozent	N	Prozent	N	Prozent
Männlich	53	73,6 %	70	89,7 %	123	82,0 %
Weiblich	19	26,4 %	8	10,3 %	27	18,0 %
Gesamt	72	100,0 %	78	100,0 %	150	100,0 %

Tabelle A7: Alter und Art der justiziellen Reaktion EFS (N= 78) und HVM (N= 72)

Alterskategorien	HVM		EFS		Gesamt	
	N	Prozent	N	Prozent	N	Prozent
18 bis 21	6	8,3 %	2	2,6 %	8	5,3 %
22 bis 30	29	40,3 %	34	43,6 %	63	42,0 %
31 bis 40	16	22,2 %	21	26,9 %	37	24,7 %
41 bis 50	12	16,7 %	12	15,4 %	24	16,0 %
51 bis 60	4	5,6 %	6	7,7 %	10	6,7 %
älter als 60	5	6,9 %	3	3,8 %	8	5,3 %
Gesamt	72	100,0 %	78	100,0 %	150	100,0 %

Tabelle A8: Staatsangehörigkeit Zufallsstichprobe (Gesamt-N = 1.004)

Staatsangehörigkeit	N	in %
deutsche Staatsangehörigkeit	812	80,9 %
andere europäische Staatsangehörigkeit	83	8,3 %
nichteuropäische Staatsangehörigkeit	109	10,9 %
Gesamt	1004	100,0 %

Tabelle A9: Staatsangehörigkeit nach justizieller Reaktion HVM (N= 71) und EFS (N= 7)

	HVM		EFS		Gesamt	
	N	in %	N	in %	N	in %
deutsche Staatsangehörigkeit	60	84,5 %	56	72,7 %	116	78,4 %
andere europäische Staatsangehörigkeit	5	7,0 %	10	13,0 %	15	10,1 %
nichteuropäische Staatsangehörigkeit	6	8,5 %	11	14,3 %	17	11,5 %
Gesamt	71	100,0 %	77	100,0 %	148	100,0 %

Tabelle A10: Familienstand Zufallsstichprobe (Gesamt-N = 739)

Familienstand	N	Prozent
Ledig	431	58,3 %
verheiratet und zusammen lebend	186	25,2 %
Geschieden	82	11,1 %
verheiratet, aber getrennt lebend	26	3,5 %
Verwitwet	14	1,9 %
Gesamt	739	100,0 %
System fehlend/nicht ermittelbar	275	27,1 %
Gesamt	1014	100,0 %

Tabelle A11: Familienstand nach justizieller Reaktion EFS (N= 61) und HVM (N= 58)

Familienstand	HVM		EFS		Gesamt	
	N	Prozent	N	Prozent	N	Prozent
Ledig	44	75,9 %	47	77,0 %	91	76,5 %
verheiratet	11	19,0 %	9	14,8 %	20	16,8 %
geschieden	3	5,2 %	3	4,9 %	6	5,0 %
verwitwet	0	0,0 %	2	3,3 %	2	1,7 %
Gesamt	58	100,0 %	61	100,0 %	119	100,0 %

Tabelle A12: Erwerbssituation Zufallsstichprobe (Gesamt-N = 565)

Erwerbssituation	N	Prozent
nicht erwerbstätig	289	51,2 %
Erwerbstätig	250	44,2 %
Vorruhestand	16	2,8 %
Ausbildung	8	1,4 %
Umschulung	2	0,4 %
Gesamt	565	100,0 %
System fehlend	449	44,3 %
Gesamt	1014	100,0 %

Tabelle A13: Erwerbssituation nach justizieller Reaktion EFS (N= 39) und HVM (N= 49)

Erwerbssituation	HVM		EFS		Gesamt	
	N	Prozent	N	Prozent	N	Prozent
Erwerbstätig	10	20,4 %	11	28,2 %	21	23,9 %
nicht erwerbstätig	39	79,6 %	28	71,8 %	67	76,1 %
Gesamt	49	100,0 %	39	100,0 %	88	100,0 %

Tabelle A14: Erwerbstätigkeit bei Vorliegen (N= 41) und Nichtvorliegen (N= 516) einer Ersatzfreiheitsstrafe

Erwerbssituation	keine EFS		EFS		Gesamt	
	N	in %	N	in %	N	in %
Erwerbstätig	236	45,7 %	11	26,8 %	229	41,1 %
in einer beruflichen Ausbildung/Lehre	8	1,6 %	0	0,0 %	8	1,4 %
in Umschulung	2	0,4 %	0	0,0 %	2	0,4 %
Vorruheständler/-innen, Rentner/-innen ohne Nebenverdienst	14	2,7 %	2	4,9 %	16	2,9 %
nicht erwerbstätig (einschließlich Schüler/-innen oder Studierende, die nicht gegen Geld arbeiten, Arbeitslose	256	49,6 %	28	68,3 %	284	51,0 %
Gesamt	516	100,0 %	41	100,0 %	557	100,0 %

Tabelle A15: Erwerbstätigkeit bei Vorliegen (N= 51) und Nichtvorliegen (N= 496) einer HVM

Erwerbstätigkeit	keine HVM		HVM		Gesamt	
	N	in %	N	in %	N	in %
Erwerbstätig	235	47,3 %	10	19,6 %	245	44,7 %
in einer beruflichen Ausbildung/Lehre	8	1,6 %	0	0,0 %	8	1,5 %
in Umschulung	1	0,2 %	1	2,0 %	2	0,4 %
nicht erwerbstätig (einschließlich Schüler/-innen oder Studierende, die nicht gegen Geld arbeiten, Arbeitslose	237	47,8 %	39	76,5 %	276	50,5 %
Vorruheständler/-innen, Rentner/-innen ohne Nebenverdienst	15	3,0 %	1	2,0 %	16	2,9 %
Gesamt	496	100,0 %	51	100,0 %	547	100,0 %

Tabelle A16: Art/Höhe des Nettoeinkommens Zufallsstichprobe (Gesamt-N = 459)

Nettoeinkommensverteilung	N	%
ALG 2/Grundsicherung	154	33,6 %
unter 150 Euro	9	2,0 %
150 bis 450 Euro	64	13,9 %
451 bis 850 Euro	90	19,6 %
851 bis unter 1 000 Euro	13	2,8 %
1 000 bis unter 1 250 Euro	47	10,2 %
1 250 bis unter 1 500 Euro	31	6,8 %
1 500 bis unter 1 750 Euro	28	6,1 %
1 750 bis unter 2 000 Euro	6	1,3 %
2 000 bis unter 2 250 Euro	7	1,5 %
2 250 bis unter 2 500 Euro	2	0,4 %
2 500 bis unter 2 750 Euro	3	0,7 %
2 750 bis unter 3 000 Euro	1	0,2 %
3 000 bis unter 3 250 Euro	1	0,2 %
über 3 250 Euro	3	0,7 %
Gesamt	459	100,0 %

Tabelle A17: Einkommensbekanntheit nach justizieller Reaktion EFS (N= 78) und HVM
(N= 72)

Einkommensbe-kanntheit	HVM		EFS		Gesamt	
	N	Prozent	N	Prozent	N	Prozent
Einkommen bekannt	47	65,3 %	26	33,3 %	73	48,7 %
Einkommen unbe-kannt	25	34,7 %	52	66,7 %	77	51,3 %
Gesamt	72	100,0 %	78	100,0 %	150	100,0 %

Tabelle A18: Geringes oder gutes Einkommen bei EFS (N= 26) und HVM (N= 47)

Einkommensbekanntheit	HVM		EFS		Gesamt	
	N	Prozent	N	Prozent	N	Prozent
geringes Einkommen	44	93,6 %	22	84,6 %	66	90,4 %
gutes Einkommen	3	6,4 %	4	15,4 %	7	9,6 %
Gesamt	47	100,0 %	26	100,0 %	73	100,0 %

Tabelle A19: Besondere Problemlage – Zufallsstichprobe (Gesamt-N = 378)

	Häufigkeit	Prozent
keine Problemlage	187	49,2 %
Problemlage	191	50,8 %
Gesamt	378	100,0 %
System fehlend/nicht ermittelbar	636	63,6 %
Gesamt	1014	100 %

Tabelle A20: Besondere Problemlage benannt – Zufallsstichprobe (Gesamt-N = 191)

Besondere Problemlage	N	%
Schulden, Insolvenz	72	37,7 %
Sucht	50	26,2 %
Wohnungssituation ungeklärt	22	11,5 %
psychiatrische Erkrankung/Therapie	19	9,9 %
Krankheit	12	6,3 %
Verlust Arbeit	7	3,7 %
Haft	1	0,5 %
Sonstiges	8	4,2 %
Gesamt	191	100,0 %

Tabelle A21: Vorhandensein von Problemlagen nach justizieller Reaktion EFS (N= 32) und HVM (N= 33)

Besondere Problemlage	HVM		EFS		Gesamt	
	N	Prozent	N	Prozent	N	Prozent
Problemlage	21	63,6 %	26	81,3 %	47	72,3 %
keine Problemlage	12	36,4 %	6	18,8 %	18	27,7 %
Gesamt	33	100,0 %	32	100,0 %	65	100,0 %

Tabelle A22: Problemlagen bei der Klientel der EFS (Gesamt-N = 26)

Problemlagen	N/%	EFS
Wohnungssituation ungeklärt	N	8
	in %	30,8 %
Sucht	N	7
	in %	26,9 %
psychiatrische Erkrankung/Therapie	N	4
	in %	15,4 %
Schulden, Insolvenz	N	3
	in %	11,5 %
Verlust der Arbeit	N	1
	in %	3,8 %
Haft	N	1
	in %	3,8 %
Krankheit	N	0
	in %	0,0 %
Sonstiges	N	2
	in %	7,7 %
Gesamt	N	26
	in %	100,0 %

Tabelle A23: Problemlagen bei der Klientel der HVM (Gesamt-N = 21)

Problemlagen	N/%	HVM
psychiatrische Erkrankung/Therapie	N	6
	in %	28,6 %
Schulden, Insolvenz	N	5
	in %	23,8 %
Sucht	N	5
	in %	23,8 %
Wohnungssituation ungeklärt	N	2
	in %	9,5 %
Krankheit	N	1
	in %	4,8 %
Verlust der Arbeit	N	1
	in %	4,8 %
Haft	N	0
	in %	0,0 %
Sonstiges	N	1
	in %	4,8 %
Gesamt	N	21
	in %	100,0 %

Tabelle A24: Problemlagen bei Personen mit EFS (N= 32) und keine EFS (N= 345)

Problemlagen	keine EFS		EFS		Gesamt	
	N	Prozent	N	Prozent	N	Prozent
Problemlage	163	47,2 %	26	81,3 %	189	50,1 %
keine Problemlage	182	52,8 %	6	18,8 %	188	49,9 %
Gesamt	345	100,0 %	32	100,0 %	377	100,0 %

Tabelle A25: Problemlagen bei („Nicht")-Vorliegen einer EFS (Gesamt-N = 188)

Problemlagen	keine EFS		EFS		Gesamt	
	N	in %	N	in %	N	in %
Schulden, Insolvenz	67	41,4 %	3	11,5 %	70	37,2 %
Sucht	42	25,9 %	7	26,9 %	49	26,1 %
Wohnungssituation ungeklärt	13	8,0 %	8	30,8 %	21	11,2 %
psychiatrische Erkrankung/Therapie	15	9,3 %	4	15,4 %	19	10,1 %
Sonstiges	7	4,3 %	2	7,7 %	9	4,8 %
Krankheit	12	7,4 %	0	0,0 %	12	6,4 %
Verlust Arbeit	6	3,7 %	1	3,8 %	7	3,7 %
Haft	0	0,0 %	1	3,8 %	1	0,5 %
Gesamt	162	100,0 %	26	100,0 %	188	100,0 %

Tabelle A26: Zufallsstichprobe – Strafbefehl und Hauptverhandlung (Gesamt-N = 1.008)

Art der Entscheidung	N	Prozent
Strafbefehl	820	81,3 %
mdl. Verhandlung	188	18,7 %
Gesamt	1008	100,0 %
System fehlend/nicht ermittelbar	6	0,6 %
Gesamt	1014	100 %

Tabelle A27: Bezugsentscheidung EFS/HVM (Gesamt-N = 150)

Art der justiziellen Reaktion	N/%	Strafbefehl	mdl. Verhandlung	Gesamt
HVM	N	54	18	72
	%	75,0 %	25,0 %	100,0 %
EFS	N	65	13	78
	%	83,3 %	16,7 %	100,0 %
Gesamt	N	119	31	150
	%	79,3 %	20,7 %	100,0 %

Anhang

Tabelle A28: Tagessatzanzahl Zufallsstichprobe (Gesamt-N = 1.005)

Tagessatzanzahl	N	Prozent
bis zu 10	69	6,9 %
11 bis 20	210	20,9 %
21 bis 30	290	28,9 %
31 bis 40	119	11,8 %
41 bis 50	102	10,1 %
51 bis 60	66	6,6 %
61 bis 70	24	2,4 %
71 bis 80	39	3,9 %
81 bis 90	37	3,7 %
mehr als 90	49	4,9 %
Gesamt	1005	100,0 %

abelle A29: (Nicht)-Bagatelldelikt bei Bezugsentscheidung (Gesamt-N = 1005)

	N	in %
Bagatelldelikt	569	56,7 %
Nicht-Bagatelldelikt	436	43,3 %
Gesamt	1005	100,0 %

Tabelle A30: Tagessatzzahl bei HVM (N= 72) und EFS (N= 78)

Kategorien TS-Anzahl	HVM		EFS		Gesamt	
	N	Prozent	N	Prozent	N	Prozent
bis zu 10	3	4,2 %	4	5,1 %	7	4,7 %
11 bis 20	13	18,1 %	15	19,2 %	28	18,7 %
21 bis 30	15	20,8 %	16	20,5 %	31	20,7 %
31 bis 40	6	8,3 %	13	16,7 %	19	12,7 %
41 bis 50	13	18,1 %	11	14,1 %	24	16,0 %
51 bis 60	6	8,3 %	6	7,7 %	12	8,0 %
61 bis 70	2	2,8 %	1	1,3 %	3	2,0 %
71 bis 80	3	4,2 %	3	3,8 %	6	4,0 %
81 bis 90	6	8,3 %	3	3,8 %	9	6,0 %
mehr als 90	5	6,9 %	6	7,7 %	11	7,3 %
Gesamt	72	100,0 %	78	100,0 %	150	100,0 %

Tabelle A31: (Nicht)-Bagatelldelikt nach justizieller Reaktion EFS (N= 78) und HVM (N= 72)

	HVM		EFS		Gesamt	
	N	in %	N	in %	N	in %
Bagatelldelikt	31	47,0 %	35	53,0 %	66	100,0 %
Nicht-Bagatelldelikt	41	48,8 %	43	51,2 %	84	100,0 %
Gesamt	72	48,0 %	78	52,0 %	150	100,0 %

256 Anhang

Tabelle A32: Deliktsverteilung – Bezugsentscheidung (Gesamt-N = 1.014)

Delikte	N	Prozent
Betrug und Unterschlagung	178	17,6 %
Verkehrsdelikte unter Alkoholeinfluss	156	15,4 %
Verkehrsdelikte ohne Alkoholeinfluss inkl. Fahren o. Fahrerlaubnis	148	14,6 %
Diebstahlsdelikte	102	10,1 %
Körperverletzungsdelikte	70	6,9 %
Aussagedelikte, Beleidigung, Nötigung	66	6,5 %
Erschleichen von Leistungen	65	6,4 %
BtMG-Delikte	49	4,8 %
Diebstahl geringwertiger Sachen	43	4,2 %
Sachbeschädigung	20	2,0 %
Sonstige Delikte	117	11,5 %
Gesamt	1014	100,0 %

Tabelle A33: Deliktsverteilung HVM (N= 72) und EFS (N= 78)

Delikte	HVM		EFS		Gesamt	
	N	Prozent	N	Prozent	N	Prozent
Betrug und Unterschlagung	15	20,8 %	11	14,1 %	26	17,3 %
Erschleichen von Leistungen	9	12,5 %	10	12,8 %	19	12,7 %
Verkehrsdelikte ohne Alkoholeinfluss inkl. Fahren o. Fahrerlaubnis	7	9,7 %	10	12,8 %	17	11,3 %
Diebstahl geringwertiger Sachen	6	8,3 %	10	12,8 %	16	10,7 %
Verkehrsdelikte unter Alkoholeinfluss	8	11,1 %	7	9,0 %	15	10,0 %
BtMG-Delikte	2	2,8 %	6	7,7 %	8	5,3 %
Diebstahlsdelikte	8	11,1 %	5	6,4 %	13	8,7 %
Aussagedelikte, Beleidigung, Nötigung	7	9,7 %	4	5,1 %	11	7,3 %
Körperverletzungsdelikte	4	5,6 %	4	5,1 %	8	5,3 %
Sachbeschädigung	1	1,4 %	4	5,1 %	5	3,3 %
Sonstige Delikte	5	6,9 %	7	9,0 %	12	8,0 %
Gesamt	72	100,0 %	78	100,0 %	150	100,0 %

Tabelle A34: Tagessatzzahl nach Bagatell- (N= 107) und Nicht-Bagatelldelikt (N= 897)
gruppiert (N= 1.004)

Tagessatzanzahl		Nicht-Bagatelldelikt	Bagatelldelikt	Gesamt
bis zu 10	N	55	14	69
	in %	6,1 %	13,1 %	6,9 %
11 bis 20	N	180	30	210
	in %	20,1 %	28,0 %	20,9 %
21 bis 30	N	264	25	289
	in %	29,4 %	23,4 %	28,8 %
31 bis 40	N	105	14	119
	in %	11,7 %	13,1 %	11,9 %
41 bis 50	N	90	12	102
	in %	10,0 %	11,2 %	10,2 %
51 bis 60	N	62	4	66
	in %	6,9 %	3,7 %	6,6 %
61 bis 70	N	20	4	24
	in %	2,2 %	3,7 %	2,4 %
71 bis 80	N	38	1	39
	in %	4,2 %	0,9 %	3,9 %
81 bis 90	N	36	1	37
	in %	4,0 %	0,9 %	3,7 %
mehr als 90	N	47	2	49
	in %	5,2 %	1,9 %	4,9 %
Gesamt	N	897	107	1004
	in %	100,0 %	100,0 %	100,0 %

Tabelle A35: Tagessatzhöhe Zufallsstichprobe (Gesamt-N = 1.005)

Kategorien der TS-Höhe	N	Prozent
bis zu 10 €	336	33,4 %
11 € bis 20 €	324	32,2 %
21 € bis 30 €	199	19,8 %
31€ bis 40 €	75	7,5 %
41€ bis 50 €	36	3,6 %
mehr als 50 €	35	3,5 %
Gesamt	1005	100,0 %

Tabelle A36: Tagessatzhöhen nach Art der justiziellen Reaktion HVM (N= 72) und EFS (N= 78)

Kategorien TS-Höhe	HVM		EFS		Gesamt	
	N	Prozent	N	Prozent	N	Prozent
bis zu 10 €	35	48,6 %	26	33,3 %	61	40,7 %
11 € bis 20 €	19	26,4 %	29	37,2 %	48	32,0 %
21 € bis 30 €	12	16,7 %	16	20,5 %	28	18,7 %
31€ bis 40 €	4	5,6 %	2	2,6 %	6	4,0 %
41€ bis 50 €	2	2,8 %	2	2,6 %	4	2,7 %
mehr als 50 €	0	0,0 %	3	3,8 %	3	2,0 %
Gesamt	72	100,0 %	78	100,0 %	150	100,0 %

Tabelle A37: Tagessatzhöhe nach Vorliegen (N= 78) und Nichtvorliegen (N= 793) einer
EFS

Tagessatzhöhe	keine EFS		EFS		Gesamt	
	N	in %	N	in %	N	in %
bis zu 10 €	251	31,7 %	26	33,3 %	277	31,8 %
11 € bis 20 €	253	31,9 %	29	37,2 %	282	32,4 %
21 € bis 30 €	162	20,4 %	16	20,5 %	178	20,4 %
31€ bis 40 €	67	8,4 %	2	2,6 %	69	7,9 %
41€ bis 50 €	30	3,8 %	2	2,6 %	32	3,7 %
mehr als 50 €	30	3,8 %	3	3,8 %	33	3,8 %
Gesamt	793	100,0 %	78	100,0 %	871	100,0 %

Tabelle A38: Tagessatzhöhe nach Vorliegen (N= 72) und Nichtvorliegen (N= 791) einer
HVM

Tagessatzhöhe	keine HVM		HVM		Gesamt	
	N	in %	N	in %	N	in %
11 € bis 20 €	272	34,4 %	19	26,4 %	291	33,7 %
bis zu 10 €	233	29,5 %	35	48,6 %	268	31,1 %
21 € bis 30 €	162	20,5 %	12	16,7 %	174	20,2 %
31€ bis 40 €	61	7,7 %	4	5,6 %	65	7,5 %
41€ bis 50 €	31	3,9 %	2	2,8 %	33	3,8 %
mehr als 50 €	32	4,0 %	0	0,0 %	32	3,7 %
Gesamt	791	100,0 %	72	100,0 %	863	100,0 %

Tabelle A39: Tagessatzhöhe bei justiziellen Reaktionen und unbekanntem Nettoeinkommen (HVM N= 25; EFS N= 52)

Tagessatzhöhe	HVM		EFS		Gesamt	
	N	in %	N	in %	N	in %
bis zu 10 €	10	40,0 %	17	32,7 %	27	35,1 %
11 € bis 20 €	8	32,0 %	21	40,4 %	29	37,7 %
21 € bis 30 €	4	16,0 %	10	19,2 %	14	18,2 %
31€ bis 40 €	2	8,0 %	1	1,9 %	3	3,9 %
41€ bis 50 €	1	4,0 %	2	3,8 %	3	3,9 %
mehr als 50 €	0	0,0 %	1	1,9 %	1	1,3 %
Gesamt	25	100,0 %	52	100,0 %	77	100,0 %

Tabelle A40: Tagessatzhöhe bei unbekanntem Nettoeinkommen nach Vorliegen (N= 50) und Nichtvorliegen (N= 374) einer EFS

Tagessatzhöhe	keine EFS		EFS		Gesamt	
	N	in %	N	in %	N	in %
mehr als 50 €	12	3,2 %	1	2,0 %	13	3,1 %
41€ bis 50 €	15	4,0 %	2	4,0 %	17	4,0 %
31€ bis 40 €	35	9,4 %	1	2,0 %	36	8,5 %
21 € bis 30 €	83	22,2 %	10	20,0 %	93	21,9 %
bis zu 10 €	107	28,6 %	16	32,0 %	123	29,0 %
11 € bis 20 €	122	32,6 %	20	40,0 %	142	33,5 %
Gesamt	374	100,0 %	50	100,0 %	424	100,0 %

Tabelle A41: Vorstrafenbelastung Zufallsstichprobe (Gesamt- N = 499)

Vorstrafen	N	Prozent
liegt nicht vor	179	35,9 %
liegt vor	320	64,1 %
Gesamt	499	100,0 %
System fehlend	516	50,6 %
Gesamt	1020	100,0 %

Tabelle A42: Vorstrafenbelastung nach justizieller Reaktion EFS (N= 64) und HVM
(N= 58)

Vorstrafen	HVM		EFS		Gesamt	
	N	Prozent	N	Prozent	N	Prozent
liegt nicht vor	11	19,0 %	9	14,1 %	20	16,4 %
liegt vor	47	81,0 %	55	85,9 %	102	83,6 %
Gesamt	58	100,0 %	64	100,0 %	122	100,0 %

Tabelle A43: Vollzugserfahrung Zufallsstichprobe (Gesamt-N = 431)

Vollzugserfahrung	N	Prozent
liegt nicht vor	360	83,5 %
liegt vor	71	16,5 %
Gesamt	431	100,0 %
System fehlend	583	57,5 %
Gesamt	1014	100,0 %

Tabelle A44: Vollzugserfahrung nach justizieller Reaktion HVM (N= 56) und EFS (N= 59)

Vollzugserfahrung	HVM		EFS		Gesamt	
	N	Prozent	N	Prozent	N	Prozent
liegt nicht vor	43	76,8 %	33	55,9 %	76	66,1 %
liegt vor	13	23,2 %	26	44,1 %	39	33,9 %
Gesamt	56	100,0 %	59	100,0 %	115	100,0 %

Tabelle A45: Rückfälligkeit nach justizieller Reaktion EFS (N= 53) und HVM (N= 62)

Art der justiziellen Reaktion		Rückfälligkeit 2014- 2016		Gesamt
		nein	ja	
HVM	N	26	36	62
	%	41,9 %	58,1 %	100,0 %
EFS	N	17	36	53
	%	32,1 %	67,9 %	100,0 %
Gesamt	N	43	72	115
	%	100,0 %	100,0 %	100,0 %

Tabelle A46: Schwere des Rückfalls (Gesamt-N = 66)

Schwerekategorien	N	in %
Geldstrafe	39	59,1 %
Freiheitsstrafe mit Bewährung	7	10,6 %
Freiheitsstrafe	20	30,3 %
Gesamt	66	100,0 %

Anhang

Tabelle A47: Schwere des Rückfalls nach justiziellen Reaktion EFS und HVM

Schwerekategorien	HVM		EFS		Gesamt	
	N	in %	N	in %	N	in %
Geldstrafe	24	60,0 %	16	40,0 %	40	100,0 %
Freiheitsstrafe mit Bewährung	4	57,1 %	3	42,9 %	7	100,0 %
Freiheitsstrafe	6	27,3 %	16	72,7 %	22	100,0 %
Gesamt	34	49,3 %	35	50,7 %	69	100,0 %

Tabelle A48: („Nicht")-Rückfälligkeit nach Geschlecht (Gesamt-N = 109)

	Männlich		Weiblich		Gesamt	
	N	Prozent	N	Prozent	N	Prozent
Rückfall	54	62,1 %	14	63,6 %	68	62,4 %
kein Rückfall	33	37,9 %	8	36,4 %	41	37,6 %
Gesamt	87	100,0 %	22	100,0 %	109	100,0 %

Tabelle A49: (Nicht)-Rückfälligkeit nach Geschlecht und justizieller Reaktion EFS (Gesamt-N = 53)

	Männlich		Weiblich		Gesamt	
	N	Prozent	N	Prozent	N	Prozent
kein Rückfall	15	33,3 %	2	25,0 %	17	32,1 %
Rückfall	30	66,7 %	6	75,0 %	36	67,9 %
Gesamt	45	100,0 %	8	100,0 %	53	100,0 %

Tabelle A50: (Nicht)-Rückfälligkeit nach Geschlecht und justizieller Reaktion HVM (Gesamt-N = 62)

	Männlich		Weiblich		Gesamt	
	N	Prozent	N	Prozent	N	Prozent
kein Rückfall	20	43,5 %	6	37,5 %	26	41,9 %
Rückfall	26	56,5 %	10	62,5 %	36	58,1 %
Gesamt	46	100,0 %	16	100,0 %	62	100,0 %

Tabelle A51: (Nicht)-Rückfälligkeit nach Alter (Gesamt-N = 109)

Alterskategorien	kein Rückfall		Rückfall		Gesamt	
	N	Prozent	N	Prozent	N	Prozent
18 bis 30 Jahre	15	28,3 %	38	71,7 %	53	100,0 %
31 bis 40 Jahre	11	42,3 %	15	57,7 %	26	100,0 %
über 41 Jahre	15	50,0 %	15	50,0 %	30	100,0 %
Gesamt	41	37,6 %	68	62,4 %	109	100,0 %

Tabelle A52: (Nicht)-Rückfälligkeit nach Alter und justizieller Reaktion HVM (Gesamt-N = 62)

Alterskategorien	kein Rückfall		Rückfall		Gesamt	
	N	Prozent	N	Prozent	N	Prozent
18 bis 30 Jahre	9	31,0 %	20	69,0 %	29	100,0 %
31 bis 40 Jahre	5	35,7 %	9	64,3 %	14	100,0 %
über 41 Jahre	12	63,2 %	7	36,8 %	19	100,0 %
Gesamt	26	41,9 %	36	58,1 %	62	100,0 %

Tabelle A53: (Nicht)-Rückfälligkeit nach Alter und justizieller Reaktion EFS (Gesamt-N = 47)

Alterskategorien	kein Rückfall		Rückfall		Gesamt	
	N	Prozent	N	Prozent	N	Prozent
18 bis 30 Jahre	6	25,0 %	18	75,0 %	24	100,0 %
31 bis 40 Jahre	6	50,0 %	6	50,0 %	12	100,0 %
über 41 Jahre	3	27,3 %	8	72,7 %	11	100,0 %
Gesamt	15	31,9 %	32	68,1 %	47	100,0 %

Tabelle A54: (Nicht)-Rückfälligkeit nach Einkommenssituation (Gesamt-N = 58, geringes Einkommen N= 52, gutes Einkommen N= 6)

Einkommenssituation	kein Rückfall		Rückfall		Gesamt	
	N	Prozent	N	Prozent	N	Prozent
geringes Einkommen	16	30,8 %	36	69,2 %	52	100,0 %
gutes Einkommen	3	50,0 %	3	50,0 %	6	100,0 %
Gesamt	19	32,8 %	39	67,2 %	58	100,0 %

Tabelle A55: Rückfälligkeit nach justizieller Reaktion bei geringem Einkommen und Geschlecht (Gesamt-N = 56; EFS N= 18, HVM N= 38)

Geschlecht	Rückfall				kein Rückfall				Gesamt	
	HVM		EFS		HVM		EFS			
	N	in %	N	in %	N	in %	N	in %	N	%
männlich	18	62,1 %	12	85,7 %	11	37,9 %	2	14,3 %	43	76,8 %
weiblich	5	55,6 %	4	100,0 %	4	44,4 %	0	0,0 %	13	23,2 %
Gesamt	23	60,5 %	16	88,9 %	15	39,5 %	2	11,1 %	56	100 %

Tabelle A56: Rückfälligkeit nach Staatsangehörigkeit (Gesamt-N = 108, deutsch N= 89, nichtdeutsch N= 19)

Staatsangehörigkeit	kein Rückfall		Rückfall		Gesamt	
	N	%	N	%	N	%
deutsch	34	38,2 %	55	61,8 %	89	100,0 %
nichtdeutsch	7	36,8 %	12	63,2 %	19	100,0 %
Gesamt	41	100,0 %	67	100,0 %	108	100,0 %

Tabelle A57: Rückfälligkeit nach Staatsangehörigkeit und justizieller Reaktion (deutsch N= 57, nichtdeutsch N= 14)

Rückfälligkeit nach Staatsangehörigkeit und justizieller Reaktion						
	EFS				Gesamt	
Staatsangehörigkeit	Rückfall		kein Rückfall			
	N	Prozent	N	Prozent	N	Prozent
deutsch	25	67,6%	12	32,4%	37	100,0%
nichtdeutsch	7	70,0%	3	30,0%	10	100,0%
Gesamt	32	68,1%	15	31,9%	47	100,0%
	HVM				Gesamt	
Staatsangehörigkeit	Rückfall		kein Rückfall			
	N	Prozent	N	Prozent	N	Prozent
deutsch	30	57,7%	22	42,3%	52	100,0%
nichtdeutsche Staatsangehörigkeit	5	55,6%	4	44,4%	9	100,0%
Gesamt	35	57,4%	26	42,6%	61	100,0%

Tabelle A58: (Nicht)-Rückfälligkeit nach Familienstand (Gesamt-N = 90)

Familienstand	kein Rückfall		Rückfall		Gesamt	
	N	in %	N	in %	N	in %
verwitwet	0	0,0 %	1	100,0 %	1	100,0 %
ledig	20	29,0 %	49	71,0 %	69	100,0 %
verheiratet und lebt mit einem/einer Ehepartner/-in zusammen	6	42,9 %	8	57,1 %	14	100,0 %
geschieden	4	66,7 %	2	33,3 %	6	100,0 %
Gesamt	30	33,3 %	60	66,7 %	90	100,0 %

Tabelle A59: (Nicht)-Rückfälligkeit nach Familienstand und justizieller Reaktion HVM (Gesamt-N = 50)

Familienstand	kein Rückfall		Rückfall		Gesamt	
	N	in %	N	in %	N	in %
ledig	13	34,2 %	25	65,8 %	38	100,0 %
verheiratet und lebt mit einem/einer Ehepartner/-in zusammen	4	44,4 %	5	55,6 %	9	100,0 %
geschieden	2	66,7 %	1	33,3 %	3	100,0 %
Gesamt	19	38,0 %	31	62,0 %	50	100,0 %

Tabelle A60: (Nicht)-Rückfälligkeit nach Familienstand und justizieller Reaktion EFS (Gesamt-N = 43)

Familienstand	kein Rückfall		Rückfall		Gesamt	
	N	in %	N	in %	N	in %
verwitwet	0	0,0 %	1	100,0 %	1	100,0 %
ledig	8	23,5 %	26	76,5 %	34	100,0 %
verheiratet und lebt mit einem/einer Ehepartner/-in zusammen	2	40,0 %	3	60,0 %	5	100,0 %
geschieden	2	66,7 %	1	33,3 %	3	100,0 %
Gesamt	12	27,9 %	31	72,1 %	43	100,0 %

Tabelle A61: Folgedelikt im Risikozeitraum (Gesamt-N = 68)

Folgedelikt	Anzahl	Prozent
Erschleichen von Leistungen	10	14,7 %
Betrug; Hehlerei	10	14,7 %
Besonders schwerer und qualifizierter Diebstahl	9	13,2 %
Beleidigung	5	7,4 %
Diebstahl geringwertiger Sachen	4	5,9 %
Delikte nach dem BtmG	4	5,9 %
Einfache Körperverletzung	4	5,9 %
Raub und Erpressung	4	5,9 %
Brandstiftung; Herbeiführung einer Brandgefahr	3	4,4 %
Fahren ohne Fahrerlaubnis; Fahren ohne Versicherungsschutz	3	4,4 %
Einfacher Diebstahl	3	4,4 %
Sachbeschädigung	2	2,9 %
gefährliche und schwere Körperverletzung	2	2,9 %
Verstoß gegen das Waffengesetz	1	1,5 %
Unterschlagung	1	1,5 %
Veruntreuen Arbeitsentgelt, Insolvenzverschleppung	1	1,5 %
Verkehrsdelikte ohne Alkoholeinfluss	1	1,5 %
Verkehrsdelikte unter Alkoholeinfluss	1	1,5 %
Gesamt	68	100,0 %

Tabelle A62: Folgedelikt nach justizieller Reaktion EFS (N= 36) und HVM (N= 36)

Folgedelikte	HVM		EFS	
	N	in %	N	in %
Erschleichen von Leistungen	8	22,2 %	4	11,1 %
Betrug; Hehlerei	5	13,9 %	5	13,9 %
Einfache Körperverletzung	4	11,1 %	1	2,8 %
Delikte nach dem BtmG	3	8,3 %	1	2,8 %
Beleidigung	2	5,6 %	3	8,3 %
Diebstahl geringwertiger Sachen	2	5,6 %	2	5,6 %
Raub und Erpressung	2	5,6 %	3	8,3 %
Besonders schwerer und qualifizierter Diebstahl	1	2,8 %	8	22,2 %
Brandstiftung; Herbeiführung einer Brandgefahr	1	2,8 %	2	5,6 %
Einfacher Diebstahl	1	2,8 %	2	5,6 %
Fahren ohne Fahrerlaubnis; Fahren ohne Versicherungsschutz	1	2,8 %	2	5,6 %
gefährliche und schwere Körperverletzung	1	2,8 %	1	2,8 %
Verkehrsdelikte ohne Alkoholeinfluss	1	2,8 %	0	0,0 %
Verkehrsdelikte unter Alkoholeinfluss	1	2,8 %	0	0,0 %
Verstoß gegen das Waffengesetz	1	2,8 %	0	0,0 %
Unterschlagung	0	0,0 %	1	2,8 %
Veruntreuen Arbeitsentgelt, Insolvenzverschleppung	0	0,0 %	1	2,8 %
Gesamt	36	100,0 %	36	100,0 %

Tabelle A63: Folgedelikt nach Bagatelldelikten des Erschleichens von Leistungen (N= 6)
und des Diebstahls geringwertiger Sachen (N= 4) in der Bezugsentscheidung
bei EFS (Gesamt-N = 10)

Folgedelikt	Erschleichen von Leistungen		Diebstahl gering-wertiger Sachen		Gesamt	
	N	in %	N	in %	N	in %
Erschleichen von Leistungen	3	50,0 %	1	25,0 %	4	40,0 %
Betrug und Unterschlagung	2	33,3 %	0	0,0 %	2	20,0 %
Diebstahlsdelikte	0	0,0 %	1	25,0 %	1	10,0 %
Diebstahl geringwertiger Sachen	0	0,0 %	1	25,0 %	1	10,0 %
Raub und Erpressung	0	0,0 %	1	25,0 %	1	10,0 %
sonstige Delikte	1	16,7 %	0	0,0 %	1	10,0 %
Gesamt	6	100,0 %	4	100,0 %	10	100,0 %

Tabelle A64: Folgedelikt nach Bagatelldelikten des Erschleichens von Leistungen (N= 6)
und des Diebstahls geringwertiger Sachen (N= 3) in der Bezugsentscheidung
bei HVM (Gesamt-N = 9)

Folgedelikte	Erschleichen von Leistungen		Diebstahl gering-wertiger Sachen		Gesamt	
	N	in %	N	in %	N	in %
Erschleichen von Leistungen	6	100,0 %	0	0,0 %	6	66,7 %
Diebstahlsdelikte	0	0,0 %	1	33,3 %	1	11,1 %
Raub und Erpressung	0	0,0 %	2	66,7 %	2	22,2 %
Gesamt	6	100,0 %	3	100,0 %	9	100,0 %

Tabelle A65: Zufallsstichprobe (Gesamt-N = 1.014) – Nettoeinkommen bekannt/unbekannt

Einkommenssituation	N	%
Einkommen unbekannt	555	54,7 %
Einkommen bekannt	459	45,3 %
Gesamt	1014	100,0 %

Tabelle A66: Anzahl Fälle nach Sanktion und Nettoeinkommen bekannt/unbekannt (Gesamt-N = 1.008, mdl. Verhandlung N= 188, Strafbefehl N= 820)

Art der Sanktion	Einkommen unbekannt		Einkommen bekannt		Gesamt	
	N	%	N	%	N	%
Strafbefehl	504	61,5 %	316	38,5 %	820	100 %
mündliche Verhandlung	45	23,9 %	143	76,1 %	188	100 %
Gesamt	549	54,5 %	459	45,5 %	1008	100 %

274   *Anhang*

Tabelle A67: Tagessatzhöhe bei Verbüßern von HVM und EFS und unbekanntem Nettoeinkommen

Höhe der Tagessätze in €	HVM		EFS		Gesamt	
	N	in %	N	in %	N	in %
bis zu 10 €	10	37,0 %	17	63,0 %	27	100,0 %
11 € bis 20 €	8	27,6 %	21	72,4 %	29	100,0 %
21 € bis 30 €	4	28,6 %	10	71,4 %	14	100,0 %
31€ bis 40 €	2	66,7 %	1	33,3 %	3	100,0 %
41€ bis 50 €	1	33,3 %	2	66,7 %	3	100,0 %
mehr als 50 €	0	0,0 %	1	100,0 %	1	100,0 %
Gesamt	25	32,5 %	52	67,5 %	77	100,0 %

Tabelle A68: Anteil der Problemlagen bei Einkommensbekanntheit (Gesamt-N = 380)

Einkommensbekanntheit	keine Problemlagen		Problemlagen		Gesamt	
	N	in %	N	in %	N	in %
Einkommen unbekannt	35	18,7 %	70	36,3 %	105	27,6 %
Einkommen bekannt	152	81,3 %	123	63,7 %	275	72,4 %
Gesamt	187	100,0 %	193	100,0 %	380	100,0 %

Tabelle A69: Art der Problemlagen bei unbekanntem Nettoeinkommen (Gesamt-N = 68)

Problemlage		Einkommen unbekannt	Einkommen bekannt	Gesamt
Schulden, Insolvenz	N	18	54	72
	%	26,5 %	43,9 %	37,7 %
Sucht	N	18	32	50
	%	26,5 %	26,0 %	26,2 %
Wohnungssituation ungeklärt	N	16	6	22
	%	23,5 %	4,9 %	11,5 %
psychiatrische Erkrankung	N	5	14	19
	%	7,4 %	11,4 %	9,9 %
Sonstiges	N	4	4	8
	%	5,9 %	3,3 %	4,2 %
Krankheit	N	5	7	12
	%	7,4 %	5,7 %	6,3 %
Verlust Arbeit	N	1	6	7
	%	1,5 %	4,9 %	3,7 %
Haft	N	1	0	1
	%	1,5 %	0,0 %	0,5 %
Problemlagen gesamt	N	68	123	191
	%	66,2 %	44,7 %	50,5 %

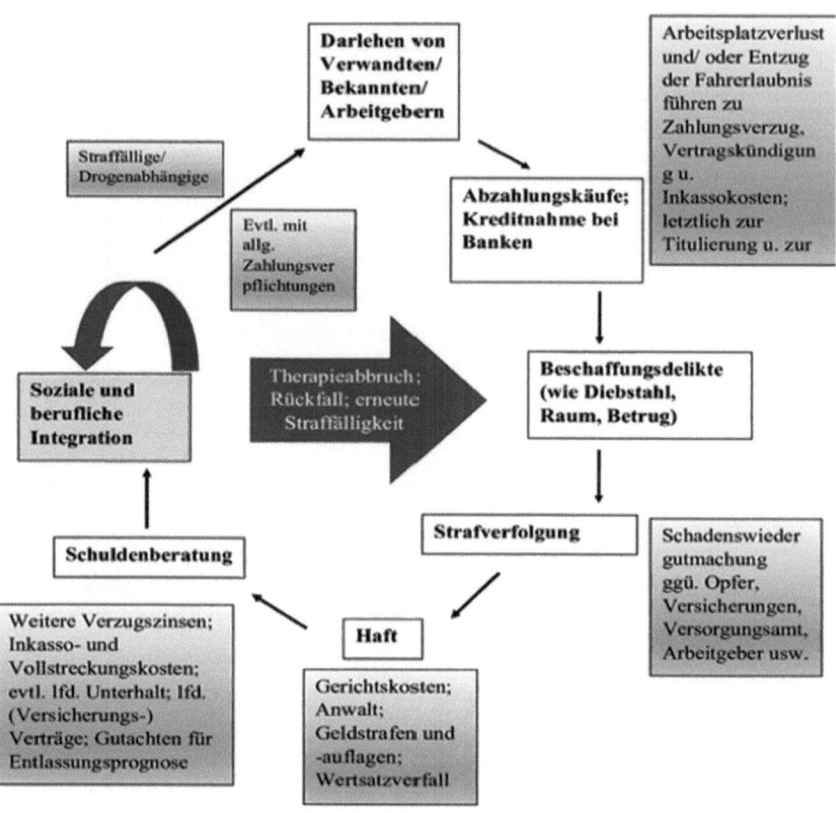

Abbildung 70: Schuldenspirale nach Zimmermann[789]

789 Vgl. *Zimmermann* 2014, S. 36.

2. Flyer Haftvermeidungsmaßnahme „Geldverwaltung statt Vollstreckung von Ersatzfreiheitsstrafe"[790]

790 Vgl. Flyer abrufbar unter: https://www.die-anlaufstellen.de/fileadmin/user_upload/0_Dateien/Flyer_GV.pdf [letzter Aufruf: 23.04.2021].

3. Infoblatt „Auftrag ohne Antrag"[791]

Projektname	„Auftrag ohne Antrag"
Ansatzpunkt des Projekts	Es handelt sich um ein neues Verfahren (erstmals 2009 im Landgerichtsbezirk Wiesbaden erprobt), das zwischenzeitlich in 8 von 9 hessischen Landgerichtsbezirken implementiert ist. Gefördert werden *freie Träger*, die das Projekt durchführen. Besonderheit: der Beratungskontakt erfolgt *unabhängig* von der Antragstellung nach einer Rückstandsmeldung (keine Zahlung) oder nach der Ladung zum Strafantritt (und keiner Reaktion durch die verurteilte Person) - bevor der Vollstreckungshaftbefehl erlassen wird. Dort wo ein Antrag auf gemeinnützige Arbeit zur Tilgung der Geldstrafe gestellt wird, bleibt die Gerichtshilfe zuständig.
Ziel des Projekts	Ersatzfreiheitsstrafe ist soweit wie möglich zu vermeiden und zu verkürzen.
Indikationen	• Verurteilte Person reagiert nicht auf die Schreiben der Vollstreckungsbehörden, Erfahrungen im Umgang mit der Strafjustiz liegen nicht vor. • Aus der Akte ergeben sich Hinweise darauf, dass Verständnisprobleme Grund für das Nichtreagieren sind. • Es liegen im Umfeld des Menschen Gründe vor, die eine Vollstreckung erschweren (z. B. Alleinerziehende) • Es liegen gesundheitliche Probleme vor, die darauf hindeuten, dass eine ordentliche Tilgung durch Zahlung oder gemeinnützige Arbeit schwierig wird. • Eine Ratenzahlung lief lange gut, wird dann aber ohne ersichtlichen Grund unterbrochen. • Es liegt ein Schreiben vor, in welchem um eine Reduzierung einer Rate gebeten wird, da sich die persönlichen Verhältnisse geändert haben, die angebotene Ratenhöhe unterschreitet aber die üblichen Raten. • Eine Person hat telefonischen Kontakt zur Vollstreckungsbehörde aufgenommen und es ergeben sich Hinweise, dass eine sozialarbeiterische Intervention Lösungsmöglichkeiten aufzeigen könnte.
Ergebnisse der Intervention	• Tilgung durch gemeinnützige Arbeit nach Vermittlung und/oder • Tilgung durch vollständige Zahlung oder Ratenzahlung • Anregung § 459f StPO (Härtefallregelung – vorübergehender Vollstreckungsaufschub) • Stundung (bei vorübergehender Zahlungsunfähigkeit – in der Regel längstens vier Monate) • Kein Kontakt/keine Zusammenarbeit gewünscht

---

791 Unveröffentlichtes Manuskript zur Verfügung gestellt vom Caritasverband Geldern-Kevelaer e.V., Fachstelle für Haftvermeidung Geldern.

Beteiligte und Vorgehensweise	Das Vorgehen wird nach § 9 der Tilgungsverordnung eng abgestimmt mit, der Gerichtshilfe, den Rechtspflegern/Rechtspflegerinnen, der beteiligten Staatsanwaltschaften und den Betroffenen. Es ist transparent und beinhaltet folgende Hauptaufgaben: • Individuelle Einladungen zu einem Gespräch, flexible Termingestaltung mit der Möglichkeit von Hausbesuchen. • Beratung zu Tilgungsmöglichkeiten. • Unterstützung der Kommunikation zwischen Betroffenen und Rechtspflegern. • Enge Zusammenarbeit mit den Rechtspflegern und der Gerichtshilfe. • Vermittlung in gemeinnützige Arbeit und Überprüfung von deren Ableistung. • Vermittlung in weiterführende Beratungsangebote
Evaluation/interne Berechnungen	Eine einheitliche statistische Erfassung des Projektes „Auftrag ohne Antrag" erfolgt seit dem 1.1.2015 mit Hilfe eines durch das HMdJ kreierten Statistikbogens, der von den freien Trägern verwendet wird. Die Auswertung der Zahlen erfolgt durch die Fachabteilung des HMdJ. Nach der erfolgreichen Erprobung des Projektes „Auftrag ohne Antrag" - zunächst im Landgerichtsbezirk Wiesbaden - wurde dieses im Jahr 2013 auf die Landgerichtsbezirke Darmstadt, Frankfurt am Main, Kassel, im Dezember 2014 auf den Landgerichtsbezirk Marburg, im Oktober 2015 auf den Landgerichtsbezirk Hanau, im November 2016 auf den Landgerichtsbezirk Limburg, im Januar 2017 auf den Landgerichtsbezirk Fulda und im September 2018 bei der Staatsanwaltschaft in Gießen ausgeweitet, so dass es zwischenzeitlich in allen Landgerichtsbezirken flächendeckend installiert ist. Im Jahr 2017 wurden den freien Trägern in den acht Landgerichtbezirken insgesamt **1.077 Aufträge (Neuzugänge)** erteilt. **2017** konnten insgesamt 1.113 Fälle abgeschlossen werden während 470 **Aufträge als Überhänge** im Jahr 2018 weiterbearbeitet werden. Damit beträgt die Gesamtzahl der in 2017 durch die Projekte bearbeiteten Fälle **1.583** (2016: 1.811 Fälle). In den 1.113 abgeschlossenen Fällen erfolgte die Geldstrafentilgung • durch Ableistung gemeinnütziger Arbeit (7.260 Tagessätze) • durch tatsächlich entrichtete Zahlungen (6.424 Tagessätze) • vorläufig durch Antrag auf Ratenzahlung (15.821 Tagessätze) Im Jahr 2017 konnten damit insgesamt 3.681.928,95 Haftkosten (Tageshaftkostensatz pro Tag i. H. v. 124,79 Euro, Stand 2017) eingespart werden.

4. Beispielhafter Ablauf zur Ableistung der gemeinnützigen Arbeit[792]

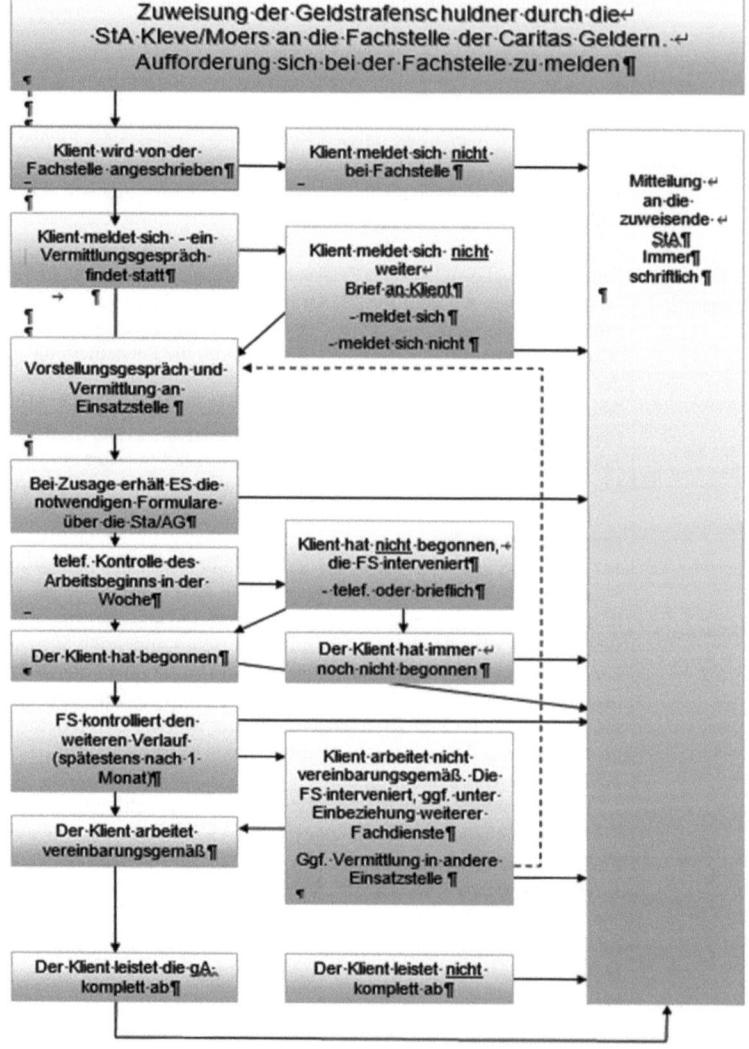

792 Caritasverband Geldern-Kevelaer e.V., Fachstelle für Haftvermeidung Geldern.

Reihenübersicht

ab Band 67
Schriften zur Kriminologie und Strafrechtspflege
ISSN 2698-363X
Criminal Justice Series
Hrsg. von Prof. Dr. Frieder Dünkel und
Prof. Dr. Stefan Harrendorf
Universität Greifswald

vormals (Band 1 bis Band 66)
Schriften zum Strafvollzug, Jugendstrafrecht und zur Kriminologie
ISSN 0949-8354
Hrsg. von Prof. Dr. Frieder Dünkel, Lehrstuhl für Kriminologie
an der Ernst-Moritz-Arndt-Universität Greifswald

Bisher erschienen:

Band 1
Dünkel, Frieder: Empirische Forschung im Strafvollzug. Bestandsaufnahme und Perspektiven.
Bonn 1996. ISBN 978-3-927066-96-0.

Band 2
Dünkel, Frieder; van Kalmthout, Anton; Schüler-Springorum, Horst (Hrsg.): Entwicklungstendenzen und Reformstrategien im Jugendstrafrecht im europäischen Vergleich.
Mönchengladbach 1997. ISBN 978-3-930982-20-2.

Band 3
Gescher, Norbert: Boot Camp-Programme in den USA. Ein Fallbeispiel zum Formenwandel in der amerikanischen Kriminalpolitik.
Mönchengladbach 1998. ISBN 978-3-930982-30-1.

Band 4
Steffens, Rainer: Wiedergutmachung und Täter-Opfer-Ausgleich im Jugend- und Erwachsenenstrafrecht in den neuen Bundesländern.
Mönchengladbach 1999. ISBN 978-3-930982-34-9.

Band 5

Koeppel, Thordis: Kontrolle des Strafvollzuges. Individueller Rechtsschutz und generelle Aufsicht. Ein Rechtsvergleich.
Mönchengladbach 1999. ISBN 978-3-930982-35-6.

Band 6

Dünkel, Frieder; Geng, Bernd (Hrsg.): Rechtsextremismus und Fremdenfeindlichkeit. Bestandsaufnahme und Interventionsstrategien.
Mönchengladbach 1999. ISBN 978-3-930982-49-3.

Band 7

Tiffer-Sotomayor, Carlos: Jugendstrafrecht in Lateinamerika unter besonderer Berücksichtigung von Costa Rica.
Mönchengladbach 2000. ISBN 978-3-930982-36-3.

Band 8

Skepenat, Marcus: Jugendliche und Heranwachsende als Tatverdächtige und Opfer von Gewalt. Eine vergleichende Analyse jugendlicher Gewaltkriminalität in Mecklenburg-Vorpommern anhand der Polizeilichen Kriminalstatistik unter besonderer Berücksichtigung tatsituativer Aspekte.
Mönchengladbach 2000. ISBN 978-3-930982-56-1.

Band 9

Pergataia, Anna: Jugendstrafrecht in Russland und den baltischen Staaten.
Mönchengladbach 2001. ISBN 978-3-930982-50-1.

Band 10

Kröplin, Mathias: Die Sanktionspraxis im Jugendstrafrecht in Deutschland im Jahr 1997. Ein Bundesländervergleich.
Mönchengladbach 2002. ISBN 978-3-930982-74-5.

Band 11

Morgenstern, Christine: Internationale Mindeststandards für ambulante Strafen und Maßnahmen.
Mönchengladbach 2002. ISBN 978-3-930982-76-9.

Band 12

Kunkat, Angela: Junge Mehrfachauffällige und Mehrfachtäter in Mecklenburg-Vorpommern. Eine empirische Analyse.
Mönchengladbach 2002. ISBN 978-3-930982-79-0.

Band 13
Schwerin-Witkowski, Kathleen: Entwicklung der ambulanten Maßnahmen nach dem JGG in Mecklenburg-Vorpommern.
Mönchengladbach 2003. ISBN 978-3-930982-75-2.

Band 14
Dünkel, Frieder; Geng, Bernd (Hrsg.): Jugendgewalt und Kriminalprävention. Empirische Befunde zu Gewalterfahrungen von Jugendlichen in Greifswald und Usedom/Vorpommern und ihre Auswirkungen für die Kriminalprävention.
Mönchengladbach 2003. ISBN 978-3-930982-95-0.

Band 15
Dünkel, Frieder; Drenkhahn, Kirstin (Hrsg.): Youth violence: new patterns and local responses – Experiences in East and West. Conference of the International Association for Research into Juvenile Criminology. Violence juvénile: nouvelles formes et stratégies locales – Expériences à l'Est et à l'Ouest. Conférence de l'Association Internationale pour la Recherche en Criminologie Juvénile.
Mönchengladbach 2003. ISBN 978-3-930982-81-3.

Band 16
Kunz, Christoph: Auswirkungen von Freiheitsentzug in einer Zeit des Umbruchs. Zugleich eine Bestandsaufnahme des Männererwachsenenvollzugs in Mecklenburg-Vorpommern und in der JVA Brandenburg/Havel in den ersten Jahren nach der Wiedervereinigung.
Mönchengladbach 2003. ISBN 978-3-930982-89-9.

Band 17
Glitsch, Edzard: Alkoholkonsum und Straßenverkehrsdelinquenz. Eine Anwendung der Theorie des geplanten Verhaltens auf das Problem des Fahrens unter Alkohol unter besonderer Berücksichtigung des Einflusses von verminderter Selbstkontrolle.
Mönchengladbach 2003. ISBN 978-3-930982-97-4.

Band 18
Stump, Brigitte: „Adult time for adult crime" – Jugendliche zwischen Jugend- und Erwachsenenstrafrecht. Eine rechtshistorische und rechtsvergleichende Untersuchung zur Sanktionierung junger Straftäter.
Mönchengladbach 2003. ISBN 978-3-930982-98-1.

Band 19
Wenzel, Frank: Die Anrechnung vorläufiger Freiheitsentziehungen auf strafrechtliche Rechtsfolgen.
Mönchengladbach 2004. ISBN 978-3-930982-99-8.

Band 20
Fleck, Volker: Neue Verwaltungssteuerung und gesetzliche Regelung des Jugendstrafvollzuges. Mönchengladbach 2004. ISBN 978-3-936999-00-6.

Band 21
Ludwig, Heike; Kräupl, Günther: Viktimisierung, Sanktionen und Strafverfolgung. Jenaer Kriminalitätsbefragung über ein Jahrzehnt gesellschaftlicher Transformation. Mönchengladbach 2005. ISBN 978-3-936999-08-2.

Band 22
Fritsche, Mareike: Vollzugslockerungen und bedingte Entlassung im deutschen und französischen Strafvollzug. Mönchengladbach 2005. ISBN 978-3-936999-11-2.

Band 23
Dünkel, Frieder; Scheel, Jens: Vermeidung von Ersatzfreiheitsstrafen durch gemeinnützige Arbeit: das Projekt „Ausweg" in Mecklenburg-Vorpommern. Mönchengladbach 2006. ISBN 978-3-936999-10-5.

Band 24
Sakalauskas, Gintautas: Strafvollzug in Litauen. Kriminalpolitische Hintergründe, rechtliche Regelungen, Reformen, Praxis und Perspektiven. Mönchengladbach 2006. ISBN 978-3-936999-19-8.

Band 25
Drenkhahn, Kirstin: Sozialtherapeutischer Strafvollzug in Deutschland. Mönchengladbach 2007. ISBN 978-3-936999-18-1.

Band 26
Pruin, Ineke Regina: Die Heranwachsendenregelung im deutschen Jugendstrafrecht. Jugendkriminologische, entwicklungspsychologische, jugendsoziologische und rechtsvergleichende Aspekte. Mönchengladbach 2007. ISBN 978-3-936999-31-0.

Band 27
Lang, Sabine: Die Entwicklung des Jugendstrafvollzugs in Mecklenburg-Vorpommern in den 90er Jahren. Eine Dokumentation der Aufbausituation des Jugendstrafvollzugs sowie eine Rückfallanalyse nach Entlassung aus dem Jugendstrafvollzug. Mönchengladbach 2007. ISBN 978-3-936999-34-1.

Band 28
Zolondek, Juliane: Lebens- und Haftbedingungen im deutschen und europäischen Frauenstrafvollzug.
Mönchengladbach 2007. ISBN 978-3-936999-36-5.

Band 29
Dünkel, Frieder; Gebauer, Dirk; Geng, Bernd; Kestermann, Claudia: Mare-Balticum-Youth-Survey – Gewalterfahrungen von Jugendlichen im Ostseeraum.
Mönchengladbach 2007. ISBN 978-3-936999-38-9.

Band 30
Kowalzyck, Markus: Untersuchungshaft, Untersuchungshaftvermeidung und geschlossene Unterbringung bei Jugendlichen und Heranwachsenden in Mecklenburg-Vorpommern.
Mönchengladbach 2008. ISBN 978-3-936999-41-9.

Band 31
Dünkel, Frieder; Gebauer, Dirk; Geng, Bernd: Jugendgewalt und Möglichkeiten der Prävention. Gewalterfahrungen, Risikofaktoren und gesellschaftliche Orientierungen von Jugendlichen in der Hansestadt Greifswald und auf der Insel Usedom. Ergebnisse einer Langzeitstudie 1998 bis 2006.
Mönchengladbach 2008. ISBN 978-3-936999-48-8.

Band 32
Rieckhof, Susanne: Strafvollzug in Russland. Vom GULag zum rechtsstaatlichen Resozialisierungsvollzug?
Mönchengladbach 2008. ISBN 978-3-936999-55-6.

Band 33
Dünkel, Frieder; Drenkhahn, Kirstin; Morgenstern, Christine (Hrsg.): Humanisierung des Strafvollzugs – Konzepte und Praxismodelle.
Mönchengladbach 2008. ISBN 978-3-936999-59-4.

Band 34
Hillebrand, Johannes: Organisation und Ausgestaltung der Gefangenenarbeit in Deutschland.
Mönchengladbach 2009. ISBN 978-3-936999-58-7.

Band 35
Hannuschka, Elke: Kommunale Kriminalprävention in Mecklenburg-Vorpommern. Eine empirische Untersuchung der Präventionsgremien.
Mönchengladbach 2009. ISBN 978-3-936999-68-6.

Band 36/1 bis 4 (nur als Gesamtwerk erhältlich)
Dünkel, Frieder; Grzywa, Joanna; Horsfield, Philip; Pruin, Ineke (Eds.): Juvenile Justice Systems in Europe – Current Situation and Reform Developments. Vol. 1-4. **2nd revised edition.** Mönchengladbach 2011. ISBN 978-3-936999-96-9.

Band 37/1 bis 2 (Gesamtwerk)
Dünkel, Frieder; Lappi-Seppälä, Tapio; Morgenstern, Christine; van Zyl Smit, Dirk (Hrsg.): Kriminalität, Kriminalpolitik, strafrechtliche Sanktionspraxis und Gefangenenraten im europäischen Vergleich. Bd.1 bis 2. Mönchengladbach 2010. ISBN 978-3-936999-73-0.

Band 37/1 (Einzelband)
Dünkel, Frieder; Lappi-Seppälä, Tapio; Morgenstern, Christine; van Zyl Smit, Dirk (Hrsg.): Kriminalität, Kriminalpolitik, strafrechtliche Sanktionspraxis und Gefangenenraten im europäischen Vergleich. Bd.1. Mönchengladbach 2010. ISBN 978-3-936999-76-1.

Band 37/2 (Einzelband)
Dünkel, Frieder; Lappi-Seppälä, Tapio; Morgenstern, Christine; van Zyl Smit, Dirk (Hrsg.): Kriminalität, Kriminalpolitik, strafrechtliche Sanktionspraxis und Gefangenenraten im europäischen Vergleich. Bd.2. Mönchengladbach 2010. ISBN 978-3-936999-77-8.

Band 38
Krüger, Maik: Frühprävention dissozialen Verhaltens. Entwicklungen in der Kinder- und Jugendhilfe. Mönchengladbach 2010. ISBN 978-3-936999-82-2.

Band 39
Hess, Ariane: Erscheinungsformen und Strafverfolgung von Tötungsdelikten in Mecklenburg-Vorpommern. Mönchengladbach 2010. ISBN 978-3-936999-83-9.

Band 40
Gutbrodt, Tobias: Jugendstrafrecht in Kolumbien. Eine rechtshistorische und rechtsvergleichende Untersuchung zum Jugendstrafrecht in Kolumbien, Bolivien, Costa Rica und der Bundesrepublik Deutschland unter Berücksichtigung internationaler Menschenrechtsstandards. Mönchengladbach 2010. ISBN 978-3-936999-86-0.

Band 41
Stelly, Wolfgang; Thomas, Jürgen (Hrsg.): Erziehung und Strafe. Symposium zum 35-jährigen Bestehen der JVA Adelsheim. Mönchengladbach 2011. ISBN 978-3-936999-95-2.

Band 42
Yngborn, Annalena: Strafvollzug und Strafvollzugspolitik in Schweden: vom Resozialisierungs- zum Sicherungsvollzug? Eine Bestandsaufnahme der Entwicklung in den letzten 35 Jahren. Mönchengladbach 2011. ISBN 978-3-936999-84-6.

Band 43
Kühl, Johannes: Die gesetzliche Reform des Jugendstrafvollzugs in Deutschland im Licht der European Rules for Juvenile Offenders Subject to Sanctions or Measures (ERJOSSM). Mönchengladbach 2012. ISBN 978-3-942865-06-7.

Band 44
Zaikina, Maryna: Jugendkriminalrechtspflege in der Ukraine. Mönchengladbach 2012. ISBN 978-3-942865-08-1.

Band 45
Schollbach, Stefanie: Personalentwicklung, Arbeitsqualität und betriebliche Gesundheitsförderung im Justizvollzug in Mecklenburg-Vorpommern. Mönchengladbach 2013. ISBN 978-3-942865-14-2.

Band 46
Harders, Immo: Die elektronische Überwachung von Straffälligen. Entwicklung, Anwendungsbereiche und Erfahrungen in Deutschland und im europäischen Vergleich. Mönchengladbach 2014. ISBN 978-3-942865-24-1.

Band 47
Faber, Mirko: Länderspezifische Unterschiede bezüglich Disziplinarmaßnahmen und der Auf-rechterhaltung von Sicherheit und Ordnung im Jugendstrafvollzug. Mönchengladbach 2014. ISBN 978-3-942865-25-8.

Band 48
Gensing, Andrea: Jugendgerichtsbarkeit und Jugendstrafverfahren im europäischen Vergleich. Mönchengladbach 2014. ISBN 978-3-942865-34-0.

Band 49
Rohrbach, Moritz Philipp: Die Entwicklung der Führungsaufsicht unter besonderer Berücksichtigung der Praxis in Mecklenburg-Vorpommern. Mönchengladbach 2014. ISBN 978-3-942865-35-7.

Band 50/1 bis 2 (nur als Gesamtwerk erhältlich)
Dünkel, Frieder; Grzywa-Holten, Joanna; Horsfield, Philip (Eds.): Restorative Justice and Mediation in Penal Matters. A stock-taking of legal issues, implementation strategies and outcomes in 36 European countries. Vol. 1 bis 2. Mönchengladbach 2015. ISBN 978-3-942865-31-9.

Band 51
Horsfield, Philip: Jugendkriminalpolitik in England und Wales – Entwicklungsgeschichte, aktuelle Rechtslage und jüngste Reformen. Mönchengladbach 2015. ISBN 978-3-942865-42-5.

Band 52
Grzywa-Holten, Joanna: Strafvollzug in Polen – Historische, rechtliche, rechtstatsächliche, menschenrechtliche und international vergleichende Aspekte. Mönchengladbach 2015. ISBN 978-3-942865-43-2.

Band 53
Khakzad, Dennis: Kriminologische Aspekte völkerrechtlicher Verbrechen. Eine vergleichende Untersuchung der Situationsländer des Internationalen Strafgerichtshofs. Mönchengladbach 2015. ISBN 978-3-942865-50-0.

Band 54
Blanck, Thes Johann: Die Ausbildung von Strafvollzugsbediensteten in Deutschland. Mönchengladbach 2015. ISBN 978-3-942865-51-7.

Band 55
Castro Morales, Álvaro: Jugendstrafvollzug und Jugendstrafrecht in Chile, Peru und Bolivien unter besonderer Berücksichtigung von nationalen und internationalen Kontrollmechanismen. Rechtliche Regelungen, Praxis, Reformen und Perspektiven. Mönchengladbach 2016. ISBN 978-3-942865-57-9.

Band 56
Dünkel, Frieder; Jesse, Jörg; Pruin, Ineke; von der Wense, Moritz (Eds.): European Treament, Transition Management, and Re-Integration of High-Risk Offenders. Results of the Final Conference at Rostock-Warnemünde, 3-5 September 2014, and Final Evaluation Report of the Justice-Cooperation-Network (JCN)-Project "European treatment and transition management of high-risk offenders". Mönchengladbach 2016. ISBN 978-3-942865-58-6.

Band 57
Kratochvil-Hörr, Regine: Der Beschlussarrest: Dogmatische Probleme und Anwendungspraxis im Land Berlin. Mönchengladbach 2016. ISBN 978-3-942865-60-9.

Band 58
Thiele, Christoph Wilhelm: Ehe- und Familienschutz im Strafvollzug. Strafvollzugsrechtliche und -praktische Maßnahmen und Rahmenbedingungen zur Aufrechterhaltung familiärer Beziehungen von Strafgefangenen. Mönchengladbach 2016. ISBN 978-3-942865-61-6.

Band 59
Pǎroşanu, Andrea: Jugendstrafrecht in Rumänien. Historische, kriminologische, rechtliche und rechtspolitische Aspekte. Mönchengladbach 2016. ISBN 978-3-942865-64-7.

Band 60
Schmidt, Katrin: Städtebau und Kriminalität: Untersuchung des Einflusses von kriminalpräventiven Erkenntnissen im Rahmen städtebaulicher Projekte in Mecklenburg-Vorpommern. Mönchengladbach 2016. ISBN 978-3-942865-67-8.

Band 61
Dünkel, Frieder; Jesse, Jörg; Pruin, Ineke; von der Wense, Moritz (Hrsg.): Die Wiedereingliederung von Hochrisikotätern in Europa – Behandlungskonzepte, Entlassungsvorbereitung und Übergangsmanagement. Ergebnisse der Abschlusskonferenz in Rostock-Warnemünde, 3.-5. September 2014, und Evaluation des Justice-Cooperation-Netzwerk-(JCN)-Projekts „Behandlung und Übergangsmanagement bei Hochrisikotätern in Europa". Mönchengladbach 2016. ISBN 978-3-942865-68-5.

Band 62
Kromrey, Hans: Haftbedingungen als Auslieferungshindernis. Ein Beitrag zur Verwirklichung der Menschenrechte. Mönchengladbach 2017. ISBN 978-3-942865-75-3.

Band 63
Dünkel, Frieder; Thiele, Christoph; Treig, Judith (Hrsg.): Elektronische Überwachung von Straffälligen im europäischen Vergleich – Bestandsaufnahme und Perspektiven. Mönchengladbach 2017. ISBN 978-3-942865-78-4.

Band 64
Dorenburg, Bastian: Untersuchungshaft und Untersuchungshaftvermeidung bei Jugendlichen und Heranwachsenden in Deutschland und Europa. Mönchengladbach 2017. ISBN 978-3-942865-79-1.

Band 65
Schulze, Jan Peter: Die Untersuchungshaftvollzugsgesetze der Länder im Vergleich. Mönchengladbach 2017. ISBN 978-3-942865-80-7.

Band 66
Janssen, Jan-Carl: Entwicklung, Praxis und kriminalpolitische Hintergründe des Strafvollzugs in England, Wales und Schottland im nationalen und internationalen Vergleich. Mönchengladbach 2018. ISBN 978-3-942865-89-0.

Band 67
Mohr, Nicholas: Die Entwicklung des Sanktionenrechts im deutschen Strafrecht – Bestandsaufnahme und Reformvorschläge. Mönchengladbach 2020. ISBN 978-3-94610-017-7.

Band 68
Debus, Eva Katharina: Konzeptionen ausgewählter deutscher Bundesländer zum Umgang mit besonders sicherungsbedürftigen Gefangenen. Mönchengladbach 2020. ISBN 978-3-94610-022-1.

Band 69
von der Wense, Moritz: Behandlungsprogramme im Jugendstrafvollzug. Ein programm-spezifischer Vergleich von Struktur, Konzepten und Umsetzung in Berlin, Mecklenburg-Vorpommern, Niedersachsen und Nordrhein-Westfalen. Mönchengladbach 2021. ISBN 978-3-94610-023-8.

Band 70
Klamer, Nele Marie: „Nein heißt Nein!" und jetzt? Bewertung des reformierten § 177 StGB anhand einer Urteilsanalyse und eines Rechtsvergleichs mit Irland und Schweden. Mönchengladbach 2023. ISBN 978-3-94610-036-8.

Band 71
Marisken, Laura Isabelle: Arbeitspflicht und Arbeitsentlohnung im Strafvollzug. Vereinbarkeit mit anderen, insbesondere höherrangigen Rechtsquellen. Mönchengladbach 2023. ISBN 978-3-94610-037-5.

Band 72
Rieckhoff, Victoria: Zurückgekehrt!? Über die präventive Bedeutung intrinsischer und struktureller Veränderungsprozesse nach Entlassung aus dem Jugendstrafvollzug. Eine qualitative Untersuchung. Mönchengladbach 2024. ISBN 978-3-94610-044-3.

Band 73
Haandrikman-Lampen, Nadine: Alternativen zur Ersatzfreiheitsstrafe. Eine Rückfalluntersuchung. Mönchengladbach 2024. ISBN 978-3-94610-045-0.

außerhalb der Schriftenreihe

Drenkhahn, Kirstin; Geng, Bernd; Grzywa-Holten, Joanna; Harrendorf, Stefan;
Morgenstern, Christine; Pruin, Ineke (Hrsg.)
Kriminologie und Kriminalpolitik im Dienste der Menschenwürde.
Festschrift für Frieder Dünkel zum 70. Geburtstag
Mönchengladbach 2020. ISBN 978-3-94610-014-6.